---- ちくま学芸文庫 ----

日英語表現辞典

最所フミ 編著

筑摩書房

はしがき

日本人と英語：好むと好まざるにかかわらず，英語は自由世界を結ぶ重要なコミュニケーションの媒体である．自由世界のどの国にせよ，英語の知識は，政治・経済・文化などあらゆる面で世界に向けて開かれた大切な窓である．英語の知識なくしては，自由世界の連帯は事実上機能しない．日本の場合も，1979年の東京サミットに象徴された世界の大工業国との連帯は，国家レベルでは英語を媒体として日々維持されているわけである．

だが個人レベルではどうか？ 国家が個人の集合である以上，国家レベルのコミュニケーションといっても，それぞれの衝(しょう)にある個人の英語がオフィシャルなチャンネルを通して機能しているにすぎない．英語力ばかりは集合的な機能のしかたはしない．いわゆる人海戦術は英語の場合通用しないのである．個人の力は弱くとも数が多ければ強い英語力になるというわけにはいかないのである．ゼロはいくら集めてもゼロでしかない．英語に弱い個人が外交の衝に当たるとき，大きな支障をきたす危険は十分存在する．事実，過去の記録に照らしても不幸な例は決して少なくない．これは外交の面ばかりでなく，今日わが国のあらゆる事業，業務に当てはまることは言うまでもない．

英語力とは何か：国家レベルで機能し得る英語力とは完全

にマスターされた英語を意味する．英語圏の要衝にある人びととまったく同等にコミュニケート出来るだけの表現力を意味するのである．これは口真似程度の英語では役に立たない．第一線にある英語国民とその associates と同じ基盤でものを考え，考えたことを正確に相手に伝える能力を持っていなければならないのである．またこのために要する表現力は，科学だの文学だのの分野的偏重からは決して生まれないのであって，広い視野と知性によってのみ可能なのである．というよりは，そういうものを英語によって effective にコミュニケートする能力にかかっていると言うべきであろう．これは英語の思考法を身につけていなければ出来ない相談なのである．

英語の思考法とは何か：英語による思考法は日本語の思考法とはまったく別のプロセスを経て機能する．それを会得するには，まず日本語とどう違うかをはっきり認識してかかるのが，じつは最も近道なのである．しかしこのためには，かなり高度の日本語の知識を必要とする．日本語の水準は高ければ高いほどよい．この点私は英語の幼児教育を重視しない．それどころか，大人になってから英語を学ぶことに大きな利点を認めるものである．それは何かと言うと，日本語に関するゆるぎのない自信である．自国語こそどんな人からも取りあげることの出来ない個人の財産であり，コミュニケーションの利器である．なぜならそれは万国共通の価値判断の思考能力を，一貫した言語体系として自分のなかに持っていることだからである．この思考能力をテコにして英語を自国語の水準にまで引き上げることは，やりかたによってはさほどむつかしいことではないはずである．

では具体的にどうすればよいのか？　私の見るかぎり，英語の発想法を日本語のそれとの比較において捉えればよいのである．英語には日本語のなかにない考え方があり，日本語は英語のなかにない考え方，感じ方が骨子になっている．その違いがどういう形を取って言語表現となって表われるかを知れば，自分の言いたいことを英語で伝えたい場合，日本語的表現に閉じ込められることなく，直接，英語の思考法を使ってものを言うことができるのである．しかもこれは機械的な暗記で覚えたのではなく，日本語との本質的な相違の認識の上に立っているから，英語を使うときは，英語の論理に切り替えて自分の考えを表明することができるのである．

しかしこれは言うは易しくて，行なうに困難だとも言える．その大きな理由の一つは，言葉はときどき意味が変化することである．現在の時点で，英語の社会で使われている言葉の意味は，同じその言葉が一世代前に使われていた意味とは必ずしも同じではないのである．辞書には普通，古いほうの意味が出ている．2つの間に連関がない場合がままある．"gay", "queer" などはよく知られた例だが，もっと重大な影響が時代の変化によってもたらされたものに "welfare" がある．この言葉ほど辞書にある意味と現在の一般用法とが食い違っているものも少ない．アメリカ合衆国の憲法は建国の目的を "to promote the general welfare" とうたっている．ところが現在のアメリカでは "welfare" はその本来の安寧・幸福の意味でなく，「生活保護」の代名詞になっているのである．"a welfare state" は国民の生活を政府が一律に保証する国家で，英国とスイスがそれに当たるとされている．わが国の首相が所信演説のなかでうたう「福祉国家」を "welfare state" などと訳したらとんだ誤解を生みかねないのである。それに "state" は "police state" などのような全体主義的印象を与えるので望ましくない。society のほうが自由世界の感が出せる。こういった微妙な違いは既製の辞書には出ていない。(⇒「英和の部」welfare state)

このようなことを考えながら、私は、現代英語の真の理解の一助にもと、本辞典を上梓することにした。この辞典は私が過日世に送った『日本語にならない英語』と『英語にならない日本語』の両書を合冊、新たな構成のもとに、内容を大幅に改訂・増補し、一層の充実を図ったものである。

本辞典の特質と利用法：本辞典に集められている語やフレーズは、それぞれ違った意味で問題を含んでいる。あるものは、よく出まわっている割りには日本人にはぴんとこなかったり、あるものは特殊の合言葉的な使用法が、従来の辞書的意義を無意味にしていたり、あるものは、一見やさしいアングロ・サクソン系の言葉が外国人には意外と複雑なニュアンスを持っていたりする。その範囲も、英語の一流誌のなかに多用される政治・経済・心理学・医学などの一般用語など広範囲にわたって収録してある。しかし本辞典は網羅することをもってその目的とはしていない。本辞典の選択の基本方針は、英語で言う "seminal words" を選ぶという一事に尽きるのである。つまり有機的可能性を持つ種子に限ったのである。現代という時代を経験している個人の日常体験を表現する上に役立つと思われる vocabulary を組み立てたのである。

本辞典はアルファベット順になっている。普通の辞書と似ている点はただそれだけで、その他の点ではすべて独自の方

法によるものである．たとえば各語句の解説にかなりのスペースを費やし，しばしばミニ・エッセイの姿を呈している．その理由は問題の言葉に対して同義語や対照語など，種々の角度から迫ることにより核心を突こうと図るためである．これは，一つの言語表現を頭でおぼえるのでなく，心でおぼえてほしいからである．読者の問題意識を駆り立てようとするこの解説法は，言葉を内面化された経験意識に変えようとしたものである．このやり方は研修者が英語に対してある主体性をもつことを可能にすると考えたからである．

　一つの外国語をマスターした人びとは，すべてある主体性をその言語に対して持つことを覚えた人たちである．外国語を外国語として受身に受け取るのでなく，個人的な関心事として自分のなかに取り入れるのである．

　終わりに本辞典は，日本の英語研修者が英語の独自性を探求するプロセスにおいて，英語の体質である捉われることのない vision と，moral sensibility を自然のうちに感得せられることをひそかに願って編まれたものであることを申し添えておく．

　　1980年　早春

　　　　　　　　　　　　　　　　　　　　F. S.

英和の部

凡　例

構成と見出し語
 1. 現代英語のなかから，日本人が誤解しやすいもの，英語理解のカギになるもの，頻度の高いスラング，まぎらわしいイディオム等を厳選し，見出し語の配列は単語本位に考え，アルファベット順にした．
 2. 2つ以上の類似，関連語句のある場合は，/（斜線）で区切り，まとめて言及し，それぞれ単独の見出し語に☞をつけて「そちらの見出し語をみよ」とした．ただし，すぐ前後にくる場合は省いた．

本文と符号
 1. 本文は，解説と用例，類句，派生語，慣用句等から成り，見出し語に直接関連して特に注意を要する語句はbold体，語法的に大切なものは" "で示した．
 2. 英文用例には¶をつけ，見出し語句は *italic* 体とした．但し，見出し語を含むまとまった表現である場合も *italic* 体にした．また，訳文，訳語は英文のあとに（　）で入れた．
 3. 類例の羅列は；で区切った．
 4. （　）中で生じる別訳，省略等は［　］でくくった．

A

add up これは比較的新しい口語で，"make sense"（意味をなす，わけがある）と同義の表現．

¶ It doesn't *add up*. (それでは話の辻つまがあわない)「信用がおけない」の意．

admit ある論文のなかに，植民地を持っているような国は，植民地の独立を認めないから，それはたたかい取らなければならないといった意味の文章があった．たまたまその一節を英訳するに当たって，その論文の筆者は，日本語の「認める」は英語の admit と機械的に考えていたために，They (colonialists) never admit the independence of their colonies. と訳した．ところがこれは重大な過ちであった．なぜかというと，これでは，independence はすでに出来上がった事実で，それをなんとかごまかして認めようとしない，という意味になってしまうからである．

この場合，admit しないということは，「負け惜しみ」とおぼえておけばよいと思う．既成事実の前にカブトを脱がないということである．だがこの一節のもとの文意は，そうした意味とはまったく違っており，「認めない」ということは「与えない」ということである．したがって，They never give them independence. としなければならない．permit them (*or* allow them) independence としても

よいが，admit は絶対に使えないのである．

このような間違いは，もちろん辞書の訳を丸暗記しているところからくる．辞書の訳は，科学用語を除けば，approximations にすぎないから，そのままうのみにしたのでは英語を覚えたことにはならない．うっかり錯覚すると上記のようなとんでもない過ちを犯すことになる．言葉は単に意味でもなく，音でもなく，また単に image でもない．それらの全部を含む一つの生きものであるから，生きた感覚を知らないと，使うことができない．

affinity この言葉は，ある類似性が両者の間に客観的事実として存在することを言う場合と，それを主観的に，もしくは本能的に感じて，対象に引かれることを言う場合とがある．

① 類似性が客観的事実である場合の例．

¶ European languages have many *affinities* among them but none of them have any *affinity with* Japanese. (ヨーロッパの言語はおたがいの中に類似性が多々あるが，日本語とは全然類を異にする)

¶ Basic dyes have *affinity for* wool and silk. (塩基性染料は，ウールと絹にはよくなじむ)

② 主観的に類似性を感じて対象に引かれる場合の例．

¶ He feels a strong *affinity for* her. (彼は彼女に強く引かれている)

¶ She had *odd affinities with* people whose language she did not speak. (彼女はその人たちの国語を自分は少しも知らないのに，なぜか妙に彼らに親近感をおぼえた)

¶ Her mother knew her *temperamental affinity with*

the stage.(彼女の母親は彼女が性格的に舞台に向いているのを知っていた)

¶ He became aware of his *affinity for* writers entirely different from him.(彼は自分と全然タイプが違う作家に自分が引かれているのを感じた)

attraction との違い:affinity と attraction は同じく魅力の感覚を表わす言葉だが,言葉の性格は方向が反対なので注意を要する.

¶ She feels an inexplicable *affinity for* him.(彼女は理くつではわからない親近感を彼に感じる)

¶ He came radiating *attractions*.(彼は魅力を発散しながらやってきた)

つまり affinity は引かれる側に立った言葉で,主語になる人が誰かに,または何かに引かれているに対し,attraction は他人を自分の魅力で引きつけることである.だが (be) attracted to と受身にすれば,むろん他人に引きつけられることだが,名詞になると人を引きつける自然の魅力になるのである.

alternative これは英語特有の考え方のちらつく言葉である.それがいやなら他にやり方があるかどうかを常に考えているところから出てくる言葉なのである.たとえば,外人が年とった婦人にうやうやしく何かをしてやっている.それをあとから友人がほめて,You were very kind to that old lady.(あの老婦人に親切でしたね)と言うと,*What else* could I have done?(あの場合ああするよりほかにしかたがなかったではないか)と言うのを聞いた.この考え方が alternative なのである.つまり,ほかの行動に出

る機会がないではないか，と言うのである．

alternative はまた二者択一を迫られて，その両者とも，ありがたくない場合にも使う．つまり一種のジレンマである．これがいやなら，それよりまだいやなことをせねばならぬという含みである．

¶ The government faced the *alternative* of high taxes or poor highways. (政府は高額税金をかけるか，ひどい道路か，どちらかを選ばざるを得ない立場にあった)

angst [ɑːŋst]　ドイツ語からきた語で，a feeling of anxiety の意．

¶ The sense of not being wanted can set up *angst*. (求められないということから，内心おだやかならざるものが出来てくる)

anywhere　anywhere (どこかに，どこにも，どこかへ) という副詞は，普通，たとえば，We are not getting *anywhere*. (われわれは，どこにも行きついていない) というふうに用いられている．(この反対に，肯定的な用法で，「相当の成功を収めた」という場合は，We are getting *somewhere*. と言う)

しかし anywhere にはそれとは少し違った使い方がある．警察官がすばやく犯人を捕えたという状況につづいて，That is fast action *anywhere*. と書いてあった文章を，「そうした機敏な処置はどこでもとられている」と訳した人があった．この場合の anywhere は，by any standards (どんな水準からみても，どんなにやかましい基準から言っても) という意味なのである．日本語でも，「どんなとこへ出しても恥ずかしくない人間だ」といった言い方がある

が，その「どんなとこ」がこの anywhere であると思えばよい．つまり emphasis の目的で使われている．場所的な含意がないのではなく，ただそれが figurative または metaphorical に用いられているのである．

apple pie / applesauce　apple pie は，nice とか excellent の意味だが，単独にはあまり用いられない．「彼はアプル・パイだ」とは言わないで，その代わりに peach (桃) を使い，He is *a peach*. と言う．ふつう apple pie は他の言葉と組み合わされ，よい意味にも，悪い意味にもなる．大ていはよくない意味だが，唯一つほめたことになるのは order と組み合わさって Everything is *in apple pie order*. つまり "all's well" の意味を表わす場合である．

また apple がよく使われるのは，He is an *apple polisher*. (歯の浮くようなお世辞を言う人) の場合で，お世辞，つまり insincere comment は applesauce と言い，これ以上の蔑称はない．

¶ I know *applesauce* when I hear it. (アプルソースは僕にはすぐ聞きわけられる) これは，アメリカの作家 Ring Lardner の言葉として残っている．

arcane　この言葉は archaic (古風な) とは何の関係もない，極めて現代的な言葉なのである．意味は，発言者が意図的に，秘密を守るために外来者には理解出来ないような言葉で，仲間と話をすることがある．そうした外部から見てややこしい，理解できない言語，行動を形容する言葉がarcane なのである．mysterious と意味は同じだが，ただの不思議な現象ではなく，その当事者が自分たちだけ情報・知識を持っているところからくる門外漢には mysterious な感じなのである．

¶ What is *arcane* to them is lucid to Dr. Leavis. (彼らには何のことかわからないことも，リーヴィス博士には極めて明白なのである)

¶ Although as secretary of Treasury, Miller must confront the International problems of the dollar, his natural orientation is more to the domestic side of business, which can be dealt with in language less *arcane* for the White House staff.—Hobart Rowen. (財務長官として，ミラー氏はドルの国際問題と取り組まねばならぬが，この人は，自然指向としては国内問題向きなのである．そういうことについては，彼なら，専門的な言辞を弄せず，平易にわかりやすくホワイト・ハウスのスタッフにわからせることも出来るだろう)

arrogant ☞ ***patronizing***

articulate 英語には，もとの意味から離れてほとんど metaphorical にしか使われない言葉がたくさんあるから注意しなければならない．articulate もその一つで，辞書の訳「はっきり発音する」では通用しないことが多い．現代語としてそういう意味に用いられることは医学の用語として以外は皆無と言ってよい．

¶ He was a brilliant, *articulate* gentleman. これも，たまたま言葉の習得の問題に関連した文章のなかに出てきたためか「彼は発音のしっかりした紳士だった」と訳した人があった．むろん間違いである．a brilliant, articulate gentleman は，「頭脳のすぐれた，言葉の表現力の豊かな人」ということで，別に発音とは関係がない．

asked for it ¶He *asked for it*. (誤訳＝彼はそれをほしがった. 正訳＝自業自得なんだ. [He deserved what he got.]) これは, 売らないでもよいけんかを売って, ひどい目にあった, などの場合を評した言葉.

at it ¶① He is still *at it*. ② I'm *at it* from 6 o'cock in the morning. とかいう文章を「私は（彼は）そこにいる」とでも訳したら, お笑い草になるだろう. これの正訳は, ①「彼はまだそれと取り組んでいる」②「私は朝の6時から, がんばってるんですよ」

au fait [ou-féi] フランス語からきた語. 文字通りには to the fact であるが, well acquainted with the facts; well-informed などの意.

¶He is *au fait* with the major preoccupations of his generation. (彼は自分の世代の主たる思潮によく通じている)

au pair [óu pɛ́ər] ***girl*** フランス語の equal の意味が au pair で, ヨーロッパから出た言葉. 「お手伝い」を今はなかなか雇えないところからできたもので, 英米人の家庭に寄宿して, 家事を手伝いながら, 英語の勉強などをする, といった条件で住み込む女性のこと. 早く言えば, 下宿代のかわりにその家の用事をするお手伝いさんである. my *au pair girl* という言葉がよく出てくる. 「わたしのお手伝いさん」の意なのである. ただし金でなく room & board と引きかえに労働力を提供してもらう.

authentic この言葉は genuine (本もの) とまったく同義の場合とそうでない場合がある. 前者の例, This is an *authentic* Goya. は This is a genuine Goya. とまったく同じで, ゴヤの筆になる絵である. だが同じ「本もの」と言

っても，実際に本ものというのではなしに，考証がゆきとどいているために本ものの replica（複製）と認められているという意味もある．これは本当は credible; convincing の意味である．

¶ The film was the *authentic* West of 1880's.（その映画は 1880 年代の西部そのままだった）この中には「誰が見ても」という気持が含まれている．

¶ This is an *authentic book* on Modern Japan.（これは近代日本についての信用できる書だ）

この authentic は「(専門家が) 認めている」つまり「公認」の意．***authentic act*** は法律用語で「認証行為」と訳されているが，公証人または公証機関の面前でなされた契約などを指す．

avoid ☞ ***elude***

B

baggage ☞ ***package***

(a) *banana republic* アメリカのスラング．南方の国家が，バナナなど果物を輸出して生計を立てているところからきた蔑称．banana はこれ以外に，アメリカにおける日系米人や中国人でアメリカの体制の中で活動している人びとに対する反感を示した造語．外は黄色で中身は白というわけ．スラングで公式には使えない．

battle / war 「試合に勝って勝負に負けた」などと言うが, battle はこの場合「試合」で, war が「勝負」である.

¶ You can win all the *battles* and still lose the *war*. という言い方が英語にも存在する. これは人生のあらゆることに比喩的に使われる表現である. どういう当てはめ方をしてもかまわない. 要するに人生は目にみえる「ちゃんばら」だけではないものだということである. こういう比喩的表現は英語には意外に多い. たとえば, We speak the same language. と誰かがあなたに言ったとする. これは「君は共に語るに足る人物だ」ということで, 別の言葉で言えば, We understand each other. (意気投合した) でやや共犯めいた意思表示である.

beg この語が plead の意味に使われることを知っていても, 同じ beg がまったく違った意味に使われることを解している人は少ない.

¶ This *begs* the question.

¶ He *begs* the difficulties set by some such sweeping statement as Christian principle....

この両方の例で beg は "evade", "sidestep" つまり, さけて通ることである. 問題に正面からぶつからないで, 関係のないことをくどくど言ってごまかそうとする態度を評して "beating around the bush" という言葉がある. beg the question (*or* issue ; difficulties) も同じことである. beg を受身にして There is a grave danger that these questions *may be begged*. (この問題がうやむやになってしまうおそれがある) とも言う.

believe in 英語にはあって日本語には元来ない言葉のなかで、最も典型的なものに、believe in がある。これは「……を信ずる」とか「……をよいと信ずる」と訳されているが、日本語ではあまりぴんとこない言葉である。たとえば "They *believe in* you." と誰かがあなたに言ったとする。これを、「彼らはあなたを信じている」と訳したのでは、「彼らはあなたがうそをつかない人だと思っています」ということのように聞こえる。一歩すすめて、「あなたを立派な人だと信じています」と言ってみてもまだ何か足りない。これは、believe in you が「あなたはいい人だ」とか「信ずるに足りる人だ」とかいう批評語ではなく、「あなたを師と仰いでいます」といったような積極性を持った言葉だからである。believe in が日本語の本来の表現にないのはなぜであろうか? 私はこれは実に面白い課題だと思っている。この言葉は個人主義の伝統からきた言葉だからである。西欧では、人は、それぞれ個人として独立に生き、そのよしと信ずることを、パン焼きの方法に至るまで、その通り実行して生存してきている。日本のように、「民はよらしむべくして、知らしむべからず」式の封建思想で何百年も、十把一からげに律せられ、何を信じていいか考えたこともないという手合いの多い国とは性格がはっきり違うのである。

¶ I don't *believe in* tricks. と言えば「トリックがいいとは思わない」というような当たり前の道徳問題ではなく、I don't think tricks will pay. つまり、「トリックを使っても何にもならない、トリックはばかばかしいやり方だと思っている」ということなのである。

bend この動詞には雑多な用法があるが，根本は，ある一定の方向に向かっているものを，こちらの意思で，他の方向に direct するところからくる表現である．

¶ *bend* the rules は「ルールを曲げる」こと．

¶ *bend* some one's mind は「誘導する」こと．

¶ He is *bending his students' minds to* the Buddhist concept of eternity. (彼は生徒の心に仏教の永劫観を植えつけつつある)

"bent on" という過去分詞形をとると，意思的にある方向に向いている状態．

¶ She seemed *bent on* self-destruction. (彼女は自己破壊に走っているように見えた)

¶ He was *bent on* reorganizing his firms. (彼は会社を再建しようとやっきになっていた)

bending over backward(s) これは，一人称で使われると，はなはだ不愉快な表現になる．むろん，恩着せがましい感じを出すために使うのだが，I'm *bending over backwards* to be fair. という表現のなかには，I really don't have to, but am going out of my way to be kind to you. (ほんとうはしなくともよいのだが，わざわざ無理して親切にしてあげるのだ) という含みがある．I'm *leaning over backward*. と言っても同じである．無理してする "straining to do" の変形だと思えばよい．

だが二人称，三人称に使えば，単なる描写となる．

¶ They are *leaning over backward* to avoid the appearance of favoritisms. (えこひいきに見えないように，彼らは懸命につとめている) これを言い換えれば，They are going to the opposite extreme to avoid the appearance of favoritisms. (不公平に見えないようにむしろ反対の行動さえとっている) ということである.

best some one 「負かす」「出し抜く」の意で, 同じくスラングで, "beat" とも言う.

¶ You *bested* (or *beat*) *me* by 7 points. (7ポイントの差であなたにやられた)

beware of ¶ *Beware of* trying to buy valuable things in strange places, like gems and carpets. (誤訳＝見知らぬところで宝石や, じゅうたんのような高価なものを買う場合, よく注意せよ. 正訳＝見知らぬところで宝石やじゅうたんのような高価なものを買わないように注意せよ)

bite the dust これは元は, 戦場で馬から落ちて砂をかんで, 死ぬことから, 死ぬことの一般的な表現になり, さらに転じて failure とか惨敗とかの意味に使われる.

¶ Another small business *bit the dust* this week. (今週も, また中小企業がもう一つつぶれた)

black black は邪悪を意味する.

¶ She is not as *black* as her painters. というようなことを言う.「彼女は彼女をそしる人ほど悪人ではない」の意で,「そしる」が人を「black に塗る」に当たる.

¶ He is *black*-hearted. (心のよくない人)

pink は日本の「桃色」遊戯の pink とはおよそ正反対で,「お手本」の意味に使われ, ¶ He is the *pink* of politeness. (礼儀の標本のような人物) とか, ¶ You look the *pink* of health. (健康そのものに見える) とか言う.

yellow は臆病. You are *yellow*. は You are afraid. の

スラングで嘲笑的な意がこめられている．

blue は blue Monday の blue 以外に 2 つの意味がある．① 突如として．¶ Out of a *blue* sky, he brought out the proposition.（突然彼はその提案を出した）などと言う．② 茫漠として具体性のないこと．¶ the *blue* sky theory & hypothesis と言うと「漠然とした理論と仮説」のことで「青空のように広い」といった詩的な含みは少しもない．

red は *red-blooded* stories of Vikings（野性味に溢れた海賊の話）などと言って「男性的な蛮性」を指す．

green は Shakespeare の green-eyed monster で有名で，jealousy を表わす．また green は常に次のような軽口に使われる．

¶ Are you jealous?（やいてるの？）*Green with it.*（すごく，やいてるよ）

purple この色のイメージは，2 つある．第一には，文体を批評した形容で pejorative（軽蔑的）の意味がかすかに入っている．それはあまりに「けんらんとした」(showy)，「仰々しい」の含みがある．

¶ He ruined his writing with *purple* passages of bad poetry.（彼の文章は，仰々しい詩のくだりで，みそをつけた）

第二の意味は，俗悪で，エロだという非難語．

¶ A TV emcee whose interviews led to such *purple* exchanges that a sponsor demanded his dismissal.（そのインタヴューがあまりにひどい会話にまで発展したので，その番組のスポンサーが，おろすように談判してきたテレビの司会者）

black humor これは比較的新しい形のユーモアで，文

学の手法としてグロテスクな，どぎつい状況を設定して，奇妙な笑いを演出するもの．アメリカで，black humorist の代表的作家は Kurt Vonnegut, Jr. で，その最近作に *Jailbird* がある．

　black comedy は，dark comedy とも言い，上記のブラックユーモアで形成された喜劇．

black power　これに類した言葉は1967年ごろに出来たもので，言うまでもなくアメリカの黒人運動のこと．これに対抗して "white power" なる言葉まで出はじめている．この場合 power とはどこまでも主観的な暴力的主張，つまり terrorism のこと．外側から認められた権力などではない．ところがさらに ***flower power*** というのがある．これはヒッピー族のことで，暴力行為によらず，その反対のもの，「花のように美しいもの，やさしいもの」で問題を解決しようと主張するところから，自分たちでつけた名らしい．***student power*** は，全学連のような学生運動，羽田事件などはその一例．同じく ***soldier power*** は，南米などによく現われる軍のクーデターなどである．どこまでも社会が認めないのに勝手に暴威をふるっている現象のこと．

black top　道路のアスファルトの舗装のことを言う．bituminous coal（せきれい炭）が黒いところからきた名前．"Two-Lane Black Top" というアメリカ映画が日本でも1972年に『断絶』という邦名で上映されている．原題の意味は「二車線のアスファルト」でカーレースもどきの映画だった．

bland　この言葉の真意は英和の辞書ではわかりにくい．

「おだやかな，物やわらかな，柔和な」とか言っても，どういう真意から出たものかはっきりしない．実際は bland は食物の味についてよく使う形容詞で，強い香味料などを使わない，よく言えば「あっさりした」，わるく言えば「味のうすい」ことを言うので，アメリカ人でも日本料理は too *bland* for us と言ってあまり好かない人もある．英国料理も the *bland*, anonymous cooking（個性のない，味のあわい料理）などと言われ，日本料理に似ている．

bland は言葉自身としては，よい意味でも悪い意味でもないが，転じて，「つまらない」「平凡すぎる」といった批判的な感じにも使われる．dull で excitement に欠けているということである．

¶ a *bland* novel I began but could not finish（読みはじめたが，読みつづけるほど面白くなかった小説）と言えば「つまらない」小説．

また bland には "unconcerned", "unperturbed"（平然とした）という気持もある．¶ The criminal made a *bland* confession.（犯人は平然と自白した）というのがそれである．

bland はさらにはっきり derogatory な意味に用いられる．これは当たらず，さわらずの態度からくる hypocritical という言葉と同義である．

¶ The *bland* attitude of many college students during the McCarthy era...（マッカーシーの赤狩り時代に多くの大学生がとった適当な偽善的態度……）

blanket ☞ umbrella
blind
盲目という言葉は，日本語でいう溺愛，「恋は盲目」

とか,「あばたもえくぼ」(love *blinds* us to all imperfections) を表わす場合もあるにはある. blind faith (理くつぬきの信頼) などもその一例だが, 概してこういう感情過多のための盲目は英語では少なく, その反対の無感覚, もしくは非情な状態を指す場合が多い.

¶ Such thinking *blinds* one to the joy of constructive endeavor. (この種の考えは建設的なよろこびに対して人を無感覚にしてしまう)

¶ Our fate is in the hands of *blind chance*. (われわれの運命は非情の偶然というものに支配されている)

この非情性は, 推理小説でよく言う "*blind clues* point to all" (のっぴきならない証拠めいたものが, 一人一人を犯人のように思わせる) にも当てはまる. "blind date" は一面識もない相手とデートすることで, アメリカのカレッジなどで面白半分に行なわれることがある. "blind landing" はパイロットが自分の判断を捨て, 計器に頼って不時着すること. "blind mail" は郵便局の用語で宛名の読めない郵便物.

blow この動詞は, 新しいスラングとしては *blow one's mind* というのがある. cause one's mind to lose control (心の平静を失わせる, 理性が働かない状態にする) つまり「しびれさせる」こと. "a mind-blowing music" は irresistible な強烈な音楽. *blow it* は「失敗する」こと. *blow one's top* (*or* one's lid, one's stack) は "blow a fuse" とも言い「怒る」こと.

だが *blow the lid* となると expose (暴露する) の意.

¶ This book *blows the lid off* the secret corruption.

(この本は［あの会社の］腐敗ぶりを暴露している)

blow one's lines は演劇用語で,「せりふを忘れる」こと.

¶ She *blew her lines*. (彼女はせりふを忘れた)

blow up これはいつも使われている英語のようにみえてなかなか厄介な言葉である. 普通誰でも知っているのは, explosion (爆発) と, それにこれからくる比喩「怒る」などだが, この言葉にはこのほかにもあまり知られていない用法がある.

① 裁判が成立しないこと.

¶ These facts completely *blew up* the case against him. (この事実が出たために彼に対する起訴理由が立たなくなった)

② 空気を入れた風船などをふくらませること. また写真の「引き伸ばし」のこと. 車のタイヤをふくらませることにも使い, blow up をパンクのことだと思っている人があるから注意.

¶ This tire won't *blow up*, the valve must be blocked. (このタイヤはなかなかふくらまない. バルブがつまっているんだろう)

③ 風船がふくれ上がる比喩として.

¶ They *blew* him *up* to ridiculous proportions with their childish adulation. (あまりおだてるものだからあの男はすっかり夜郎自大に陥っている)

単に「事件が起こる」ことにも使われ, 悪天候のときに限り天候のことにも使う. ただしこれは風とは無関係.

¶ It's going to *blow up* cold. (寒くなりそう)

boldly ¶ I saw *boldly typewritten words* on the envelope. (誤訳＝大胆にも封筒にタイプされたものを見た．正訳＝封筒に黒々と大書してあった)

bolt ☞ ***major***

bon vivant [bɔːŋ vivɑ́ːŋ] フランス語からきた言葉．英語の "good liver" で，ぜいたくざんまいに世を送る人．

book この言葉が「本」を意味しない場合がある．たとえば …*the book* had yet to be written と言えば，「その問題に関しては本当のことは何もわかっていない」ことである．つまりこの book は，「真理」または「法則」の比喩である．

¶ Free love is wrong in his *book*. (自由恋愛は彼の道徳観をもってすれば誤っている)

¶ He is not a man in my *book*. (彼は私の価値判断から言えば，男とは言えない)

boondocks いなか，奥地，フィリピンのタガログ語の bundok (mountain) からきたもので，第二次世界大戦中，アメリカ兵が使ったスラングが，アメリカ英語のなかに定着したもので，米語として広く使われている．だから英国人の作った辞書には出てこない．彼らは backwoods とか backcountry を hinterland (奥地) の口語として使う．boondocks 以前のアメリカのスラングでは the stick (森林地帯，いなか) だった．両者とも in the を頭に付けて使う．

¶ They act as though they had never seen a European in their lives. They ought to know better. After all they're not *in the boondocks* in Setagaya. (あの人たちが，

外国人を，生まれてから一度も見たことのないようにふるまっているのはおかしい．もう少し分別があってもよさそうなものだ．彼らが住んでいる世田谷は草深いいなかなどではないのだから）これはあるアメリカ人のコメント．

¶ Foreigners in Japan, Europeans, particularly, attract a lot of attention *in the boondocks*, but in big cities like Tokyo and Osaka, where all kinds of nationals are around, they can go about all day without attracting anyone's attention. （日本では外国人，とくにヨーロッパ系の人は，いなかではひどく人目をひく．だが東京や大阪のような大都会では，あらゆる国の人間が往来しているので，外国人は一日中歩きまわっても誰の注意もひかない）

¶ Thurmont, Md. July 14, (UPI) —President Jimmy Carter has returned to Camp David after another back porch talk with 'folks out *in the boondocks*'. （メリーランドのサーモントから，7月14日UPI通信——カーター大統領は，また例の「いなかの庶民との膝付き合わせた対話」から，キャンプ・デーヴィッドに戻った）．

「いなか」と言っても別に軽蔑的な呼称ではない．その証拠には，その村民との対話に自宅を提供した農民，Maroin Porterfield がこう言っているのを見てもわかる．

¶ He came here with a sincere interest in what we folks out here *in the boondocks* really think. I don't think there's an ulterior motive to the man. （彼はこの奥地で，われわれ市民が何を考えているかが知りたくて来たまでだ．別にためにするところがあったわけじゃない）

bottom line この言葉に2通りの使い方がある．両方と

も口語英語で，一つは経済用語で純益（net profit）のこと．これは損益計算書の最後に書くから the bottom line と名付けたまでである．一語にして "bottomline" とも書く．

¶ One very important thing you have to learn in Washington is the difference between appearance and reality. At Bendix it was the reality of the situation that in the end determined whether we succeeded or not. In the crudest sense, this meant *the bottom line*. You can dress up profit only for so long—if you're not successful, it's going to be clear. In government there is *no bottom line*, and that is why you can be successful if you appear to be successful. —Michael Blumenthal in *Fortune*. (ワシントンの政治の世界で，まず知らなければならないことは，目に見えること必ずしも実在することではないということだ．[だが私のもといた] ベンディックス社 [のような実業の世界] では，成功，不成功を最終的に決定するものは現実の状況だ．はっきり言って，それは純益の数字だ．この純益ばかりは，どう粉飾してみても限りがある．純益が上がっていなければ，不成功であることははっきりする．だが政府の仕事には純益というものはない．だから，成功しているようにみえれば，成功したことにもなり得るのだ)

bottomline は経済用語に限られているわけではない．もう一つの使い方は，the truth is...「有り体に言えば」とか，「本当のことを言えば」と言いたい場合である．

¶ They asked me to come, but I didn't go to the party, I told them I had a previous engagement. But the *bottomline* is I don't like parties. (誘われたが，ぼくはパーティに行かなかった．先約があると言って．だが本当は，ぼく，パーティは好きじゃない)

bravura [brəvjúərə] イタリア語で，bravery; spirit の意味のスラング．大胆な手法で気力のさかんなところを見せること．とくに（音楽や劇の）演技について言う．次にあげる例は，1974年2月4日号の *Newsweek* がアメリカの映画俳優 Robert Redford の特別カバー記事を出した際，彼には競争者がないではないことにふれながら述べた個所がある．

¶ Dustin Hoffman, Jack Nicholson and fast-rising Al Pacino are taken by some as more "serious" actors for their *bravura* portrayals of introspective, sympathetic losers. (人によっては，ダスティン・ホフマンや，ジャック・ニコルソンや，このところ急激上昇株のアル・パシーノの方が，内向型の好もしい敗者を演ずる彼らの光った演技の故に，[レッドフォードより]深みのあるアクターだと見る向きもある)

このように bravura は，形容詞（*bravura* technique; *bravura* performance）として用いられると同時に，それ自体を名詞にもする．

¶ With all its spotty *bravura*, the film has turned out to be a bore. (ところどころ，目立つ個所はあるが，この映画は結局たいくつなものだった)

break この言葉ほど，時と場合によって異なった顔を持つ言葉も少ない．茶わんなどを「こわす」といった単純な破壊行為以外に次のようなのが目立つ．たとえば That misfortune *broke* him. と言えば，「不幸が彼を魂のぬけが

らにした」で，またそういう人を He is a *broken* man. と言う．だが He finally *broke* that vicious horse. と言えば「荒馬をついにならした」ことになる．

常に "broke" と過去の形で使われる場合が3つある．一つはスラングで「文無し」の状態を指し，That famous actress was *broke* when she died. (あの有名な女優は死んだとき無一文だった) などと言う．第二の場合は They *broke* up. で仲のよかった2人がけんか別れをしたこと．第三にはノイローゼになること．He *broke* down. である．

また break はよいことにも使う．Give me *a break*. と言えば Do me a favor. (特別に何とかたのむ) の意味である．ついでに "housebreaking" は泥棒に入ることだが，"housebroken" は入られることではなく，犬猫が家のなかで飼いならされた状態，特にトイレを訓練されたものを指す．This dog is *housebroken*. と主人が客に言ったりする．

brittle もろく，こわれやすいことだが，fragile と脆弱さの性質が違う．fragile はやわらかく，delicate で，あるかなきかの幽かな存在を形容するのに対し，brittle は固くて曲らず，たたくとひび割れる性質のものである．a *fragile* flower とは言うが a *brittle* flower とは言わない．brittle は弾力に欠けていて，引っぱればプツンと切れるような構成の物質である．またちょっと力を入れて握るとこわれる卵の殻も as *brittle* as an eggshell と言う．brittle は柔軟性がないことを表わす言葉で，ある緊迫感を暗示する．人間に使って He is a *brittle personality*. と言えば，He is a difficult man to handle. (扱いにくい男だ) と同じ

である．音楽で，tense, *brittle* tones of an orchestra（張りつめた，いまにも崩れそうな感触の，オーケストラの音色）などと言う．

browbeat これは英語独特の表現で，横柄な態度で相手の気力を失わせ，服従させることを指す．眉でたたくという文字通り，顔付き，声，物腰などで相手をおどしつけることである．法廷で自分側に不利な証人を弁護士がおどすのを He *browbeats* witnesses. と言う．同義語に ***cow*** と ***bully*** がある．

cow は動詞に用いたもので，相手をおどして，雌牛のように無気力化すること．おどしつけられる側は，"being cowed" である．市川崑監督の映画『東京オリンピック』を，ある有名なイギリスの批評家が次のような言葉でほめている．

¶ He did it by a splendid refusal to *be cowed by* the ghost of Berlin 1936. (1936年のベルリン・オリンピック映画に影響されることを断固として拒むことによって彼はそれをなしとげた)

人におどかされて意気消沈している人を慰めるのには，普通 Don't let him *bully* you. という言い方をする．

buildup これは建設とは無関係で，ある対象を引き立たせようとして宣伝すること．

star buildup とはスター仕立てにいろいろの面からイメージづくりにつとめること．He is *building* her *up*. と言えば，「彼女の人気が出るように気をくばっている」ことで，本人の真価とは関係ない．built-up（組み立てた）と混同しないこと．

¶ His last employer gave the boy a good *buildup* but he was not up to the job here.（以前の雇い主からのふれこみはなかなかよかったが，あの青年は期待はずれだった）

またこれよりもっと日本では知られていないが，英語ではよく使われる用法に「だんだん我慢がならないような緊急性を帯びてきた」といった意味がある．The incident *built up* in his mind. は The incident increased the pressure on his mind. とか The incident became so hotted up in his mind that he no longer could bear it. という意味になる．これをあるところで「これまでのことが一つにまとまってくるように思えた」と誤訳していた．なお，built-up は形容詞，buildup は名詞．

burn 動詞としてのこの言葉も，簡単にみえてよく間違えられる．辞書では「燃やす」とか「燃える」「やけどをする」などと出ているが，そのためであろうか，

¶ I was conscious of a light *burning* in the kitchen. という文章を「私は台所に軽いこげくさい臭いがするのに気がついた」と訳した人がある．これは，「台所に灯がついているのに気がついた」ことで，burn は灯火がついていることを指すのである．太陽や月が照っているのは，The sun (*or* moon) is shining. でいいが，灯火がついている状態は burning である．「赤々と燃えている」と言いたければ，Coals are glowing. と言えばよい．また burn には "O. K. Corral" の歌詞にもあるように，「情熱を冷まさずに燃やしつづけよ」（Keep the flame, let it *burn* until I return from the gunfight at O. K. Corral）といった比喩的な意味もある．

C

calendar day これは案外知られていないが，真夜中から翌日の真夜中までの24時間を指す．***civil day*** とも言う．

camp / campy これは最も尖端的な批評語で，文学，映画，芸術，もしくは文学論のなかで，英米の批評家たちによってさかんに用いられている形容詞である．しかしこの言葉の流行語としての真意を明示した辞書はごく少数をのぞいてあまり見当たらない．しかも今ではこの言葉は濫用されすぎていて，明確に定義することは難しい．が，その傾向をはっきりつかむ唯一の方法は，それと反対の形容詞を発見することである．camp も campy もともに形容詞としてある種の作品を形容するのに用いられるのだが，それに反対の言葉はまず genuine というところだろう．ある作品が campy だといった場合，それは genuine ではないということである．こう言っても何もそれが「にせもの」だと決めつけているわけではない．camp に最も近い作家態度は，「戯画化」することである．純文芸作品の形骸をまねて，芝居じみた，形式化した興味本位のものをでっち上げたものにつけられる批評語が camp である．これはマス・メディアの産物とも言えるが，camp に類した作品は昔もあった．てっとり早く言えば，camp は美学のな

かでよく言う「亜流」とも言える．camp は genuine に対する phony, つまり形式を重んじて精神を無視したいたずらなる様式化だと言えないことはない．camp の文学には passion はない．それはポップ・ミュージックにも直接つながるものである．カリカチュア的な誇張，様式化のパッケージがその特徴である．衣服，家具，建築，あらゆるもののデザインに，音楽はむろんだが，このキャンプ趣味が流行している．

　camp とか campy という形容詞は非難語ではないが，あるくずれた傾向を示すものとして，純粋な art と区別するためにできている言葉なのである．自然を愛する心と反対の極度の人工（artificiality）をよろこぶ傾向のことである．

canny これは時局的に人物批評などによく出てくる形容詞で，よい意味（approving）の言葉である．世間的に感じのよい，あぶなげない，利を見るのにも相当はしっこく，それだけにつき合いよい……などの意味で，*Time* 誌は，Nixon's *canny* style in contrast to Rockefeller's *direct* style 云々と言い，2 人を対照している．

　canny の反対は "uncanny" で，canny よりもたびたび使われる批評語である．mysterious とか，weird とか，気味の悪いほどすぐれた能力などの意味に使われる．

　¶ He has an *uncanny* ability to gauge public taste. (大衆の好みを計る不思議な才能の持ち主)

care / mind care と mind は，動詞として用いられた場合，どちらも「心にかける」ことなので往々その区別をわきまえない人がある．

¶ Do you *mind* taking me there? (私をそこへ連れていって下さいますか？)

という問いに対して，うっかり Yes, I do. なんて言ったらとんでもないことになる．mind は「おいやですか，気になさいますか？」という含意だから，あなたの答えは No の一言で足りる．つまり，No, I don't *mind*. (いいえ，かまいません) とならなければならないのである．

care も mind と同じように使うこともあるが，mind のように preference を強く表わさないのが特徴である．たとえば，アイスクリームが好きか，シャーベットが好きか，と聞かれて，I don't *care* (which). と言えば，むろん「どちらでも結構です」ということ．これを I don't *mind*. などと言ってはならない．まあどちらでも我慢しとこうということで，失礼しちゃうことになる．

これに対して，たとえば，所蔵の絵を見せられて，I don't *care for* this type of picture. と言っても，別に失礼に当たらない．単に自分の趣味じゃないというだけのことで，相手の絵の価値に言及したことではない．だから，I don't *care for* icecream. (私はアイスクリームを好かない) というのと同じことで，なにも角(かど)は立たないのである．I don't mind. ということは他人が質問したときに限るのだと思っていれば間違いはない．

(be) *carried away* この口語表現は，carried away by one's emotion of the moment (その時の感情に支配されて，ついつい度を失ってしまった) の意で，何かの弁解などによく使われる．

元来 carry という動詞は何かを一つの場所からもう一つ

の場所に移動させることで，たとえば現実という時点から
もう一つの時点に人の気持をもっていくことも言う．

¶ The opera singer *carried* the whole town by storm.
(オペラ歌手は町全体を魅了した) つまり芸の力で人を現実
から連れ出し，夢心地にしたことである．

これを受身の形にしたのが be (*or* get) carried away で
ある．その時の感情でついうかうかと現実から遊離してし
まうことである．

¶ I might have known. I guess I *was carried away* at
the time.(それに気がつくべきだった．わたしとしたことがつ
いうっかりして……) これを平凡な言葉に直せば，単に I
was careless. と言ってもあまり違わないのである．

carte blanche [káɚrt bláːnʃ] フランス語からきていて，
全権を委任するというお墨付きと思えばよい．日本なら実
印を押し，外国なら署名をして，白紙のまま先方が好きな
条件を何なりと書けば，それを承諾するというもの．

¶ The company extended *carte blanche* to him to
create his magnum opus. (会社は彼にカルト・ブランシを渡
してマスターピースを作れと言った)

Carthaginian peace これは peace terms so severe
that it will amount to virtual destruction of the defeated
(停戦条件があまりにも苛酷で，事実上，敗れた国の滅亡を意
味するようなもの) のことで，ローマがカルタゴを目の上
のこぶとして，戦争で負かしたあと，苛酷な平和条約で，
滅亡させた史実からきている．この「有名無実な平和」と
いう語は，今でも時事的な論文などで書かれる．たとえば
Foreign Affairs 誌の主筆 Hamilton Fish Armstrong は，

同誌の1968年4月号に "Power In a Sieve"（国力の底なし湯尽(とうじん)）と題してアメリカの立場について書いているが，そのなかで「大ていの国際問題には最終的な解決はない．カルタゴの平和のみが最終的なものであり得る」("Only a *Carthaginian peace* is final...") と言って，ベトナム戦にも最終的な解決はあり得ないと思わなければならないと言っている．つまりどんなものでも，カルタゴの平和よりはましなのだと言っているのである．

これと対照的な言葉に，***Pyrrhic victory*** がある．これはギリシアの Pyrrhus 王が 279 B.C. の戦いでローマ軍を破ったが，たいへんな数の兵を犠牲にしたので勝利とは名のみで，損失のみが残った．これから，犠牲の多い勝利ということの代名詞になっている．

challenge ある難しい仕事を与えられ，勇躍してそれを引き受けるような場合，The job was a *challenge* to me. などと言う．「挑戦」という言葉は誤解されやすい言葉で訳し方も時に応じて「力だめし」としてみたり，「刺激的」としてみたりされているが，この言葉は，受けとる側の主観による表現だということを忘れてはならない．人でも物でも，別にそれ自身は challenge するつもりでいるわけでも何でもないものが，その存在をみるとぐずぐずしてはいられないような気持になるということなのである．その意味で「刺激」と言えないことはない．

ところが "challenging" と形容詞になると批判的な描写の言葉になる．Her manners are *challenging*. と言えば，Her manners are hostile. と言うのとあまり変わらない．何か開き直ったような，おだやかでない manners なり，

雰囲気を指し，悪い意味である．

　同じ刺激的でも，"stimulating" はよい意味に用いられる．The book is *stimulating*. と言えばよいことになる．だが動詞になって The book *stimulates* base emotions. と言えばよくないし，形容詞から名詞にして "stimulants" とすればコーヒーの類いから阿片にいたる刺激剤で，いいものばかりではない．

charge 　この単語は使い方が多様で，日本語でわかりにくいものの一つになっている．動詞にも名詞にも使い，普通，次のような使い方をする．

　① accuse の意味．つまり人を正式に告発するとき．必ずしも裁判沙汰でなくとも，The candidate *charged his opponent with* evasion of basic issue. （候補者は反対党の候補者が根本問題を避けていると言って非難した）と言ったりする．

　② 料金の場合．There's no *charge*. （ただです）free of *charge*（無料）．He *charges* high for goods. （彼の店の品物は高い）*Charge* it to an expense account. （会社払いにしときなさい）

　③ 「充電」からくる意味で，雰囲気を形容するのに使う．The atmosphere *was charged*. （感情的な空気がみなぎっていた）

　④ 「とりしきる」「責任者になって仕事をする」You'd better *take charge*. （あなたがここをとりしきってください）

(the) charmed circle 　これは魅力ある人びとでも，魅せられた人びとでもなく，ある組織体の最高幹部のこと．

¶ I sat in *the charmed circle* of Ghana. （ガーナ政界の最

高幹部の連中と親交を結んだ）といった使い方をする．やや上から見下したちょっぴり皮肉な言い方．

chastening chaste は「純潔な，貞節な，堅実な，簡素な」などの訳語が辞書に出ているが，要するに loose とか dirty，または greasy（ぬるぬるして不潔な）の反対のムードを表わす言葉だと思えばよい．

¶ There is no more *chastening* thought than that in the vast intellectual adventure of science, it takes but one tiny exception to topple a whole edifice of ideas. このなかの "chastening thought" を「浄化する思想」と訳した人があった．これではこの文の本質的な意味をがらりと変えることになる．辞書の訳語から導き出された弊害である．正しくは，「科学の大きな知的冒険の世界においては，一つの些細な例外でも，その全体系をくつがえすに足るものだということに思いをいたすほど，身のひきしまることはない」と訳すべきである．つまりいい加減な議論をして，何でも十把一からげにしようとする loose な物の考え方を戒めたのである．この chastening は ***sobering***（一時に酔いをさます）と同じ意味である．

chemistry この言葉は化学以外の意味に使うことがある．アメリカ英語で，個人同士が「気が合う」とか，「馬が合う」ことを近年，My *chemistry* is right with him (*or* her). という具合に表現するようになっている．昔はこれを We are temperamentally suited to each other. などと言った．

chemistry は人間以外の事物にも使う．

¶ He understands *the chemistry of* modern diplomacy.

(彼は現代の外交の特異な体質を理解する)

¶ You must allow for the *chemistry of love*. (恋はくせものであることは認める必要がある) この chemistry は「作用」の意.

つまり人間の場合も, そうでない場合も, こういう意味に chemistry が使われるときは, the peculiar makeup (特異な構成) というフレーズと入れ替えてみるとはっきりするのである.

chin 同じ一つのものを指示する名詞でも, 英語と日本語ではかなり違ったイメージや含みを持っている場合がある. もちろん, 比較的それが両者に共通している場合もある. ライオンは, どちらの場合も百獣の王のイメージを持っている. しかしコイは日本ではコイのぼりその他のイメージによって示されているとおり, 勇ましさを表わすが, 英語の carp ではそうはいかない. 動詞にすれば「誹謗する」とか「悪評をする」の意味によくとられる.

日本語の顎には「顎が干上がる」とか「顎が落ちる」とか「顎がはずれる」などさまざまな用法があるが, 英語の chin もこれに劣らずいろいろな用い方があり, かなり日本語と違った意味合いを持っていることがある.

¶ Keep your *chin* up. というのは, 一般に greeting のように使われている言葉で, 「がんばれよ」とか「上を向いて歩こう」ということである. chin は英語では, "guts"(気力)を表象する. だから顎がだらりと垂れて long face になるのは気力を失った状態を表わす. I've never seen such a long face. は「私はこんな長い顔(ウマヅラ)を見たことがない」ということではなく, 「こんな

にがっかりした顔を見たことがない」ということである．日本語の「顎を出す」（くたびれたの意）という言い方は，次の表現にちょっと似ている．

¶ Using the world for his *chinning* bar, the baby is the most comfortable race on earth. この "chinning bar" という表現はいかにも英語的で日本語にはちょっと見当たらないが，意味の上ではさしずめ「脇息(きょうそく)」という言葉で代用させるより仕方がないだろう．要するに，「世間を脇息代わりにしているんだから，赤ん坊は最も気楽な種族だ」ということである．

choice ☞ ***option***

Christmas クリスマスにも変わった使い方がある．She is always *Christmas*. と言えば，「彼女は何にでもいやな顔ひとつしない」という賛辞．クリスマスはまた "pay day" のスラング．

classified ad / classified information 同じ classified でもこの2つは全然違う．classified ad は新聞の広告欄で，分類されているところからの呼称．classified information はアメリカ英語で国家の機密となる情報．men in the *classified service* は，機密事項を取り扱う部署にある人，つまり「諜報部員」．

claustrophobia [klɔ̀:strəfóubjə] ラテン語からの造語で「密室恐怖症」．その反対が agoraphobia [æ̀gərəfóubjə] で，これは広い open space を通り抜けることも，そのなかにいることもできない「広場恐怖症」．

clientele [klàiəntél ; kli:ɑ:ntéil] フランス語からきている．客筋のこと．

¶ We have an *elite clientele* around the world. (当社は世界中に高級な得意筋を持っております)

¶ They are the Kabuki theatre's *regular clientele*. (彼らは歌舞伎の固定したひいき筋だ)

close ☞ ***intimate***

(the) clothes on their backs ¶ Now they were leaving the city forever, taking with them only *the clothes on their backs*. (誤訳＝彼らは，背に衣類を背負っただけで，まちを去って行った．正訳＝着のみ着のままで，まちを去って行った)

clout これはアメリカ英語で，英国人の作った辞書には現代語としてのこの言葉の意味は出ていない．日本の英和辞典もうまく意味を伝えていない．この言葉は political power（政治力）を意味しているのである．いわゆる「実力」(muscle) のことで，"money and clout" といった言い方をすることからも，これが，舞台裏の power であることがわかる．

clout の語源はいろいろに考えられているが，一説によると 1940 年代に sports writer が野球の記事のなかで，あるバッターの打った球のことを "What a *clout*!" と書いたことから始まったとも言われる．つまり a powerful hit (強打) の意味である．

"muscle" が同義語だが，clout との違いは，muscle は断片的な実力で，それが集積して clout になるのだという．

また clout は "merit"（真価）とは何の関係もない，暴力に近い「にらみ」であることは次の例文からもうかがわ

れる.

¶ No one gets anywhere in politics or business on his merits. He has to have the *clout* from behind.—Harold Ganell. (政治や実業の世界では,メリットなどいくらあっても出世はしない.すべては背後からの「実力」次第だ)

¶ The Arabs are exercising all the diplomatic *clout* they can muster to squeeze the have-countries. (アラブは,外交的なにらみをきかせるだけきかして,持てる国からしぼり取ろうとしている)

COD ☞ PPC

cold 映画の題名で "The Spy Who Came in from the Cold" というのがあったが,『寒い国から帰ってきたスパイ』となっていた.この原作になっている小説の邦訳を見てみると,the cold は全部「寒い国」とか「寒い場所」となっているから,これからとったことは明らかである.ために,この映画の邦題はまったく誤訳なのである.元来 the cold とは "out in the cold" の慣用句からきている.このスパイ小説のなかで,主人公の上役が,いたわるような調子でこう言うところがある.

¶ ...one can't be *out in the cold* all the time, one has to come in *from the cold* (いつも現場の危険にばかりさらされているわけにはいかない.たまには現場からはなれてしゃばに帰らなければやりきれないものだ)

これでもわかるように out in the cold は「安全を保障されていない」状態,つまり「ほったらかし」のことで気候とは関係ない.別の英語を当てれば utterly neglected とか deprived of benefits given others (当然受けるべき恩恵

を与えられない）状態を示す．

¶ The plan helps the city dwellers but leaves the farmers *out in the cold*. （その政策は都市の人にはいいかもしれないが農夫にはまったく不利だ）

cold はまた何の感情も動かない，つまり少しも感心しない意味にも使う．それは次のような形をとる．

¶ His performance in the ballet *left me cold*. （そのバレーにおける彼の演技には少しの感興も覚えなかった）

cold はスラング化すると次のような意味ができる．

「完全に掌握する」（master）

¶ The actor *had his lines down cold*. （その俳優はせりふを完全に自分のものにしていた）

「意識がなくなる」

¶ The boxer was *knocked cold*. （そのボクサーは気を失った）

「ほとんど何の準備もなしに」

¶ Her singing was *cold and flat*. （彼女の歌い方は感じが少しも出ていないひどいものだった）

collect gather と同じように，ものをひとつところに集めることだが，違うところは，collect には selection の気持がはいっていること，collector は物を蒐集する人であることは誰でも知っている．だがあまり知られていない collect の用法として，当然の報酬（recompense）を取り立てるという気持があることで，I have to *collect* my salary. （サラリーを取りに行かなければ）とは常に言われることである．また小包など先方払いのことも collect と言い，これは一種の副詞として使われる．Send the package *col-*

lect. と言う。つまり，It is to be paid for by the receiver.

"collected" が形容詞ないし副詞として用いられる場合は，calm とか，composed，つまり「クール」のことである．

¶ She looks *collected* this morning.（彼女は今朝は，まったく落ちつきはらっている）

「取り立てる」(claim) の意味での collect にやや似ているがまったく性質を異にする言葉に retrieve と，それに似た reclaim, recover などがある．

まず ***retrieve*** は，「取りもどす」とか「回収する」こと．当然自分に属しているものを claim することには変わりはないが，retrieve は，そのものが手許から slip して，手の届かないところまで行ってしまいつつある状態を想定している．

¶ He *retrieved* the floating paddle by leaning out along the bow of the boat.（彼は船のへさきから身をのり出して，フラフラ浮いているボートの櫂(かい)に手をのばして取った）

retriever は猟犬のこと．主人の撃ち落とした獲物を回収してくるところからとった hound の名．

reclaim は restore と同じく，「失われ，またはそこなわれたものを，その本来の状態にもどす」ことで，reclaim は大体として土地に関して用いられ，*reclaiming good farmlands from the polluted, man-made swamps*（汚染された人工沼を埋め立てて，いい農地を作る）などと言う．

recover は失われたものを，文字通り回復すること．

¶ I have *recovered* the other shoe I lost the other day.

（先日なくした片方の靴があった）

¶ He *recovered* his position of eminence among his fellow scientists in the last days of his life.（彼は死ぬちょっと前に科学界の権威としての地位を挽回(ばんかい)した）

come up with come up に with が付いていない場合は，"arise"（物事が起きる）と同じ意味である．Do you think this question will *come up* in the examinations?（この問題は試験に出ると思うか?）などと言う．しかしこれに with が付いて "come up with" となると意味がまったく違ってくる．これは現在必要とされているもの，案でも，現物でもを「供給する」ことである．

¶ No one's *come up with* a car that's small, cheap, pollution-free, economical to run, and safe.（コンパクトで安く，無公害で維持費に金があまりかからず，しかも安全な車を考え出した者は今までにない）

¶ The committee has *come up with* some practical suggestions for increasing sales.（委員会は売上げをのばすための具体案を出した）

commitment これはむろん commit の名詞形である．commit とは何らかの行動に「踏みきる」ことである．だから commitment は decision（決定）とあまり変わらない．行動についてのこういうハッキリした概念は日本語にはない．従って適当な訳語が辞書にない．ただ，そのときどきに熟語になって出てくる．たとえば commit の熟語で最も有名なものの1つに "commit suicide" がある．これは「自殺する」と訳される．つまり「する」が commit に当たっている．ではなぜ do が使えないのか? なぜ

commit なのか？　その理由は，自殺は，やり直しのきかない決定に踏みきることだからである．少なくとも当人はそう思っている．それは本人にとっては重大な決定であり，選択である．その道を選んだが最後，他の道 (alternative) は取れないのである．それは，いやいやでやろうと，進んでしようと commitment であることに変わりはない．

このようなのっぴきならない立場に自分を追いこむことは他にもある．約束も commitment である．いつどこで会おうと相手に言質を与えたり，何かの行動をとることを他人（単数の他人でも複数の他人でも）の前で公約してしまったらそれを実行するより他に道はない．

¶ "Can you meet me tomorrow?" "I'm afraid not. I have a *writing commitment*."（明日会えるか？　いや，原稿を書かなければならないからだめだ）また，ただ I have *a commitment*.（先約がある）と言ってもよい．

commit one's idea (*or thoughts*) *to paper* は「自分の考えを紙に書きつける」ことである．つまり "take it down" とか "write it down" と同じである．

¶ While he was a war prisoner, he managed to *commit his private thoughts to paper*.（彼は戦争の俘虜生活を送るうち，自分の心のなかの思いを人知れず紙に書きつけておいた）つまり，考えが頭のなかにとどまっている間は，その考えが霧散してしまうことも，他の idea に変化することもあり得るが，いったん紙に書きつけてしまうと，あとに残り，その idea についての責任をとらなければならないことにもなる．

commit a crime (*or **crimes***) も「自殺する」と同じくらい一般化された熟語である．

¶ He was convicted of *committing crimes* against the state.（彼は国事犯の宣告を受けた）

commit (***something***) ***to memory*** とは「何かを忘れないように覚えこむ」ことである．

¶ He *committed those figures to memory*.（彼はその数字を覚えこんだ）

commitment は目に見えないこと，たとえば感情を対象に二心なく注ぐことにも使う．

¶ She's *totally committed to* Jimmy. People eat up that sort of thing.—*Time*.（彼女はジミーに全身全霊で傾倒している．大衆はそういうことには目がない．ひどく感激する）これは Rosalyn が夫の Jimmy Carter 大統領のために演説してまわったことに関するリポートである．

¶ You have to announce your *absolute commitment to* his daughter to get anywhere with her family.—Alfred Hitchcock's *Magazine*.（彼の娘に絶対の愛情を持っていることをハッキリ表明するのでなければ，彼女の家族の信頼は得られない）つまり，心のなかでひそかに愛情を持っていてもだめだ，ハッキリ，結婚の意志を表明しなければ，彼女の家族に取り入ることはできない，というのである．

政治用語としては commitments と committed は特殊の意味を持っている．committed が leftish（左翼の）という意であるのに反し，commitments は最近は保守主義者が「公約」の意に使っている．

¶ We must honor *commitments*, says hard-liners.（公約

は守るべきだと極右系の人びとは言う)

¶ The magazine is run by what one calls '*committed writers*'. (その雑誌はいわゆる左翼系のライターが出している)

日本語でいう「旗幟(きし)を鮮明にする」は He is quite *committed on* the issue. (彼はその問題についてははっきりした態度をとっている) という.「旗幟が鮮明でない」場合は, He takes a *non-committal* attitude. (彼はどっちつかずの態度だ) である.

compel ☞ *impel*

compromise この言葉は「妥協」という意味では知られているが, 別にまったく質を異にする意味では, あまりよく理解されていない. 2通りある.

① 取り返しのつかない行為によって, あるもの (良心など) が被害をこうむること.

¶ Such an act would *compromise* my conscience. (そんなことをすることは, 私の良心にそむく)

¶ It would *compromise* security. (国家機密の侵害になる)

② 信用を台なしにする (ruin one's reputation) こと.

¶ In those days a girl *was compromised* if she danced more than twice with the same boy. (当時は, 女の子が, ダンスパーティで, ひとりの男性と2度以上踊ると, あらぬ噂を立てられた時代だった)

condescending ☞ *patronizing*

condone / *connive* これはいずれも, よくないことを見すごす (overlook), または見て見ぬふりをすることだが,

意味に相違が多少あり,使い方も同じではない.condone はラテン語の forgive を意味する語からきていて他動詞,いかがわしいことの継続を許すこと.formal な言葉である.

¶ There is a conviction that the government *condoned the atrocities* and it poisoned the relations between the two countries.(政府が残虐行為を黙認してなすにまかせたのだと信じられていて,そのため,両国間の関係が毒されてしまった)

connive はラテン語の「片目をつぶる」からきていて,軽い表現.

¶ He *connived at* youthful follies.(若い者のばかな行為を見て見ぬふりをした)

共謀する意味なら with を使う.

¶ He *connived with* him in importing contraband goods.(禁制品の輸入を手伝った)

consensus この言葉は説明のしにくい言葉である.第一,「意見の一致」「総意」「世論」などと言うと,"total agreement" のように聞こえるが,じつはそうではない."unanimity" とか,"meeting of minds" という英英辞典の説明も,正確な定義とは必ずしも言えない.ある条件付きでなければならないからである.unanimity では「満場一致」のように聞こえるが,実際問題として consensus は total agreement のことではない.majority による意見の一致である.それでは consensus は多数決(majority decision)のことかと言うと,そうでもない.英語でいう "majority decision" とは議会式の公的投票の結果で,最

低51パーセントの票があればよいのである。だが consensus はそんな決定ではない。投票以前の「民意」とも言うべきものである。この意味で "*consensus* means the general agreement of the people concerned"（コンセンサスとは問題に関心を持つ人びとによる総体的な合意である）という Edward De Bono（言語学者）の定義が最も要を得ていると思われる。つまり、ある問題について特に意見を求められた人たちが、全員異議なしと非公式に支持を表わしていることであって、ある種の連帯感が成立している状態を言うのである。

たとえば1950-68年には "the cold war consensus", ソ連と自由世界の間は「冷戦」状態にあるという consensus があり、それ以後、1970年代の中ごろまでは、"dé-tente"（緊張緩和）の状態が、世界全体の consensus だということになっていた。これは国際的な consensus だが、もっと局所的な consensus は政治家が常に求め、利用する「民意」なのである。アメリカでは、故 Lyndon B. Johnson 大統領が特に consensus を大切にした大統領であり、故 Kennedy 大統領は、その反対の立場をとり、彼の政策は政治評論家 William Safire 氏によると、"superiority of the politics of combat as against the politics of *consensus*"（コンセンサス政治に対する実戦的政治姿勢を優位においた）ものだったという。

Johnson 大統領の politics of consensus（コンセンサス政治）について、Walter Lippmann は次のように述べている。

¶When President Johnson speaks about seeking *a*

consensus he is not saying that he expects every one to vote for him and to agree with him. But he is saying the great internal problems cannot be solved successfully and satisfactorily until and unless they have the support of a very big majority. In the American political tradition, a very big majority is taken to lie between 60 and 75%. An American consensus is more than a bare 51%. (ジョンソン大統領がコンセンサスを得なければならぬという場合,一人残らず自分に投票してほしいとか,すべての人に同意してもらいたいなどと考えているわけではない.ただ彼は,大きな国内問題は,与党が,大多数の支持を得なければ解決できないと言っているのだ.そして,アメリカの政治常識では,大多数とは 60% から 75% の間を言うのであって,51% やっとでは,アメリカのコンセンサスとは言えない)

consummate これはもともとラテン語に根を置いた動詞で,物を total に完結すること,別の英語表現を使えば,"render complete in every detail" ということである.完結といっても完了の意よりも,名実ともに実在化することで,たとえば結婚について言えば,名義上の夫婦ではなく,肉体的にも夫婦になり了せたことを consummate というのである.

¶ The bride-groom ran away from the wedding scene; but fortunately it was before the marriage was *consummated*. (結婚式場からお婿さんがいなくなった.だが幸いにも,実質的には 2 人は夫婦ではなかった)

¶ A business merger was *consummated*. (合弁会社が成立した)

¶ A politico-economic alliance was *consummated*. (政治経済同盟が実現した)

consummate は動詞ばかりでなく，形容詞としても使われる．この場合 perfect (至芸の) とか，「無類の」などの意になる．

¶ The play was graced by her *consummate* performance. (その劇を飾ったものは彼女の比類なき演技だった)

¶ He is a *consummate* liar. (彼はうそをつくことの名人だ)

¶ He's a *consummate* ass. (あの男は大バカモノだ)

containment 「コンテナ」と大書して，その下に「戸口から戸口へ」と記した貨物を積んだ大型トラックが走っているのをよく見かける．久しく何だろうと思っていたが，やっと container のことだとわかった．むろん動詞の contain からきている．contain は "hold" のことで，物が外にはみ出さないように容器に入れることである．そしてこれのもう一つの名詞が containment である．元アメリカ大統領特別補佐官 M. Bundy 氏が言った "policy of containment" を日本語訳で「封じこめ政策」としているのは語弊があると問題視された．aggressive に聞こえすぎるかららしい．そのためかどうかは知らぬが，containment の邦訳を「せき止め」としてはどうかという意見が政府筋から出て話題になった．元来 containment は，敵性国家がある点以上に拡張しないように政治的・経済的に圧力を加えることである．

cool これはかつてのヒッピー語で，今ではみな OK の代わりに使っている．It's *cool*. (それでオーケーです)

また **cool it** もよく使われるスラングで，overheat をさけて，「冷静を取り戻せ」の意．昔なら cool it の代わりに easy とか easy does it と言った．むろん今でも，使うことは使うが，cool it の方がスマートに聞こえる．cool はまた He is *cool*. のように形容詞にも使う．この意味は，あの人は常に演出効果を考えて deliberate（慎重）にことをする人物だ，という意味で，表面は感情家に見えるが，じつはそうではないといった含みに使う表現．

cop out このアメリカのスラングは，"drop out" と似た言葉で，中途で物事を投げ出したり，主義主張をたやすく捨ててしまって安易な道に走ることを言う．

¶ He has *copped out* and went in for middleclass affluence.（彼はもう戦うのをやめて，プチブルの生活の裕福さをえらんだ）

cop a plea という表現は，逮捕された人間が，軽いほうの罪を認めて，罪が軽くなるように警察に対して低姿勢に出ることを言う．

cop-out (n.) は，物事をまじめにするのをやめて，妥協すること．

¶ That was no strategy, that's *a cop-out*.（そんなのは作戦行為などではない，妥協だ）

cope この言葉は strike（打つ）のラテン語 coup からきていて，対象を戦いの相手と見る英米の国民的思想を物語る．つまり，困難な問題と取り組んで負けない，の意．with を伴うことが多いが，単独にも用いられる．

¶ He died before the war. He couldn't have *coped* now.（彼は戦前に死んだ．今だったらとてもやっていけなか

ったろう)

corrupt ☞ ***demoralize***

could do worse これは典型的な understatement（わざと控え目に少なく関心をよそおった言い方）の一つである．相手がこうしてはどうかと提議したのに対し，「それも悪くない」といって賛意を表わす方式である．We might take in a picture show tonight, what do you think? (今晩，映画を見に行こうか，どう思う？) と聞かれて，We (You) *could do a lot worse*. と答えれば，「見てもいい」の意である．a lot はあってもなくてもよい．この could do worse のなかで最も意味のあるのは could で，これは can の仮定法である．つまり「それよりまずいやり方もあり得る」ことで，「だからそれはそれほどまずいやり方とは言えない」の意である．つまり could do worse は "why not?" とまったく同じことなのである．同じ賛意を表わすのにも "Let's do!"（そうしましょう）ととびつくように愛想がよいのもあれば，こういう少しひねった言い方もあるというわけである．

country この言葉は元来相当の広がりをもった land のことで，"region", "district" と言いかえられる．特にある特徴をもった area のことに使う．

たとえば ***hill country***（丘陵地帯），***Indian country***（インディアンのいる土地），***tobacco country***（タバコ栽培地区），***wooded country***（森林地区）など，この場合冠詞は使わない．

¶This is bad *country* for walking.（歩きにくいところだ）

"between my *country* and yours"（われら両国間の）のように祖国の意味での生まれ故郷は，country のほんの一部の用法．最も多く使われるのは city に対する rural region（いなか）の意で，***country club*** ; ***country cousin***（おのぼりさん）; ***country music***（アメリカ南部産のフォークソング）などの組合わせがある．特定のいなかと言うときは，***countryside*** とも言う．

¶ my native *countryside*（私のいなか）．

また country には sphere（圏）の意味もあり，It is the ***borderline country*** between aesthetics and psychology.（それは美学と心理学の中間地帯だ）といった表現もある．

creep / crawl creep と crawl は，どちらも「這う」だが，どう違うのかということは，実際に英語を使ってないとなかなかわからない．辞書の訳を見ると，両方の意味が交錯し，重複していて，よく読めば読むほど区別がつかなくなる．実際に用いられる場合はごく簡単で，creep は皮膚に対するムズムズするような感覚に使われる．たとえば，むかで，なめくじ，毛虫類の人間に与える感覚である．「イヤな感じ」という意味で，He gives me *the creeps.*（あの男を見るとぞっとする）といったような言い方もある．

これに対して，crawl は這うという肉体的状態を指し，それからくる metaphor，たとえば all the *crawling things* on earth といったように，「地上に這いずって在るもの」のように聖書などでいう，万象のうちの動物，特に蛇の類を意味することもあるが，この場合，主観的な嫌悪

感は含まれていない．あくまでも状態からくる比喩である．水泳のクロールも，これからきている．蛇やとかげは，どちらかというと，這うかたちからして自然と，creep でなく crawl が一般に用いられている．

critic この言葉は，語源は「批評家」だが，その前に literary とか sports とか film とか，その他批評の対象を示す文字がこないかぎり，ふつう「わるくち屋」，やや難しく言えば，***detractor*** とか，***declaimer***（けちをつける人）のことを指す．He is my *critic*. と言えば，「あの人はわたしのすることに何でもけちをつける」という敵性表現なのである．

crunch 昔からの意味では，バリバリ音を立ててものを咬むことだが，これとは別に新しいスラングとして，① ***showdown***（どたん場），② ***a pinch ; a tight situation*** の意味に使う．"the oil *crunch*"（石油事情）というのが，英米の新聞雑誌に大きな関心を呼んで定着した．

cry baby これは，あまりかんばしくない人物のことで，俗語で "stinker" とも言う．何でも人のことを他人や上司に泣き言の形で言いつける人の蔑称．

C.Y.K. consider yourself kissed の略だが，何らかの理由で人前で愛情の表現を避ける場合，英米の恋人間に用いられる世界で一番短いラブレターである．

D

dark この形容詞は日本語では「暗い」と訳されることが多い.「色が浅黒い」という意味も知られている. あまりよく知られていないのは, この言葉が邪悪な性格を持っていることである. "*dark* deeds" と言えば,「悪事の数々」のことである. さらによく理解されていないのは, dark が動詞になったときである. Her eyes *darkened*. とあるのを「彼女の眼がくもった」と訳すのをよく見かけるが,「彼女の眼に, じゃけんな影がさした」とすれば, 怒りの色が見えたことがはっきりするだろう. 怒りの表現は, 英語と日本語ではかなり異なっていて, たとえば, He narrowed his eyes. と書いてあるのを,「彼は目を細くした」と訳したのでは, よろこんだのではないかとさえ思われる.「怒ってきつい顔つきをした」のである.「彼はうす目をあけた」などというに至っては珍訳の部類に入る.

de rigueur [də rigə́:r] フランス語. アングロ・サクソン語では "a must"(どうしても必要な)と置きかえられる.

 ¶Gloves are *the de rigueur part* of evening clothes.
(夜会服には, 手袋は絶対欠かせない)

dear | my dear この2つはアメリカとイギリスでは反対になる. つまり手紙の初めに Dear John と書いた場合と, My dear John と書いた場合は, アメリカでは, 前者

はごく親しい友だちであり、後者は少し改まって他人に対して使う形式であるのに反し、イギリス人が書くと、親しみを表わすのに My dear John と言い、改まった場合に Dear John と言う。ただしビジネスレターはともに Dear Sir で始まる。よく年長の人が、下の者に My dear child などと言うが、これはアメリカではイギリスにおけるより、ずっと他人行儀なひびきを持っている。

debase ☞ *demoralize*

decent これは世間を強く意識した言葉である。とくに性道徳をふりかざしてものを言う場合、つまりよく言う「ちゃんとした」に当たる。この言葉の性格は、その逆の indecent を見ればわかる。indecent は unclad (まともに服をまとっていない) ということで immodest ということになる。むろん decent にはこの基本語義からいろいろの使い方があり、必ずしも性に関するものばかりではない。「世間なみ」とか「見苦しくない」とかの意味に使われる場合が最も多い。

¶They wanted to give him a *decent* burial. (せめて世間なみの葬式を出してやりたかった)

¶I have no *decent* clothes to wear. (着ていけるような着物がない)

もっとも後者は女性の常套文句になっているそうだが、何をもって decent clothes とみなすかはご本人次第で理くつ抜きである。女性の室をノックして Are you *decent*? と言えば Are you properly dressed? つまり「あけてもいいか」と聞く場合である。

deep ちょっと見たところ、同じ意味を表わす言葉でも、

英語と日本語とでは，違った feeling を持っていて，簡単に置きかえられない場合がしばしばある．一例として，deep（深い）という単語をあげてみよう．日本語の「深い」は，たとえば，「AとBは深い仲だ」とか，「あの人物には深みがある」などのように，一種の affection をもって describe される場合に用いられ，いい意味にとられることが多い．しかし，英語の deep は，それとは根本的に違っている．どう違っているかと言うと，That man is a *deep* one. と言ったら，「あいつは底の知れない人間だから用心しなければならない」ということになる．思っていることを顔に表わさない，いったい何を考えているのかわからないということで，いい意味にとられないのである．

アメリカの女性は，よく相手の男性に，「あなたは deep で，すこしもおもてに表わさないから，（他に女があるかもわからないし）いやだわ」などと言ったりする．すると，男性は，I've never been *deep* with you, have I? と言って釈明する．これを，「ぼくはあなたと深い仲ではなかったではないか」などと訳したりすると，とんだお笑い草になる．「ぼくはあなたに隠し立てしたことはありませんよ」ということで，あとに，I introduced all of my friends to you.（ぼくはぼくの友だちをぜんぶ紹介したじゃありませんか）といったような言葉を付けるとわかりよいであろう．

degenerate ☞ ***demoralize***
degrade ☞ ***demoralize***
deliver この語には2つの用法がある．第一は束縛から救出する（free; rescue; save）意味に使うときで from を伴う．Deliver us from Evil. は有名なキリスト教の祈りの

文句. 名詞は *deliverance*. これをもう一つの名詞 *delivery* と混同しないこと. delivery は「配達, 分娩, 話術」の意味に使う.

¶Apart from the content of the speech his *delivery* was fine. (話の内容はともかく, 話しっぷりはよかった)

deliver の第二の用法は deliver the goods (注文の品物を届ける) という原形からきている純然たる口語的用法. 目的格の "the goods" を省いて単独に用いられ, 現物を届けるという原意から, 口ばかりでなく, 実績をあげるという場合に使う.

¶He is a big mouth, but you must admit he *delivers*. (彼は大口をたたくが, 実績をあげていることは, 認めねばなるまい)

demoralize | degrade | debase | deteriorate | degenerate | corrupt | depraved

demoralize は人間をひどい目に (精神的でも, 肉体的でも) あわせて自尊心を失わせ, 気力をそぐこと. 日常的に用いる場合は大体この意味に使う. Money worries are *demoralizing*. (お金の心配があると, 気力がなくなる) これは, 『花嫁の父』という映画のなかで早婚して父親の厄介になろうとする娘が, そう言っておどかす文句である. つまり morale (士気) がそがれることである. 外からの敵意のある pressure に負けて, 気力が失われていく状態を "demoralizing" と言う.

¶Wasted effort thoroughly *demoralized* the whole staff. (働いても結果が少しも上がらないので社員はすっかり意気消沈した)

これらの例でもわかるように，demoralize は，被害者意識を持った言葉であり，直接感情的な打撃を受けることから起こる気力の喪失であるのに対し，degrade は文字通りに言えば，位一等を減ぜられること，a sergeant *degraded* to the rank of private first class（上等兵に格下げになった軍曹）というときにも使うが，大体として degrade は比喩的に使われ，public estimation（世間の尊敬）を失うことからくる「成り下がり」の状態である．つまり，品質（人間でも事物でも）の低下を意味する．

¶ He had *degraded* his office by shameless extortion. （彼はひどい汚職をした）

つまり神聖なるべきその職務の座を汚したのが degraded なのである．この点で degrade は **debase** とほとんど同義語になる．ただし debase は同じ低下でも，「格」下げでなしに，本質的な価値の低下という含みがある．たとえば，currency *debased* by inflation（インフレーションで金(かね)の価値が下がった）といった使い方をする．

deteriorate は「悪くなる」「退歩する」「衰える」の意味がもとになっていて，道徳的な判断を必ずしも含まない．Conversation *deteriorated*.（[はじめは理路整然としたりっぱな] 会談が，だんだんつまらぬ話になっていった）とか，The weather *deteriorated* during the night.（夜のうちに天気が悪くなった）などの言い方がある．

degenerate は最もよく知られている「堕落」を表わす言葉である．この言葉はその人なり事物なりの本来あるべき姿から，「転落した」という建て前の言葉で，the decline of a *degenerate* empire とか a *degenerate* dope addict などの形をとるが，実際は，はじめから腐敗した状態を指す場合が多い．*degenerate* habits などがそれである．人間にもそのまま名詞として使い sexual *degenerates* と言ったりする．degenerate は corrupt とよく似ているが，corrupt は通例，身分の高い人間たちの腐敗をいうので，外見ではわからないが，じつは腐敗している状態によく使われるのに対し，degenerate は見ればすぐわかる腐敗である．

depraved は最も強い言葉で，意識的に悪の道をえらぶ変質者の感じを出した言葉で，道徳的に酌量の余地のない非難語でもある．*depraved* sadist などと言う．

desideratum [dizìdəréitəm] (*pl. desiderata* [-tə]) ラテン語からきていて，desire（欲望，つまり，不足を痛感する）を表わす．business などに多く使われる．

¶ Those will be ranked high among the *desiderata* for this particular exhibition.（それらはこの展覧会で痛切に感じられる不足な点のなかでも特に重要なものに入るだろう）

détente [deitá:nt] これはフランス語からきている名詞だが，国際問題を論ずる際に常に出てくる英語になっている．国と国との間にあった緊張状態が緩和すること．

deteriorate ☞ ***demoralize***

deus ex machina [díːəs eks mǽkinə] ラテン語で "A God from machine." ストーリーのなかに出た（助けの）神．小説などのなかで，作者が解決策として出した人物や新事態，それが現われることによって，どうにもならない situation が解決されるもの．急場しのぎの人工的なもの，という批判語でもある．

devious 日本語の感覚にのらない形容詞である.「まわり道をする」ことだけはストレートに入ってくるが,その他は,英語的感覚を持つ言葉である.

¶ When I was small, I used to *take a devious route* to get home from school to avoid the neighborhood bully. (小さかった頃,学校からわざわざ回り道をして,近所のいじめっ子を避けて,家に帰ったものだ)

devious は人を形容する場合は,いつも悪い意味に使う.

¶ He is *devious* and not reliable. (彼は態度があいまいで,信用できない) この devious は evasive と同義で,敵なのか味方なのかハッキリしない気持の悪い感じなのである.反対は "straight forward" 以外に米語で "regular" (正常な) でもある.正常な反応を示さず,どこかひねくれたところがあるの意である.

¶ Her actions are *devious* in small ways and at times even hostile. (彼女はつまらぬことでまわりの者と違った行動に出たり,時として敵意さえ見せる)

¶ He is supposed to be an attorney-at-law but we know he makes his living by some *devious* means. (彼は弁護士というふれこみだが,実際は何かいかがわしい商売をしているらしい)

dig ☞ **turned-on**

(the) Diplomat and the Lady 戦前の話である.アメリカ駐在のある日本の外交官が日本側からの公文書のなかで,「重大な結果」というような,日本語の文章ではそれほど深い意味もない言葉を grave consequences と英訳

して使った．ところが相手は，それを一種の mailed fist, つまり「恫喝(どうかつ)」と解して問題になった．grave consequences と言えば，外交官の世界では戦争と言うのと変らないほど強い意味を持つ表現であるために，当の本人が夢にも思わなかった反応をその国の人びとに引き起こしたのである．またそれとは反対に，相手側の使った in the name of という言葉のはしを誤解して，日本側が脅迫の意味にとり，物議をかもしたことがあった．こうしたことは外交の上でしばしば起こることであるが，言葉の違う国民同士がお互いの意志を疎通させることの難しさを物語っている．言葉は微妙な感情の sign であるから，頭でなく，心でわかっていなければならない．

英国人は言葉を understate すること，つまり実際の事情より控え目な表現を使うのが得意である．それは，understatement によって，かえってその意味を強めるやり方で，特に外交の場合には活用される．(⇒ ***understatement***)

外交官が "no" と言ったら，それはもはや外交官とは言えない．彼が "may be" と言ったら，それが "no" なのである．"yes" と言ったら，心のうちはまず "may be" ぐらいなところであろう．

その反対が lady である．lady が "may be" と言ったら，本心は "yes"，ところがそれを "yes" と言ったら，もう lady 失格である．これは diplomat と lady の本質的な性格を通俗的に表わした joke としてよく知られているたとえ話である．

一般的に言って，外交には生まな言葉は禁物とされる．

下品な言葉，感情的な言葉は避けなければならない．つまり相手国の ruler と ruling class を相手どる言葉であるから protocol に則って pleasant なものでなければならないのである．その意味で外交官は sober な人間でなければ務まらない．*sober* は drunk の反対で，しらふということだが，

¶ This is a matter of *sobering* import. (襟を正さなければならない大事なことだ)

というふうにも使う．前述の grave consequences の代わりに，その外交官はこういう表現をしておいたら無難だったかもしれない．

会話の tone をやわらげるために，露骨な言い方を避けるのは，何も外交官の場合に限らない．He doesn't know any better. と言ったら，「それよりいいことを知らない」などということではない．本当は He is a fool. ということだ．fool などということを，それこそ sober な人間が口にしたら角が立つから，会話をなめらかにするための trick として，そう言ったまでである．どんなに腹が立っても I am annoyed. ぐらいに止めておくのが外交官の礼儀であろう．She is annoying. などと言ってはいけないのである．

dispense / dispense with　dispense が単独に用いられると他動詞で *dispense* the law (*or* justice) は「執行する」(administer)．*dispense* medicines (*or* prescriptions) は「(薬を) 投与する」(give out) こと．だが，dispense with となると自動詞として使われ，do away with (省く) の意で全然違うから混同してはならない．

¶ Transistors *dispense with* vacuum tubes.（トランジスタは真空管の必要をなくする）

downbeat ☞ ***upbeat***

drain この言葉は「ブレーンの海外流出」(brain drain) などでおなじみの言葉だが，ふつう日常的には *drain* on economic resources of...（経済的な負担）の意味に使われる．いなかの貧しい家の娘が口べらしのために都会に出て働いていて，家族のことを聞かれて，They don't want me. My family thought I was such a *drain*.（私なんかに家の者は，帰ってほしくないんです，もともと私のことをたいへんなごくつぶしだと思っていたんですから）と言ったりする．また drain は盃を飲み干すことにも使う．

¶ Allow yourself a respectful interlude in which to *drain* your glass.（あまり立てつづけにグラスを干してはいけない．しかるべき間を置いて飲みなさい）

drum up 口語で太鼓をたたいて呼び集めることの比喩．

¶ He *drummed up* 1000 votes.（彼は 1000 票も集めてきた）

dry このアングロ・サクソン語は「ドライ」という日本語になって，感情にとらわれない割り切った生活態度として解されている．これはやや英語の原意とはずれるが，これに相当する意味は英語の dry のなかにもある．それは，ユーモアに関することで，***a dry sense of humor*** という形で使われ，an intellectual humor つまり emotional の反対で，概念的な，また皮肉なユーモアのことである．その反対は raucous; loud; gusty（粗野で，洗練されていない）で，日本語のようにウェットではない．日本語の

ウェットは emotional; sentimental が当たる.

wet が dry の反対になり得るのは, 飲酒を支持する側が wet で, 支持しない側が dry である場合だけ. a *dry* town (禁酒の町). また水気がない, つまり①「雨が降らない」¶We have *dry summer*. (今年の夏はかんばつだ) ②「涙がでない」ことも dry と言う. ¶She was *dry-eyed* at her father's funeral. (彼女は父親の葬式のときに涙もこぼさなかった)

酒の辛口のことも dry と言う. *dry* wine. また結果の上がらない (fruitless) のことも, dry と言う場合がある. ¶It was a *dry* interview. (さえない対談だった)

E

eat この言葉は単にものを食べることだけではない. 比喩的に次のように使う.

① destroy; ravage (破壊する, 荒らす)

¶The wooded hills were *eaten* by fire. (森の山丘は, 山火事ですっかり荒らされた)

¶An inheritance was *eaten* up by debt. (遺産は, 負債ですっかり使い果たされた)

② corrode (侵蝕する)

¶The timber was so *eaten* by termites as to be useless. (その木材は白蟻で食いつぶされ, 役に立たない)

③ スラングで,「心労で弱る」こと.

¶ What's *eating* you?(何か心配事があるの?)

edification / edifying　これは "edifice"(大寺院などの大建築)からきているもので「人間の品性を高める」(character building)の意がある. 単に educational というよりはもっとスケールの大きい visionary な言葉である.

¶ I write for my readers' *edifications*.(自分は読者の心の糧(かて)のために書いている)

edificial(structural 構築上の)と ***edifying***(enlightening ためになる)とを混同しないこと.

educated guess　選挙戦などで, どの党が優勢で, 誰が次の首相の座を獲得するかについて, 誰かその道にくわしい人に意見を求めたとする. その人は, I'll give you a sound *educated guess*. と前置きして意見を述べる. この educated は教育や教養があるという意味ではない. ただの素人のあてずっぽうではなく, 政治の専門知識を持った人間として集め得る情報に基づいて, 確率の高い推測を教えてあげようという意である. 元来 educate は train とか discipline(訓練)することによって個人の能力を延ばすことで, 教養をつけるという意味ではない.

¶ By the new traffic regulations introduced immediately after the war, pedestrians had to be *educated to* keeping to the right.(戦争直後導入された道路改正法により, 歩行者は右側通行をするよう訓練されなければならなかった)

¶ Children must be *educated to* the correct way of behaving towards teachers and people in authority.(子

供は先生や目上の人びとに対して礼儀正しくするよう教えこまなければならない）

¶ The police have detected an *educated approach* to the crime. (警察ではくろうとの手口と見ている)

¶ The pickpocket's *educated finger* was at work behind the newspaper he was pretending to read. (ひろげた新聞の裏側でスリの素早い指が働いていた)

¶ A race-horse expert makes *an educated bet* when he places a bet on a horse at the races. (競馬で馬に賭をするとき，競馬の専門家なら，確率の高い賭をする)

elude | evade | avoid | escape　これらはみな「逃れる」とか「避ける」と訳される言葉だが，それぞれはっきりした区別がある．elude は「ごまかす」とか「相手をけむにまく」とかの底意から出発している．The wanted man *eluded* his pursuers by planting false clues. ([トリックを用いて，追手の目をくらませました] お尋ね者がうその手がかりをわざと見せておいて，追手を逃れた) といった使い方をする．これは人間による意思的な行為だが，elude はまた無形のものにも用いられる．The meaning *eludes* me. は The meaning escapes me. とまったく同じで It is beyond me. (私にはよくわからない) ことである．本当によくわからないというよりは，それがあまり妙ちきりんであることをヒントにしているのである．また「物があまり目立たないために，つい見落とした」ときにも elude または escape を使う．It *eluded* (or *escaped*) me. は It escaped my attention. のことである．

　elusion と ***illusion*** を混同してはいけない．elusion は

elude を名詞にしたもので avoidance（回避）のこと．illusion は「錯覚」のこと．*delusion* は錯覚の病的なものと思えばよい．delusion of grandeur は "megalomania" とも言い，「誇大妄想狂」．

elude は意思的の場合も neutral な言葉で，非難の気持はあまり含まれていない．だが evade になると義務を怠ることに主として用いられ，derogatory に使われる．

¶ We despise the men who *evaded* service in the war. （戦時中，兵役のがれをした人を軽べつする）

avoid は対象から，意思的に，または偶然に間隙をおく場合．

¶ I leave for the office early in the morning to *avoid* traffic congestion.（交通の混雑をさけて朝早く会社に出かける）

¶ By driving home over the bridge he unknowingly *avoided* the tunnel congestion.（橋の道をとって帰ったために，偶然に，トンネルのなかの混雑をまぬかれることができた）

escape には「束縛から逃げ出す」（get away from restraint）という特殊な意味がある．The prisoner *escaped* (*or* broke away) from prison. と言う．これを名詞に使って It is largely an *escape* film. と言えば，メロドラマやアクション映画で，生活の単調さや，misery からの逃避を目当てとしたもの．

equate ~ with この構造は，日本語にないので，心理的に理解しにくいものに見えることがある．だが，2つの異なったものを勝手に同一視して考える，何々即何々とい

う結論を持つことだと思えばよい．

¶ Some people *equate* college education *with* intelligence and culture. (ある人びとは大学教育があれば知性と教養があると思っている)

¶ Many women *equate* gentleness in a man *with* effeminacy. (男性が穏やかでおとなしいと，男らしさの欠如だと思い違いする女性が多い)

¶ Drifting liberalism was acceptable to the *Times* until a quarterly financial report showed it was operating at a loss. Drifting could no longer be *equated with* survival.—*Harper's Magazine*. (ふらふらとその日の風まかせといった自由主義を［ニューヨーク］タイムズは好もしいと思っていた，少なくとも4半期の決算報告で赤字を宣せられるまでは．だが赤字となっては，最早，ふらふらと風まかせの行き方が，生き残ることには，つながらなくなったわけである)

¶ Many people *equate* fame *with* success. (有名になれば成功したと思っている人が多い)

¶ I don't *equate* labor *with* unionism.—Max Lerner. (私は労働即労働組合だとは思わない．[組合に属さない労働人口が増加しつつある])

escape ☞ *elude*

ethnic この言葉はいわくつきの言葉で，辞書にあるように tribal だとか「種属」だとかいっただけではすまないのである．ethnic は名詞としてはアメリカではじめて生まれている．1941年，2人の社会学者 W. Lloyd Warner と Paul S. Lunt がその共著 *The Social Life of a Modern Community* のなかでこの言葉を使ったのが最初だと言わ

れている．"these groups...we have called *ethnics*"（われわれがエスニックスと名付けたこれらのグループ）

ではこのアメリカの社会学者が ethnics と呼んだのはどういうアメリカ人なのだろうか？　それを知るには ethnic の語源を知らなければならない．ethnic は元来キリスト教徒でもユダヤ教徒でもない宗教を奉じる民族の群で，ギリシア語の ethnikos (foreign) からきているといわれる．つまりその国の主要民族から見て「外国人」なのである．この思想がアメリカ人のこの言葉に対する思想なのである．そしてアメリカ人が ethnics と呼ぶ人たちは，WASP (White Anglo-Saxon Protestant) 以外の民族的背景を持ったアメリカ人なのである．彼らは移民の両親を持ったいわゆる「二世」で，アメリカでは "Polish-American", "Italian-American", "Japanese-American" といったハイフン付きのアメリカ人 (hyphenated Americans) だった．

だが 1973 年ごろ，彼らを集合的に ethnics と呼ぶようになったのである．たとえば日系アメリカ人はこの ethnic groups の一員であるわけである．これはあくまで主流派の WASP から見て区別したもので，日本に住んでいる純然たる日本人には適用できない言葉である．だから日本にいて日本人の民族的特質の話をするときに "the Japanese *ethnic* traits" といういわれはないのである．強いて民族の意を出したければ ***ethnological*** とすればよいのである．ethnology はちゃんとした民族の学問でその見地から見た日本人の特質は *ethnological traits* of the Japanese とすべきで，アメリカの社会事情から生まれた特殊用語を

使うと誤解の原因になるから注意すべきである．なぜなら アメリカでは今日 ethnic は "racial"（人種の）と言う代わりに使われる場合が多く，racial は人種というよりも "non-whites"（白人以外の人種）のことを意味するのである．つまり，ethnics はアメリカでは "secondclass citizens" の異名なのである．だが主流民族以外の民族を多数擁している国はアメリカばかりでなく，ソ連などもそうである．ソ連ではスラブ民族が主流で本当のロシア人なのだが，近年は回教徒民族の数が優勢になりつつあるという．こういうことを言う場合アメリカ人は，In the Soviet Union, the *ethnics* are getting to be more numerous than the Slavic Russians.（ソ連では，スラブ系よりもエスニックスが多くなってきている）といった言い方をするのである．

evade ☞ *elude*

expletives
英語には，怒ったとき，じれったいときとか，ぜひこうなってほしいという願望を表わすときとか，強い感情を表わすときに用いられる expletives（oaths とも言う）に類する言葉がある．自然な感情の発露で exclamation の昂じたものであるが，そうした表現の仕方は，日本語にはないので，必然的に untranslatable である．By God. とか Damn it. とかは，「何ということだ！」とか「こん畜生！」とか，その場に応じて適当に訳すわけだが，英語にはこうした一般に swearing と称される表現が無数にある．普通の *Thesaurus* に載っているものだけでも，400～500 はあるだろう．

この expletives の重要な点は，まず第一に男性と女性の区別がはなはだしいことである．ほとんどのものは，女

性は絶対に使えない．Damn it. ぐらいは，普通の会話でも，この頃は，ごくくだけた場合には使うけれども God damn it (*or* you). というように God が入ったらもうだめで，公けの席では使えない．日本でも女性が「こん畜生！」などと言えないのと同じである．For God's sake. も男性で，女性が使うのだったら，For heaven's sake. ぐらいのところである．By God. も主として男性だが，これは一般化しているので女性も使うことがある．しかし女性が男装したのをみたときのようにちょっと奇妙な感じを受ける．

神とか，キリストを引き合いに出した expletives が多いのは，西欧人の感情が宗教的な伝統に深く結びついているところからきている．はじめは，神を invoke することによって，相手をおどかすような気持があったのだろう．日本人にはその感覚がないから，少しぐらい英語が話せたとしても，expletives の表現は巧く使えないし，Damn it. のようにごく一般化したものを除いては，まず使わないほうが無難である．しかし相手の人が言ったことがわからなければ仕方がない．

expletives の表現は，宗教的なものとは限らず，男女の区別以外にも，個人差，階級差によって，いろいろのものが用いられる．自分で勝手に作ってもいいわけである．しかし，おのずから流行といったものがあり，昔と今とではずいぶん言葉つきが変わってきている．文明が違うと，人間の連想も違ってくるらしい．Norman Mailer の *The Naked and the Dead* の兵隊言葉などには，ずいぶんひどいものがある．

個人的なくせで，特定の expletives を頻繁に使う人がある．たとえば bloody という言葉をやたらに用いたりする．主として英国人，特にコクニー（下町の人）に多く，オーストラリアの男性もよくこれを使うので有名．品はあまりよくないが一種のユーモアがある．むろん女性は使えない．Hell はごく品の悪い言葉とされていて，ぜひともこれを使いたければ，ラテン語の inferno を使って What an infernal idea that is!（何という間抜けな考えだ）などと言う．また hell に bell を付けてゴロを合わせてごまかし，Hell's bells. などと言ったりする．

exploit　英語の動詞のなかで使い方の最も難しい動詞の部類に入る．英語国民のなかでも，よほどの教育がないとこの言葉は使いこなせない．辞書の訳語はこの言葉を一層わかりにくいものにしている．標準的訳語は「搾取」である．だが exploit は同じ形のまま名詞にもなる．そしてその場合意味が違ってくるのである．名詞の exploit は「手柄」「偉業」のことでよい意味になる．「搾取」の意味での名詞は ***exploitation*** である．exploit を exploitation の意味に用いるときは人間を目的格にするときに限られる．exploitation はマルクスの提唱した資本家による労働者の搾取というイメージが直接的に浮かぶ言葉である．つまり exploit とは対象から貴重なものをただで取るか，もしくはそれに近いやり方で取りあげ，私利をむさぼることをいうのである．

　だが exploit は目的格として人間だけでなく，物事もとるので，その場合は，「搾取」とは言えない．ではどう言うか？　まず例をあげよう．

¶-1. They are trying to *exploit* the oil under the sea. (彼らは海底の油田を開発しようとしている)

¶-2. If there's a problem around, a demagogue is sure to turn up to *exploit* it.— *The New Republic*. (何か心配なトラブルが起きると，デマゴーグが必ず出て来てそれを利用していいことをしたがるのだ)

¶-3. When the government announced its plan to raise the prices on certain designated goods, all the retailers in town promptly set out to *exploit* the situation to raise their fares. (政府が明示された品物の値段を上げると発表すると，たちまち町中の小売商が便乗値上げをやりだした)

これらの例はいずれも，ある事実がすでに存在していて，それを自分の都合のいいように利用することである．¶-1. は天然資源を exploit することは，それを開発 (develop) して自分たちの役に立てること．¶-2.3. はある事態が起きると待ってましたとばかりに，それにとびつき，便乗すること．

だが exploit が「搾取」の意に用いられるときは，事実の根拠があまりなくとも主観的に相手を搾取呼ばわりすることもある．女が男に "unpaid servant"（妻）として搾取されていると感じ，男が逆に女から搾取され，金をしぼられるとみる場合もその一例である．

しかし主観的なハッタリのレトリックばかりではない．

¶ In the feudal Japan, the peasant was *exploited* by the Bushi to an incredible degree. (封建時代の日本では，農民は武士階級から想像を絶するような搾取を受けていた) これは

史実に基づいた発言で，別に主観やハッタリではない．

expose / exposure　この言葉は，動詞も名詞もともに，日本語ではぴんときにくい意味を含んでいる．全部そうでは，むろんなく，わかりやすいものもある．

①　身の危険や，公衆の嘲笑に身をさらす意味がある．¶ You *expose* yourself to a serious danger if you take that action. (そういう行動をとると，非常な危険に身をさらすことになる)

②　スキャンダルなどを暴露する．¶ The notorious politicians were *exposed* finally. (悪名高い政治家は遂に悪事露顕に及んだ)

③　ステージ，新聞，テレビなどのメディアで自己表現をすること．これは辞書にあまり出ていない．新聞ならば自分の名前入りの記事を載せること．¶ He prefers *exposure* to money. (彼は金より自己顕示をとる)

④　ある influence に身をゆだねる意味の expose はあまり日本語には出てこない．¶ That was my first *exposure* (to the historian's lecture), I have become a history freak since. カッコのなかは省いてただ exposure と言うことが多い．「あの歴史家の講義を聴いてから，歴史マニアになった」ということである．

⑤　exposure は expose が名詞になったのだが，他に特殊な意味もある．たとえば，家の立地方角などについて，¶ The house is *an eastern exposure*. (東向きの家だ) ということを言う．¶ He died *of exposure*. は「身体を保護するものなしに戸外にさらした結果死んだ」という死因を表わす場合．

eye / eyes　eye の使い方はまったくの習慣で，理くつはない．次に現代英語に最も多く出てくる用法をあげる．

　see eye to eye　これは大ていの場合，否定形を用い，「釈然としないものがある」という意味に使う．¶ He and I don't *see* each other *eye to eye* on this matter. (この問題に関しては，彼と私はどうも完全に意見が合わない)

　an eye for an eye　「目には目を」聖書で復讐を禁じている個所に出てくる文句．¶ It's *an eye for an eye* now, we'll retaliate. (こうなりゃ，目には目をだ，復讐しよう)

　eyeball to eyeball　「忌憚なく，frank に」先の eye to eye と似ているが，これは否定的でなく使う．¶ We'll have *an eyeball to eyeball discussion*. (腹蔵なく論じあおう)

　easy on the eyes　「見た目がいい」easy to look at とも言う．¶ His children are all *easy on the eyes*. (彼の子供は見た目が悪くない) eyes はこの場合いつも複数．

　catch one's eye　「注意をひく」「目が合うようにする」会合などで，何か用事があって，ある人と目を合わせようとすること．¶ I tried to *catch his eye* but couldn't. (人ごみで彼をつかまえようとしたが，だめだった) この場合常に単数．

　have an eye for　「見る目がある」¶ She *has an eye for fabrics*. (生地を見る目がある)

　in the public eye　この場合も常に単数．¶ He is *in the public eye*. (彼は公衆の耳目にある) つまり有名だということである．

　with an eye to...　「……をおもんぱかって」¶ *With*

an eye to the future, we have to amass enough assets now.（将来のために，資産をいま作る必要がある）

up to one's eyes「非常に忙しい」¶I'm *up to my eyes* in paper work.（書類の仕事でひどく忙しい）この場合常に複数．

F

false 「本当でない」という概念を表わす単語にもいろいろあるが，「偽」という意味の false もその一つで，ちょっと誤りやすい言葉である．法廷などでは，相手の証言を否定して本当でないと言うときは，That is *untrue*. と言って，"lie" だなどとはけっして言わない．だが少なくとも現代の英語では，false という言葉はまたこれとも違ったニュアンスを，持っている．シェイクスピアの劇の法廷場面では false がよくうその意味に使われていることがある．が，これとても劇的な大げさをてらって使われているのである．

That report was not a *false* alarm. は，「あの知らせはうその警報ではなかったのだ」ということだが，「あの報告は何かの間違いではありえなかった」と訳した人があった．「何かの間違い」なら，「"some kind of mistake" でなければならない．一大事でもないものを一大事のように言っていると思ったが，あにはからんや，本物の alarm

だったと，あとで言っているのである．false alarm は，本当だと思ったらそうではなかったことを指し，この文章ではそれをさらに否定しているのだから，やはり本当だったことになり，false という言葉を用いた意味が生きてこない．He is a *false* friend. と言えば「あいつは友だち面をしているが，そうではない」ということである．

false move / false step　この2つは似ているようだが，まったく違う．false move は脅迫の言葉で，One *false move,* you'll be a dead man. (ちょっとでも妙なまねをしてみろ，命はないぞ) というように使う．

　false step はフランス語 "faux pas" からきていて，フランス語をじかに使う場合が多い．意味は social blunder, 社交上でへまをやること．たとえば，場所柄をわきまえないで，何かさしさわりのあることを口走ったりすること．

　¶That was a big *false step*. (あれはとんでもないどじをふんだことになる [あんなことを言ったのは大変な間違いだった])

　上記の両者とも false は wrong (間違った) の意味に使われている．

faux pas [fou pá:]　フランス語で，false step のこと．社交上の失策．言わなくてよいことを言ってみたり，ちょっとしたことで社交的につまらぬ結果を生むことを言う．

　¶I should not have said that. That was a big *faux pas* on my part. (あんなことを言わなけりゃよかった．あれで，まったくどじを踏んだ)

feel in one's bone　これもよく使う表現で，理くつは別

にないが，そんな気がどうもする，の意.

¶ I *feel in my bones* that they will strike again.（ストライキがまたあることは確実のように思う）

fill one in on この one は人間の one で，me, him, her, us, them それから名詞，何でもよい．このフレーズの意味は，その人が元来もっていなければならない情報を知らせてやること．たとえば，会社をしばらく休んでいた人が友だちに，自分の休んでいた間に会社で起こったことを知らせてほしいというときは，I've been away for a month. *Fill me in on* what's going on around here. と言う．

第三者に必要な情報を知らせることの例．

¶ Thanks for *filling in my friends on* the circumstances of my sudden transfer.（ぼくが急に配転になった事情をぼくの友人に知らせておいてくれてありがとう）

fill one in on にちょっと似ているが，意味の全然違うものに **fill in for** というのがある．これは「代わりにしてやる」ことである．

¶ We need some one to *fill in for* our driver who broke his leg.（うちの運転手が脚の骨折をしたので誰かピンチヒッターがほしいのですが）

flatter | flattering | flatterer flatter は辞書だけでは真意のくめない言葉の一つである．「へつらう」という行為そのものよりも，へつらうことに成功する結果を指す．

¶ You *flattered* the old man by your attention.（若いあなたに相手にされて，ご老人はご機嫌ですよ）

¶ This shade of blue *flatters* you.（この青はあなたをきれ

いに見せる）のように色彩にも使う．

¶ When crossed, those paper chaps might take an *unflattering* picture of you.（あまりさからうと新聞記者たちはわざとあなたをみにくく見せるような写真をとるかもしれないから，気をつけなさい）

flatterer は，人にうれしがらせを言う人で，必ずしも日本語の「ごますり」ではない．後者は "apple polisher" とアメリカでは言い，sycophant のことである．You are a *flatterer*. とよく言うが，これは日本語で言う「あら，お上手ですね」と言うのではなく，もっと温かみのあるからかいである．要するに flatter は字面から想像されるより，ずっと感じのよい言葉として受け取られているのである．

flunk ☞ *major*
fly in the face of

これは ***fly in the teeth of*** とも言い，何かに対して公然と反対または反抗的な態度をとることを言い，場合に応じて，よく言うときも，悪い意味に使うこともある．前者は forthrightly（断固として）であり，後者は brazenly（図々しく）である．

¶ His teaching method *flies in the face of* the position his school takes.（彼の教授法は，彼の学校が表明している主義とはまるっきり反対のものだ）

¶ Her action *flies in the face of* accepted conventions and common sense.（彼女の行動は社会のしきたりと常識を公然と無視している）

¶ If anything, this book is written because of faith in America, a faith that we do not shirk difficult problems, that we will not be satisfied to hide behind "the American way" to preserve indefinitely undesirable remnant of the past, that we can make necessary adaptations, even if they *fly in the face of* once-conventional wisdom and require learning lessons from people we had not regarded as mentors.—Ezra F. Vogel, *Japan as No. 1*. (この本は，むしろ，アメリカを信ずるが故に書かれた．われわれアメリカ人は難問から逃げまわったりしない人種だと信ずるが故に，また，われわれは，いわゆる「アメリカ式」なる名目をカクレミノにして，過去の悪癖をいつまでも存続させることに満足する国民ではないと信ずるが故に，そして必要とあらば，他国から新知識と方法を採り入れることを立派にやりおおせる国民であると信ずるが故にである．たとえその新知識と方法の採用が，わが国でかつて賢明なる道とされていたことのまったく反対を行くことであり，しかもそれが，われわれが今のいままで，どちらかといえば目下と目してきた国民から学びとらなければならない種類の知識方法であったとしてもである）

foggy bottom これは *Webster* も含めて辞書には出てこない言葉だが，アメリカの政治評論などにはよく見かける．State Department（国務省）のことなのである．これはもともと，国務省が現在の White House からややはなれたペンシルヴェニアの沼沢地にあり，深夜沼から白い湯気が発生してあたりに立ちこめるところからできた地名で，それに国務省の役人や外交官らの使う，意味のハッキリしない公文書の類に対する皮肉も加わって，State Department という代わりに Foggy Bottom とジャーナリストたちが呼ぶようになったのだという．トルーマン大統領のときの国務省長官の Robert A. Lovett は "The Bald

Eagle of Foggy Bottom"（国務省のワシ）との異名を持っていた．この "Bald Eagle" はアメリカの国家を象徴する大ワシのことで，禿げ鷹と混同しないこと．Bald Eagle は political leader のことをいう一種の愛称なのである．

for ¶ There is much to be said *for* it. を「それにはいろいろ文句がある」と訳した人があるのにはおどろかされた．が，考えてみると，日本語では，「言うことがたくさんある」と言えば普通文句を言う意味にとられるので，上記のようなとんでもない誤訳をしたのであろう．こうしたことは大なり小なり英語を日本語で考える人のおかしやすい過ちである．むろん本当の意味は文句があるどころか，「それには，いろいろよいところがある」ということで，正反対の意味である．たくさん言うことがあるのは，このセンテンスでは，「そのものを擁護していろいろ言うことがある」わけだが，そのキメ手になるのは "for" である．for は against の反対を表わしている．だから，そのものに文句がある，つまり against の気持でいろいろ述べるのだったら，for を使うはずがない．「いろいろ文句がある」だったら，One could say a great deal against it. とか You can say much against it. と書くだろう．ちなみにこの場合，"to be said" も肯定的な含蓄がなければ使えないのである．

このように見てくると，for 一つでも，なかなか簡単でないことがわかる．一番いけないのは，「……に対して」とか「……のために」という訳語で for をかたづけてしまうことである．言葉というものは，けっして機械的に置き換えのきくものではないのである．翻訳に当たって，言葉

の overtone, undertone を摑みそこなうと，とんでもない間違いをしでかしてしまう．一つ一つの単語の意味がわかっても，必ずしも全体の生きた意味を摑むことにはならないのである．人と人とが意思を疎通させる言葉には，どんなに客観的に述べたようにみえても，言葉の選択におのずから主観のひらめきがある．それがいかに slight なものであっても，当人の心は，対象に for であるか，against であるか，どちらかであると思ってよい．

¶ I have no use *for* you. もしこの文章を「私はあなたのお役に立ちません」と訳したらどうだろう．まるで謙遜して言っているように聞こえる．あるいは状況によっては，多少皮肉にひびくかもしれない．しかしこの英語のセンテンスの意味するものは，謙遜でもなければ，皮肉でもなく，かなり露骨な反感の表示であると受け取らねばならない．I have no time for you. とか，I am not going to waste my breath on you. という強い表現に置き換えられるからである．つまり，「あなたのために，時間（または息，精力）を費やすのはごめんだ」ということで，「あなたなんか大嫌いだ」というのとほとんど同じである．一般に日本人は，こういうセンテンスを実際よりずっと mild にとって平気でいることが多い．

fortuitous / *gratuitous*　これは用法の難しい言葉である．前者は「偶然」で，意思や意図のない状態，*fortuitous* re-encounters（数奇の遭遇，運命のいたずら）といった意味．後者は，その時の事情，論理などの必然性もないのに「勝手に」当事者によってなされたもの．a *gratuitous* assumption（理くつ抜きに勝手に決めこむこと）とか a *gratuitous* insult（わけもないのにだしぬけに侮辱すること）などに多く使う．

frame　「がくぶち」と，「人を罪におとし入れる」というギャング映画などに出てくる動詞をのぞき，この言葉は，日本ではぼんやりとしか理解されていない．映画のひとこ
ま
と
いう「こ
ま
」のことも frame と言い，the sense of continuance of life *beyond the frame* (or *out of the frame*) は映画が終わっても，そのなかに描かれた人生や登場人物が，なお存続するように思えること，つまりいい映画だということ．

fresh　この言葉は *fresh* vegetables とか *fresh* air のように「新鮮な」が本来のイギリス式の英語だが，アメリカでは，人物を形容するために用いられたときに限り，生意気とか，人を小馬鹿にした態度（flippant inappropriate levity）の意味を持つ．それでは「新鮮な感じのする人物」はどう言うかと言えば，He is a *refreshing* type of person. と言う．

friendliness / friendship　この２つの言葉はどちらも「友情」と訳されているようであるが，用い方にはっきりした区別がある．friendship は subjective な性質の言葉であって，他人にはわからなくても，当人たちにはわかっているという意味での，つまり真実の友情である．しかし friendliness のほうは，必ずしも深い friendship の気持がなくとも，持つことができる態度であって，表面的に（これは内に悪意をひそませるというような意味ではない）親しくふるまうことである．そこの席に坐りなさいとか，重いものを持ってやるとか，つまり act friendly ということであ

る．たとえばテレビのショーを見ていると，ゲストと司会者は，いかにも楽しく friendly にふるまっているが，本当の friendship があるかどうかはわからない．friendship は，それだけ内面的な意味を持った言葉なのであって，friendliness とは異なったニュアンスを持っている．

friendliness は friend に ly をつけて形容詞としたものを名詞にしたにすぎない．つまり，「friend らしくふるまう」の意味である．どこまでも外面からの描写にすぎない．

frivolous この言葉を「軽佻浮薄」とだけ覚えていては真の意味がわからない．英語ではこの言葉はむしろ，真剣であるべきところを，無責任な極楽トンボ的な態度をとることを言う．例をあげると，戦後間もなく，日用品が不足していたロンドンで，ある日何かの家庭用品の売り出しがあった．その店の前に長蛇の列ができた．そのなかに一人の中年の男性がまぎれこんだ．この人は長い列を見ると無性に参加したくなる奇妙な癖があって，その日も何を買うための列かも知らないで立った．列が動いて，いざカウンターのところに着いて，品物を受け取る段になったとき，彼の背後に立っていた女性が店の者に，He joined the queue *frivolously*, he has no right to it.（この人は不当に列に加わった．品物を受け取る権利はない）と言ったので問題になり，その男性はとうとう何も売ってもらえなかった．この frivolously は陽気にさわぐことではない．他の人が列を作ってまで買いたがっている品物がほしいのではなく，ただ列に加わって立つことにスリルを求めているところが，購買者としてふまじめで許せないというのである．

つまりこの場合 frivolous は "irresponsible"（無責任な）と同義なのである．

　frivolous は "unserious" と同義である．いつも何かの問題が対象になっていて，それに対して，わざといい加減な態度をとることを frivolous だというので，いかにしかつめらしい様子をしていても，frivolous でふざけたまねであることに変わりはない．たとえば人を採用するのにイエスかノーかを採決する席に出ながら，その人の名前の話を持ち出して，語源などを論じたりして時間かせぎをすることも frivolous な態度である．つまり問題の本質をわざと避けて茶化すことである．また故意でなくとも，青春の浮き浮きした一般的な特徴も "frivolity" と言える．

¶ The *frivolous* days of youth are gone forever when you become a parent. (若い無責任時代は人の子の親になったとき永久に消え去る) この frivolous days は "happy-go-lucky days" と言ってもよいのである．

G

gadfly 虻(あぶ)という虫のイメージからきたこの比喩は，annoying, provoking individual のことだが，単に「うるさい人」と英和の辞書のように片づけてしまうと，使い方がはっきりしなくなる．これは主として評論家が，いろんな事柄について，辛らつな批評をして，人を落ち着かない気

持にさせるようなのをいうので，あながち，pest のように「厄介もの」という意味はない．むしろ「うるさがた」とでも言ったらいい存在である．

gap / gulf　gap は平面的な間隙で，ぽっかり口をあいた感じ．gulf は同じ間隙でも立体的な深さにウェイトがある．gap は technology *gap*（テクノロジーの程度の差）とか，credibility *gap*（信ぴょう性に乏しい）などのように，ある規準があって，それに達しないか，または当然あるべきものが欠けていて穴があいている状態，たとえば a *gap* in a hedge は籬(まがき)に穴があいて中がのぞける状態を指す．gulf のほうは "the *gulf* between rich and poor" の句で知られるように，両者の間に横たわる深いみぞの意味である．

get around　They *get around*. という文を，誰かが「彼らは足まめだった」と訳した．これはどこへでも出かけていくことだから「足まめ」だと思ったらしい．場合によっては，そのようなこともあろうが，「足まめ」ということを言うための表現ではない．元来 get around は「そつなく何でもする」つまり発展家の意味で，社交的にも他の意味でも抜け目のない，という含みをもったスラングである．He *gets around*. と言えば，「社交的にも多方面」の意味だし，I never *got around* to see the Cinerama.（まだシネラマというものを見たことがない）といったような用い方をする．

get hung up on　これは，いわゆるナウな表現の一つで「うつつを抜かす」こと．"get addicted to" とも "get hooked on" とも言える．みな「耽溺する」「病みつきにな

る」と訳すことができる．人にも物にも使う．

¶ I'd prefer a girl that didn't *get hung up on* me. (ぼくはやたらにぼくに夢中になってくれない女性を好む)

¶ I *got hung up on* the Edwardian furniture. (イギリス王朝 [13 世紀, 14 世紀風] の家具がたまらなく好きになった)

get out of hand この慣用句は広く使われ，常にこの形で, hand は単数形．"get out of control" (手に負えなくなる) と同義．

¶ Man has invented machine. But his machine *got out of hand* and began to control him. (人間は機械を発明した．だが機械は人間の手に負えなくなり，人間を統御しはじめた)

ghastly ☞ ***grim***

give a notice 「相手に通知する」特に辞職または解約の意を，雇用者が使用人に，または使用人が雇用者に前もって通知すること．が, notice は単独にこれ以外のことにも使う．新聞などに出す劇評や書評のことにも使える．また，人を誘うときに This is a *little short notice*, but would you like to go out to the movies with me? (少し急だけれど，映画に行かないか) などと言う．

give it to him ☞ ***let him have it***

give short shrift shrift は acknowledgement とか confession from the heart の意味があるが，慣用的には give short shrift という形で使われるのが普通で, He *gave him short shrift*. は He short-changed him. や He cheated him. (彼をだました) とほぼ同じ意味に使われる．

¶ Don't *give* yourself *short shrift*. (=Don't give yourself away cheaply.)（やたらに自分を安売りするな［自分のことをやたらにぺらぺらしゃべるな］）

gloom of night　これは「闇夜」と訳したりする人がある．これは単に「夜の暗さ」のことである．次のような文章のなかにこれが出てきた場合，「闇夜」と訳しても大した違いがないところから，ついそのままにしておくおそれがある．

¶ Neither snow, nor rain, nor heat, nor *gloom of night* could keep him from his regular workout on the golf course.（雪だろうが，雨だろうが，暑かろうが，夜だろうが，一向おかまいなしに，彼はゴルフコースで練習にいそしんだ）

やみ夜は，"a moonless (*or* dark) night" で，詩的には "a black night" とも言う．

go　この語は英語のなかでもいちばん多く出てくる語の一つであり，またいちばん含みの多い動詞の一つでもある．それに動詞がそっくり名詞にも使われ，次のような珍訳の対象になったりする．

¶ It is not easy to make a *go* of it in a strange place. を，「見知らぬところに行くのはなまやさしいことではない」と取ったのである．本当は，「見知らぬところで，何とかやっていくのは，やさしいことではない」ということで，go には動作としてのイメージはこの場合なく，「何とかやっていく」のを "make a go of it" というフレーズで表わす．

go には案外人生的な含意があって，アメリカの学校の生徒の間などで交わされる言葉に最もよく出てくる．ボーイフレンドやガールフレンドとステディに，つまり同じ相

手と相当長くつき合うのを，Mary is *going with* George. といった言い方をする．つまり「今のところ，メリーのボーイフレンドはジョージなんですよ」ということである．これはむろん過去にもできて，I *went with* him about a year when I was a high school student. (高校のとき，あの人は1年ほど私のボーイフレンドだったわ) というふうに使われる．

また go に through を付けて ***go through*** となると，独特の英語的な (フランス語などにない) 表現となる．たとえば，

¶ I saw him *going through* a shelf of newly arrived books. を訳して，「私は彼が新着書の棚の方を行ったり来たりしているのを見た」というのがあったが，これは go と shelf を文字通り取ったためにできた珍訳である．訳者の言うようだと，英文は I saw him pacing in front of the bookshelf. とでもなっているはずで，この場合は「彼が新着書にざっと目を通しているのを見た」ということである．だが同じ "go through" でも目を通すことばかりとは限らない．He *went through* a lot. と言えば，「いろいろ苦労をした人だ」ということだし，I *am going through* it. と言えば，難しい経験だと知りつつ「思い切ってやってみます」ということである．

俗語として用いられる場合は多種多様で，知っていないととんだ間違いをする．よく言う Let's go. の意味は，advance, move on (やろうぜ) などと同じことだが，これほど知られていないばかりか，日本語で誤解さえされている使い方が go にはある．まず go は "cease to exist" (つ

まり die とか pass away）に使われる。He has to *go*. と雇い主が言ったら I am firing him.（くびにする）ことである。The old chair has to *go*.（このいすは、古くなったから捨てなければ）というふうに、物を discard するときにも使う。The old man *went*.（The old man passed away. あの老人は死んだ）とも言う。これと同じような言い方で、Pride *goes* before a fall. というのがある。人でも国家でも滅びる寸前には、誇りというものがなくなる。「プライドがなくなるのは滅亡」の前兆という saying である。

ところが、これと反対に、go は「受け入れられる」とか「まかり通る」の意味にもなる。Anything *goes*. は「どんな出たらめなことでもまかり通る」ことで、よく批評家に使われる言葉である。

¶ Absurd though it was, what she said *went*.（ばかばかしいことなのに、彼女の提案はそのままパスした）つまり「accept された」ことになる。You must let yourself *go*. は You must relax.（緊張をといて気を楽にしなければいけない）の意味である。

また go は "companionable" の意味にも使う。This color *goes with* this one.（この色とこの色はよく合う）とか、I was *going with* a guy called Smith.（私はスミスという男ともだちと交際していた）つまり I was his girl friend. だったことである。これはアメリカの学生が常に口にする言葉である。

Let it *go*. と言えば、Pass it.（あまりいいとは思わないが、まあいいことにしよう）といった含意がある。Let him *go*. は「去るものは追わず」のこと。

go places ¶That man will *go places*. (誤訳=あの人は方々へ行くでしょう. 正訳=あの人は出世するでしょう) go places はアメリカ英語で influential な人間になることをこういう言葉で表現するのである.

go to court ¶He *went to court* to fight a death sentence. という文章を,「彼は裁判所に出頭して, 死刑の宣告とたたかった」と訳した人があった. went to court を「裁判所に出頭して」と訳したのは, たちのよくない間違いである. 第一, この "court" には定冠詞も不定冠詞も付いていないのだから, 別に出頭すべき裁判所にはならないわけである. これは「彼, すなわちある弁護士が, ある人間にくだされた死刑の宣告を不満として, 裁判にかけてこれを撤回させようとした」という意味である.

¶I'll *go to court* with you *on* this. と言えば,「あなたを相手どって, 訴えを起こしますよ」ということである.「あなたと一緒に裁判所に出頭して, この一件を討論しましょう」などということではない. go to court は裁判沙汰にすることである. これは, もっと身近な例では I'll go to bed. とか, I went to bed with her. などの "go to bed" と同じであると思えばよい.「寝る」と言う代わりに go to bed と言っているのであって, この bed は実際のベッドを指示しているわけではないのである.

go west これは日本語の「西方へ旅立つ」, つまり「死ぬこと」とまったく同じ表現である. ただ, 違うところは, 英語の場合はユーモアまじりであること.

¶Realized what awaited her if I *went west*....—*Time*. (ぼくがぽっくり逝ったら, かみさんがどうなるかを考えてみ

たので……)

good これは最も基本的な言葉で,これが十分にこなせたら,英語のフィーリングは身についていると言えるくらいのものである.主として使い方を中心に,この言葉の英語独特の点に触れてみることにする.

まず名詞として使われた場合,You are doing it for your own *good*. でもわかるように benefit のことである.それから right(正しいこと)の意味が別にある.

¶ Teach your child to know *good* from evil. (子供は善悪の区別を知るようにしつけよ)

good は形容詞として無数の用法を持っている.ドレスなどに使えば,"reserved for special occasions" のことになり,She wore her *good* dress. (いっちょうらを着た),That dress isn't *good* for you. と言えば,「そのドレスはあなたに似合(becoming)わない」の意味で,単なる外観のことを言う.これと同じ用法で "good looking" とか "good looker" とかに使われる.また "to last for a certain period of time" も "good for..." という形で使う.My driver's licence is *good for* another year. (わたしの運転免許証はもう一年有効だ)とか The old fellow is *good for* another thirty years. (あの老人はもう 30 年は十分生きるよ)と言ったりする.

good はまた「私利をむさぼる」の意味にも使われ,この場合は大てい "thing" を伴う.He is making *a good thing* (out) of being here. (自分の地位をうまく利用している)といった言い方をする.また「余裕しゃくしゃく」の意味でも使われる.

¶ I'll let you know *in good time*. (十分時間のゆとりをおいて間に合うようにお知らせしますよ)

¶ He won *by a good margin*. (彼は悠々と試合に勝った)

後者の場合の good は comfortable という形容詞と置きかえてもいい．He made a *good* profit. は substantial (相当) な利益をあげたこと．

good はまた「たっぷり，またはそれ以上に」の意味で数と組み合わせて使われる．

¶ It weighs a *good* 200 pounds. (200 ポンドは十分にある)

これと同じような意味で，数でなく，あることを強調するのにも使う．

¶ She took to reading *in good earnest*. (懸命に読書にうちこんだ)

ところが good は，この反対にまだ決心がつきかねている状態を表わす場合もある．たとえば I have a *good* mind not to tell you. (教えたくないんですがね) 決心がつきかねるふりをして実はしゃべってしまうのだが，こうした言い方を親しい間では使うものである．

good が女性の形容に用いられると，「素行がいい」こと．He only dates *good* girls. (素行のいい娘しか相手にしない) という言い方がある．

また good は virtue と関係なく有能 (competent; skilful) の意味に使われる．He is a *good* teacher. と言えば有徳の士というのでなしに，教えることの上手な先生である．

good は，常に単独に相手の proposition なり statement

に同意を表わす表現,「それは上々」「その通りです」とかの気持で "good" とか "right" とかをふんだんに使うのが習慣となっている. ***a good living, a good liver*** はぜいたくな暮しをすること,またぜいたくな暮しをする人.

grass roots これはアメリカ人がよく用いる言葉で,本来の意味は地表に近い土地のことで,The ore was found at the *grass roots*. (その鉱石は地表近くで見つかったものだ) と言う.だが,アメリカ英語に grass roots が主として用いられるのは比喩としてであって,まず工業地帯に対する農村人口を政治・経済の中堅層として眺める場合(アメリカの基礎は今でも農村人口とされている).これから転じて物事の基礎(foundation または base)の意味に使う.

¶ We must attack the *grass roots*. (問題をその大本でとらえなければならない)

gratuitous ☞ fortuitous

grim | grisly | ghastly このなかで最もこわい言葉は grisly である.grim が最も抽象的で,terrifying という程度だが,grisly は変質的な残酷な意思から出てきた残忍な行為を暗示していて,戦争などの一般的な恐怖ではなく,計画されたサディスティックな行為を間接に暗示した言葉である. these strange and grisly events (これらの奇怪で残忍な事件)

ghastly は ghost と関係があり,a *ghastly* face that spoke of the hair raising experience she had experienced (その恐ろしい経験を語る少女のまっ青な顔); ghastly fear はよく使われるフレーズである.

grip これはしっかり摑むことで、「しっかり摑んではなさない」ほうにウェイトがある。ちょうどタカが小スズメをその鋭い爪で捕えた形を想像すればよい。たとえば、こういう文章がある。

¶ When women have found their *grip* on life, generosity, warmth and kindliness will shine in their faces.

これは、「女が人生に生きがいを発見すると、心が広くなり、あたたかみや優しさが顔に出てくる」ということで、「人生に何か情熱を持つことができるものを見出すと、とたんに他人に対して心が広くなる」という考え方である。これは真理かどうか知らないが、英語ではとにかくこういう考え方をし、日本語にない独特の言い方をする。

grisly ☞ grim

groove(*n.*) / ***groovy***(*a.*)　something enjoyable のこと。

¶ That new café is *a groove*. (あの新しい喫茶店はとてもいかす[たのしめるところだ])

¶ They are *groovy* people. (とてもナイスな人たちだ)

groupie この言葉は1970年ごろから流行しはじめ、今ではアメリカ英語の一部になっている。意味は芸能界のスターや、各界の大物をとりかこむ熱烈なファンのことである。性別は問わない。しかし1970年の当初はロック・ミュージックの若い男性スターを追いまわす女性ファンのことに限られていた。a groupie といってもグループとは無関係で、単独のファンのことを言う。"groupies" と複数にすれば、そういう軟派不良じみた女の子が複数である場合に言うので別にグループではない。しかし1973年ごろになると、スターにあこがれる男性も groupie と呼ばれる

ようになった．またスターも必ずしも芸能界に限らず，各分野で活躍する人たち，それに，映画でも何でも，学問の領域でさえも，それに憧れる人びとを groupies と呼ぶようになり，1970 年時代の性的イメージはうすれている．
1970 年の groupie の文例．

¶ A national magazine features a story about '*groupies*', an in but not original behaviorial phenomenon consisting of youthful females committing sexual aggression against juvenile rock musicians..., reminiscent of dedicated autograph collecting.—*New Yorker*. (ある全国誌が「グルーピー」の生態について特別記事を出している．――グルーピーはいまの流行ではあっても格別オリジナルな行動現象ではない．ロックの若年ミュージシャンと進んで肉体関係を結んで歩く若い女のことで，往年のサイン蒐集狂に類したものである)

男性も groupie と呼ぶようになった 1973 年の例文．

¶ Fill that room with 1500 assorted lawmen, law *groupies* (male) and their elegantly coiffured women and you have the Texas Rangers sesquicentennial anniversary celebration. (その大部屋を，1500 人の保安官だのいろんな警官，それに彼らの男性取巻連中と，またきれいに結髪した彼らの女房連中だのでいっぱいにして見たまえ．これすなわち，テキサス・レインジャーズの 150 年祭祝賀会の図なのだ)

gruesome　みにくい不快な光景を表わした言葉で，身の毛のよだつようなもの．実際の惨事から，単なる趣味の上のことまで，幅広く使われる．a woman dressed in simply *gruesome* taste (見るもいまわしい悪趣味なドレスを身に

つけた女) などとも使うが, gruesome はやはり暴力に関連した光景を指す場合が多い. "gruesome atrocities" とか "gruesome murders" とか "gruesome spectacle" とも使い, またそうした光景に興味を持つ不健康さも gruesome と言う. the *gruesome* delight with which some cheap journals played up the tragedy (そういう悲劇をでかでかと書き立てる低俗ジャーナリズムの病的嗜好) といった言い方をする.

guilt / sin 日本語ではどちらも「罪」だが, sin は宗教的, 道徳的戒律を犯した罪を指す場合が多く, guilt は sin と同様に使われる場合もあるが, 多くは心で感ずる the sense of sin (罪の意識) を指している. だから crime を犯していても guilt を感じない人間もある. 反対に罪を犯さないでも犯したかのように感じ, 何かやまし気に見える人もある. こういう意味で,「さもやまし気に見えますよ, 貴女は」と言うとき, You are a *guilty* girl, you know. などと言ったりする. つまり You look always *guilty*. ということで, 男女の間でよく使われる. 何も怪しいことをしたわけでもないのに, あやしく見える, ということである. しかし sin はそうした主観とは関わりなく, あくまでも客観的に存在している罪悪である.

"War Guilt" と言えば, 「戦争責任」の罪の意識を含んでいる. 裁判官が容疑者に "Guilty, or not guilty?" と質す場合は, 犯した罪の事実を問うているのではなく, 自分で責任を感じているか, どうか, つまり自身の罪であると思うかどうかを問うているのである.

gulf ☞ gap

gumshoe(s) 「私立探偵」を意味するスラング．President's *gumshoes* = President's private detectives.

guru この言葉はもとはヒンズー教で導師 (spiritual leader) と呼ばれていたものだが，今では，そうした精神的な意味でなく，あらゆる分野での大立者，リーダーの意に使われる．

¶ All *the gurus in the fashion world* praised the fabulous model.（ファッション界のリーダーは口を揃えて，そのすばらしいモデルをほめた）

その他 TV *gurus*（テレビ界の権威）などとも言う．どんな分野でも，大御所的存在を言い，単数でも複数でも両方に使える．

guts 「腹のすわっていること」つまり大胆なことの俗語．これは大体いい意味に使われるが，時として「図々しい」(the nerve) の意に用いられることもある．

¶ He had the *guts* to ask his boss for a raise after his first month on the job.（彼は図々しくも就職してひと月目にボスに月給を上げてくれと言った）

ふつう guts は「勇気」と同義語に用いられる．

¶ It took *guts* to stand up against the mob.（暴徒に立ち向かった勇気は称賛に価する）

gut は guts を動詞の形にしたもので，「内臓を取り出す」(take out the entrails of...) のように人体を解剖する話から転じて，物の内部をそっくり取り去ることに用いられる．

¶ A mob *gutted* the house.（暴徒が家のなかをめちゃめちゃに破壊した）

「火事でビルが空洞にされた」(Fire *gutted* the building.) それから転じて

¶ Inflation has *gutted* the economy of country after country.（インフレが，世界の国々の経済をつぎつぎにだめにしていった）

また "a *gutted* road" と言えば，道路が長年の使用で穴ぼこだらけになっている状態.

H

had it good ¶ The West *had it* too *good* too long.（誤訳＝西側はお人好しにも，あんまり長く，がまんしすぎた．正訳＝西側はあまり長い間いい目を見すぎた）

They are *having it good*.（ひどくわりのいい生活をしている）とは，絶えず会話のなかに出てくる表現である．They never *had it so good*. も同じ意味でよく使う．

half the battle これを「戦闘の半ば」と訳してはお笑い草になる．これは，常に比喩的に用いられ「事半ばなるも同じ」「それが出来たらもうこっちのもの」といった日本語が当てはまる．If you get it started, it's *half the battle*.（始めるのが大変なので，スタート出来たらもうこっちのものだ）というふうに言って，相手を激励するのに多く用いる．

hang around | hang on | hang on to | hang out

これらはいずれもアメリカ的な表現.

hang around は hang about とも言い, "be near" という命令形と同じで, 日本語ではあまり使われない表現だが, 絶えず日常の会話に出てくる. 他の英語と置きかえると, stand by とか, be around のことで, 強いて言えば,「まあ顔を見せつづけておきなさい」とか,「そこらにいなさい」とでもいったところである.

hang on で最も多く用いられる言葉は, They seem to *hang on* his every word.（彼の一語一語を大事そうに一生懸命聞いていた）つまり彼という存在が大事だという意味を含んでいる. また彼をひどく畏敬していることで彼の言う言葉を一々聞いておかないと, 一大事だというような気持と, 頼り切った気持もみな含まれている.

hang on to は **stick to** と同じで, 落としたり, なくしたりしないように, You'd better *hang on to* your purse in this crowd.（混んでるから懐中ものに気をつけたほうがいい）

hang out は「［店とか場所へ］習慣的に行く」こと. 名詞にすると *hangout* で, ごく卑俗な表現.（⇨ ***let it all hang out***）

hangdog これは "an unworthy man fit only to be hanged like a dog" の意で, 常におどおどしている卑屈な, またはそういう男のことを言う.

¶ He had a *hangdog* expression on his face.（彼は卑屈な笑いを浮かべた）

hang-ups まずこれが名詞として用いられた場合, 尖端的なモダン語として使われる. 辞書にはあまり出ていない.

これに最も近い日本語としては俗語で「泣きどころ」というのがある．どうしてそうなるかと言うと，hang-up はもともと，樹木を伐りたおすとき，一本の樹木が，他の樹木に引っかかってしまってどうにもならない状態とか，須走り坂のところに，どうしても取り除けない障碍物がでんと控えているような場合，つまりにっちもさっちもいかなくなった状態のことである．これから一般的な dilemma とか，weakness の意味に使われる．"the *hang-ups* of the novel's characters" と言えば，「小説の人物一人一人の直面しているジレンマ——これには性格的なものも含まれる」のことである．また hang-ups は success とか achievement に対照的な言葉としても使われる．"his achievements and *hang-ups*" というようなことを言う．ふつう複数形に用いられる．

動詞として使われる hang up は「電話を切る」（He hung up.）という誰でも知っているものから，種々様々の用法がある．最も変わったものでは「死ぬ」ことの俗語である場合もある．順序不同に参考までに列記してみると次のようなものである．

complete; finish（完了する）; quit work or call it a day（1日の仕事をおえる）; stop talking（ぴたりと話を止める）; postpone indefinitely（無期延期する）; step out of the picture（この世からおさらばする）; 勝利を記録する；借金を払う；利益を収める；出勤におくれる；タイムカードを押す；取りのぞく；など．

happy ある意味ではこの言葉くらい subjective な用い方をされているものはないが，英米人は日常生活で実によく

この言葉を使う．

¶ Are you *happy with* your new secretary? Is she *happy with* you?（新しい秘書はあなたと感情的にうまくいっていますか） Are you *happy* about it?（そのことについて満足していますか）

といったふうに，彼らは，しょっちゅうhappyをふりまいている．日本人が日本語でこんな言い方をしたらキザだということになるだろう．日本人にとっては，happyとかloveとかいう言葉は，あまりにもまだ特別のものでありすぎる．日本人の「幸福」は，英語の "fortunate" に当たり，happyではない．主観の違いと言ってしまえばそれまでだが．

hard to take　¶ This sort of thing is *hard to take*.（誤訳＝こういったものは容易に納得できない．正訳＝こうしたことは腹にすえかねる）

これは "take" という動詞の性格をよく知らないで想像で判断をくだしたことからきた誤りである．

(the) hard way　このフレーズは，よく出てくるわりに辞書には影をひそめている．「難しい道をたどって」，つまり「困難なほうのやり方で」という副詞で，その前の動詞を修飾する．

I came up *the hard way*. とか，I learned it *the hard way*. というのが最も普通な例である．前者は，「私は独立独歩で，人の助けも，高等教育の恩恵にも浴さずに，自分で今日の地歩を築いた」の意で，後者は，「私はそれを独力で覚えた」つまり，自分の経験で身につけた意味にもなる．この表現の要はhardの前にくる定冠詞である．なぜ

ならこれは, ***the easy way*** (容易な道) が存在すること, そしてその容易な道をことさら拒否して, the hard way を選んだという含みがあるからである. それで前記の2つの文例の言い方は, ふつう楽な生き方をしている相手に対して, 軽い皮肉を利かせてからかう場合などに使うのである.

hard-headed この語は日本語の「頑固」とはまるで違った意味とニュアンスを持った言葉だから注意しなければならない. むしろ「現実的」というのに近く, 頑固とは反対の印象さえ与える言葉である. 計算にさとく, cool な頭の人を指す場合などに用いられる.「情にほだされない」頭の人という印象である. hard-headed を「頑固」と訳すのはいかにも日本語的な過ちで, これは辞書の訳にも責任がある. 大体 hard は英語では, ある種の冷酷さを含んだ言葉で, "no hard feeling" と言えば,「いろいろ行き違いはあったが, けっして個人的には悪い気持を抱いていませんから, ご安心ください」という意味のことを, これだけの文字で表わすのである.「頑固」な feeling ではない.

hat 帽子は比喩的に官職の象徴として使われる場合がある. He *wears many hats*. は,「一人でいろいろの役目を演じている」ことで, 帽子をたくさん持っていることではない. 後者は He *owns* lots of hats. と言う.

¶ Through his waking part of 24 hours of everyday, Carter is acting under his first and main *hat* as President of the U.S. (カーターが, 四六時中演ずる最も大切な役目は, アメリカ大統領としてである)

he could do no wrong これは「彼は悪いことができ

ない」のではなくて,「彼は何をしても悪いことをしたことにはならない」つまり, どんなことをしても敢えてとがめる人がないほどの暴君的または溺愛される存在だ, という意味でよく使われる表現である.

heavy 英語は, それが単語であれ, フレーズであれ, センテンスであれ, 2つに1つの動機から発せられていると思わなければならない. それはコメントしようとしている対象に対する approval か disapproval かのどちらかである. これはどんなに客観的な描写でも, 根本は人間の主観から発せられていることからくる. たとえば, 単に重量を表わすようにみえる heavy という単語をあげてみよう. heavy は大体 disapproval の気持をひそめた語であることを知っておくと理解しやすくなる.

heavy は人間の五官に重たく感じられることを言うので, 視覚的にも聴覚的にも用いられるが, 根本は, 重くて何だかいやだ, という subjective の気持をはらんでいる. (むろん, subjective と言っても, それが客観的現実と一致している場合, たとえば目方とか, 量とかという物理的現象を表わしているようなときは別に問題はない.) 映画なんかで, That was a *heavy* picture. と言えば, 明るさもユーモアもない暗い, 肩のこる映画, ということで, この heavy は dreary (陰気な) というのに近く,「荘重」とか「厳粛」とかいう意味ではない. 映画俳優について He was a *heavy*. と言えば,「あの俳優は昔は悪役だった」ということである.

日本語の「重い」は,「どっしりした」とか「重厚」とか, よい含みを持っているが, 英語の heavy は主観的に

感触的にわるい意味に用いられることが多いのである．

heterogeneous　ラテン語 hetero は different in kind (異種のものから成る)，gene は「種」のことである．

¶ The United States is culturally and racially *heterogeneous*. (アメリカは文化的・民族的に異種分子から成っている)

しかし異種と言っても，disparate (不均等，比べることが出来ない種類のもの) の意にも使う．

¶ Not all the painters who took up the subject were competent and their results are *heterogeneous*. (その課題をとり上げた画家がみな有能だとは言えない．だからその結果はまちまちで同日には論じられないものが多い)

hip ☞ *square*

hobnob　これは非常に古くからある言葉だが，少しも古くならない言葉の一つである．シェイクスピアはこの言葉を，酒をくみかわす親しい仲の意味に使っている．しかしこの言葉の元祖はチョーサーだと言われ，当時は中世語で，hab-or-nob と言った．意味は "have or not have" で，何を have するかというと，相手に酒をおごる権利を持つことであった．

つまり，酒を飲むとき，片方がまず1パイのグラス代を出し，次のグラス代はもう片方が出すから，こちらは金を出す権利が "not have" ということになり，これをくり返して酒をのんだことからきているという．

この hab-or-nob が hobnob に煮つまり，今では酒に限らずどんな形でも，「仲間づき合いをする」意に使われる．常に with を伴う．ただ仲間づき合いをすることが，常識

では考えられないような社会的身分や立場の相違を無視した間柄という含みがあるのが特徴である。この意味で、***chum around*** とか ***fraternize*** に似ている。

¶ He once *hobnobbed with* kings and princes.（彼はかつては王侯と仲間づき合いをした）

¶ My grandfather enjoyed the practice of *hobnobbing with* newspapermen.（私の祖父は新聞記者と飲みあるくのが好きだった）

hold court これは、「法廷が開かれている」という文字通りの意味と、有名人、実力者、人気者、スターなどが、まわりに集まった人びとと話をしている風景を指す場合とがある。

¶ The judge *holds court* from 2 to 4 in the afternoon.（あの裁判長は午後2時から4時まで、開廷する）

¶ The old coach *held court* in the locker room after the game.（ベテランのコーチは、試合のあとロッカールームで、まわりに集まった人たちと放談していた）

Homo Faber Man the creator（工作人間）と訳している。ベルグソンの「人間は常に自分や自分の物質的環境を変えていくものだ」という説からくる。

Homo Sapiens Thinking man. ラテン語からで、動物と人間を区別して言うことが多い。「理性人間」と訳すこともある。

homogeneous heterogeneous（⇨同項）の反対で、「同種の、純一的、似た種類の」(uniform) という意味。

¶ The 4 universities are relatively *homogeneous*.（この4つの大学は比較的純一的だ）

また，むらがなく出来ていることも言う．

¶ Everything about her is *homogeneous*, her features, her physique.（彼女は目鼻立ちといい，体つきといい，平均がとれている）

また "homogeneous sand"（砂の粒が均一だ）というようにも使う．

honorable これは外交問題などによく出てきて誤解の種となる言葉である．誤解の原因はこれを「名誉ある」と訳すことからくる．これに関して新聞が，「アジアは何もアメリカの名誉の犠牲になることはなかろう」などと書いているのを見た．誤解もはなはだしい．honorable の日本語は元来「公明正大な」とか「恥ずかしからぬ」であって，何も進んで名誉を得ることなどではない．I am sure he is *honorable*. と言えば，「あの人は絶対に曲がったことなどする人ではない」ということで「信用できる人」の意．

また honorable を動詞にすれば，***honor*** だが，これも単に「名誉を与える」とだけ解していると間違えやすい．W. W. Rostow が農夫に対する保証を論じて，This precept was not *honored*. と言っているが，これは「この考えは実行に移されなかった」である．

また honor が金銭の取り引きに使われる場合は，「間違いなしと認める」で，つまり「支払う」こと．The bank *honored* the check. と言う．その反対は "dishonor" で The check was *dis-honored*.（小切手が不渡りになった）である．

horror 辞書には「恐怖」または「戦慄」と出ていて，*horror* picture と言えば，「ドラキュラ」のような恐怖映

画である．しかしhorrorをいつも文字通り「恐怖」と考えてしまうことは，誤解の原因になる．日本語でよく「ぞっとする」と言うが，これは必ずしも文字通りの意味にはとれない．女性特有の誇張した表現だからである．horrorもどちらかと言うと，その誇張した表現に使われる場合が多い．恐怖，戦慄を起こさせるものとして，非難めいた気持で使われる．

She is a *horror*. または She is a *horrible* old lady. と言えば，「あの人はぞっとするような老女だ」つまり「鬼婆」だといった調子である．これはどこまでも主観的な表現で，対象がそれほどひどい形相の老女でなくとも，また女性でなく，男性である場合でさえも，特定の男のなかにある女性的イメージを打ち出そうとして，He is a *horrible* old woman. などという表現をわざわざ使う場合もある．

hot water I got into *hot water*. というような文章があると，すぐ「煮湯をのまされた」というふうに訳す人がある．これはいかにも原語に即したイメージだが，意味は大分ずれてしまっている．「煮湯をのまされた」では other-directed（他力）だが，本当は自分から「とんだはめに陥った」のであって，hotという言い方にユーモアがある．

(be) hung up このフレーズは口語で，次の2通りの意味に使われる．

　① 行動のおくれを余儀なくさせられる．この場合 "at" を伴う．

　¶ I *was hung up at* the office and missed the train. （会社で手間どって汽車に間に合わなかった）

　② 判断，決定をする能力を失う．

¶ The Jury *was hung* (up). (陪審院は決定できなかった) これは12人の陪審員のうち，1人でも反対すれば，結論 (verdict) は法的に出せないためである．口語で最も多用される ***hung up on*** は，じつは上記の②の意味からきたもので，対象に激しくのめりこむ (become emotionally involved) ことである．これには好きでたまらなくてのめりこむのと，嫌悪感からとりこになるのと2通りある．

嫌悪感の例．

¶ Our family is *hung up on* frogs. (家族のもの一人一人の頭にカエルがこびりついて離れない) 皆カエル・ノイローゼだの意．これはある怪奇映画のなかのせりふである．

好きでたまらないほうの例．

¶ George is really *hung up on* Mary. (ジョージはメリーをどうしようもないほど好いている)

¶ He is *hung up on* country music. (彼はカントリー・ミュージックのマニアだ)

I

I was had スラング的用法で，完全にだまされたこと．

¶ It slowly dawned upon me that *I was had*. (完全にのせられたことが，ようやくわかってきた)

identification / identify oneself with another 同一人物か物かの確認，検証，身分証明などの事務的な意味

以外のものを意味した場合のこの言葉と表現は，英語にあって，日本語にはどうしても見当たらないものである．日本の辞書には「同認」などと無理をした言葉が見られるが，意味があまりはっきりしていない．Which character in Japanese history do you *identify yourself with*?（日本の歴史のなかの人物の誰に，あなたは最も親近感を覚えますか）というような質問をよく外国人はする．この identification なる言葉は近代の心理分析の産物で，「他人または他の団体，国家，事物の特性を自分の特性と感じることによって，ある感情的満足感ないし味方の連帯意識を味わい，不安感からの解放を得ようとする無意識，または意識的心理作用」と定義されている．

identity crisis これは典型的な現代英語で，昔の英文には出てこない．ふしぎと英語の辞書にも取り上げられているのをあまり見かけないが，日常的な表現．たとえばある人が I had an *identity crisis* two years ago. と言ったとする．これは意訳すれば「2年前，私はノイローゼ気味だった」ことである．自己喪失（the loss of a sense of one's identity）は自信喪失（the loss of self-confidence）につながるから，個人の不幸の源泉だという考え方からきた表現．

idiosyncrasy この言葉は「個人の特質」とか「癖」と訳されているがそれだけでは性格がわからない．この言葉の基準になっているのは，特定の団体とか体制の見地から言って，常識を欠くように見えることで，主として個人の言動などに対する批判語なのである．つまり自分の側を優位において，それに同調しない見解や，行動を「変わっている」と評するのである．形容詞形は ***idiosyncratic*** で，

これの同意語は *eccentric* であり, *strange* と言っても よい. 従ってこれを名詞にして *eccentricity, strangeness* とすると idiosyncrasy の同義語となる. 普通 *peculiarity* が idiosyncrasy に最も近いシノニムとされている. peculiarity は, 変わった個人 (またはグループ) の特質を言う のだが, 尊敬している言葉ではない. 自分の基準に当ては めて, おかしな人とかおかしなものという意味である. だ が, 言葉というものは調法なもので eccentricity と言いた いところを idiosyncrasy とか individuality と言ったほう が得策の場合もある. なぜならこの両者は一応は客観性を 示した言葉なので, We are all aware of his *idiosyncrasy* (or *individuality*). (われわれは皆, 彼が特異な人物であるこ とを知っている) と言えば He is *peculiar* (or *eccentric*). と 言うほど非友好的に聞こえないのである. と同時に idiosyncratic と言えば, 明らかに「こちら側」と異なっ た見解であることが示せるのである. しかし idiosyncra- sy が体制とかけ離れた見解だといっても, 大勢集まって いる会などで, 個人が一人立って自分だけの意見だと銘打 って発表する意見が, 必ずしも idiosyncratic であるとは 言えない. もしその意見がそのグループの意見と同質な ら, 彼は単に "a mouthpiece" (代弁者) にすぎないのであ る. idiosyncratic であるためには, その人の属している 共同体と本質的に異なった意見を持っていなければならな いのである. idiosyncratic の政治的シノニムは ***dissent- ing*** である. 民主国家は dissenters を全体主義国家のよう に圧迫したり罰したりしない. だから idiosyncratic な個 人の存在は民主国家が民主国家であることの token (しる

し）ともなるので，idiosyncrasy とか idiosyncratic といった言葉が大切にされるのである．

idle / lazy　この2つの最もたやすい見分け方は，lazy には意思があるが idle にはないということである．両方とも inactive な状態ではあるが，lazy は好きこのんでぶらぶらして，物事をしないでいる状態．英語ではよく "lackadaisical" という言葉を使う．ものぐさといったところである．それにひきかえ idle は同じ inactive でも，自分の意思によるものでなく，職がない (out of work)，つまり unemployed の状態を指すところがまず違っている．それから idle には「何の役にも立たない」とか，「いらざる」とかの意味がある．groundless（根拠のない）という気持もある．an *idle* rumor と言えば「根も葉もない (groundless) うわさ」ということ．It would be *idle* (or *useless*) to argue further.（これ以上議論してもむだでしょう）などと言う．

　失職でもなく，合法的な自活の道も持たないように見える人のことを "idle person" と言い，法的に問題にされることがある．こういうときに，He has to answer to the charge of being an *idle person*. と言う．

　また idle は casual の意味で使われることがある．out of *idle* curiosity（何となしに，別に何の目的もないが好奇心にかられて）とか *idle* chatter（おしゃべりのためのおしゃべり）とか言う．

　車を扱っている人ならいつも使う言葉にアイドリング (idling) がある．つまりイグニション・キーをつけると，エンジンがかかって，別にアクセルを踏まないでも，ひと

りでにエンジンが動く音がすること．これを "an engine running at fast *idle* speed" と言う．このアイドリングを聞いただけでエンジンの調子がわかる．つまり idling は，車やエンジンが空<ruby>まわり<rt>から</rt></ruby>（走行と無関係に動く）をすることである．人ばかりでなく，事物にも使われる．*idle* capital（動いていない資本，あっても積極的に何かに投資されていない資本）などもその一例である．

impel / compel　この動詞は何らかの行動に駆り立てる，また "be impelled" は駆り立てられることだが，compel, be compelled と非常に似ている．それでこの両者の違いを知っておくと，impel の性格がはっきりする．

まず impel の同義語は ***motivate*** または ***move***; ***drive*** である．これは人の心に強く働きかけ行動に踏み切る気持にさせることで，この言葉の焦点は行動する当人の内面にある．

¶ Family necessity *impelled him to take in* two or three jobs.（家族を養う必要から彼は2つも3つも仕事を持って働かなければならなかった）同じことを，He *was impelled to take in* two or three jobs by family necessity. と受身の形ででも言えるのである．

また impel の対象が人間でなければ，「推進する，つまり前方に推し進める」（drive; push forward）ことである．

¶ The heart *impels* (or *drives*) *the blood* through arteries.（心臓は動脈中に血液を送りこむ）

一方 compel のほうは同義語は ***force*** であって，（心理的に）力ずくで相手に何かをさせることで，焦点はそういう暴力的な力を持った外部事情のほうにあるので，力点は

行動を取らされる当人にはない．

¶ Her formidable skill *compels* our admiration. (彼女のものすごい技術は，われわれを感嘆させる) つまり，いやでも感嘆せざるを得ないようなすばらしい技術に焦点がある．この例が示すように compel には感情的に強いられるという心理的な面のある言葉で，impel のように motivate (動機づける) することによって次の行動に推進するというプロセスを思わせる言葉ではない．

¶ Refugees were *impelled to flee* before the advancing army. (押し寄せてくる軍隊を前にして，難民はやむなく故国を捨てて逃げた) この場合，impelled to flee は恐怖にかられて逃げざるを得なかった，つまり取るべき次の行動をとったのである．この impelled の代わりに compelled to flee としても間違いとは言えない．ただ，意味が多少違ってくる．感情的に強制されて逃げた意味合いが濃くなる．つまり前者 (impelled) は，本人は追ってくる軍隊によって踏みつぶされる前に逃げたことで，いわば自分で決心して逃げたのである．後者 (compelled) にはそんな内面の確信のようなものはなく，いやが応でも追われて逃げたのである．この違いは微々たるもののようだが，この2つを形容詞にしてみると感覚がはっきりする．

¶ His play is *compelling*. (彼の劇は強く人をうつ) つまり His play is emotionally powerful. (感情的に強力な劇だ) の意である．これを impelling とは言わない．

¶ He has an *impelling personality*. (彼は人を動かすことの出来る人格を持っている) つまり He has an effective personality. (思い通りに人の心を動かせる人) の意である．

impelled が motivated（心を動かされて，動機づけられる）と同義に使われる例をもう一つ．

¶ *Impelled* by the prospect of a commission of $250,000 or more, First Boston called on 79 potential purchasers.—*Fortune*. （手数料が25万ドル入るというので乗り気になった投資銀行業務取扱会社の First Boston は，79もの会社に当たってみた）この impelled を compelled とすりかえるわけにはいかない．なぜならこの impelled は persuaded（説得される）に近い言葉で，独自の判断をしたことを暗示しているのに対し，compelled は感情的に強制された含みがあって，意味がズレてくるからである．

impugn これは大きな言葉である．ラテン語からきていて，im- = against, -pugn は pugnare で fight の意．相手を全面的に否定，攻撃すること（論戦などで）．たとえば，They *impugn* his honesty.（彼は不正直だとなじった）別の表現を使うと，They call his honesty into question. とも言える．相手に自分は正直だという権利がないという意味である．このようにある人間の名誉や価値を否定してかかる人を，He is that man's ***denigrator***. と言う．

¶ They *impugned* his claim to property.（彼らは，その人の財産取得権を否定した）

in / out 社交場裡の流行語として一般化している言葉で，in とは one who is *in office* or *in power* or one inside of some important circle つまり「権力の座にある人間」のことである．権力の座——それはどんな世界にも当てはまる——にある者を ***the in-people*** と言い，マスコミをはじめ，いわゆる上流社交界が追いかけまわす対象なのであ

る．あるコメンテーターが言ったように，It is a matter of the *ins* versus the *outs*. (成功者対落伍者の問題にすぎない) のである．in は単独に名詞として使われるときは，ins と複数にする．

out はもちろん one who is *out of power* (権力の座から脱落した人間) のことで，He is *out*. と言えば He is out of the picture. つまり，He is unimportant. ということである．いかにも感じの悪い表現だが，現代的なドライさを表わす表現でもある．

in the name of ~ これは戦時中に大いに問題になった言葉である．直訳すれば「だれそれの名において」とか「なにかの名によって」とか言うのだが，それだけではあまりはっきりしない．もちろん牧師が "In the name of the father and the son and the Holy Spirit..." と言って祝福する場合，またバイブルのなかでさかんに用いられる，「キリストのみ名によって」(in the name of Jesus Christ) はそのままの意味にとってよいのだが，"In the name of..." を日常的に用いる場合，大ていの場合，痛烈な批判語であると見てよい．いわゆる「錦のみ旗」を立てて，その世間的な権威の後ろにかくれて，自分のしたいことをする，その行為を批判した言葉なのである．しかしながら，極言すれば，こうした行為は人間の行為の大きな部分を占めていると言えないことはない．

¶ *In the name of* work efficiency, he made unreasonable demands on his subordinates in the office. (能率のためという名目で部下に長時間の勤務を強いた)
といった使い方をする．その他すべて「……の美名のもと

に」あるいは「……をかさにきて」と訳せば，最もよく当てはまる種類のものである．

infrastructure この言葉は，ふつうの辞書には不思議と出ていないが，今日の英語では，一般語としても，政治的な言葉としても日常使われている．もともと infrastructure はフランス語で鉄道，地下鉄，ガス，水道，電話など，国家運営に必要な基礎設備を敷設することを言う．

¶ A glance at the nation's budget for *infrastructure* and mining town development will convince anyone that its government means business. (地上敷設工事と石炭採掘町村の開発のための国家予算を一瞥しただけで，その国の政府がいかに真剣に取り組んでいるかがわかる) つまり infrastructure は skeleton (骨組み) の意味を持っているのである．

政治的に infrastructure が英語のなかで最初に使われたのは 1950 年で，時の国防大臣の Emanuel Shinwell という人が，英国の議会 (The House of Commons) に，自分が出席してきた Brussels Treaty——正確には The Consultative Council of the Brussels Treaty Western Union (今の Common Market の前身)——の決議報告をした際，infrastructure というまったくの外来語を話のなかに導入して，こう説明したのである．

¶ The installation of signal communications, preparation of the headquarters, and divisions of airports are activities now known collectively as working on the '*infrastructure*'. (無線などの設置，本部の設営，空港の分割

設置などを一括総称して，infrastructure の設置を進めつつあるという具合に呼ぶことになっている）

　折角導入されたこの新語も，国粋主義者の Winston Churchill の猛反撃を受け，引っこめられたが，アメリカでヴェトナム戦の終わり頃に復活，浮上した．そして今では infrastructure は押しも押されぬ英語として定着している．

ingenuous　現在の感覚に対して正直なこと．artless, naive という言葉が当てはまる．naive は日本語の意味のナイーブ（素朴）ではなく，前後の考えもなく，感じたことをそのままに表現する意味での単純さを指し，尊敬をこめた言葉ではない．

¶ He acts *ingenuous* but his stratagem will not deceive anyone.（彼は天真爛漫をよそおっているが，彼の策略には誰もだまされない）

　ingenious（発明の才がある，器用な）と混同しないこと．

inroad(s)　この言葉は企業などで，他人や他社の領分に食いこむことを言う．侵蝕するの意である．ふつう複数形を用い，***make inroads on***（*or into*）の慣用句がある．

¶ I hate to *make inroads on* your territory, but could you possibly spare...?（あなたの領分を侵したくないのですが，もし出来たらあれを私にゆずっていただきたいのですが……）

¶ But the *steady inroads* of imported cars since then have come largely at Chrysler's expense.（その後の外国産の車のひっきりなしのアメリカ市場侵入の被害をもろに受けた

のはクライスラー社だった)

¶ Such a censorship is a *serious inroad on* the principle of free speech.（そういう検閲は言論の自由の重大な侵害だ）

intellectual これは名詞にすれば「インテリ」で，日本では尊敬の対象になっているようだが，intellectual は本来よくも悪くもない，単なる機能的，中立的な形容詞にすぎない．intellect とは理性のこと．feeling, emotion に対する機能であって "intellectual understanding of things" は，事物を概念的にとらえることで，practical experience と区別されなければならない．つまり経験は概念とは異なり，ものの essence（本質）をつかむことであり，「百聞は一見にしかず」の「百聞」のほうが "intellectual understanding" に当たるのである．

intimate / close intimate と close は，語義の上ではとてもよく似ていて，どちらも「親密な」と訳されるが，その本質的な内容は非常に違っている言葉である．intimate は肌と肌がふれあうような心やすい関係で，「なれ合う」つまり感触的に親しいといった physical の implication が強い．

日本人は，親しい友だちといったほどの意味で，「私と彼とはとても intimate な間柄です」などと言うが，intimate と friend とは必ずしも同じでないことは，なれなれしい口をきいている意味の親密さと友情とは全然別個のものであることをみればわかる．だから dearest friend とか close friend とかの意味に intimate を解するのは，大きな間違いである．close は spiritual な意味での近さを表わ

し，intimate は physical またそれに近い感じの近しさだと思えばよい．人によっては，どんなに親友であっても，intimate にはならない，むしろ狎(な)れない性格の人がある．

夫婦であれば intimate なのは当たり前で夫婦関係の場合はわざわざ intimate とは言わない．他人との親密さの quality を表わす言葉である．兄弟姉妹にもあまり使わない．「私は兄と特に intimate だった」などとは言わない．I am very *close to* my brother. または My brother is very *close to* me. と言う．

人間のタイプで，いくら多くの intimates があっても真の friend がない人も，また，先に言ったようにその反対の人もある．

invisible hand この「見えざる手」は "invisible hand doctrine"（見えざる手の学説）として Adam Smith (1723-90) によって1776年に発表された *The Wealth of Nations*（国富論）のなかに説かれている経済理論なのである．「各個人は self-interest（自利心）さえ追求していけば，それがあたかも見えざる手によって導かれるかのように，自然に社会全体の利益をもたらすようになる」という理論である．つまり一切の政府干渉を廃した自由競争の提唱であり，invisible hand はその代名詞だと思えばよい．（冠詞は一切付けない）

invoke 絶対に訳せないわけではないが，日本人の考え方のなかにない言葉がある．こういう単語は心理的な習慣の相違からなかなか使いにくいものである．よく英米人が使う invoke という言葉などもその一つである．これと同じような接尾語 (suffix) を持つ単語に，"provoke"， "evoke", "convoke" などがある. -voke というのは, ラテン語の voco からきていて,「呼びよせる」「名付ける」「声を出す」などの意味がある.（英語の vocal も同じ語源から出ている.）

従って, これらの語の意味は, invoke（引き合いに出す）; provoke（怒らせる, 刺激する）; evoke（呼び出す）; convoke（議会を召集する）など, いずれも声に関連がある.

占領中, マッカーサー元帥のことを, ある外国人記者が, "The God-*invoking* General" と評したが, よく演説のなかで「神様を引き合いに出す将軍」ということである. He has the habit of *invoking* his father. と言えば「オヤジをよく引き合いに出すやつだ」ということである. 自分だけでは心細いので, 自分の立場を強くすると思われるある権威に訴えることで, この invoke という語は, "witchcraft" に通ずるような一種神がかり的な感じである.

聖書が文学の根本になり, 子供のときから神話をうえつけられているためか, 英米の人びとは, いつも "By God" とか "By Devil" とか言って, 強い感情を表現しようとする. 日本人にはそうした抽象的な権威を invoke する心理的習慣はあまりない.

J

jinx この言葉は日本語にもなっているが，日本語では，不運にも好運にも両方に使っているが，英語では，bad luck をおびきよせるという black magic からくる迷信で，運の悪いことだけに使う．名詞にも動詞にも使う．

¶ I have a novel in mind but I don't want *to jinx it* by talking about it. (私は小説を書くつもりだ．しかし，しゃべると書けないというジンクスがあるから，しゃべらない)

just just がものを強調するときに用いられることは誰でも知っているであろう．しかし何を強調するのか，その国の人間の心理や習慣を知っていないと，見当違いの解釈をしてしまうことがある．

こういう例があった．一人の男が女をつかまえていろいろ説得している状況につづいて，She did think *just* that. という文章が出てくる．それを「彼女はたしかにそのとおりだと思った」と訳した人があった．英語に不馴れな人は，直訳的に考えて，ちょっとそういうふうに受け取りがちである．ところが，この just には皮肉な意味がこもっていて，「そんなことだと思った」ということである．「たしかにそのとおりだと思った」と言えば，相手の言葉に共鳴したことになって，反対の意味になってしまう．共鳴したのなら，She thought exactly like that herself. と言う．

"think just that" で like that となっていないところが意味深長なので，その意味は，「さあおいでなすった」という気持で，彼女が薄々予期していたことを表わしているのである．

大体，相手を非常に尊敬しているような場合には just はあまり使わない．*Just* how much you got there? 「いくらそこに持ってるんだ？」というように，あまり持っていないだろうという前提のもとに聞くので，多少「露骨」な感じである．

また just には理屈ぬきで「何が何でもそうなのだ」といった気持がある．I *just* can't do it. とか，I *just* know it. という具合いに用いられ，前者は，「私にはどうしてもそれはできない」．後者は，「どうして知っているかと言われても困る．ただそれを知ってるんだから仕方がない」である．

K

kangaroo court 「カンガルー裁判」とか，「似非(えせ)裁判」，つまり，裁判官でもない連中が法廷の形式で，誹謗しようとする人間に，もっともらしく重罪を宣告する不正行為を指す．

¶ Red *kangaroo courts* sentenced non-communists to death. (共産主義者たちが，非共産主義者に，いんちき裁判で

死刑を宣告した）

keen / keenness　keen またはその名詞 keenness は非常にたくさんの人が誤解して訳している．

¶ He suddenly took on a look of *keenness*.
という文章を，「彼は急に鋭い表情になった」などと訳してはならない．「鋭い表情」などと言えば，いかにもいわくありげだが，unanalytical で何のことかわからない．本当は「彼は急に強い関心を示した」ということである．keen は会話で使われる場合は，大体 eager と同じだと思えばよい．

¶ I'm not *keen* about it. は，「それにはあまり興味が持てない」ということで，I'm not wild about it. とも言う．

もう一つ例をあげると，¶ He is *keen on* her.（彼は彼女に，とても興味を持っている）つまり「好きだ」ということである．

しかし同じ keen でも，人を評して He is *keen*. という場合は，「彼はなかなか鋭い」つまり頭がよいということだが，これは，He is a bright boy.（彼はなかなか優秀です）というのと同じで，どちらかと言えば上から下にものを言う condescending な感じである．

knockout　これは例の「ノックアウト・パンチ」以外に，「すばらしい出来」（an excellent thing）といったような意味にも使われる．

¶ He has produced a new film that is a *knockout*.（彼の最近の映画は大したものだ）

ノックアウトのように名詞でなく，***knock out*** と動詞となると「やたらと粗製濫造する」といった多作の状態を

指す．He *knocked out* 13 novelettes last month.（先月は小編を13も書いた）と言ったり，これに似た言い方に，I have a few things to *knock out* before dinner.（夕食前に，早いとこ，かたづけたい仕事が，2, 3ある）などと言う．

knock about（*or* around）は，「ほっつきまわる」に当たる．wander, roam とか rove のことである．He *knocked about* the world for 3 years. この knock about を1語に続けて "knockabout" とすると「小型のヨット」のこと．yachts of every size from the great steam palace to the little 20-foot *knockabouts*（豪華な蒸気船から，お手軽な帆前船程度のものまで，種々様々のヨット）と言ったりする．

knock down と言えば，embezzle（委託金などの使いこみ）のことで，The men were accused of *knocking down* fares on their cars.（［車掌などが，切符の］売上げを着服したかどで訴えられた）のように使われる．

knocked up は，イギリス英語では I'm knocked out.（I'm tired out.「疲れた」）ということだが，アメリカのスラングでは，enceinte（妊娠している）のことになる．

knocking は車のエンジンに無理がかかっていること．I heard the motor *knocking*（モーターがノックしている）．

know better あるところで I *know better*. というのを「少しよくわかる」と訳したのを見たが，これは珍訳で，日常使われるこの表現は，「そんなことを言っても，だまされませんよ」（I am not deceived.）というのを，婉曲に言ったのである．I know better. は元来「もっと分別がある」ことなので，英語では，不作法な行為などを評して，

He doesn't *know* any *better*. ということをよく言う．やたらに腹を立てて，けんかをふっかける相手に Don't you *know any better*? と言ったりする．

kudos [kjúːdɔs] これは複数ではなくて，はじめから s が付いているのだから，kudo などと書かぬこと．口語で「成功の印(しるし)」の意．

¶ Rockefeller Center, in New York City, in its time the biggest office-building complex in the world, gave Nelson Rockefeller the sense that bigness meant *kudos*. (当時としては世界最大のオフィスビルの集合だったニューヨーク市のロックフェラーセンターは，ネルソン・ロックフェラーに，巨大なこと即成功のシンボルという観念を植え付けた)

L

(*a*) ***land office business*** これは昔からの慣用句で，商売が繁昌すること．

Those American-movie importers will *do a land office business* in Russia. (アメリカ映画の輸入業者は，ロシアでは大した商売になるだろう)

larger-than-life characters 人間の持っている欠点や弱味のないスーパーマン的な劇中の人物．realism の反対のお伽話的な人物描写を言う．また a larger-than-life role とも言う．

¶ They had to play a *larger-than-life* role during the occupation.（彼らは，占領期間中は，神様的役割を演じなければならなかった）

¶ De Gaulle plays a *larger-than-life* role for his country.（ドゴールは，フランスのために，全能の神の如き役割をわざと演じている）

lawn ☞ turf

lay（< *lie*）***low***　「人目につかぬようにする」という意味のこの口語表現は，文法的には lie low というのが正しいのだが，アメリカでは今は lay low が一般化してしまっていて，英米の国語の先生の嘆きの種になっている．だが俗語辞典にまで lay low がおさまっているからには，通りのよいほうを覚えておいたほうがいいかもしれない．むろん lie low と言ってもよい．

日本語の古い表現で「雌伏する」に当たるこの表現は，英語では元来犯罪者の用語だったのが，スラングになったもので，別のもっと上品な言い方をすれば ***keep a low profile*** である．これは「目立たぬようにふるまう」ことで，低姿勢（low posture）と混同してはならない．"low profile" を保つことは，他人に対して低姿勢をとることではない．自分の姿があまり人に見えないようにすることである．keep a low profile の反対，つまり「人の目に立つようにふるまう」ことは "keep a high profile" と言う．人目につくといっても，別に赤いキモノでも着て人の目をひくことではない．もともと社会の注目を浴びる立場の人物が意識的にとる態度のことを言うのである．

lazy ☞ idle

lean 　見た目にやせた人といっても,時と場合によってよい意味にも,あまりよくない意味にもなる.lean はよい意味である.lean は牛肉などのあぶら身のところでない肉で最も好ましい部分である.He is *lean*. と言えば,ひきしまって,ぜい肉のないことである.He is thin. と言えば健康体かどうか,わからないのである.ただやせていることが目立つのである.lean が比喩的に用いられると,この違いが一層はっきりする.

¶ The company could fire unproductive managers, shed its unprofitable lines, continue to make cars and provide employment—and with any luck emerge a few years later a *leaner*, healthier, company.—*Newsweek*. (会社[この場合クライスラー]は生産性に欠ける部長はくびにし,利益のあがらない部門は廃棄し,ずっと自動車を作って,人びとに職を供給していけばいいのだ——そうすれば,運さえよければ,従来よりはずっと,ひきしまった,健康な会社になって出てこられるはずだ)

¶ The boys on the team were feeling *lean and mean* and spoiling for actions.(チームの選手たちはみな,ファイト満々で,試合を今やおそしと待ちかまえていた)

このように lean はやせてひきしまっていることの内面からの感覚だが,やせていることを外面的にほめる言葉は ***slim*** である.

lease ☞ ***rend***

legend 　この言葉を単に「伝説」と訳すとはっきりしないばかりか,誤解に導く.大体,2通りの意味に使う.

　① 過去から伝承されている言い伝え,歴史に出ている

話である場合も，本当かどうかわからないが，そう信じられている話などがこれである．¶ All the well known families have *legends about them*. (名家には伝説はつきものだ)

② 昔からの言い伝えでなく，現代のことでも，語り草というものはある．¶ This is a *legend* about Marilyn Monroe created by the publicity department of movie companies. (これは，映画会社の宣伝部が作り上げた，マリリン・モンローに関する逸話です) また，そういう語り草を作られる当人のことも legend と言う．He is a *legend* at 47. (彼は 47 歳でもう現代の伝説とも言える [つまり，知らぬ人はない，名望家だ]) とか He is a *legend* in his own time. (彼は生きているうちに伝説的名声を持っているまれな人だ) とかいう表現をする．

また His name is *legend*. (彼は誰知らぬものとてない人物だ) この場合，legend の前に冠詞は付けない．

legitimate この言葉は国際問題に物議をかもす言葉である．W. W. Rostow がヴェトナム問題について，アメリカの北爆は "legitimate" だと言ったのを取り上げて，「他国を爆破しておきながら，合法的だなどとはけしからぬ」といきまいた新聞があった．これは誤解である．legitimate と legal は語源は同じくラテン語の lex (法律) であるが，legitimate は legal よりずっと庶民化された言葉で多分に主観を含んでいる．日常会話のなかに現われる場合 logical (論理的) とか rational (合理的) の意味に使われるのが普通である．

¶ This is a perfectly *legitimate* question. と言えば，「それは少しも不自然な質問ではない」ということで，「合法

的な質問」ではない．legitimate を「合法的」の意味に使う例は，"legitimate child" とか "illegitimate child" とか言う場合にほとんど限られている．（もっとも言葉としては後者のほうがはるかに有名である．）"legal action" を取ると言えば訴えることで，legitimate action とは言わない．

leitmotiv [láitmo*u*ti:f]　日本語では「ライトモチーフ」と言っている．ドイツ語からきており，英語で言えば leading motif, 一つの作品を貫いているモチーフ，つまりテーマのこと．

¶ A competent designer instinctively chooses a theme or *leitmotiv* for a given structure.（有能なデザイナーは，これから取り組もうとする作品のために，本能的に，一貫したテーマ，ライトモチーフをえらぶものである）

lend ☞ **rend**

let him have it / give it to him　これはともに暴徒などが「やっつけろ」と叫ぶ文句である．

¶ They *gave it to him* in the army.（軍隊で彼はさんざんしごかれた）

let it all hang out　この表現はスラングのように見えるが，スラングの hang out ではない．スラングの hang out は自動詞で "loaf" と同じ意味で，のらくら油を売ること．

¶ The streetcorner coffee shop was where we used to *hang out*.（街角のコーヒー店にわれわれはよく集まって油を売ったものだ）というように使う．

また名詞にして It was our *hangout*.（われわれのたまり場だった）とも言う．

だが let it all hang out の hang out は他動詞で, "hang something out"（何かを吊して皆に見せる）つまり display することである. もしこれを慣用句にして let it all hang out とすると, 言いにくいことでも細大もらさず, 外に出してしまうことをいう. 主として, 文学, 絵画, 映画などの製作態度によく使う.

¶ The author of this film *lets it all hang out*. （この映画の作者は抑圧感のない映画作りをする［何でも遠慮なく表現している］）

leverage この言葉は,「テコの作用」という原意から,「ある目的遂行のための手段としての一つの力」といった意味に使われる比較的モダンな表現である. たとえば, ある種のメッセージをもったロック・ミュージックを普及したいグループがいたとする. ただやっていたのでは大きな群衆は集められない. それで, 何か大きなレコーディングだとか, 映画とかを作ってそれで一躍有名になって, それの力で目的を果たそうとする場合など, That's the only *leverage* we've got. （それが, われわれが持ち得る唯一の有力な方法だ）といった言い方をする. 強いて日本語に訳せば「踏み台」とでも言うところだろう.

liberty 「自由」という言葉も完全に英語と日本語とでは同一であるとは言えない. 拘束からの自由という意味の "freedom" はわかっていても, 精神そのものの自由を意味する liberty, それに, それを動詞にした *liberating* にいたっては真の訳語は見当たらない. liberating influence または liberating force というような表現は, 日本語にはないある心理的な, 大きな意味での「解放」——これはど

ちらかと言えば仏教などで言う「さとり」の境地に近い「自由」をもたらす力——ということで,その人に接していると,あるいはその人の作品に接していると,そういう「解放感」が味わえるといったふうに使われる.

その反対に,その人は他人を萎縮させ,10の力を4も出せないような雰囲気を人に与える,というようなのは,"frustrating influence" と言う.これは何だか難しく聞こえるが,今では,日常使われている基本的な言葉の一つである.これは歴史上,十字軍が異教徒を攻めて,その重圧になやむ民を救ったのを,Liberator として崇め,世界大戦でも,それぞれ,自分の側を Liberating force と称していることをみてもわかる.この宗教的,もしくは熱狂的な「自由」の観念を理解しないとあまりぴんとこない表現である.英語などでは(おそらくヨーロッパの各国語でも)最も高貴な言葉とされている.

lifemanship この言葉は日本の辞書にはほとんど存在していないが,これは,one-upmanship(または one-uppance)と同じこと,つまり,まわりの人間や,特に競争者をけむにまくことにより,あるいは見せびらかしにより,相手の気力をそいで,自分の優位を確立する術のことである.

lion lion を百獣の王と見る点では日本も同じだが,英語には,He is *lionized*. という言い方がある.これは大して偉くない人間が,時と場所によって王様のように持ち上げられる有様を指す.

ついでに他の動物のイメージについてふれておこう.

dog は日本では忠犬などと言うが,英語では蔑称また

は憐れなさまに使う．*dog*'s life（ひどい人生）とか，He is a selfish *dog*.（あいつは利己主義者だ）などと言うが，この場合の「犬」は日本語のいぬ（スパイ）ではなく，ただの scoundrel（悪者）である．informer（スパイ）には他の動物 "white rat", "weasel"（いたち）, "mouse"（二十日ねずみ）が使われる．また dog はなりふりかまわず働くことに使う．¶ I worked like a *dog*.（私はまっくろになって働いた）

cat は "copycat"（人まねこまね）とか "catty"（女性的な意地悪）を連想させる．ただし男性の所業でもよい．¶ He made a *catty* remark.（小意地の悪いことを言った）

rat 人間に対する最悪の蔑称．

rabbit はおどおどしたおとなしい人間．¶ We have too many *rabbits* around.（気骨のある人間は一人もいない）

(a) *live* [laiv] *wire* ¶ She is *a live wire*. この「電気の通じている電線」という表現はアメリカではよく使う．これを他の表現で言えば，She is a quick, knowledgeable type. とか，She is always on the go.——生きがよく頭の回転が速い人だ，の意．

lobby この言葉は政治語で動詞にも名詞にも使う．名詞の lobby は，17世紀の中頃の英国で，The House of Commons（下院）と床つづきの控えの間（anteroom）で，ここだけは，一般人が入ることができた．そこで庶民が議員と会って，陳情する場になっていた．これから，special interest（各分野）を代表して陳情を行なう special pleaders の団体を lobby と呼ぶようになったのである．だから lobby は団体で，日本では「院外団」などと呼ば

れていたこともあり，何かうさんくさいもののように思われがちだった．これは現在のアメリカでもある程度そうらしく，William Safire's *Political Dictionary* によれば，ある新聞記者がトルーマン大統領に，「大統領の政策の具体化のために働いている lobbyists も大統領は顰蹙(ひんしゅく)されますか？」と問うのに対し，「いや，そういう人は，lobbyists とはもはや言われないだろう．公益のために働く市民とでも呼ぶんじゃないかな」と言ったそうである．

lobby が動詞になると，個人としてでも，市民団体としてでも，議員に働きかけて，立法にまで，特定の件をもって行かせようと手を尽すことである．

lobbyist はそのために働く人を言う．ただしこれはアメリカ英語で，英国では ***lobby-agent*** と呼んでいる．lobbyist は企業などに雇われて働く登録された職業的陳情家で，雇い主の利益を代表して，種々の手をうつのである．たとえば，サイン集めをしたり，マスコミに働きかけるなど．法律の枠内で策戦を弄するのである．

local これは日本語では「地方」，つまりいなかのことだと思われている．これは間違いで，この言葉を一番てっとりばやく理解するには「地元(じもと)」のことだと思えばよい．地元は東京の場合もあれば，大阪の場合もある．さらに細分すれば，東京全体に対して世田谷のこともあるし，世界的な立場から言えば，日本のことでも，アメリカ全体のことでもあり得る．つまり話の内容によって地元が違ってくるのであって，違わないのは，その話をしている当人の立っている特定の土地を指すのだという一点である．たとえば東京にいて，外国人，または，他の地方からきている人に

対して，だれかを紹介するのに，She is a *local* girl. と言えば，「この人は東京の土地っ子です」ということだし，その話をしている場所がニューヨークなら「ニューヨークっ子」になる．

local はまた，アメリカでは名詞に使われ「支部」のことを指す場合もある．アメリカの労働組合は方々に "locals" を持っている．

lone wolf / loner 前者は動詞として使われ，He *lone-wolfed it* to the location place. (彼はロケーションをする地点まで，仲間の俳優と口も利かずに，一人はなれて行った) というように使う．「一匹狼」はまた loner とも言う．

long memories ¶ These people have *long memories*. を「この人たちは長年の間には，さまざまのことを経験しているはずである」と訳したのがあった．「この人たちはずっと昔にまでさかのぼって，記憶している」ことである．つまり He has a memory like an elephant. を複数にしたものと思えばよい．

lose argument with a bus こういう言い方はアメリカ独特のユーモアを表わしている．バスと議論して負けたら，ひかれて死ぬわけである．アメリカの保険の広告にこういうのが出ていた．

¶ What happens if I *lose argument with a bus*? (かりにこのわたしがバスにひかれて死にでもしてしまったら，家のものはどうなるか)

lose はまたあとをつけて来る人間をまくことにも使う．

¶ He followed me all this morning and I finally succeeded in *losing him*. (あの男は私を今朝ずっとつけていた

が，とうとう私は彼をまくのに成功した）

(the) lowdown これは American English で inside information（内幕）のこと．つまり，飾り気なしの情報とか，煮詰めた内部事情（unadorned facts）を言い，往々にしてゴシップの形をとる．イギリス英語は ***dope***（内部情報）をこの代わりに使う．

¶ Give me *the lowdown on* the office situation.（会社の事情について情報がほしい）

¶ The magazine article *gives the lowdown on* Carter administration.（その雑誌の記事はカーター政府の内幕を語る）

しかし the lowdown が dope 以外の意味に用いられるのは常に名詞の場合だけで形容詞に使われる場合は，「程度の悪い」「見下げた」の意味になる．そして low-down とハイフンでつなげる．

¶ He is a *low-down* sneak.（彼は程度の悪い，こそこそしたやつだ）

lurid この語はむざんな傷跡などの生々しいさまに使われる．*lurid* photographs of the airplane crash（飛行機事故の生々しい写真）とか the *lurid* account of the carnage（大虐殺の現地報告）など．つまり lurid は gruesome を文字や写真などによって描写したものである．

M

macabre [məkάːbrə] この言葉はもともと dance of death のことで「怪奇趣味」を含んだ言葉である. *macabre* tales of vampires, また単に horrible の意味に使う.

¶ the *macabre* procession of starving masses (見るも恐ろしい飢えた民衆の行進)

major / bolt / flunk これはいずれもアメリカのカレッジの用語.

¶ I *majored* in English. (私は英文学を専攻した) 必らず in がそのあとにくる.

¶ I *bolted* the history class this morning. (けさ, 歴史のクラスをサボった)

flunk は「落第する」

¶ I *flunked* History. (歴史の試験をしくじった) fail と置き換えてもよい. ただ flunk のあとに何もない場合は, out をつけて He *flunked out*. (彼は落第した) と言う.「落第生」は ***dropout***.

make これはおそらくどんな言葉よりも多くの意味を持つ動詞である.

¶ I *made* it. (=I managed to do it.) (自分がしようとしたものが達成できた)

¶ He *made* good. (彼は成功者になった)

make 143

¶ The poor child didn't *make it*. (=He died.)

¶ She had wanted to *make* her husband *over*. (彼女は夫をお説教で作り変えようとしたんですが……)

¶ He *made away with* the whole pie. (彼はパイを全部ペろりと食べてしまった)

¶ She just *made it up*. (=She invented the story.) (彼女の作り話です)

make up はまた, 仲直りをする意味もある.

¶ After the fight, they *made up*. (けんかしてから, 2人は仲直りした)

make-up はまた, 新聞・雑誌・書物の個々の印刷原稿を最終的な layout にまとめることを言う.

make do (間に合わせる)

¶ If we don't have things we need, we must *make do*. (必要なものが得られなければ, あるもので間に合わせるより仕方がない)

名詞になるとハイフンが必要.

¶ *make-do* housing of wartime (戦時中のバラック建ての家)

make off (run; depart)

¶ We saw him *making off* down the road. (道のむこうに逃げていく姿を見た)

¶ I *made off* for work after a hurried breakfast. (朝食を大いそぎでしたためて, 会社へと家をとび出した)

make no bones about このイディオムは非常によく使われるのに案外知られていない. 意味は, あることをかくそうともしない, おおっぴらに認めて平気だ, の意.

¶ Siegel and his scriptwriters *make no bones about* their endorsement of the hero's high-handed actions.（シーゲルとその脚本家は［警官の］主人公の高びしゃな行動を大っぴらに支持している）

これは，ある映画批評家の書いた文章だが，本来ならば，作者の意図をそんなふうに出さぬものだが，彼らは平気でそれをしているという含みである．

making it これは現代的なスラングで "Lovers making it" という基本的イディオムがあり，copulation の意である．映画のなかで，あばずれ女が男に毒づくせりふに How you ever *make it with* your wife I don't know.（あなたのような男が，奥さんにいやがられずに，よく夫婦生活ができるわね）というのがある．

mandate これは辞書をひいただけではわからない言葉の一つである．日本人にこの言葉をさらにわかりにくくしているのは，第二次世界大戦前に日本が持っていた委任統治すなわち mandate という特殊用語である．第一次世界大戦後に出来た The League of Nations つまり国際連盟がその加盟国に命じて，負けた国の領土を統治させたのが mandate なのである．日本は太平洋戦争の前には加盟国だったので，マーシャル群島などの統治を委任された．つまり The Marshalls were Japan's *mandate*. だったのである．だがこれは遠い昔の話で国際連盟は今は存在しない．しかし，mandate という言葉は，その本来の意味で今なおさかんに機能しているのである．

mandate の本来の意味とは，選挙民が地元から選出した議員に実行することを委任する為政権のことである．ア

メリカでは大統領選で,たとえ1票の差でも勝ったものが,アメリカ全体を統治する権利つまり mandate を手にできるのである.この場合 mandate は power の代名詞である.いわば国民代表為政権とも言うべきものである.だが民主国では,この mandate は同一人物が一定の期間以上には保持できない.このことについて,Franklin Roosevelt 大統領は 1936 年に次のように述べている.

¶ It will never be possible for any length of time for any group of the American people, either by reason of wealth or learning or inheritance or economic power, to *retain any mandate*, any permanent authority to arrogate to itself the political control of American public life.—William Safire's *Political Dictionary*. (米国民のどんなグループでも,たとえいかに富力,学識,家柄,経済力において優れていようとも,米国民の公的生活を統治する権利を長い期間にわたって保持することは出来ない)

次の例文は *Newsweek* の政治コラムニスト George Will 氏のコメントに出てくる mandate の使い方である.

¶ But there has not recently been an act of political candor comparable to Thatcher's first budget. Rarely, if ever, has there been such a swift and emphatic translation of promise into policy.... Thatcher risked everything with a highly *explicit* campaign and now has an *explicit mandate*. (サッチャー内閣の予算第一号ほど政治的に公平無私な行為も近ごろ珍しい.公約事項をかくも迅速かつ断然と実行に移してのけた例は前代未聞と言わねばならぬ.サッチャーは非常に具体性のある公約にすべてを賭けて選挙戦に臨

んだ．そして獲ち得た代表統治権 [mandate] もまた明鏡止水，一点の曇りもないものになっている）この explicit は2つの意味にかけてある．初めのは specific（具体的）の意で，後の "explicit mandate" は clean-cut（公正）で sure（不動の，たしかな）な代表統治権の意である．

しかし mandate が *mandatory* と形容詞になると，代表統治権といった政治色は消え，required（必要条件として）の意になり，日常用語になる．

¶ *Mandatory* retirement age in Japanese business firms is 55 to 60 years of age. （日本の商社の定年は55歳から60歳である）

¶ It's *mandatory* for every student to fulfil required credits each semester. （学生は各学期に所定の単位を修めることを絶対条件とされている）

measure この言葉は使い方の難しい言葉である．はかりの意味が比喩的に用いられた場合に，普通3通りの使い方がある．

① standard, criterion（標準）

¶ The *measure* of action should not be what others are doing, but what is right. （行動の規範は，他人が何をしているかではなく，何が正しいかということだ）

② basis of comparison（比較の基準）

¶ There is no common *measure* between the labor masses of Red China and our own people. （赤色中国の労働者の大群とわが国の勤労者とを比較する基準はどこにも見当たらない）

③ yardstick, バロメーター

¶ The healthy looks of children is a *measure* of the unity and efficiency of the family. (子供たちの健康そうな様子こそ，家族の団結と能率を物語るものである)

medicine men これは英語独特のイメージからきた表現である．たとえば medicine men というニュース解説者などのよく使う表現がある．Washington's *medicine men* were highly persuasive. (ワシントンのおえら方はこの問題の売りこみがなかなかうまい) というようなことを言う．なぜ medicine men が「おえら方」になるかというと，アフリカの witch doctor を想いうかべればよい．つまりアフリカの部族の王様の補佐として医者と予言者を兼ねたような存在で，強い政治力を持っている．これを文明社会機構に当てはめた軽いしゃれだが，今では定着している．

melodrama この語は，「メロドラマ」として「ロマンティック」などと同様に音読したそのままの形で使われて一般によく普及している．「ロマンティック」のほうは，ある程度間違って使われている場合が多いが，「メロドラマ」は意味的には，大体において正しく使われているまれな例である．つまり俗受けを狙った芝居という derisive な意味で用いられるのである．strong な plot と紋切型の人物を使って，親子の恩愛，夫婦の情，勧善懲悪などの大衆感情に迎合して作られている．ナニワ節的ということである．

この言葉が用いられるようになったのは比較的新しく，近代になってからのことである．シェイクスピアの時代にはなかった言葉である．それなら melodrama は近代になってできたかというとそうではなく，本質的には近代以前

の産物なのだが，近代になって，それへの批評の意味をこめて命名されるようになったのである．

　言葉による表現が生まれるときは，自分は既にそれの外側に立っている．name することができるということは，それを超越することである．「メロドラマティック」と言えば，メロドラマを信じていない批評的態度がうかがえる．近代になってひんぱんにメロドラマという言葉が使われるようになったのは，近代人がメロドラマ的な emotional logic から脱出したがっていることを示していると言える．

　「かよわきものよ，汝の名は女なり」(Frailty, thy name is woman.) これは洋の東西を問わず一つの melodramatic な logic である．男性も女性も無意識のうちに，こうした logic にながく支配されてきた．ところが最近アメリカの女性の足が大きくなったといううわさがある．本当はそうではなく，女も利口になって，uncomfortable な纏足にひとしい小さなハイヒールをはいて，殊更かよわく見せるのをやめただけのことである．

mendacity / mendacious　うそをつく習癖のあること．何事にもあれ，誠意の持てない性格．ラテン語で base (いやしい) の意味がある．

　¶ The memoirs are *mendacious* and uninteresting. (このメモワールは虚偽にみちていて，おもしろくない)

　¶ I'm sick of man's *mendacity*. (人間の不正直さにあきあきした)

　mendacious は treacherous で，人を裏切る性格，二心を持つことと同義だと思えばよい．ただの軽い意味のうそ

つきではなく，根深いところにある不誠意をいう，やや大きな言葉である．

meretricious この語はふつう「俗悪な」とか「けばけばしい」と訳されているが，この批評語の原意には，① 美学的に見て邪道であるという非難と，② みえすいた宣伝的態度に対する非難との2種類がある．

① ¶ *Meretricious* gewgaws made the living room look like a junk shop. (客間には安ぴか物がいっぱいつまっていて，まるでがらくた市のようにみえた)

② ¶ The book makes *meretricious* use of sex (to boost sales). (その本は[売らんかな政策で]セックスを仰々しく取り扱っている)

"tawdry" となると，批評は単に外見の安っぽさにしぼられる．

mind この言葉は感覚とか感情とは対照的な言葉で，「知性」とか「脳」のことである．単に「心」と解しても誤解されやすい．たとえば典型的な間違いに，At Harvard, I met some *good minds*. というのを「私は，ハーヴァード大学で善意の人びとに会った」というのがある．これは「すぐれた頭脳の持ち主に幾人か会えた」ことである．また次のような文章ははっきりさせておかないと，妙なことになる．He had a *fine mind*, and it just had to be directed properly, she thought. これを「彼は立派な精神を持っている．ただそれを正しい方向に向けてやればいい，と彼女は思った」と訳しているのをみた．だが実際は，彼は立派な精神の持ち主などではなく，「すぐれた知能」の持ち主なので，これで，はじめて次にくる

"properly" が生きてくる．つまり「知能」は「道徳性」と対照的に用いられているのである．簡単に言えば，「彼はなかなか頭のいい青年なのだから，よい方向に導いてやらなければならない」ということなのである．

mind (*v.*) ☞ ***care***

modest mind ¶He was given a power disproportionate to his *modest mind*. とある外国の皮肉屋があまり英語に強くない日本人の高官のことを評した．すると当人は，これを「謙遜な心の持ち主なので，思いもかけぬほど大きな権力を授かった」と解して，気をよくしたという話がある．この意味は，あの人は，そのおそまつな頭脳には不つり合いな権力を与えられている」というので大変な insult なのである．この場合の modest は「スケールの小さな，つまらぬ」ということで，謙遜などという種類のものではない．

momentum 「加速度」傾斜面の上にボールをおいて転がすと，ボールはだんだん勢いを増して転がっていく．この勢いを momentum と言う．だから momentum とは，ものの動きによって加わる energy だということができる．その energy が続く限り，ものは動き続け，それが切れると止まるのである．「もの」といってもこれは，物質ばかりでなく，精神の世界にも適用できる．

① 物質に momentum を使う例．

¶A falling object *gathers momentum* as it falls. （落下物体は，落下するにつれ速度を増す）

¶A car rolling down a hill out of control *gathered momentum*. （ブレーキの利かなくなった車は，坂をひどい勢

いですべり落ちていった)

② momentum を非物質的に使う例.

¶ When morale is high discipline is unimportant because *the momentum of morale* carries a worker to do what needs doing. (従業員の士気があがっているときは，紀律や懲戒制度は不要だ．なぜなら従業員はそんなものがなくとも，なすべきことはするからだ)

¶ The rumor that had begun in whispers soon *gathered momentum* until it became a national issue. (こそこそ話にはじまった噂は噂を生んで遂に国をあげての大問題にまで発展した)

¶ The Victorious Tigers, riding *on the momentum of* beating the Giants 3 times in succession, went on to humble the Yakult-Swallows. (阪神タイガースは巨人に3連勝した余勢を駆ってヤクルトにも完勝した)

¶ The *momentum* acquired over a short time has a greater force than the *momentum* acquired over a long time.—Edward De Bono. (短い時間で得られた勢力は，長い時間かかって得られた勢力より，本質的に強力だ) つまり5年かかって5000人の党員を集めた政党と，たった半年で5000人を傘下に納めた政党を比べれば，後者のほうが強力なのだ，というのである．

morale 「士気」のことである．士気とはチームのメンバーの一人一人の自信とやる気のことである．団体の仕事を成立させている worker，つまり軍隊なら兵隊，会社なら社員の仕事に対する熱のことである．別の英語を当てると，***spirit***（元気）と ***confidence***（自信）である．

「士気さかん」は The morale is *high*.

「士気がふるわない」は The morale is *low* (or *bad*).

¶ If the *morale* is bad in a factory then there is absenteeism and a high turnover of workers. (工場で士気がふるわないと,欠席が多く,工員の転職率も高い)

¶ The *morale* was actually raised among the workers when recession was threatened, everyone tightened his belt to fight more effectively everyday. (景気の後退が恐れられたときに従業員の士気はかえって上がった.みなが,毎日をより有効に戦おうと腹帯をしめてかかったのだ)

¶ In a tennis match a sudden change in *morale* can completely reverse a game. One player heavily losing so far may suddenly regain his *morale* and beat the opponent who has been steadily winning. (テニスの試合では,気分の変化が試合の流れをまったく逆にしてしまうことがある.いままでひどく敗けていた先方のプレーヤーが急に気力を挽回して,それまでずっと勝っていた相手を負かしたりする)

motivational research これは比較的新しい仕事の名で,日本語では,「意識調査」と漠然と言っているが,広告やマーケティングの分野で,現在一般の人びとを支配している感覚,意識を研究して,新製品を売り出すための参考にする仕事.調査員 (convassers) を街頭に送って,製品について,またはそれに関連する事柄について道行く人の意見を聞いて得たデータをもとにする.

myth 「現代の神話」とか「神秘性」とかいうあまりはっきりしない言葉によくぶつかる.どうもこれは英語のmythの直訳らしい.mythは英語のなかでも誤解されて

いる単語の一つである．「神話」とか「神秘性」の代わりに「まゆつばもの」とか「いい加減なうそ」とでも言えば判然とするように，myth には否定的な含みがある．ある事柄が，本当はそうでなく，少なくともそうとは証明できないのに，何となしにそうだとされているのを指す．たとえば，a *myth* of racial superiority used to justify discrimination（人種的優越性というわけのわからぬ通念によって差別は正当だとされていた）といった言い方がある．

N

naive これも日本語に訳されると全然意味が変わってしまう言葉の一つである．日本語では「素朴」または「うぶ」，つまりほめた意味に使われる．「あの人はナイーブな感じでいいわ」などと言う．もうこれは完全に日本語になっているのだから，それはそれでいい．だがこれをそのまま英語だと思ってもらってはこまる．naive の本来の意味は「単純な頭」，早く言えば「おろかしさ」の異名だからである．

　You are a *naive* person.（あなたはナイーブな方ですね）などということは，けんかでもするときでない限りけっして言ってはならない悪口になる．You are a simple minded person. つまり You are a fool. ということと同じだからである．naive は元来生まれながらの暗愚というのでな

しに,「未経験からくる考えの単純さ」を指し,それは「善良さ」とは関係がない. He is (*or* has) a *naive* mind. と言えば,「彼は単純な頭の人間だ」ということで,「正直な人」とも「素朴な人」とも別に言ってはいないのである.

naked　この言葉は physical に「裸の」ということから生じて,いろいろ metaphorical な意味に使われる面白い言葉である. *naked* ground (草のない土地); *naked* sword (抜き身の刀); *naked* eye (肉眼)等々.

　naked power と言えば「本当の実力」ということである. In *naked power* he has no equal. は「実力では誰も彼にはかなわない」ということである. naked power は必ずしも腕力を意味しないことはこの文でもわかる. naked は amenities (たのしみのためのもの) の雰囲気とは反対のもので,容赦しない気持がそこに現われている. "a writer by courtesy"(礼儀で作家と呼ばれている) などというのとは反対で, courtesy も amenities も抜きの状態を表わすのである.

(the) name of the game　このフレーズはアメリカ英語のなかでも 1960 年代にはなかった表現である. 意味は大事なこと, 忘れまじきこととして当面の行動のための一口メモのように使うのである. このフレーズの特徴はあくまで現実に, またはこれからすぐ始めなければならない行動を成功させるか, または無事に完了させるための心得である点で, 理想論や抽象論とは無関係なのである. the name of the game という表現が最初に現われたのは 1970 年の *Time* 誌のスポーツ欄の次の文章のなかだったとい

う．

¶ In the rough and tumble world of professional basketball, survival is often *the name of the game*. (プロのバスケットボールはあらっぽい世界で，死なないようにすることが唯一の仕事になることがままある)

その他の例．

¶ *The name of the game* is not to blow it. (肝心なことは失言しないこと) これは，1976年の米大統領戦の最中，候補に立ったFord大統領がテレビ演説に立つ直前，側近が彼に手渡したメモの文句だったという．Fordはその前に東ヨーロッパ諸国を "captive nations"（自由を失った国家）だと言ったりして物議をかもしたので，心配した側近がそういうメモを渡したのである．「失言さえしなければ万事okay」との意である．

¶ *The name of the game* for most of those highschool boys studying English is just to pass entrance exams for universities. (英語を勉強する高校生の大部分の狙いは，大学入試にパスすることだけだ)

¶ The order made it rather clear that *the name of the game* was achieving targets.—*Fortune*. (政府の命令書は，所定の目標数にさえ達すればよいのだという意味をはっきり伝えていた) これは米政府がA.T. &. T. (American Telephone & Telegraph) という大会社に「男女同権雇用法」を厳守させるために出した命令書で，実質的には不可能でも指定の員数を合わせればよい，の意を仄めかしたもの．

name-dropper これは社交界の意識から生まれた言葉で，有名人の名をあたかも親しい友人のように，何げない

調子で話のなかに入れて，自分をまわりの人よりもよく見せようとする人．

natural 春のうららかな情景を描写して，Deer came down to drink under the trees, and birds sang *natural*. という文章を読んだりすると，10人中8，9人までは，「鹿は水を飲みに木陰に立ちより，小鳥は自然の歌声をひびかせていた」といったような訳を平然とやってのける．この場の natural が untranslatable であることに，訳者は少しも気づかないのである．natural と言えば，何でも「自然な」と訳す癖があるし，おまけに前後の情景にも合致するとなると，それで少しも疑問を覚えないのも無理はないかもしれない．だがこうしてわざわざ書かれている言葉はただ機械的に発せられるのではなく，本人が言いたい意味がちゃんと存在しているから出てくるのである．かりに自然な歌声だとしてみても，「自然な」と言えばすぐ「不自然な」を連想する．「不自然な」歌声でなく「自然な」歌声という意味で作者がこう言ったのでは勿論ない．もっと積極的な意味で natural を使うのが，特に最近の口語体の英語の習慣になっている．「すばらしい」という意味だと思えばよい．歌のテストをうけたときに She is a *natural*. と試験官たちが評し合えば，「彼女は天才的に歌がうまい」ということである．

この natural という言葉は nature から derive している他の言葉 "native" などにむしろ近い言葉で「風土の一部」といった気持がある．音楽なら音楽という風土の一部に生まれついているから上手なのだとも言える．また cowboy なんかに用いられると，He is a *natural* to the land. と言

えば，よく土地に adjust して，その土地の nature の一部のように，つまり wild life（鳥や獣）のようにふるまえる，cowboy としては非常に優秀だ，という意味である．

nerve / nerves この「神経」という言葉は，単数のときと，複数のときとでは，がらりと変わってくる．単数の場合は「図太い神経」のことで，¶That creature has *the nerve* to say a thing like that.（そんなことを言うとは図々しいやつだ）といった使い方をする．また，¶He didn't have *the nerve* to face it.（それに直面して取り組む気力に欠けていた）とも言い，この場合の nerve は「勇気」に当たる．

だが nerves と複数となると神経のいらいらのことで，一時的の neurosis（神経症）的状態で，ふつう「神経にさわる」と訳されている．

¶He gets on my *nerves*.（かんにさわることを言ったり，したりする）この nerves は日常茶飯に使われる．「どうも調子がよくない」「どうしましたか」*Nerves*, I guess.（神経にきているせいでしょう）と言ったりする．

nervous は単に「神経の」というだけの意味である場合がある．He has a lot of *nervous energy*. と言えば，本当の physical energy ではなく，神経の精力，頭脳的精力のこと．だが普通 nervous は「臆病な」(fearful) 気持で，その反対は ***nervy*** (insolent) で，はじめに述べた nerve のことになる．

No ! あまりにも意外な出来事に対しては，茫然自失して言うべき言葉を知らないのは洋の東西を問わない．しかし，その驚きを少しでも言葉に出す場合に，その国の言葉

の特徴が出てくる．No!は英語の表現では大てい悪い知らせに発する場合が多いが，よい場合にも意外性を表わすために使われる．「まさか！」「まあ何ということを！」とでもいったところであろう．このNo!については，ケネディ大統領が兇弾に倒れたとき同乗していたジャクリーン夫人が "No!" の1語を発したことはあまりにも有名である．これを日本語に訳して，「よして，よして」と書いた雑誌や新聞が現にあった．（ロバート・ケネディの死についても，ジャクリーン夫人は，パリでまったく同じreactionをしている．つまり "No!" の1語である）まったく思いもよらぬことで，信じられないという気持がそのまま出ているのがこの "No!" で，これを「よして，よして」などという珍訳をすることは，あまりにも英語の感情表現を知らなすぎると言わざるを得ない．

noble この言葉は日本語のなかによく出てくる．「それノーブルな色ね」「あの方ノーブルな女(ひと)ね」などというのを耳にする．これは「上品ね」と言う代わりにノーブルだと言っているだけで，下品でない人物だと言ったつもりらしいが，英語で She is a *noble* girl. と言えば「けなげな女性だ」ということになり，容貌とは無関係である．

noble は名詞ならば「貴族」のことで，She is a *noble*. と言う．形容詞に使われるのが大部分だが，noble は本来道徳的性格を持った言葉なのである．人間に使うと，高潔な，理想家はだの人を指し，He is a man of *noble* nature. と言う．演技，演奏などがすばらしかった場合，That was a *noble* rendition. と言うのがよい．ほめ言葉としていわゆる「最高よ」に当たる．またよく建物などにも用

い，***noble edifices***（壮麗な大建築）という言葉がある．要するに noble は "grand" または "moral" と同義で，趣味的に「上品な」という意味ではない．

nolo contendere [nóulou kənténdəri] ラテン語で I do not wish to contest it.（私は抗争することを欲しない）と法廷で言って，被告が告発事項について弁護しないこと．make a plea of *nolo contendere*（不抗争をとなえる）とは，離婚訴訟を受けた側，たとえば，夫がその訴訟内容について争わず，妻の条件を呑む意思を表わす場合などがそれである．

not satisfied that ~ ¶He is *not satisfied that* I have penetrated this allegory.（誤訳＝彼は，私がアレゴリーの真意を見ぬいたので不満だった．正訳＝彼は，私がそのアレゴリーを深く理解したとは思っていない）

nothing personal これは社交ずれのした人間の考え出した言葉で，人のことをすっぱぬいておきながら，「candid camera でルポをしているので別に悪気じゃありませんから」(nothing personal) などと言って平然としている言い草である．多分に自分勝手な押しつけ表現でドライな現代語になっている．

O

off 簡単なようでなかなかそうでないのが off で，off limits とか off the shore のように,「〜の外側」とか,「岸をはなれた（沖合）」とかいう元来の意味とはかけはなれた精神的な意味を持たせることがある．たとえば次の文章の意味の取れる人は少ない．

¶ He is always taking *off* people. これは,「彼はいつも他人に負担をかけるばかりで何の貢献もしない」つまり,あまり感心しない人物の意味で,この場合「負担」とは必ずしも金ではなくて,気持の上のことで,「あの人とつき合うと損をする」と言えば何も金銭上のことばかりではないことと同様である．だが,¶ At 40, he is still living *off* his father. と言えば,「あの男は 40 にもなってまだ親の脛をかじっている」ことで,金銭を指している．

offbeat ☞ ***upbeat***

ombudsman (*pl. ombudsmen*)　この言葉は,個人の権利を守るために,役所に設けられる「苦情係」のことで,1968 年ごろに出来た言葉．

¶ They created an *ombudsman* fighting pollution in that town. （あの町では環境汚染と闘うために,民間からの苦情を聞く苦情処理係を作った）

on the job　直訳が誤訳のもとになる言葉に "on the job", "on the house", または "on the work" などがある．

¶ The workers got *on-the-job* training. と言えば,「職場の勤務時間を使って,ある技能を習得した」ことで,たとえば,英語でも,タイプでも,あまり知らない人を雇ってから,その人の就労時間中に学校にやっておぼえさせることである．つまり会社の費用と時間を使うことを on the job で表わしたのである.

This drink is *on* me. と言えば,「このお酒はわたくしのおごり」ということだし, The drink is *on the house*. は,「これはこの店のふるまい酒ですからどんどんお飲みください」という意味である.

on the record　会議などで話をしている人が, This is *on the record*. と言ったら, テープにかけることではない. 新聞など, 公けに引用してくれてかまいません, ということ. その反対で,「これはここだけの話ですから, 引用してくれてはこまります」というのは This is *off the record*. と言う.

one-on-one　この言葉は, 日本語でいうさしで勝負することである. もとはアメリカのスポーツ用語からきている. 主としてバスケットボールに使い, スポーツ用語の場合は2通りに使う. 一つはバスケットボールの決戦などで, 2人のプレーヤーが一騎討ちの勝負をすること. もう一つは, 選手の個人的傾向をいい, 個人プレイは強いがチームプレイにはあまり適さない, の意である. だが one-on-one はスポーツだけでなく, 日常一般用語としても定着している.

¶ You got to learn to play together, especially at the end of close games when every one tends to *go one-on-one* because he thinks he can do it all by himself. (チームでプレイすることを覚えなければいけない. 特に接戦の終わりごろになると, 自分が一人でやれば勝てるという気になって, 個人プレイをやりがちになるものだから) これは Webster の *Sports Dictionary* のなかに引用されている, ある

コーチの言葉である．

¶ Lang is big on "para-language"—eye contact for instance—as persuaders in *one-on-one encounters* between executives.—*Fortune*.（コンサルタントのラング氏は，「準言語」つまり言葉の形をとらない言葉，たとえば目と目のふれ合い，といったものを，重役同士のさしの交渉においては，最も説得力に富むものとして重視する）これはアメリカの財界で今ブームになっている「イメージ作りコンサルタント」について，*Fortune* 誌が出した記事のなかに出てくる文である．腕があるだけでは，重役は，大会社に引き抜かれて会長や，社長にはなれない．個人の魅力がなければだめだというので，そのためにイメージ作りを専業とする職業が繁栄するのである．

one-upmanship / one-uppance これは，自分を常に自分の競争者ないし友人よりも，一歩先んじた立場におこうとする行為ないしは技術である．その方法にはいろいろある．それらの人びとより物事の内情にくわしいとか，コネがあるとか，金があるとか，経験があるとかいったふりをするのである．いわゆる name dropping（知人の有名人の名をさかんにならべたてること）も，いいコネがあるようにみせる一つの方法にすぎない．こうした心理は，どこの世界にもあるが，ただ一つの言葉で言い表わしたものはこれがはじめてであり，英和の辞書には，あまり出ていない．特に one-uppance という言葉は知られていない．

この one-upmanship を動詞的に使うと，普通 ***be one jump ahead of someone*** という言い方をする．

¶ He'll always *be one jump ahead of* you. You

haven't got a chance.（彼はいつも，あなたよりも一歩先んじてるだろう．てんであなたには勝ち目がない）

また，Your neighbor will try to *be one up on you* always.（隣りの人間は常に競争しあう）などとも言う．

option / choice　これはよく似ていて，あるところではほとんど区別しないで使えるし，現在ルースにどちらも同じ意味に使われている．が，この2つには混同されてはならない原意がある．

option は the right to choose（選ぶ権利）を指す．これは必然的に "the right not to choose"（選ばない権利）も含むわけである．Social Ethics is an *optional* course in our college.（社会倫理の科目はこの大学では取っても取らなくともよい，個々の学生の自由だ）と言うこともできる．だから option は「取捨選択の権利」ということになる．それから option は2つ以上の道のどれかを選んでもいい権利，これを実行する行為を ***opt*** と言う．

¶ He *opted* to go to Europe.（他に行くか，または他の選択もできたが，ヨーロッパに行くことにした）

option はどこまでも個人の取捨選択をする判断に訴えたもので，その権利を駆使して選ばれた事項も option と言う．

次の文は Norman Cousins が *Saturday Review / World* (1973) の editorial に書いた論説の一部である．

¶ In recent years, a strange new notion has gained ground. It is the idea that government has *options with respect to the truth*.（近年，妙な考えが擡頭した．それは，政府は，真実というものを勝手に取捨選択してよろしいという

考えである)

　choice は "preference" のほうにウェイトがあり，2つ以上の offer があって，その1つを好きで選ぶこと．That was his *choice*. は，「あれはあの人が好きで選んだこと（または物）だ」．この場合，That was his *option*. と言えないことはない．しかし，絶対に option が使われない場合は，精選された，極上品と言うときである．*Choice* delicacies were served. (とび切り上等の珍味が出てきた) と言うので，ここに，option を使うことはできない．option はどちらかと言うと，choice より中立的な，businesslike な言葉で，株式などで証券会社に供託金を収めれば，どの株を売り，どの株を買うかを定める権利（つまり option）が自分のものになり，はじめて株式活動ができるというわけである．これは contract の術語で choice などとは言わない．option はどこまでも，ある人事間の取りきめを前提として出ている規則の匂いのするドライな言葉である．

　choice は option よりもっと倫理的に，感情的な心を持っている．

　¶ There is no *choice* between right and wrong. (事ひとたび正邪のどちらかということになると，もはや選択の余地はない)

out ☞ ***in***

over time　これは時間外勤務のことではない．この over は「隔てれば」「時というものを隔てれば」つまり「時がたてば」の意で，Everything changes *over time*. (時がたてばすべては変わる) という基本的表現がある．

overkill　これは日本でも「オーバーキル」(景気の冷え過

ぎ）という注釈で経済面などに使われていて，景気の過熱を「オーバーヒート」と言っているようだが，これは単に overdoing（やりすぎ）の意味にとっている場合で，本当は両者とも overkill でよいはずである．しかし overkill はここ数年来，核武装に関連して出来た言葉で敵を壊滅させるありあまる力を発揮することが第一義．

¶ What does being ahead mean when possessing more or less *overkill* cannot be translated into anything that is militarily or humanly meaningful?（オーバーキル［核］を具有していることが，軍事的に，また人間的に有意義なものに転化できなければ，他に先んじているということにどれだけの意味があろうか？）

第二義が overdo の意で，比喩的に使われる．経済面や労使の問題などにも出てくる言葉である．

¶ The prospect of recession raised fears in certain quarters that the nation's fiscal and monetary authorities, in their desire to correct inflation, might pursue restrictive policies too long, leading to *economic overkill*.（国の経済当局がインフレ緩和のための抑制政策を長くとりすぎる結果，経済のオーバーキルとなりはしないかという危惧が，ある方面では起こりつつある）つまり不景気になることにおびえているのである．

P

package / baggage この2つは両方とも単に「小包」とか「荷物」とか訳されているが,使うほうの側からみてこれほど違った意味に用いる言葉も珍しい.Here's a nice *package*. と誰かが言ったとする.これは,「ここに結構な小包がある」ではなく,「きれいな女の子だな」ということである.つまり女性に使った場合 Here is a package of lovely curves. といったほどの意味である.元来 package は sales 用語では一般化していて,業者が消費者に献ずる combination of benefits のことである.たとえば「ホンコン旅行の package」が当たれば,そのなかには見物に必要な諸費用一切が含まれるということになる.

要するに package とは好もしいものをたくさん compact にまとめた「小包」であるのに反し,baggage はまさにその正反対.女のことを "that *baggage*" と言えば,「無価値な性 悪女」(a worthless and vile woman) の意で,いわゆる「とんだお荷物」に当たる.

pad ☞ ***turned-on***
parlay これはアメリカ英語で,現在いたるところで多用されているにもかかわらず,英国人の作った辞書には入っていない.入っているのは,parley でこれは古くからある英語だが,伝統的に過ぎて今では新聞の見出しなど以外

にはほとんど使われない．もっぱら negotiate に取って代わられている．意味は利害関係を暴力で争わず，話し合いで解決しようというのが parley である．昔は両軍が対峙する戦場のまん中で，英国王とフランス国王の代表者が会議したことなどがこの言葉の典型的な用法であった．(The representatives of the English and French kings *parleyed* on the battlefield.) こういう古めかしい言葉とは違い parlay は，競馬で初めの賭け金と，あげた利益 (winnings) をさらに別の馬に賭けて次々と利潤を増していくこと，つまりわずかの元手で大きく儲けることで，金ばかりでなく，比喩的にも使う．

¶ She *parlayed* her manual dexterity *into* a small fortune. (彼女は手先の器用さを使って一財産作った)

¶ Bob Hope has *parlayed* his gift for little witticisms *into* a billion dollar fortune. (ボブ・ホープは自分のちょっとした洒落の才能を利用して億万ドルの富を築いた)

¶ There are hundreds of ways to *parlay* a good idea *into* a fortune. (いいアイディアさえあれば，一財産作れる)

¶ She *parlayed* her personal enmity against male chauvinism *into* a fashionable career. (彼女は男の男尊女卑思想に対する自分の嫌悪感をそのまま利用してファッショナブルなキャリアウーマンになった)

このように parlay はちょっとした元手を上手に使って大きな効果を生むことなのでそれ自体成功を意味するから，"successfully" などの副詞は付けない．

parochial この言葉は中世紀に始まった Church of England の parish (教区) の制度からきたもので，parish の

ラテン原語 parochia を形容詞化したものにすぎない．つまり parochial は教区に関することの意でそれ以上の意味はなかったし，今でもその意味にも使われている．

¶ I went to a *parochial school*. (私はカトリックの学校——または英国教会派の学校——に行った)

¶ *Parochial experience* is not required as a bishop. (司教になるのには，教区の牧師前歴を必要としない)

しかし parochial はこの教区から敷衍して，地方的または偏狭の意味に使われることが多い．

¶ This newspaper has a *parochial* point of view. (この新聞は狭い排他的な了簡で動いている)

¶ He is selfishly *parochial* in political outlook. (彼の政見は自分や自分の党の利益しか問題にしない)

¶ But he, too, finds the contemplated legislation overly *parochial*.—*Atlantic*. (しかし彼もまた腹案中の法規が，偏狭にすぎるという意見を持っている)

以上のように一般的な用法としての parochial は，narrow；dogmatic；fanatical などと入れ換え得る形容詞である．

past past は，「過ぎ去った」または，「通りすぎて」などと訳されているので，この単語が出てくると反射的に日本語の過ぎ去るという言葉のイメージが浮かんでくるものらしい．

¶ I never got *past* grammar school. を「私はついに小学校を出なかった」と訳した人がある．past を誤解したのである．この場合の past は beyond の意で，正しくは「私は初等教育より先の教育は受けなかった」ということ

で，小学校はちゃんと出ているのである．

patronizing | condescending | presumptuous | arrogant　これらの言葉は，デモクラシーの産物と言ってよく，本来，日本人の心理からは生まれない言葉である．つまり，すべての人間はequalであるにもかかわらず，不心得の者が，他よりも自分を高いところにおいて，偉くもないのに偉ぶったり，気取ったりすることを譏った言葉なのである．強いて日本語に当てはめれば「お高くとまる」とでもすべきだろう．

pecking order　protocolは，officialな優位の順のことだが，同じことをまったく違った，ややwittyな言葉で示したのがpecking orderである．ニワトリなど，鳥の群のなかでは，嘴の強いのがいつも攻撃に出て，弱いほうをいじめる．このイメージを使って，社会的門地の順を示すのに使う．社交欄などにThe following attended the funeral rites, in the *pecking order*...（葬儀の列席者は，次の人びとであった．「門地」順）とあるように，social statusを表わすことは，民主主義社会では，微妙な言い方をせざるを得ないのでこういったユーモラスなフレーズが定着したのである．

peer group(s)　peerは本人から言って目上でも目下でもなく，まったく同等な人のこと．それは同じ世代のことも，職場での同僚のことも，また専門を同じくする学者仲間のこともある．複数の場合はpeers，またはpeer groupsと呼ばれる．だが一体このpeerなるものは，実際にはどういう意味合いに使われるのか？

　まずone's peersという形をとる．これはone's fellows

(同輩)と意味はまったく同じだが,友情や仲間意識に焦点がなく,ただ同等である点にのみ力点がある.4歳や5歳の幼児にもその子の peer group はちゃんと存在するのである.それは,両親や先生などでない子供同士の社会が存在するからである.先生のその子に対する評価は,その子の遊び仲間つまり his peers の評価とはまったく違うのである.先生には優等生と映っても,peers の間では,のろま(stupid)と思われているかもしれないし,またその反対もあり得るのである.子供が長ずるにおよんで大人の世界に入ると,one's peers と年上との違いが複雑になり,一層はっきりしてくる.それは,もはや単なる世代の差だけではなくなり,教育の差だの,会社での地位や立場の差にもなってくる.学者の間では年齢とは無関係に業績の差でもある.そのため,Scholars of the first rank welcomed him *as their peer*.(第一級の学者たちは,彼を自分たちの仲間として歓迎した)といった表現が成り立つのである.これは新進の学者にとって,今まで年長だと思われていた学者から同輩として扱われることで,地位が上がったことになるわけである.年齢とは関係ない.

だが勤労者,サラリーマンの世界は学者のようなわけにはいかない.この場合 one's peers は同僚である.そして同僚というものは東西あまり変わらないらしく,言語学者 Edward De Bono はこう言う.

¶ *Peers* are quite likely to disparage any one who seems to claim to be better than they are. (同僚というものは,とかく頭角を表わしたがるもののことは,悪く言うものだ)

peer group(s) 171

また平社員ではなく, れっきとした社長になっても, businessman の世界と一般世間のその人に対する評価は著しく違うことが多いのである. De Bono 氏はまたこんな例もあげている.

¶ A businessman may seem to the public to be particularly able but inquiries amongst *his peers* may suggest that he is more of a public relations expert than an able businessman. (一般世間には非常に有能に見えるビジネスマンも, その人の仲間うちに聞いてみると, 案外, 有能なビジネスマンというよりは P.R のうまい人間だと言われていたりする)

¶ With the exception of *trial by jury* most assessments in life are not carried out by *peer groups*. (陪審員による裁決以外には, この世のあらゆる評価は, 同輩グループによって行なわれることはない) この "jury" は集合名詞で "a jury of one's peers" とか "a jury of one's fellow citizens" (同じ市民によって組織される陪審員) の意.

つまり one's peer groups による評価は学校でも職場でも, 現実にはあまり役に立たないゴシップ程度にとどまるというのが De Bono 氏の結論である. なぜなら, All assessments are carried out by someone in authority. (すべての評価は権威の座にある人によってなされる) だからだと言う.

peg 「木くぎ」のことで動詞にすると「木くぎを打つ」. その他ハンティング, 株式などの用語にもなっているが, 日本人にはあまり知られていない. 口語としては, identify, または categorize の意味の動詞に使う場合がある.

¶ His music is difficult to *peg*. (彼の音楽は,一口にどういう種類に属するかと定義するのは難しい)

perk / the perks　この言葉には2つのまったく違った意味がある.

一つは ***perquisite*** を口語用に縮めて perk という独立の名詞にしたもので,「役得」(fringe benefits) のこと. 通常 "perks" と複数形で使う.

たとえば会社の役員になると, 平社員にない特権が月給以外に与えられる. 運転手付きの専用乗用車とか, 秘書と大きな執務室, 交際費その他である. これらを perks と呼ぶ.

¶ Besides what is in your pay envelope, however, there are important *perquisites* that many companies give—at least to top executives, and sometimes to middle managers as well. These *perks* are often negotiable when you are angling for a job.—*Esquire*. (多くの会社では, 月給袋の中味以外に重大な役得をくれる. 少なくとも上級役員には. いやときには中級, つまり部課長クラスのものにも. そうした役得の類いは, あなたが, 職を物色する際, 交渉内容に入れることもできるのである)

¶ Others love *the perks* of public office and hate the duties. He loves the duties and hates *the perks*. (他の人たちは, 公職に付随する華やかな役得を好み, 職責をいやがるものだが, 彼は職責を愛し, 役得のほうをいやがる) これはあるアメリカの政治評論家が, カーター大統領を評価した文の一部である.

perk のもう一つの意味は, 今までふさぎこんでいたも

のが急に元気づくことを言う．ふつう up を伴い **perk up** の形をとる．

¶ The good news *perked* her *up*. (よい知らせを聞いて，彼女は急に元気が出た)

同じことを，be perked up と受身の他動詞の形にすることもできる．

¶ She *is perked up* everytime he comes around. (彼がくると彼女は急に生々とする)

persona ラテン語をそのまま使ったこの言葉は，単独に用いるのが最も新しい用法で，意味は俳優などが売り物にしているイメージのことである．映画俳優の例をとるとハッキリする．映画スターの大部分はいわゆる演技派ではない．彼らは世間が自分について持っていると思われるイメージを，そのまま演じ続けるのである．同じスターでもこのペルソナ型の俳優と，演技を見こまれて，自分以外の役をいろいろ演じる俳優とある．ジョン・ウェインとゲイリー・クーパーはペルソナ型の俳優だし，ヘンリー・フォンダは演技派のスターである．演技派はペルソナ型の俳優のような大衆性に乏しい．ヘンリー・フォンダはその点でウェインやクーパーにかなわない．

persona は元来ラテン語で，俳優のかぶる面 (mask) のことを言った．ウェインとクーパーは，それぞれ自分のイメージを型どったお面を一つずつ持っていて，いわばそれをうまく操作してスターの役を果たしたのである．アメリカの映画評論家 Stanley Kauffmann は，*The New Republic* (1979) で，このことを次のように言っている．

¶ Wayne and Cooper *developed personae* which they

controlled and exhibited skilfully, as a trainer might exhibit an acrobat. (ウェインとクーパーは,それぞれ自分のペルソナを開発し,それを,あたかも軽業師を扱うトレーナーのように自由自在に操作して見せたのである)

persona が他のラテン語と結び付いて熟語として使われる場合はこのイメージの persona とはまったく別で,次のようなのがある.

persona non grata (unacceptable person) これは外交官など外国に住んでいる外国人が,その host country (今住んでいる国)の政府によって好ましからざる人物として追立てを食う場合に銘打たれるオフィシャルな言葉.

¶ He was deported as *persona non grata*. (彼は,好ましからざる人物として,送還された)

反対は, ***persona grata*** (acceptable person who is welcome) 歓迎すべき人物.

dramatis personae 劇の登場人物. personae は複数形.

personality 英語には,もとのままのかたちで日本語の文脈のなかにとけこんで一般に用いられている単語がたくさんある. personality もその一つで,普通日本語で「パーソナリティ」と言ったら個性とか人格の意味に解され,日常の会話なんかにもさかんに使われている.

しかし,英語で He has *personality*. と言った場合,単に「あの人は愛嬌がある」とか,「人に好印象を与える」といったほどの意味であって,それ以上のものではない. *Personality* is a magnetic, mysterious something. で,口では言えぬが人をひきつける魅力がパーソナリティである

が，openな性格を示しており，人なつっこいというのが当たっている．日本語で個性とか人格と言うと，内面的な意味が強調されるが，英語のパーソナリティはもっと表面的なコミュニケーションの問題であって，子供は何でもかでも外に表わしてしまうから，personalityを過剰に持っていると言ってもおかしくない．

personable と形容詞にした場合は，男ならhandsome，女ならprettyということである．見てくれがよく，一緒に過ごして社交的に気持のいい男女を言い表わすとき，用いられる形容詞である．内面的な性質を示すわけではないのである．

perspective この言葉は，「遠近法」とか，「透視法」とか言われているが，実際の用法となるとまだよく理解されていない．

¶ It is important to put the complications of life into *perspective*. (誤訳＝環境のなかを正しく見定めることが大切だ．正訳＝複雑な事態を遠くから眺めてみることが大切である)

phase [feiz] これは使い方の非常に難しい言葉で，俗語として用いられる場合は，常に動詞である．"faze" とも書き，大体相手を，まごつかせる (confuse) とか，あわてさせる (disturb the composure of) とか，がっかりさせるとかの意味に使われる．

¶ Calamitous personal defeat did not seem to *faze* him. (一身上の敗北〈不運〉にあっても，彼は全然平気だった)

また反対に成功の場合にも用いられ，She is not *fazed* by success. (成功しても，全然冷静さを失うようなことはな

かった）といった言い方をする．また「気をくじかれる」の意味に使うときには，Nothing ever *phases* you, does it? と言ったりする．phase とか faze とかいう文字を使ったときは，否定文であるのが普通である．

ついでに言うと，phase は名詞として用いられる場合は，誰でも知っている aspect のことであり，"in phase with..." というフレーズとして用いられる場合は，「ぴったりと合って作用する」ことで，His views are *in phase with* the basic policy of his firm.（彼の見解は，会社の基本方針とよく合っている）のように correlate とか，correspond している状況を指す．またその反対の状態が，"out of phase" で，Windshield wipers were *out of phase*.（ワイパーが故障して，動き方がめちゃめちゃになった）のように用いられる．

新語として phase が近年盛んに用いられるようになった．政府の政策 Phase-1 だの Phase-2 だのというのは，development（展開）のなかでのある期間（stage）のことを言う．phase が時事英語に用いられるときは主として，徐々に削減する（reduce）ことに使う．つまり phase が stages（段階）を意味するところから，discontinue *by phases*（だんだんとストップする）ことを言う．***phase down*** と言っても同じことである．

philosophical この言葉をたいていの人は，「哲学的な」とか，「賢明な」とかと訳して平然としている．しかし，実際は次のような用い方をする．As a *philosophical* six year old put it, what is over is over.「すんだことはすんだことだ」とミルクをこぼした6歳の子が言ったというこ

とだが，この philosophical は「おませ」ということに近い．どうしてそうなるかと言うと，自分がしたことなので，あきらめのいいところからきている．日常の会話に philosophical が出てきたら，「あきらめ」「さとり」といった一種のユーモアのニュアンスを持っていると思えばよい．仕方がないという気分がぴったりする言葉である．不運を philosophical に accept した（受けいれた）などというふうによく用いられる．

picture　どんなやさしい単語でも，辞書の訳をうのみにしたままでは，相当の危険がある．こんな例がある．ある人が，ある論文を読んでいるうちに，It brings uncertain things to a head. という文章にぶつかった．その人は，はてな，これは「自分の頭で不確かなことがわかるようになる」ということかしらん，と考えた．

しかし，この head は人間の「頭」とは関係がない．日本語では，たまたま「頭にくる」などという表現があるので，その人は何となく混同して考えてしまったのであろう．英語ではおできにも head がある．物の形がはっきり外に現われるのは頭から出るという考え方である．だから正しくは，「不確かなことがはっきりしてくる」の意でそう訳すべきである．

picture という単語も，よくこれと同じように用いられる．I don't get the *picture*. と言えば，「絵がわからない」ということではない．「その場の状態がのみこめない」ということで，この場合 picture は concept に近い．

pièce de résistance [piːés də rizístɑːns]　これは元来フランス語だが，英語の表現になり切った言葉で，招待客に

コックが一番力を入れて作って出したもの．比喩的にも使われ，劇などのなかの最もすばらしい場面，ふつう圧巻と言われる部分．また主要物，主要事件，主要作品のことも言う．

pithy [píθi] *pithy* remark（簡潔な，きびきびした言葉）とか，*pithy* style（要点を濃縮した力強い文体）などというふうに，主として言葉に関連して用いられる．

plead この言葉は法廷で申し立てるといった公式の匂いの濃いもので，その点 beg より改まった性格を持っているが，緊急な訴えである点は似ている．被告人が起訴認否手続のときに "plead guilty"（有罪）と自分で答えることはまれで，たいていの場合は "plead innocent"（無罪）と答える．これは法廷で自分の立場を言うように求められるときのことで，plead はこうした法律的な雰囲気はあるが，普通のときにも使われる．たとえばあることに関して非難されていることに対する，理由または言い訳を述べることを言う．たとえば，新聞記者が醜聞の探訪記事のテープをなかなか出さない理由として，He *pleaded* confidentiality to refuse court investigation.（秘密がもれる恐れがあるという理由のもとに法廷の取り調べを拒否した）といった言い方をする．

¶ He *pleaded* ill health for delaying.（おくれたのは，身体の具合が悪かったからと弁明した）

political この言葉は昔は religious に対立した言葉だった．つまり「世上の事柄」（affairs of the world）に関したこととされていた．近代から現代に至っては political に対立する直接の反意語は "intrinsic"（本質に関するもの）

である．political は内面に対する外面の事項を取り扱うものである．political は political party を暗示し，self-interest（利益）によって組織された人間関係であり，したがって "political value" はあくまでそうした外面的な価値であって，intrinsic value（そのものの本質的な価値）ではない．intrinsic の直接の反意語は extrinsic；external；circumstantial であって，political に通じる．なぜなら *politic* は外面の事情をかしこく arrange することだから，politic は "wise" とか "shrewd"，"expedient" と同意義の言葉なのである．

¶ It is not *politic* to get into other people's quarrels. (他人のけんかにまきこまれるのは，りこうではない)

pork-barrel これはアメリカだけの政治語なので，イギリスの辞書にも，日本のにも通常出てこない．しかしアメリカの政治を論じたものにはよく出てくるので知っておいたほうがいい．意味はアメリカの congressmen（国会議員）がそれぞれの地元の選挙民の間に人気を確立するためにやる特殊の手である．どういう手段かというと，アメリカの国庫（federal treasury）から経費を出してもらって，その金で地元に橋梁や道路などを建造してみせるのである．つまり自分の腹をいためずに地元に人気を博すやり方なのである．

南北戦争以前の南部は黒人奴隷によってすべての労力はまかなわれていた．それで白人の主人が，定期的に，黒人使用人に対して大樽（barrel）から塩漬けの豚肉を出して大盤振舞いをしてその労をねぎらった．この習慣を比喩化して pork は資金（fund），barrel は大樽，すなわち資金

源たる国庫ということになったのである．だが，いくら国会議員でも，ただせがんだだけで，国庫から金が出るわけがない．どうしてそういうことが可能なのかというと，アメリカにはもともと「河川，港湾法」(the Rivers and Harbors bill) という法律があるので，これに適合するように，地元の設備案をもっていくのである．

¶ This particular congressman keeps his hold on his constituents through unasbashed *pork-barreling*, busying himself getting federal money for bridges, buildings and military institutions.—*Fortune*. (その議員は，地元に橋だのビルだの軍の施設などを新設するために，臆面もなく国庫から経費を摑み出すことによって，選挙民の間に自分の人気を不動のものにしたのである)

posture この言葉は大別して2通りの使い分をする．一つは，身体的な姿勢，もう一つは，多少とも比喩めいた言い方とである．

① 身体の姿勢の例．

¶ *Good posture* helps keep you in good health. (姿勢をよくしていると，健康によい)

¶ He painted her *in three different postures*, one reclining, one sitting, one standing. (彼は彼女を3つの異なったポーズをとらせて描いた．一つは横になったもの，一つは坐っているもの，もう一つは立った姿である)

しかし posture について知っていなければならないことは，身体の姿勢よりも，比喩的用法のほうである．このなかには日本語でいう「姿勢」，特に「低姿勢」も含まれている．

② 低姿勢の例.

¶ Japan is also changing. The disciplined society determined to rebuild from the disaster of World War II, *the traditional low posture,* and reticence in direct dealings with a powerful outside world, the ability to remain on the margin of world events and focus on activities of narrow benefit to Japan—all are being replaced.—*Atlantic.*（日本もまた変わりつつある．戦争の惨禍のなかから再建の決意をしたストイックな社会，低姿勢の伝統，それから外部の強国との交渉には常に寡黙を守り，世界の舞台の上ではことさらに中央に出ることをせず，末端的地位に甘んじるようにし，しかも行動の上では，国益に関する狭い部門にだけ集中する能力——こうしたものは今では別のものに取って代わられつつある）

しかし注意すべきは，英語の posture はいつもこういった意味での「姿勢」の意に使われるのではないということである．「低姿勢」をとること，またその反対でも，posture は当事者の意思によるものだから，いつなんどきでも変更できるのであって，客観的事実や状態の報告ではない．だが英語で posture が最も多用されるのは，客観的事実のほうの意味なのである．時事問題を扱った文章に最もよく出てくる posture はこの意味なのである．

¶ By comparison, ABC's sales and profits have assumed *the upward posture* of a broadcasting antennae. （これと比較すると ABC の放送局の売上げと利潤はラジオのアンテナのように上向きの状態になっている）

¶ America's *defense posture* is not inferior to Soviet

Union's as often claimed.—*New Yorker*. (アメリカの現国防態勢は, しばしば人が力説するようにソ連に劣るものではない)

potable / portable 前者はラテン語の「飲料水」からきていて,「飲んでもかまわない水」のこと. 後者は誰でも知っている「ポータブル」で持ち運びのできること. porter はフランス語で carry の意味. ***prêt-à-porter*** [*F*. prɛtapɔrte] は ready-made のことで今では日本語にもなっている.

PPC / RSVP / PPD / COD みな日常使われる. 前の2つは外交官の用語から一般化されたもので, PPC は pour prendre congé [*F*. pur prɑ̃:dr kɔ̃ʒe] の略.「しばらく土地を離れるのでお目にかかれない」の意で, 名刺の端にこの字を書いてくる. RSVP は「出席の有無のご返事を乞う」. 同じく外交用語からくるフランス語 Répondez s'il vous plaît [*F*. repɔ̃de sil vu plɛ] の略. PPD は prepaid で「差出人払い」. COD は cash on delivery で「先方払い」のこと.

presumptuous ☞ patronizing

prime (*v*.) この動詞を別の言葉に言いかえれば, "prepare something or someone for action" つまり, ものでも人でもよく機能させるために, それぞれのエネルギーを詰めこんでやることである. ポンプならば水を入れ (prime a pump), 銃器なら装塡 (prime a cannon) することである. 人間の場合は, その時々の目的のために知識, 情報, テクニックなどを与えることで, 入れ知慧といえる場合も出てくる.

¶ They spent a great deal of money attempting to *prime* the sugarcane industry.（彼らは砂糖きび産業を何とかして振興させたいと大金を注ぎこんだ）この prime は stimulate でもよい.

¶ His opponent from the socialist camp was *well primed with* current facts and the local politics.（彼の対抗候補は社会党の出で本部から事実の資料や土地の政治内容についてたっぷり情報を支給されていた）この primed は filled と同じ.

¶ The man on trial was obviously *primed* by his lawyers.（被告は明らかに彼の弁護人たちからうまくコーチされていた）

¶ Mid-America *was* at last *primed* for disco.—*New Republic*.（アメリカ中部はやっとディスコ・ミュージックを受け入れる風土が備わった）

propitiate この語は，一言では日本語に当たる言葉がない．英語の assuage, satisfy つまり他人の気持をある事に関して鎮めて，こちらにいい感情を持たせるようにすることで，他人がこちらに対して持つ好奇心も満足させなければならない．つまり他人に対して conciliating（歓心を買う）な態度の含みがある．

¶ All had to be *propitiated*.（みんなの機嫌をまずとらなければならなかった）

propitious は favorable（都合がいい）と同義．

¶ The weather was *propitious*.（よいお日よりでした）

protocol この言葉は，外交礼式全般，特に，正式に認められている優位の順序（the order of precedence）の意味に

用いられるのが最も普通だが，そうでないこともある．この言葉の本来の意味は国際協定の書類に関するもので，暫時協定 (preliminary memorandum) とか，付随書などのこと．

¶ Joint agreement and the *protocols* to carry it out will be issued tomorrow. この protocols は proceeding (やり方) のこと．つまり「協定の本文とその実行法については明日発表する」というのである．

prude / prudence prude はかまととのこと，*prudish* がその形容詞，レディぶること，またはレディぶる人で，derogatory な言葉であるのに反し，prudence は cautiousness (用心ぶかいこと) で，virtue である．prudence の形容詞は ***prudent*** で，wise という意味である．

psychedelic この言葉は，hippy などの出現とともに出てきた造語が定着したもの．

これはもともと，ヒッピーなどの間で用いられた drug からくる恍惚状態を指し，この言葉の発明者 Dr. Humphrey Osmond の定義によれば，***mind-manifesting*** というのだそうだ．つまり潜在意識がある形をとって外に現われることと思えばよい．この言葉は広告業者がすばやくとり入れるところとなり，今では原意から離れた特殊のものを指すようになっている．たとえば ***psychedelic picture*** や ***psychedelic photograph*** は，やたらに色のトリックを用いて，主観を表わそうとするもので，いわゆるアブストラクトの手法とも違う．また ***psychedelic music*** と名付けられる実験音楽も現われつつある．こうした言葉の発生は，あたかも，hippy や beatnik がジャズ用語から発生

しているのと似ている．

pull この語も平易な形でいろいろなことの言える言葉である．

「引っぱり抜く」(extract) ¶ I had two teeth *pulled*. (歯を2本抜いた——歯医者で抜いてもらった)

「たたむ」(fold) ¶ They *pulled* camp and headed for home. (キャンプをたたんで帰途についた)

「味方です」¶ I'm *pulling for* you. (あなたを支持しています)

¶ We are all *pulling for* you. (あなたに力こぶを入れています)

「しかめっ面をする」(grimace) ¶ He *pulled a face* as he took the bitter medicine. (にがい薬をのんだので顔をしかめた)

「うしろで糸をひく，工作する」¶ He *pulled strings* (or *wires*) to get the position for his son. (息子の就職に，自分の政治力を使った)

¶ He *pulled no punches*. (彼は手ごころは一切加えなかった) この表現はボクシングからきているが，広く比喩的に使われる．

¶ He is not the kind to *pull his punches*. (彼は競争相手に手心を加えるような人物ではない)

¶ *Pull yourself together*. (しっかりしなさい) 何かのショックで悲嘆にくれている人を激励する言葉．Regain your control. の意．

¶ She thinks they are *pulling her leg*. (おせじだと思っている)

¶ He is *pulling his weight*. (彼は自分の義務を果たしている) これの否定文は, He is not doing a fair share of work in return for whatever pay or reward he is receiving. (彼はもらう報酬だけの仕事をしていない) つまり昔で言う碌(ろく)ぬすびと, 今の「月給泥棒」のことになる.

pull chestnuts out of the fire これは, 猿が猫に, 火のなかに落ちたくりを拾い出してくれるようにたのみ, 猫は, その通りにしてやったが, おかげで火傷し, 猿は悠々とくりを食べたという話から, 他人のために骨を折って損をすることをいい, 国際問題の論説などによくこの表現が出てくる.

pull は名詞として使うと, 最もアメリカ的な表現になる. influence とか advantage の意味.

¶ He got that job through *pull*. (彼はその仕事をコネで手に入れた)

¶ This article has a *great reader-pull*. (この記事は読者をひきつける力がある)

pungent [pʌ́ndʒənt] においの質をいい, 鼻をつくような強いもの. derogatory な言葉ではなく, 人の文章について言えば, 辛辣(しんらつ)な, 才気走ったもの.

put この言葉は英語の基本的な動詞として, colloquial な用法が非常にたくさんある. いろいろな前置詞や副詞と組み合わさって違った意味を出す.

put across は convey (意味を伝達する) と同じことをやさしく言ったもの. ¶ The film *puts across* its message brilliantly. (その映画は言わんとすることを明快に伝えている)

put in an appearance ¶I must *put in an appearance* there at least once a week. (1週に1度は顔をみせなければ)

put it down は put it in writing (書き出しておきなさい) のこと．***jot it down*** とも言う．***take it down*** もほぼ同じ場合に使われるが，これは「わたしの言うことを書き取ってください」ということで，dictation のときに使う．

put it this way は express (*or* state) it this way「こういう言葉を使う」の意．¶He *put it this way*.... (彼はそれをこういう具合に表現した)

put on an air ¶She *put on a* lot of hot *air*. (大した気取りようだった)

put on something は affect とか pretend to (ふりをする) のこと．¶She is not a genial person, so her air of geniality must have been *put on*. (彼女は本来愛想のいい人ではない．だから愛想のいい様子は，わざととって付けたものなのよ)

put はまた，人を「だます」(deceive) ことをいう場合もある．この場合 ***put something over someone*** の形をとる．¶He tried to *put it over me*. (私をだまそうとした)

put one's best foot forward これは「よそいきの顔をする」というのに似ている．自分の最も上等な面を見せようとすること．当然，能力の面も含む．

¶These writers, although obviously attempting to *put their best foot forward*, presented a monologue style similar to that of many newspapers. (これらの文筆家は，

当然自分の最も得意な面を披露に及ぼうとしていることにまちがいないが, 実際はよくある新聞の論説口調で書いていた)

put out これは口語としても, 書き言葉としてもいろいろに使われる熟語である. 辞書などにハッキリ説明されていないもので重要な用法に次のようなものがある.

① 他人からバカにされたと感じて, 内心おだやかでないこと (feel slighted). この場合は受身の形をとるときとそうでないときとある.

¶ I won't *be put out* if one (a drink) is not offered. (酒をすすめられなくとも, わたしは別に気にしたりしない)

¶ Nothing *puts him out* so much as those little chatters and whisperings in the office. (彼はオフィスでおしゃべりをしたり, ひそひそ話をするのを何よりいやがる)

② 書物を出版すること (publish).

¶ They *put out* two kinds of encyclopedia in the past ten years. (あの会社では2種類の百科事典を過去10年間に出版した)

¶ He *put out* a novel last year. (彼は去年小説を一冊出した)

③ 精力を使う (exert).

¶ I *put out* all my energy to write the long article. (あの長い記事を全精力を使って書いた)

④ 知人などの接待にいろいろ気を使う (go out of one's way to).

¶ Don't *put yourself out* on my account. (私のために気を使わないで下さい)

¶ My cousin and his wife *put themselves out for* us

while mother and I stayed in their house. (母と私が泊まった間, 私の従弟と彼の妻はよくつとめてもてなしてくれた)

put together an act　put together は compose の現代的口語. 目的格としては an act とか, a show とか, a book などをとる. I'm trying to *put together an act*. は「ショーに使えるようなちょっとした出しものを作るつもりだ」の意で, つまり create することである.

compose すなわち put together が create と同義であるところに, 英語の特徴がある. この世のすべての matter (物) は, 人間そのものも含めて, いろいろのパーツから構成されているという考え方である. その違った分子がそれぞれバランスを保っている間は一つのちゃんとした form を形成するが, それがバラバラになることが崩壊する (fall apart) ことなのである. 物が腐蝕することを ***decompose*** というのもこの思想からきている.

put one's neck on the line　これは自分の首を危険にさらすことを意味し, この「首」は生命のことである. むろん比喩で, 危険な立場に身をさらすことをいい, 考えられないような非常識な行為でバカげているという含みもある. 同じことを ***put oneself on the line*** とも, ***stick one's neck out*** とも, ***go out on a limb*** とも言う.

¶ I'm not *sticking my neck out* by undertaking a thing like that. (そんなことを始めて, 職を失うような危険は冒したくない)

¶ I'm not quite willing to *go out on a limb* for a piece of paper. / I don't want to *put myself on the line* for a piece of paper. この2つは同じ意味で,「たかが紙一枚

（昇格の辞令など）のために，危険な立場に身をおきたくない」．

¶ On the contrary, he has been delivering a series of intemperate attacks against the Saudi royal family, and, in the process, *putting himself further out on a limb.*— Stanley Karnow. (それどころか彼［サダト］はサウディアラビアの王族を不用意な荒っぽさで攻撃する演説をやったりして，ただでさえにらまれている身をますます危険にさらしている始末である)

¶ I'll *put the question to* (*or* before) *you*. (あなたに聞きますがね……)

put up with… (がまんする). ¶ We do not *put up with* injustice here or anywhere else. (ここでも，どこでも，不正にはがまんできない)

be put on a diet ¶ He *was put on* a fatfree *diet*. (油気のない食餌療法をさせられた)

putdown これはもちろん動詞の put down からきた名詞なのだが，辞書にはあまり出ていない用法で，慣用語としてよく使われるものに，「けちをつける」(degrading; stigmatizing; discrediting) という意味がある．

¶ The massive *putdown* of Galbraith these days… (ガルブレイスを大々的にこきおろす近来の傾向) といった使い方をする．つまり高い地位から "depose" (王座からおろす) が原意．

R

rally 日本語になっている「ラリー」以外にこの言葉は,衰えた力が回復するという意味を持っている.

他動詞に使えば, ¶He *rallied* his tired wits to face this fresh problem. (彼は, 疲れた頭脳をふりしぼって, この新しい難問に立ち向かった)

自動詞に使えば, ¶He *rallied* after months of prostration from grief. (悲しみに打ちひしがれた状態から立ち上がった) とか, ¶Stocks *rallied* after brief uncertainty. (しばらく不確定状態が続いたが, 株式はふたたび活気をとり戻した) とかいった言い方をする. rally の反対は *lapse*; *relapse*; *sink* である.

rationale この言葉は rational とは語源は同じでも全然違った性格の言葉である. 原理的な説明ないし正当化, または理論的根拠というとややこしく聞こえるが, 要するにちょっと見には不合理か, または根拠がはっきりわからないような事柄の説明の原理づけすることを言う. The most popular *rationale* of religious behavior... (人間の宗教的行為の原理づけで最も普遍的なものは……) とか A *rationale* of the new company regulations... (会社の新規定の根拠は……) とか言う. rationale には不定冠詞を付ける場合が多いのは, 理論づけが絶対のものでないからであ

る．一種のこじつけといったほどの意味になる．

redeeming キリストの贖罪からきた形容詞で，欠点を補ってあまりある，という形容詞．

¶ He has a lot of faults but also has *redeeming qualities*. (彼は欠点は多いが，またそれを補うにくめないところもある)

redeem には宗教的な意味はなく日常的に次のように使う．

¶ He *redeemed his championship* by winning the return match (*or* bout). (彼はリターンマッチで勝って選手権を取り返した)

¶ They *redeemed* a farm which has been long neglected. (長い間ほっとかれた農場を修理してりっぱなものにした)

redundant / redundancy これは日本語ではぴんとこない言葉の一つである．His is a *redundant* style. のように文体などに関して使う場合は，わかり切ったことを何度もくり返す冗長な文体で "repetitious" と似ている．だが，文体ばかりでなく，機械化などで，人間が雇用要員としては不必要になる，つまり，余計ものになる場合にもこの言葉を使う．これは repetitious としただけでは解しにくい表現になる．たとえば，He gathered up the *will to fight redundancy*. この文章は，時代にとりのこされたカウボーイが，新しい時代に何としてでも生きようと決心するというある西部劇小説のなかの一文だが，fight redundancy (余計ものになることと闘う) という表現をとっている．

redundant はまた，必要以上にありあまる，の意から発して，ファッションのビッグスカートのようにやたらに布

地をたっぷりとった大ぶりなスタイルのことにも使う．skirts became longer and *redundant* といった言い方をする．これは余計ものではない．

regret　アメリカの大学で，ある国際交歓の催しがあって，各国の学生は，それぞれの国の伝統的な服装をして出席することになっていた．ところが，トルコ人が一人だけ，普通の business suit を着て現われ，自分はけっしてあの野蛮なトルコの昔の服装はしない．なぜなら，"It conjures up an *unregretted phase* of our history." だと言い放った．この言葉が妙に印象的だったので記憶していた私は，東京のある大学の英文科の卒業生にこの sentence を見せて，どういう意味にとれるかと聞いてみた．するとその人は，こう解釈した，「われわれの無反省時代を想い出させるから」と．

これは regret という言葉の性格がよく理解されていないことからきた珍訳である．regret は本来 "feel sorry"（損失などをくやむ）ということで，自分が悪いことをして後悔していることではない．自分の非を認めることは "repent" で，これは本人のことに限るが，regret は自分のことであろうが，他人のことであろうが，残念に思う場合に使われる．さきのトルコ人の言った unregretted phase of our history とは「過ぎ去ったことに対して悔いなきわれわれの歴史の一断面」つまり，「過ぎ去ってくれてやれやれありがたやと思っているわれわれの過去の一面」のことで，おそらくケマル・パシャによって啓蒙される以前のトルコの暗い不幸な時代のことを指し，そのような時代を思い出させられる服装をするのはいやだ，と言うのであろ

う．

電報の弔文などで Deeply *regret* the passage of your mother. と言えば，「母上のご逝去を悲しむ」ということである．相手の悲しみに同情してこちらも悲しんでいるということで，後悔などではない．

regular 1920年代にダーウィンの進化論が危険思想と見なされるという事件が，あるアメリカのいなか町に起こり，裁判沙汰になった．「猿裁判」(monkey trial) として有名な事件である．そのとき，Judge がふた言目には使ったと言われる言葉に，I'm a *regular* mountain judge. というのがある．この regular をどう訳したらいいだろうか．

これを「私はまっとうな田舎出の判事だ」と訳していた人があったが，これではまずいのである．この regular は「何の変てつもない」，「何の奇もない」という言外の意味をこめて「単なる」とか「普通の」といったほどの意味であって mountain judge を強調するために用いられているので「まっとう」という道徳的な含みは少しもない．

これがたとえば He is a *regular* fellow. といった場合の regular なら話はまったく違ってくる．「やつはまっとうな男さ」と訳してもよいのであって，旧式な日本的表現で言う，酒も飲めば女も買う，いわゆる正常な，気持のよい，また人を裏切らないという道徳的意味も含んだ「いいやつ」の意味であるから，それでもよいわけである．

この場合注意しておくことは，これはあくまで他人が評する言葉で，自分で自分を評する言葉ではないということである．「あれはいい女だ」というのと同じで，誰も自分を「私はいい女だ」とは言わないだろう．だから I'm a regular mountain judge. の場合, regular を "regular guy" の意味にとってはいけないのである. 「私はごく普通の, 何の奇もない, 何のカラクリもない田舎の judge なのです」の意味で, 形式的に卑下してみせたにすぎない. よく使われる表現である.

rend | rent | lease | lend

rend は tear (裂くこと) で, 名詞にすれば rent (裂け目). rend と *render* は混同してはならない. 後者は演奏, 翻訳などの意味で *rendition* が名詞. 相互関係のあるのは次の3語.

借りる方の意味での rent と lease, lend で, まず, rent は日本では一般に賃借りする意味だけにとられがちだが, 賃貸しにも同じ語を用いるのである.

家賃 (rent) を払って借りる. ¶ I *rented* a house by the month under a one year lease. (1年契約で, 家を月ぎめの家賃で借りた)

人に貸す. ¶ The owner *rents* a house at a reasonable figure. (持ち主はあまり高くない値段で家を人に貸している)

この貸す方の rent は自動詞にもなる. ¶ The apartment *rents* for ¥300,000 a year. (そのアパート代は1年30万円だ)

lease も貸す方と借りる方の両方に使われる. この観念が日本人にはぴんとこない. 大てい to があとにくれば貸す方で, from ならば借りる方とわかるが, なくてもいい.

¶ He *leased* his house *to* a friend for the summer. (夏だけ家を友人に貸した)

¶ A tenant *leases* his land *from* the owner. (小作人は地

主から耕地を借りる）

　名詞になると lease は貸すことと，貸された土地や財産そのものを言う．ついでに ***take a new lease on life*** という表現がある．

¶ After the successful operation, he *took a new lease on life*. (手術がうまくいって寿命がのびた)

　lend は最も平たい意味の「物を貸す」ことで，あとで返してもらう約束を含んでいる．単に「用立てる」の意味もある．*Lend* me a knife. という簡単なものから，The young king seemed to *lend* a willing ear. (若い王は，おとなしく耳を貸しているようにみえた) といったやや抽象的なものまでいろいろあるが，一方的に貸すことは loan と同じである．

renege これは ***renegade*** (変節者，背教者) の動詞で，アメリカ英語で，強い悪口の一つである．

¶ He *reneged on* his commitment. (約束にそむいた) は，単に He broke his promise. と言うよりずっといやらしい，にくにくしい言葉なのである．

rent ☞ ***rend***

report to これは present oneself (出頭する) ことで，もともと I have to *report* myself *to* the commanding officer. (上官の前に出頭しなければならない) といった軍隊式の用語から転じて I *report to* him. が I *work for* him. (彼の下で働いている) ということになる．報告することではない．

rest home | rest house | rest room この3つは全然違ったもので混同するとおかしい．rest home は一種のサ

ナトリアムで病後の保養や，精神病の初期の人びとを収容して休ませるところ．これを rest room と間違えて，「トイレ」と訳した映画の字幕にお目にかかっておどろいた．rest house はまったく日本語と同じでレストハウス，バンガローのこと．トイレは rest room．

restless この言葉を「休むことを知らない」と訳す人がじつに多い．"restless energy" は「休むことを知らない精力」，"restless gun" は「休むことを知らないガン」というふうに．だがこれは間違い．休むことを「知らない」ではなく，落ち着きのない，神経的な，ノイローゼ的な，つまり，「じっとしていることのできない」という意味で，nervous ということである．

rhetoric この言葉はイギリスとアメリカではニュアンスのまるで違った言葉である．日本人が知っているのはイギリスのほうで，いわゆる美辞麗句，そこに空虚なひびきがあると解している．"a rhetorical question" と言えば本当の疑問ではないこと．答えはわかっているのにわざわざ修辞的に用いられる疑問形で，あってもなくてもよい句である．たいてい mere という軽視の形容詞をレトリックの前において，He is *a mere rhetorician*. とか It is *mere rhetoric*. という．

　だが，アメリカ人はあまりこういう derogatory な意味でこの言葉を使わない．アメリカの rhetoric は English composition のことで，学校の課程にも "classes in composition and rhetoric" というのがあるくらいである．ちゃんとした文章の書き方を記した本を "the rhetoric" と総称する．

¶ Do you know what a paragraph is? Find out from the nearest *rhetoric*. (あなたはどうもパラグラフの意味を知らないようだね. 英作文の教科書を何でもいいから, 見てみなさい)

rich この言葉は普通「金持ち」とか「豊か」とか訳されて, 大抵それに似たような解釈を何にでも当てはめているらしい. だがそれだけだと思っていると, とんだことになる. ある夕食会の席で, アメリカ人が日本人の host に向かって, "Is the Chinese cooking in Tokyo *rich*?" と聞いた. すると相手は "Yes, very nice." と言った. 聞いたほうではちょっととまどってまた同じ質問をくり返したがどうにもならない. この2人は rich という言葉についてそれぞれ違ったことを考えていたからである. つまり日本人のほうが「豊かで, 結構なもの」と解していたからである. だが料理に関する場合, rich は「香料をたっぷり入れた, こってりした味」を指すのである. このアメリカ人が聞いたのは「東京の中国料理はこってりしているか, それともあっさりしているか?」ということだったので, 別に「おいしいか?」と問うたのではない. だから "Yes, very nice." では要領を得なかったのもムリはない.

ride it out このイディオムは, 何かトラブルや不愉快なことがあったとき, 感情を爆発させずに, 流れに従って必要なことをして, 乗り切ってしまえ, の意である. 次にあげる例文は, *Chicage Sun-Times* という新聞の名コラムニスト Mike Royko が酒場でケンカを派手にやった結果, 居合わせた女性の毛皮のコートめがけてケチャップを投げつけたりしたため, 競争新聞の槍玉にあがったので, 怒っ

て，辞職するといきまいた騒ぎを述べたものである．
Esquire に掲載された．

¶ He wanted to quit, but his wife, several friends and his editors urged him against it. He could *ride it out*, they said; his resignation would only give his enemies pleasure. He did *ride it out*, went to court and paid a fine for disorderly conduct, replaced the woman's coat, the whole thing costing him about 1000 dollars. (彼は辞職すると言ったが，彼の妻と，友人たちと，勤め先の新聞編集者たちが思い止まるように強くすすめた．「乗り切ればいい」と彼らは言った．彼が辞めたら，敵を喜ばせるだけだと．彼は遂に乗り切った．裁判所に行き，騒ぎを起こした罰金も払い，女のコートも新しいのと取り替えてやった．しめて 1000 ドルかかった) つまりこの ride it out は乗馬のメタファーで，別の表現を使えば *take it in one's stride* (いやなことを冷静に受け止めよ) とあまり違わないのである．

***rig** (v.) / **rigged** (a.)* 「艤装する」というこのアングロ・サクソン系の動詞は，本来，船を航海できるように装備することで，空飛ぶ船である飛行機や，地上を走る車輛の整備にもこの動詞を使う．つまり，一定の目的のため，必要なものを取り付けることである．これから rigged という形容詞が生まれる．スラングで "fixed" と同義に使う場合がある．事前にインチキな種が仕掛けてあることを言う．

¶ The game was *rigged*. (八百長だ)

¶ The election was *rigged*. (あれは特定の人の勝利になるようになっていた不正選挙だ)

しかし rigged は前述の装備の意に用いられることもあるから一概には言えない．

¶ Some of the craft is *rigged* for dredging. （船のなかには浚渫作業の装備が施されているものもある）

rig はまた「礼装」の意にも使う．

¶ The judge appeared *in full rig*. （裁判長は第一公式の礼装で現われた）これは英国の場合，伝統の wig を付け，毛皮の裏のついた真紅のガウンを着用することを言ったもの．

¶ She arrived *all rigged up* in her spring fineries. （彼女は春の盛装でやってきた）

right この言葉も，just と同じくらい難しい．right は「正しい」とふつう訳されているが，"right or wrong" のように正邪の区別を指す場合は別として，right を会話などで使うときは，普通主観的に使われていて，常に「結果的に正しい，つまり好都合の」の意味だと思えばよい．

He makes the *right* contacts. と言えば，彼はなかなか要領のいい男で出世のために必要な所には必ず顔を出すが，その反対に，得にならない人とは交際しないという含みがないでもない．むろんこの場合 right contacts は「正しい交際」などではない．何でも物には方法があり，必ず成功間違いなしの方法が right なので，方法的に正しいことと，道徳的に正しいこととは無関係である．

また right には目的や効果とは別に，もっと根本的に「ぴったりした」という意味がある．I will marry when the *right* person comes along. と言えば，「私にぴったりした相手があれば，結婚する」の意味で，She is not the *right* person for you. は「あの女は君には不向きだ」ということで，創造の神によってお前のために創られた女ではないということ，つまり She is not made for you. であり，反対に You are made for me. と言えば，You are the *right* woman (*or* man) for me.「私のために生まれてきたような人です」ということになる．

ripoff 強盗をはじめ，暴力による搾取行為のことで，アメリカのスラング．1971年ごろから使われ出し，今でもあらゆる階層に定着している．ripoff は暴力による搾取行為，盗みだけでなく，その行為の結果，荒らされた状態のことも言う．

¶ "The Village (New York の Greenwich Village のこと) is *a ripoff*," he said, "nothing but junkies and perverts—it's a bad scene." (ビレッジはひどいところだ [bad scene]．麻薬と変態の巣だ——と彼は言った)

riposte 「しっぺ返し，当意即妙」の意．フランス語なら repartie で，これも英語として使われる．

¶ His *riposte* is keen, though he is very old. (年はとっても彼のやり返し（の言葉）はなかなかどうして鋭い)

rock bottom これ以上，下にさがれない，底を突いた，の意．

¶ The firm's economy has *hit the rock bottom*. (あの会社の財政は底をついた)

¶ His credibility is *at rock bottom*. (彼の信用はがた落ちだ) これは政治家の人気などによく使う表現．

roi nègre [*F.* rwa nɛːgr] これはもともとフランス語なのだが，今ではモダンな時事英語の一部になっている．フラ

ンスがアフリカの植民地を治めるのに,その土地の人間を使って,フランスの利益のために治世させる政策をとり,その任にある人を指した言葉.これは事実上,その人間のやりたいほうだいにまかすことになり,植民地の人に対して暴虐をほしいままにしていることから roi nègre (negro king) とフランス人は言って,軽蔑の代名詞としている.これから発して,アフリカの植民地でなくとも,他の国から任命されて自分の国の人びとや団体を他国の権威を借りて治める人が,勝手なまねをするのを指して彼は roi nègre 的な存在と言う.

¶ Washington let him alone as a *roi nègre*, despite massive complaints of his tyrannical conduct. (ひどい非難があったが,ワシントン政府は彼を一種の roi nègre としてなすにまかせた)

RSVP ☞ *PPC*

rude これは一口に「無礼」と訳されて人間のマナーにだけ関係があるように思われている.だが "rude clothes" などと衣服のことにも使われる.これは「失礼な服」ではない.たとえば,

¶ When the war ended, he put on some *rude clothes* salvaged from debris and set out to work. (戦争が終わると,焼けあとから取り出したひどい服を着て,彼は働き出した)

というような使い方をする.この場合の rude は粗野でも粗末でもない.上品な客間などではショックなような,ちぐはぐの,言わば「むくつけき」服装の意味である.洗練された社会の tone を乱す「がさつ」なものをすべて rude

と呼ぶ．むろんこれは非難よりもユーモアをまじえた表現である．ただし rude という形容詞が人間の前におかれたら，He is a *rude* (or *arrogant*) man. というふうに，本格的な非難語となる．

run この言葉は英語のなかで最も使用法の多様なものの一つで，ここにあげるものは，ほんの一部にすぎないが，ごく日常的なものばかりである．

run a risk of （危険をおかす）

¶ If you continue to smoke as heavily as you do now, you *run a risk of* getting lung cancer. （あなたのようにタバコをすうと，肺ガンになる恐れがありますよ）

run a temperature （熱を出す）

¶ I had a vicious cold and was *running a temperature*. （ひどい風邪をひいて熱を出していた）

run an office (or *a family*, *a store*, etc.) （マネージする）

¶ That is an office *run* very well. （非常によく経営されている会社だ）

run in the family （家系のなかにある）

¶ Dramatic talent seems to *run in their family* ; he is a thirdgeneration actor. （役者の血があの家には流れているらしい．彼の祖父も父親も役者，彼は役者第三世だ）

run out of some supply （物のたくわえがなくなる）

¶ I *ran out of table salt*, so I went out to buy some at the supermarket. （食卓塩がなくなったのでスーパーへ買いに出た）

他の語との組み合わせ．

runaway これはエスカレートする状態のことで，break loose from control（コントロールされていたものが，その桎梏を破ってどこまでも走り出す）という原意から，runaway inflation（天井知らずのインフレ）とか，runaway consumption（すごい勢いでふえる消費）その他何にでもこの runaway を付けることができる．

¶ The government has to deal with the *runaway increase* in energy use.（政府はエネルギー消費のエスカレートしてゆく事態に対処せねばならぬ）

rundown には2通りの意味がある．

① summary（概要）と同じ．¶ Give me a *rundown* of yesterday's meeting.（昨日の会のあらましを聞かせてください）

② 体調がふるわないこと．¶ The doctor said it was *a general rundown*.（何となしに全般的な体調の衰えだと医者は言った）

run-in（口げんか）

¶ I'll never speak to her again after my *run-in* with that woman. She is extremely rude.（あの女性とけんかしたから，もう2度と口をきかない．彼女はすごく無礼だ）

run-of-the-mill は mediocre（平凡な）で，優秀でない，の意．

¶ He is just a *run-of-the-mill* scholar. He will never pass the bar examination.（彼はごく低調な学生だ．弁護士の試験には受かるまい）

S

sabotage この言葉は一応名詞としての意味は英和辞典に出ているが,その使い方が,日本語でサボタージュと言うとき,意味が違っているために,英語で使われたこの言葉の意味がつかめていない人が多い.日本語では「怠業」をして,労働争議の際,雇い主側を困らせる行為のことだけを指すようである.しかし英語では,もっと積極的な破壊行為,またはトリックで,会社,団体の機能の運営を妨げようとする行為で,ちょっとしたことにも使われ,時にはユーモラスなひびきさえある.たとえばこんな例があげられる.

¶ He had thought to *sabotage* the meeting by sending misleading telegrams to members. (わざと人をまどわすような電報を会員の一人一人に送って,会合を妨げようと企てた)

英語では動詞に使う場合が多い.他動詞である.他の言葉を用いれば,"act subversively" のことである.

sad 人を批判したり,非難したりする場合,なるべくそれらしい言葉を使わずに,意味を通じさせようとするやり方は,どこの世界でもあまり変わらないらしいが,英語ではsadという単語がその一つである.sadの元来の意味は「もの悲しい」ということで She has a *sad* face. と言え

ば，憂いをおびた顔をしていることであり，It is a *sad* story. と言えば悲劇的な話のことである．だが sad が「悲しい」のは，こちら側に憐れをもよおさせるためであるところから転じて一種の軽蔑を表わすのにも用いられる．誰それは有能だとか，そうでないとか，人の品定めをしているときに，He is *sad*. と言えば，His case is sad. ということで，「あの人は無能だ」ということになる．

sad は，アングロ・サクソン系の単語だが，これのラテン系の，日本語で言えば漢語的な言葉に当たるものに **melancholy** がある．これを使った次のような文章がある．

¶ With a *melancholy* sense of form, she had her second husband buried next to her first. これを誰かが訳して，「物悲しい形式観念によって，彼女は二番目の夫を最初の夫の墓の隣りに埋葬した」と書いた．この訳者は，「物悲しい形式の観念によって」というおかしな直訳で，みそをつけてしまっている．これは "a sad sense of form" としても同じことで，人の憐れみを誘うほどに貧しい観念しか，form（様式作法）というものに対して持ち合わせていないこの女は，第二の夫を，最初の夫を埋めた場所の隣りに埋葬した，ということで，非常な悪趣味だと言っているのである．つまり melancholy (or sad) は，女の気持ではなく，筆者の批判語なのである．

(be) satisfied that ～ ¶ He *was satisfied that* the Federal government was made up of relatively honorable men.... (誤訳＝彼は，連邦政府が比較的廉潔の士によって構成されているのに満足していた．正訳＝彼は，連邦政府が

比較的廉潔の士によって構成されていると得心し，疑念をさしはさまなかった）

savoir-faire [sǽvwɑər-fɛ́ər]　フランス語からきたもの．英和の辞書には，「世才」とか「気転」と出ているが，厳密に言えば，社交術の自信である．どんな場合にも，すらすらと上手に行動できるという自信のことである．

¶ Her *savoir-faire* never left her whether she found herself among the most exclusive society people or among beatniks or bohemians.（上流社交界の人びとのさ中にあろうと，ビート族や，ボヘミアンのなかにおかれようと，ゆったりした落ち着きを，彼女は常に持っていた）

savoir-faire は一見英語の ***knowhow*** にやや似ているが，knowhow は社交に関することではなく，technical skill のことで何にでも使う．business *knowhow*; industrial *knowhow*

¶ The company needs all its ingenuity and *knowhow* to succeed.（会社が成功するには，あるだけの工夫力と専門の知識と技倆が必要だ）

scapegoat ☞ ***sitting duck***

scrubbed face　誤訳＝よく磨きのかかった顔．正訳＝よくお風呂でごしごし洗ってきれいにしてきた顔．子供や素朴な青年などに関してよく使われる形容．

seamy　縫目の出た側，つまり衣服の裏．これを比喩的に使って the *seamy* side of life (*or* society)（人生［または社会］の裏，暗黒面）などと言う．

比較級にして the *seamier* side of life とも言う．

¶ The story concerns itself with the *seamier* side of

life. (そのストーリーは人生の裏面を主題にしている)

see action これは軍隊からきた慣用句で、実戦に参加すること。

¶I *saw action* in WW2. (第二次世界大戦で、自分は実戦に参加した)

see ~ in ロシアについて述べたある論文のなかに、Even Winston Churchill *saw* healthy evolution *in* Soviet Russia and urged a meeting at the summit. という文章があった。なんでもないやさしい文章だが、これを「チャーチルでさえ、ロシアにおける健全進化を見て、頂上会談をすすめた」と訳した人があった。この場合の saw は visual な感覚的な意味のものではなく、理解、または interpretation であるから、「見て」というよりも、「みとめて」とすべきであろう。また、in Soviet Russia の "in" は「そのもの」の意味で「おける」ではない。

¶You have a great friend *in* your husband. と言えば、「あなたの夫はあなたの大きな味方です」の意味で、この場合の in は「即」に近い。

¶He found a great friend *in* his teacher. (彼は先生に大いなる友を得た)

「ロシアにおける健全進化」ということがすでに論理的におかしな言い方で、「健全進化」が一部的スペースをとる外見的なもののように受け取られる。訳者が「見て」と訳したのも、あながち偶然ではないようにカンぐられても仕方がない。結果的には大した違いでなくとも、こうした意味のズレは、see と in の言葉の性格を理解しないで、表面的に英語を日本語に置き換えるところから起こる、根

本的な理解の問題である．

serpentine これは一見「蛇のような」と訳しやすくみえるが，日本語の連想とはまるで違った言葉で，もっぱら外形がまがりくねった様を言う．たとえばドゴールの演説ぶりを評して，あるアメリカの週刊誌はこう言った．

¶ He talks in a strong, rather musical voice, using his hands expressively, occasionally breaking into a smile, as the elegant *serpentine* sentences effortlessly spiral forth.（彼は盛んに手でジェスチュアしながら，強いやや音楽的な声でしゃべる．そしてエレガントな，くねくねと長い，手のこんだ文章がするすると出てくる）

settle この言葉は日本語でも「落ち着く」とか「落ち着かせる」とか訳されるが，それだけでは，"settle for..." という場合の意味がとれない．これはごく軽い調子で「そのほうでがまんしときます」（I'll *settle for* the cheaper one.「安い方でいいです」）という場合に使う．

¶ I won't *settle for* anything less than a million yen.（100万円以下では手を打ちませんよ）といった用法もある．どこまでも口語の慣用法による．

　unsettling はあまり知られていないようだが，annoying（いらいらさせられること）である．disturbing とか upsetting と同義．

sexist これは，1970年ごろのウーマン・リブから発して，今では定着している言葉．***sexism***（女性に対する偏見，職場で男女不平等を唱え，賃金などでそれを表わすこと）の形容詞形で，その思想を実行する人，またはそれを表わすような記事などに用いられる．

¶ His *sexist* writings are not received well in today's intellectual circles. (彼の女性に対する偏見のうかがえる記事は，今日のインテリの間ではあまり受けない)

sexist の同義語は ***male chauvinist***.

shaman [ʃɑ́ːmən]　これはヒンズー教からきた言葉で priest-doctor (僧侶で医者の役目もする人). 棟梁株の意にも使う.

¶ He is a *shaman* among the local art groups. (彼は土地の美術家仲間の頭株だ)

(a) *shambles*　この言葉は，常に単数である. これはもともと slaughter-house とか packing-house などとともに，食肉処理場という原意からきた言葉には違いないが，現実の用法は，killing には関係なく，めちゃめちゃに乱雑な状態，つまり confusion を表わすのに限られているようである. たとえば，¶ Electricians made *a shambles* of the kitchen that she had just cleaned. (彼女がきれいに掃除したばかりの台所に，電気屋が来て足の踏み場もないほど散らかしていった) のように clutter の意味に用いられることもあれば，もっと抽象的に，¶ Our higher education system is, by general consent, *a shambles*. (わが国の高等教育の構成が支離滅裂であることは，誰でも認めるところだ) と言ったりする.

shift　野球などで使われる意味でのシフトでなしに，次のような使い方がしてあった. ¶ Spectators quietly *shifted* in their seats. これをある人は「見物人はしずかに座についた」と訳した. 正訳は「見物人は，もじもじと落ちつかない様子で腰かけていた」.

shift はひとつところに落ち着かずに絶えず動いていることである．change gears を shift gears と言ったりするように「(別のものと)変える」という意味もある．

¶ The man had *shifting* eyes. (彼は落ち着きのない目つきをしていた)

show 動詞に使った show のなかで，不思議に最も多く口にされる意味が，辞書にあまり出ていない．それは something to show (見るべきもの) の意味である．

¶ He worked hard in America so that he might have *something to show* his folks back in Italy. (出稼ぎに行ったその男はアメリカで一生懸命働いて，故郷のイタリアに帰ったとき，人に見せられるだけの成績をあげようとしていた)

nothing to show for 「見るべきものがない」という言い方は，英語ではさかんに用いられる．

¶ I have *nothing to show for* the money my family spent on me. (私は家族にお金をさんざん使わせたかいもなく，何の見るべき成果も上げることができなかった)

¶ He has *nothing to show*. (彼は自分の能力を証明するような具体的なものは何ひとつ持っていない)

show the flag / show the nerve show という動詞は，基本的には put on view，つまり人に見えるようにすること．最も用途の広い動詞の一つである．なかでも面白いものを，2, 3 拾ってみると，show the flag というのがある．文字通り軍艦や船舶がその国の旗を出すことで，これは，戦闘状態にある際，敵に見えるようにすることである．一種の示威行為である．またもっと日常的に，

¶ They are making a lot of noise as if to *show the*

nerve.（気勢をあげようとしてがやがや騒いでいる）
などと言う．

　同じ show でも次にくる前置詞との組み合わせによって全然意味が違ってくる．

show off は「みせびらかす」これを名詞にして，He is a *show-off*. と言えば，やたらに自分を目立たせようとして行動する人のこと．

show up は2通りの慣用法がある．一つは単なるアメリカの俗語で，「出てくる」こと．

¶ He did not *show up* that day.（あの日彼は出社しなかった）もう一つは，

¶ That event *showed* him *up* more than anything else.（あのことがあってから，彼がどんな人間かが，はっきりした）のように，その人のかくれていた，いかがわしい半面の出ることを指す．

sift この言葉はどうかすると不注意の人は，"shift"（⇒同項）と混同するが，むろん似ても似つかぬ言葉である．

　sift は，何かをふるいにかけて夾雑物を取り除くことである．

¶ They *sifted out* the gold from a mass of sands.（彼らは砂金を取っていた）

¶ My job as a book-reviewer was to *sift out* some pearls of truth for our readers from a mass of rubbish.（書評家としての私の仕事は，がらくたの中から何がしかの真実を読者のためにえりわけることだった）

¶ He *sifted* his statistics through finer and finer grids.（彼は自分の調べ上げた統計表を，だんだん目の細かいふるい

にかけて吟味した)

sin ☞ ***guilt***

sitting duck / scapegoat / stoolpigeon sitting duck は日本語の「かも」に似ているが少し違う．かもは *sucker* に当たる．sitting duck はむしろ狼のなかに置きざりにされた小羊とか，小猫などのほうがこれに当たる．まったくの無防備で，他人にいい汁をしぼられるにまかせたような存在を指す．

¶ In that notorious crime area of the city, an alien may be *a sitting duck* for extortioners. (あの悪名高い犯罪地域では，外国人などは，たちまち悪者の食いものにされてしまう)

scapegoat は，いけにえの山羊(やぎ)から発した俗語に近い慣用語で，団体組織などで，間違いが起こった場合，他人の非難を一身に引き受けることになっている人．俗語では ***fall guy*** とか ***dummy*** とか言う．

stoolpigeon は，俗に言う「いぬ」である．警察のまわしものである場合も，ギャングのまわしものである場合もある．よくスリラー映画などに出てくる．

sleeper この言葉は米口語で特殊な意味に使う．今まで誰からも気にもとめられなかった存在が，俄然，重要人物や重要事項になる，そうしたものを sleeper と言うのである．具体的には次のような場合に使う．

① 競馬馬で，誰も実力があるとは思わなかった馬が，俄然圧勝したという場合のその馬．That horse is *a sleeper*. とは一度そういう経験をした人が言うのである．この意味で sleeper はダークホースに似ているが，ダークホー

スのほうは勝ちそうな予感がした馬なのだが, sleeper の ほうはそうした予感も抱かせないで勝ってしまう馬.

② 書物の場合. That book is *a sleeper*. と言えば, 広告しなくとも, 年々歳々よく売れる本のこと.

③ 映画で言えば, 製作費が安いのに, いざ封切ってみると, すごい人気を示す映画.

④ music の場合. はじめはそんな大ヒットになるなどとは予想されなかったもの.

⑤ 法案を議会にかける時, 一見何でもないように見せながら, 実は重要な修正箇条 (amendment) の一節をそっとしのばせて, 野党に反対されないうちにパスさせてしまうやり方がある. つまり気がついたときにはもうおしまいといったように巧みな作成がなされた法案のことである. That clause is really *a sleeper*. (あれがしのびの一節だ) などと言う.

slick 表面が滑らかで, つるつるしていることを表わす言葉で, 動詞にも, 形容詞にも名詞にも使う. 文字通りにつるつる光った状態にするというのが動詞の意で, めかす意味もある.

¶ Men were *slicking* their tools with grease. (男たちは道具に油をひいて滑りのよいようにしていた)

¶ Of Saturday nights, he *slicked up* and went out dancing at discotheques. (彼は土曜の夜などは, めかしこんでディスコに踊りに出かけたものだ)

slick を形容詞に使うと悪がしこい意味で「頭がいい」ことで, a *slick* city lawyer (抜け目のない都会の弁護士) は, ずるい人間の典型的なイメージである. a *slick* salesman とも言う.

slick が名詞になると大衆的な雑誌のことで, つるつるの光沢のある高級紙に印刷され, 外見はぜいたくで内容は大衆向きのもので *slicks* は 1950 年ごろに定着した. 大衆誌は *the pulps* といって, このほうは安っぽい紙に印刷されているものを言う.

¶ He is *in the pulps*. (彼は大衆小説家だ)

¶ You get magazine of all kinds from *top slicks* to *minor pulps.—New York Times Magazine*. (雑誌にも一流の時流誌から低俗なものまで様々だ)

slick はピカピカの表面を持つの意から *gloss* にも通じる. gloss は光沢がある (lustrous) ことで, "glossy" は glamorous グラマー化することに通じ, 表面的な魅力を指す.

¶ A lot of *gloss* is given the simple story. (単純なストーリーをグラマー仕立てにしてある) これは The simple story has been *slicked up*. とも言えるのである.

slick は *slippery*, *smooth* とも同義で,「口のうまい人」のことを, He is *slick*. とも He is a *smoothy*. などとも言う.

small talk これを Marcel Proust がこう定義している. "...words spoken by the lips but not by the mind." つまり *lip talk* と small talk は本質的に同じ種類のものと言っていい. lip talk は読唇術の意味ではなく, 口先だけの, いわゆる世間話のことだが, これは, 単に会話においてばかりでなく, 書いたものにも small talk という言葉で評される種類のものがある. 週刊誌の題材のとり上げ方は,

ほとんどが small talk と言ってよい．small talk の反対は *serious talk* で big talk（ほら）ではない．

so much is in my hands 非常に危険な手術をするに当たり，医者が患者にこう言い聞かせる．

¶ Please remember, just *so much is in my hands*. （誤訳＝ぼくにはすることがありすぎる．正訳＝ぼくの手に与えられたものには限りがある．あとは神のみ手の中にあるのです）人事を尽して天命をまつより致し方がない，の意．

(a) song and dance 歌と踊り．これも日常使われる比喩で，大したことでもないのにもったいをつけて，大仰に騒ぎたてること．

¶ He gives me *a song and dance* about how difficult a job he is tackling. （彼は今やっている仕事がどんなに難しいか盛んに吹聴におよんでいる）

spaced-out これもスラングで，アメリカで主として使われる．麻薬で頭がぼけたこと．形容詞．

¶ They are most helpless, *spaced-out* hippies. （彼らは最も非力な，麻薬で頭がぼけたかわいそうなヒッピーの群だ）

spin-off この言葉に当たるものは日本語の辞書には見当たらない．だが，「副産物」とか「余禄」といった言葉はあるから spin-off の概念が日本語にないわけではない．この言葉はテクノロジーの発達から生まれたものと思われているが，実際は昔からあった考え方なのである．だがテクノロジーの発展から用途が増えた言葉であることは争えない．たとえばアメリカはアポロ宇宙船の建造に厖大な金を費やし，そのために一部から批判も招いた．だがアポロそのものの成功もさることながら，アポロを完成させる途上

で副産物として人工心臓の弁に使える物質が生まれた．これは，one of the many *spin-offs* of the Apollo project（アポロ企画から生まれた多くの副産物の一つ）ということができる．

¶ The General Electric Company has a policy that any laboratory discovery which does not fit in with the main thrust of the research *could be spun off* into a separate company set up to develop and exploit the discovery. (アメリカのゼネラル・エレクトリック社は，社内の実験室で，その時の研究目的には直接役立ちはしないが，派生的なある発見がなされた場合，その発見を開発するための新会社を別個に設立する方針をとっている)

¶ Any venture or any change in circumstances tends to give rise to *spin-offs*. Very few things in life could be written off as pure waste. (すべての新しい試みや境遇の変化は，必ず何らかの有益な余禄を生むものだ．まったくのむだと言えるものは人生にあまりない)

(a) spit and polish samurai これはイギリスの陸海軍の服装にやかましい伝統から転じて，外観を一点の非の打ちどころのないように整えることで，暗に，本当の実力や，能率などはないがしろにしていることをほのめかしている．a spit and polish samurai はこの意味で，「絵にかいたようなりっぱなおさむらいさん」のこと．

¶ Embassies abroad could not do without their *spit and polish doorman*. (ユニフォームで美々しく装ったドアマンなしには，海外駐在の大公使館はとうていつとまらない) つまりみせかけが大切ということになる．

split hairs 髪の毛を一本ずつ取りだして,それをさらに割いて,互いにどこが違うかを論じるといった極端な正確度を主張することで,意味のないこと.

¶ That is again *splitting hairs*. (重箱のすみをほじくるにも似た論法にまたもや陥っている)

sport / sporty / sportive 同じ語源から出ている言葉でも品詞が異なれば,意味がまったく違ってくる言葉はたくさんある.

sport もよく間違えられる言葉の一つである.野球やテニスのように,日本語化した「スポーツ」の場合は,誰でも知っているだろう.だが He *sports* the air of a gentleman. / She *sports* the air of a lady. のように,紳士でもないもの,淑女でもないものが,それらしい様子を気取る場合にも,sport が用いられる.

動詞の sport には面白半分の気持が入っていて,「……気取り」だとか「演技をみせる」ということである.

¶ He *sports* a big bamboo cane. は,「大きな籐のステッキなどふりまわして,ご機嫌である」といった多少批判的な気持が含まれている.

a good sport は男性を評するときと女性を評するときとではまるで違う.She is *a good sport*. は男性が女性を評するときに用いられる表現で,女性が同性に対して使う場合は絶対ないと言ってよい.その理由を知るためには,a good sport の意味をよく吟味する必要がある.一口に言って,この言葉が女性に冠せられた場合,"approachable" の意味合いが多少にかかわらずあることである.男性を評して,He is a good sport. と言えば,He is a regular fellow. つまり「いいやつ」のことだが, 女性の場合はこれとは違う. She is a good sport. は男性の身勝手な egotism からきた言葉で, どんなに mild な意味でも, 女性にとって, よろこんではいけない言葉なのである.

sporty は, 日本語でも英語でも, よく衣服のことに使われる. ただ意味が少し違う. 日本では, 売るほうが「そのほうはスポーティなものでして」と言うが, これは dressy なものの反対で, 概してあまりごてごてしない, さっぱりした感じのものに使われるようである. だが英語で sporty wear と言えば, flashy とか, showy, つまり派手なものを指し, 正式な場所, たとえばオフィスとか, お葬式とかには着ていくのに難のあるもの, townwear としては派手すぎるもの.

sportive は free and easy, つまり dissipating な感じを指し, そのあとによく literature とか atmosphere がくる.

spurious　　この言葉ははげしい批判語である.

¶ He made *spurious* campaign promises to get elected. (彼は投票してもらおうとして, いいかげんな公約をした) この場合 spurious は ***counterfeit*** (にせもの) とほとんど同義語である. 内容の伴わない, おていさいだけの約束のことである. spurious はラテン語で bastard (庶子, 私生児) からきているが, 今では illegitimacy (非合法) の文字通りの意味には, あまり用いられることはない. 相手をだます意思があるか, ないかにかかわらず, 本物らしく見えるが, 無価値な, にせものということに使う. たとえば,

¶ *Spurious* paintings attributed to old masters are

circulating in a great quantity. (にせものの名画が大量に出まわっている) などと言う. またこの spurious が, reason とか logic とかを形容する場合, もはやだます意思はなく, ただ結果的に, 「無価値」であり, junk であることを指している. つまり, *invalid* (無効な) とまったく同義である.

¶ His thesis is entirely *spurious*. (彼の論拠は薄弱で精密な検査に耐えるものではない)

¶ Invalid assumptions will lead to *spurious* (or *invalid*) conclusions. (いいかげんな仮定は, いいかげんな結論を招く)

square / hip　この2つの語はもともとアメリカのビート族から出た言葉だが, 意味に応用がきき, 表現が簡潔なところから, 1960 年代から一般化されている対照的な言葉で, square は近代感覚に欠けた, やぼ天のこと. つまりビート族の側から見た「古き型」の人物だから, "conventional man"(世間普通の成功や出世を夢みる人間). hip は square でない人種. つまり「ビート的なものの考え方をする族」からきて「ちゃきちゃきの現代っ子」, ***hep*** とも言う. He is *square*. は He is *hip* (or *hep*). に対照され, 後者のみが「たのむにたる人物」というひびきを持って使われる.「俗物でなく, 話せる人物」が hip なのである. どこまでもひとりよがりの表現だが, ビート族ならずとも今では一般化している.

¶ He is *hip and groovy*. (彼は新しい感覚派ですてきだ)

stable　ふつう「馬小屋」と思われるこの言葉も, 英語独特の使い方をされるときがある. They are from the same *stable.* とよく言うが，これは「一つ穴のむじな」に当たる．また We are from the same *stable.* と言えば，「あなたとわたしは同種族の人間なのだ」とやや自嘲的なひびきを持つ．最も多く stable の使われるのは a *stable* of boxers とか a *stable* of secretaries (*or* artists) のように同じ抱え主またはマネージャーを持つ athletes や技術者の場合である．

stagflation stagnancy（不況）と inflation とを合わせた造語で，景気は沈滞しているが，物価が上昇すること．1971年ごろ英国の新聞に出はじめた．

stay この言葉は使用範囲が広く，古いアングロ・サクソン語であると同時に，モダンでもある．基礎的には not to go away（どこへも行かないこと）で，日本語で考えるより以上に強い意味を持っている．

¶ *Stay with* the subject for several hours a day. （一日に数時間，その課題に取り組め）

¶ The camera *stayed with* him for full 10 minutes. （カメラは10分間たっぷり彼を撮り続けた）

¶ We used to *stay on the phone* for hours. （われわれはよく長電話をかけたものだった）

stay with it という慣用句もあり，これは persevere（がまんして続ける）の意である．これと同じことをスラングで言うと ***hang on*** とか ***stick to it*** とかに当たる．

stay が他動詞に使われると restrain（抑制する）または stop することである．

¶ They might have done something to *stay* the ruinous rise in prices. （彼らは物価の暴騰を抑えるための何らかの手

を打つべきだった）

　このstayが名詞になると女性用のコルセットのことにもなる．

stereotype(s)　この言葉はもともと鉛の鋳型にはめて作った鋳造物のことから，紋切型，陳腐の意に使われる．日本語でも「ステロタイプ」といって，劇や小説の登場人物にオリジナリティが欠けていることに使う．英語でも同じように劇評にも使うが，英語の場合は人物に限らず，あらゆる事物に関する通念のことをstereotypes（通常複数形）と言う．普通aboutを伴う．たとえば，われわれは世界の各民族（race）についてあるイメージ，ある通念を持っている．日本人の持っているアメリカに関する通念は，the Japanese *stereotypes about* Americaであり，アメリカ人の日本に関する一般化された概念は the American *stereotypes about* Japanでいわゆるゲイシャ，フジヤマの類いである．次の例文は*Japan as No. 1*の著書で有名なEzra Vogel博士が*Japan Times*に寄せた日本論からの引用である．

¶Contrary to prevalent American *stereotypes about* Japanese wage levels and exploitive Japanese sweatshops, Japan's economic prosperity was not won by cultivating a nation of workaholics. Japanese wage levels are the same or better than those in the United States.（アメリカで広く信じられている日本の賃金の低水準とか，日本のタコ部屋的搾取工場といった通念とはまったく反対に，日本の経済繁栄は，仕事中毒的な国民を養成することによって得られたものではない．日本の賃金の水準はアメリカの

と同じか，またはより高いのだ）

stint この言葉は量を制限する原意からきているので，動詞に使われるときはけちることである．

¶ Don't *stint* sugar. (砂糖をけちけちするな)

¶ He *stints* himself of sleep. (彼は睡眠時間を切り詰める)

しかしこの言葉が名詞として使われるときは意味が少し違ってくる．例外は ***without stint*** で「惜しみなく」の意で動詞の原意を保持している．

¶ She threw herself into the charity work *without stint*. (彼女は慈善事業に惜しみなく身を投じた)

しかし stint は名詞として単独に用いられるときも ***do a stint*** というフレーズになるときも，一様に task (務め，職務) の意味を帯びてくる．do a stint は最も一般化された用法で，サラリーマンとして働くことである．この場合の stint は，あてがわれた仕事の意で，会社などで，各自が allotted task (割り当仕事) をすることを言うのである．子供の場合は「勉強」に当たる．

¶ I once did *a stint* as a sales-clerk in a department store. (私はデパートで売り子として働いたことがある)

¶ Children were not allowed to play before they finished *their stints* satisfactorily. (子供たちは勉強をちゃんとすましてからでないと遊ぶことは許されなかった) この stint は "assignment" とも "homework" とも入れ換えることができる．

stoolpigeon ☞ ***sitting duck***

stop at nothing ¶ They *stop at nothing* in their attempts to find the forgers. (誤訳＝彼らは，偽造者をみつけ

るのをとめようとしない。正訳=偽造者を見つけるために手段をえらばない)

¶ He will *stop at nothing* to get out of the situation. (その状況から脱出するためには手段をえらばぬだろう)

straightface / straightfaced これらはあまり辞書に出てこない言葉である。これはイギリスの valet (近侍) のように感情を一切外に表わさない無表情なことを言う。特に，おかしいものを見てもぴくりとも顔面を動かさないことで，真顔で，ばかばかしいことをしたり，言ったりする仕草のことで，演劇批評などによく出てくる。

¶ That is a *straightfaced* melodrama. (メロドロマを臆面もなく真顔で演じたもの)

¶ The comedian's performance was *straightfaced* and effective. (あの喜劇俳優の演技は大まじめでなかなか面白かった)

strong / weak / vulnerable 「英語に強くなる」の「強く」は英語に直訳しても差支えない。strong には skill とか proficiency の意味がある。「英語に強くなる本」は，"How to Master English"，つまり "How to Become Proficient (or *Strong*) in English" と言っても大差ない。

日本語になりにくいのは weak のほうで，これは weak が physical の場合でなければ，精薄的な "weak mind" の意味を帯びているからである。語学に弱いの「弱い」は普通 ***poor*** とか ***limited*** で表わす。

¶ My French is *limited*. (フランス語に弱いのです)

また weak は意志の弱い意味にも使われ，He has a *weak* face. (しっかりした顔をしてない) とも言う。

同じ weak でも *weakness* と名詞に使えば,「大好物」つまり日本語のスラングに当たるような使い方もできる.

¶I have a *weakness for* peanut butter.(ピーナッツ・バターには弱いんだ[大好きだ])

その他何でも「弱い」と言えばよい.それでは,「おれはお前に弱いんだ」は英語ではどうなるかというと I am *vulnerable to* you. である. vulnerable には conquerable(征服されやすい)の意味があって,同じ弱くとも weak とは違う. weak には decrepit(がたがきている)という含みがある.

stump　本来は樹の切り株のことだが,この言葉は一世紀以上前からアメリカの政治キャンペーン用語になっている. *go on the stump* はキャンペーン演説をして全国をまわることである.

¶Connecticut Governor Ella Grasso advised Carter to *go out on the stump* and talk to the people the way you just talked to us.—*Time*.(コネティカットの知事エラ・グラッソーさんはカーター氏に「キャンペーン演説に出て,あなたがたった今われわれに話されたような調子で国民に話しかけなさい」とアドバイスした)

stump oratory は大仰な演説口調を言うが,go on the stump(キャンペーン演説に出かける)にはそうした批判的な意味はなく,政治家なら誰でも,They can't afford to go without *taking to the stump*.(キャンペーン演説に身を入れなければやっていかれない)などと言う.

語源はアメリカの開拓時代に,演説をする際,人に目立つように樹木の切り株の上に乗ってしゃべったことからき

ている．のちに英国にもこの表現は輸入されて使われたというが，ヴィクトリア朝では stump speech は下品だと思われていたらしい．

¶ The queen is utterly disgusted with his *stump oratory*—so unworthy of his position... —William Safire's *Political Dictionary*. (女王は彼［グラッドストーン］が［宰相たる］身分をはずかしめるような下品な野外演説をしたのを，たいそう苦々しく思われた)

stump はまた動詞に使うこともある．

¶ Carter has been reluctant to do so partly out of genuine loyalty, and to a lesser extent out of worry that Schlesinger, when fired, might *stump the country* in opposition to the SALT II treaty.—*Time*. (カーターはシュレジンガーを追い出すことには乗り気ではなかった．一つには個人的な友情もあり，また，馘にされた場合，シュレジンガーがソルトII条約反対の演説を全国にぶってまわるのではないかという危惧も多少あった)

subpoena [səbpíːnə]

ラテン語で under pain (背くと罰せられる) の意．法廷からの召喚状．

¶ *Subpoena* for Smith was issued. (スミスに出廷命令が出された)

また動詞としても使われる．

¶ He had been *subpoenaed* to appear at the inquest. (彼に検視に立ち会うように出廷命令が出された)

substantive / *substantial*

substantive は文法用語で名詞のことだが，これ以外に使われるときは，substantial が主として量感を表わすの

に対して, real とか solid な実在性を表わすもの. 一時的とか, 臨時の (contingent) とは反対の言葉である.

¶ What she wants is a *substantive* appointment to an office. (彼女が求めているのは本格的な採用で, 臨時の仕事ではない)

succinct [səksíŋkt] これは誇張がなく, 要点をついていること. a *succinct* statement (簡潔な声明) とか a *succinct* summary of a lengthy treatise (長大論文の要を得た梗概) とか言う. 主として文章に用いられるが, 服などのスタイルにも使われる.

¶ *succinct*, little nipped-in suits (腰のところでぴったりさせて, 締まった感じのスーツ)

support この動詞には単に「支持する」だけでは解決できない様々の用法がある.

① promote (何々の利益を促進する) の意.

¶ She *supports* the cause of retarded children's welfare. (彼女は知慧おくれの子供のための福祉事業を支援している) この場合, 金を出している意味にウェイトがある. 金を出さない場合は, give *moral support* と言って別のことになる.

② maintain the sustenance of (生活の資と場を与える) の意.

¶ How many foreigners are we *supporting* in Japan? (日本在住の外国人はどれくらいの数か)

¶ Are you *supporting* your wife? (君は奥さんを扶養しているか) つまり, 奥さんは働いているかいないかの意.

③ 倒れないようにもちこたえる.

¶ Her pride *supported* her under difficult circumstances.（つらい状況下で彼女がもちこたえたのはプライドのせいだ）．これに「彼女を支えていたものは」というよくある日本語の表現を使うと，やや意味がずれる．なぜならそれは，多分に「生きがい」の意味を含んでいるからである．「彼女を支えていたものは」は，What kept her going was... に当たる．

suspect suspect も *doubt* も辞書では同じ「疑う」と出ている．ある和英の辞書には「嫌疑をかける」と「疑念を抱く」とに区別しているが，意味にどれほどの違いがあるのか，あまりはっきりしない．しかし，I *suspect* he has money. と I *doubt* he has money. とでは，その意味がまるで違うのである．前者は，「金持だろうと疑う」ことであり，後者は，「彼は金持のような顔をしているが，実はそうではないのだろうと疑う」ことである．つまり事実と正反対になる．

suspect は内容があることを，何かが存在していることを positive に想像することであり，doubt は逆に何かがあるように見せかけているが，存在していないと否定的に想像することである．

これを形容詞として補語に使って，I am *suspect*. と言えば，「私は，（私以外の何かであるように）疑われている」ということになり，そういう疑いをかけるのを He is *suspicious* of me. と言う．なお "a *dubious* pleasure" は，「あまりぞっとしないたのしみ」とか，「たのしみとも言えないくらいなもの」で否定的な意味である．

だから，「私は，あの人があの女性に気があると思う」

という場合は，I *suspect* he has designs on her. と言うし，反対に「愛してなんかいない」という場合は，I doubt if he loves her. と言う．suspect とは "have ideas" つまり "think" ということである．よく映画なんかに出てくる女性のせりふで，Don't get ideas. は Don't *suspect* that I have any designs on you. つまり，Don't think I love you. ということである．私が親切にしたからといって，「思召しがあるなんて思ってはいけません」ということで，「思想を持っちゃいけません」ということではない．

sustain　この動詞は3つの異なった意味に使う．

① 人間の生命でも物事でも維持すること．類義語は ***maintain*** である．精神的に支えることも言う．

¶ There was not enough food to *sustain* the isolated village in the heavy snow. （大雪で孤立した村には食糧が足りなかった）

¶ It's the sort of undertaking our economy can comfortably *sustain*. （そういった仕事だったら，われわれの経済でも十分まかなえる）

¶ What *sustained* the mediocre film was the personality of the central player. （あのつまらぬ映画をどうにか見るに堪えるものにしたのは，主演者の人柄だった）

¶ What *sustained* us in the war's misery was the admonition that we were nearing the end of the tunnel. （戦争のみじめさのなかでわれわれを支えたものは，暗いトンネルも終わりに近づいていたことを感じていたからだ）

② 傷害や損害などをこうむること．

¶ He *sustained huge losses* in the stock market. （彼は株

で大損をした)

¶During the Lotte Orions-Kintetsu Buffaloes baseball game in Osaka on June 9, Kintetsu's slugger Charlie Manuel *sustained a broken jaw* after being hit by a fast ball thrown by the Orions' pitcher Yagisawa.—*Japan Times*. (6月9日大阪で行なわれたロッテ・オリオンズと近鉄バッファローズの試合中, 近鉄の強打者チャーリー・マニエルはオリオンズのピッチャー八木沢の放った速球に当たって, 顎を骨折した)

¶He fell from the top of the stairs and *sustained* the concussions of the brain. (彼は階段の上から落ちて脳震盪を起こした)

③ 法廷用語で, 証人や被告に対して, 検察官や相手方の弁護士の行なった質問内容につき, 被告付きの弁護士が異議申立てをした場合, 裁判官がその異議を正当と認めたとき, Objections *sustained*. と言う. その反対に認めないときは, Objections *not sustained*. と言う.

swallow この語を日本語で言う「条件をのむ」ことと混同してはならない. 日本語の意味での「のむ」はacceptである. We accepted their terms. (先方の条件をのんだ) と言う. swallowには「がまんする」という意味に使われることがあるにはある. しかしこれは次のように使われる.

¶I *swallowed the insult*. (その侮辱にがまんして耐えた)

また, がまんの点では似ているが, 本来, 自分のなかにあるものを「押えつける」(suppress) ことにも使う.

¶I *swallowed pride* to make that concession. (誇りを押

えつけて譲歩した)

　swallow は本来はうのみ,特にうそのことを本当だと思ってしまうことに使う.その基本形は,They *swallowed it hook, line, and sinker.* である.

syndrome 「症候群」と邦訳されているこの言葉は,もともと医学用語で,意味は,病気または病的心理その他まだ一般に知られていない異常な現象の症状を示す集合名詞なのだが,これが近年一般用語としても盛んに用いられ,憂慮すべき現象ならどんなことでも syndrome をあとに付ける風潮がある.そのなかでも最も新しいのがいわゆる ***China Syndrome*** である.これは1979年3月末にアメリカで公開され,半年後,日本でも公開された映画のタイトルに使われたので有名になったが,これは造語ではなく科学者の間で常用されているという.意味は,万一,原子力発電所で事故が起こり,原子炉の冷却装置が停止するようなことがあれば,炉内の熱が異常に上がり,ウランを溶解し,その熱が炉の底部を溶かしてしまう,いわゆる "melt down" 現象が起こり,原子炉の格納容器を溶かし,コンクリートの土台をも溶かし,恐ろしいエネルギーが,放射能をまきちらしつつ,無限に大地にのめりこんでゆく.その進路は地球の奥深く,アメリカの反対側にある中国にまでも達する,というものである.映画はこの事故が起こりかけたのを職務怠慢の上司を向こうにまわし生命を賭して防いだ技師の話なのだが,この映画のアメリカでの封切り後2か月ほどで,実際に,かの Three Miles Island の原子炉事故があって,事情もよく似ているところからたちまち China Syndrome の名が全世界にとどろいたとい

うわけである．つまり，この言葉は核拒絶病 (nuke-phobia) とでも言うべきものである．

病的な嘘言癖もまた一つの syndrome と見なされている．世界一のうそつきとして史上有名な Munchausen 男爵とやらの名をとって，the Munchausen Syndrome と名付けられている．この他 anorexia nervosa（食物拒絶症）という syndrome も有名だ．若い女性が肥満を防ごうと食餌療法 (diet) をやることからよくかかる syndrome で，食物をとれずについに死ぬ例があるという．

syndrome はこのような純然たる病気でなくとも，社会現象の定型として知られていることなら何にでも使う．定年恐怖症 *the retirement syndrome* などもサラリーマンの世界ではよく知られている．syndrome は常にありがたくないことに使うので，よいことには使わない．

T

take この言葉であまり知られていないのは，いやなものをがまんする (put up with; endure) という意味と，名詞になったときの「～回分」を表わすときとである．

¶ All was shot *in one take*.（全部を1度に写してしまった）映画の撮影などの話のなかにこうした文章が出てくる．

take off 口語に多用される熟語だが，いつも同じ意味に

使われるとは限らない．最も普通には次の3通りの意味に使う．

① 地面から空に舞い上がることで，飛行機なら「離陸する」また単に「出発する」の意にも使う．

¶ We are *taking off* from Narita at 10 o'clock tomorrow night.（われわれは明晩10時に成田を出発する）

② 衣服を脱ぐこと．

¶ Don't *take your coat off* in the church. You can *take your gloves off* and hold them in hand.（教会では上着は脱ぐな．手袋ははずして手に持っていてもよい）

③ take off にはもっと俗語めいた言い方があり ***take off at someone*** という形をとる．これは相手を非難攻撃することである．

¶ I'm not *taking off at you*. I'm merely stating a fact.（何もあなたにかみつくつもりはない．事実を述べているだけだ）

take off の①の「出発，離陸」の意味を比喩化して使う場合，たとえば，物事が「本格的に始動する」つまり「軌道にのる」の意に使うときは，***get off the ground*** という形をとる．

¶ Our project hasn't *gotten off the ground* just yet.（われわれの企画はまだ軌道にのるところまできていない）

take someone for a ride　これは1920年から30年代にかけて，アメリカのギャングが，車に人を連れこんで殺したことからできたスラング．比喩的に人を陥れることに使う．

¶ You know she *took you for a ride*.（彼女が君を陥れた

のは，わかってるじゃないか）

tandem / work in tandem　この言葉は不思議と辞書に説明が不足している．日本の英和辞典には「縦列」の説明だけで，和英辞典にいたっては「一列縦隊」を "a single file" とだけで tandem という言葉は何も出てこない．それでも，縦に列を作ることは英和辞典でもわかるが，work in tandem というイディオムの使い方が示されていない．

in tandem というフレーズは2つの意味に使われるので，両者は無関係である．

¶-1. Soldiers marched *in tandem*. は Soldiers marched in *a single file*. と同じで「兵隊は一列縦隊になって行進した」ことである．二列縦隊は，Soldiers marched in *two columns*. である．

¶-2. The workmen were working *in tandem*.（作業員は交代制で働いていた）

¶-3. The two manufacturers worked *in tandem*.（2つの製造会社はパートナーとしてやっていた）

¶-2.3. の例は縦列とは無関係で，¶-2. は，in turn または in shifts, つまり交代で，間があかぬように連絡をとって働く制度である．¶-3. は純然たるパートナーのことで in partnership または in association としても同じことである．

(***a***) ***tenderfoot***　アメリカの開拓時代に使われて，今日に至っている言葉．荒々しい土地柄，境遇にまだ慣れない未経験者の意．今でも，政治や商売の世界の新米のことに使う．political *tenderfoot* とか business *tenderfoot* とか

言う．複数は tenderfoots でも tenderfeet でもどちらでもよい．

tenuous この言葉をはっきり使える人は少ない．ちょっと見ると名詞の tenure（⇒同項）の形容詞のように見えるが実際には無関係である．日本語の「ちゃちな」とか「お粗末な」とか「吹けば飛ぶような」に似ていないこともない．内容の稀薄なことを言う．布やロープなどがすぐ破れたり，切れたりするようなのを言う．この意味で ***threadbare*** と同類と言ってもよい．反意語は ***dense*** または ***substantial*** だと言えば，tenuous の密度の薄い性格がわかるだろう．

¶ He writes in *tenuous* trailing letters.（彼はかぼそい，みみずのような字で書く）

¶ In the dry, sandy soil, the seeds took *tenuous root*.（その乾いた，砂っぽい土地で，種は弱い根を張った）

¶ At first we had misgivings about the *tenuous* character of his physical strength.（彼は肉体的に強靱なたちではないので，われわれは，はじめ心配した）

¶ Their *tenuous* idealism will hardly withstand the test of the harsh facts surrounding them.（彼らの根の浅い理想主義などは，彼らを取り巻くきびしい現実の試練に堪えきれるものではない）

¶ Human relationships in this office are so utterly *tenuous*.（この会社では，人と人とのふれあいはほとんど無に近い．いいかげんなものだ）

tenure この言葉は英米の社会で，数年の試験期間をパスした教師，公務員などに，一生職が与えられることを言

う．tenure は冠詞なしに使う．

¶ He has *tenure* now in that university. (あの大学で彼は教授としての地位を得ている)

thick / thick skin この2つは，英語と日本語では，全然ニュアンスの違った言葉になる．日本語で「分が厚い」と言えば，「重厚」すなわち軽薄の反対の感じを指し，よい意味であるのに反し，英語の thick は，もやもやとして明晰(めいせき)を欠くこと．たとえば，「なまりがひどく聞きとりにくい」He has a *thick* accent. という場合か，そうでなければ，「頭の働きがにぶい」つまり keen の反対で，「あの男にものを説いてもむだだ．頭がにぶいんだから」No use arguing with him. He is *plain thick*. といったやや苦笑めいた言い方に使う．

thick skin は，日本語では「皮が厚い」とは顔の皮の厚いことを連想し，厚かましい (impudent) の感じだが，英語では鈍感な (insensitive) とか無関心 (indifferent) のこと．

¶ They develop *thick skins* to avoid being involved. (巻きこまれないようにわざと鈍感をよそおっている)

といった使い方をする．ついでに，***thick skull*** となると完全な blockhead, fool のことで蔑称．

thick as thieves これは緊密な交わりを表わすもので，心としては approval でも disapproval でもなく，単なる状態．

¶ We were *thick as thieves* for ten months. (10か月間というもの，緊密なつきあいをしていた)

¶ He is *thick as thieves* with that hood. (彼はあのやくざ

者と深い関係を結んでいる）

(*the*) *thing to do* 英文を直訳していくと，直訳文からくる一種の日本語のニュアンスのようなものができて，何かそれがもっともらしく聞こえたりする．the thing to do もそのまま訳すと，「なすべきこと」で道徳的義務のように思われる．そのため

¶ They play bridge or golf not because they enjoy it but because it's *the thing to do*.

という文章をある人が「彼らはブリッジやゴルフを，それが面白いからではなく，それをしなければならないことだからした」と訳した．が，実際はむしろ反対なのである．「流行(はやり)でスマートだから」なのである．スマートでかっこいいためには誰もすべきであると考えられていることを，the thing to do と言うのである．たとえばアメリカのティーンエイジャーにタバコをすう風潮があることを親たちはこう言って嘆く．

¶ They smoke not because they enjoy smoking, but because it's *the thing to do*.

これに類した "do" の使い方で直訳では意味のとれないものに ***what you are doing*** がある．三人称にしても同じことで，たとえば She knew *what she was doing*. を「彼女は自分のやっていることがどんなに立派なことかを知っていた」と訳した人があった．またもう一人の人は反対に「彼女は自分のやっていることがどんなにいけないことかを知っていた」と訳した．どちらも道徳的な意味をこめて考えたのだが，かりに後者のように解釈する人が，外国人を案内してどこかにつきあった場合，その外国人から

だしぬけに，Do you know *what you are doing*？と訊かれたら，侮辱されたと思うだろう．が，実際に外国人が問うたことは，「あなたはそこへ行く道をはっきり知って歩いているのですか」と，不安から，たしかめようとしたまでであって，答えは Yes, I do. と言ってやれば安心するのである．侮辱したのでも，ほめたのでもない純粋の質問である．I know what I am doing, so don't worry. と言ってやればいっそう安心するだろう．She knew what she was doing. は，「彼女はよく知ってものをしていた．でたらめなやり方をする人じゃない」ということで，その人をほめているのである．

throwaway charm throw away をつづけていっしょにした名詞を形容詞に使ったもの．throwaway は，ビラなどのように投げ捨てばらまくためにつくられたもの．「ばらまき用のチャーム」つまり，casual の，あまり意味のない，「いつもクリスマス」式のチャーム．女優などのチャームの質を評した言葉．動詞を長くつづけて名詞や形容詞にするやり方は，かなりあって，演劇などの批評に出てくる．

人によっていろいろ新語を考え出す人もあるが，現在知られているものの一つに ***take-it-or-leave-it attitude*** というのがある．これは ***accept-it-or-reject-it*** (いやならおやめなさい) 式の態度で，もっと平たい言葉で言えば "damn-the-consequences" (どうとも勝手にしろ) といった，つまり，観客に対して独立的な態度をとること．芝居にも映画にも，また演技者にも，これに当てはまるものがある．

tongue in cheek　皮肉な言い方をするとか，ばかにして何かについて論じるとか，まっ向からの論じ方ではない，の意.

¶ They often talk about Japan *with tongue in cheek*. (日本のこととなると，彼らは，半分冗談めかしたような，ばかにしたような話し方をする)

touché [tuːʃéi]　フランス語からきていて，フェンシングで相手に touch されるとポイントを一つ失うことから，「一本参った」の意. スマートな会話用の言葉.「お説ごもっとも」と言うときによく使う.

tour de force [túə də fɔ́ːs]　フランス語からきた語. 作品などについて言う場合が多く，「力作」「はなれわざ」尋常ではできないことをやった力業(ちからわざ)の意に使う. 別にほめたのでも，くさしたのでもない.

track　人間や動物の通った跡，車のわだちの跡を意味するこの言葉は，英語独特の発想を物語るイディオムの多い言葉で，古くからある表現から 1970 年代に出来たものまでいろいろある. 最も多用されるものに ***in one's tracks*** というのがある. これは on the spot とか instantly (即時に，その場で)の意.

¶ A combat soldier sighted an enemy sniper and shot him *in his tracks*. (戦場で兵隊が敵の狙撃兵を見つけ，その場で射殺した)

¶ Fear frozed the man *in his tracks*. (男は恐れのあまり足が凍りついたように動けなくなった) この場合 track は常に複数だが ***on the right track*** (正道)，またその反対の ***on the wrong track*** (邪道) は単数.

¶ You are *on the right track*. (その線で行けばよい)

¶ You are *on the wrong track*. (その線はうまくない)

¶ You are entirely *off the track*. (見当はずれだ)

keep (or ***lose***) ***track of*** は,「その後の消息を知っている（または全然,わからなくなった）」こと.

¶ I *kept track of* him for the first few years but finally lost track of him. (はじめの2, 3年は彼の消息がわかっていたが, その後ついにどうなったかわからなくなった)

on the track of は "in hot pursuit of"（追跡中）と同義.

¶ The police are *on the track of* the bank robbers. (警察は銀行強盗の足跡を知って追跡している)

¶ Modern medicine has not yet found the cure of this disease, but the research shows that we are *on the right track of it*. (近代医学はまだこの病気の治療法を発見していないが, リサーチは, 研究が解決への道を辿りつつあることを示している)

track record は1970年以降に出てきた言葉で,「実績」のことを言う.

¶ Namath was the biggest gate attraction in the history of football, yet his *track record* in show business is disastrous.—*Esquire*. (ナマスはフットボール史上最大の客寄せのスターだった. だが芸能界に入ったその後の彼の実績はひどいものだ)

trade-off この言葉はアメリカ生まれの modern English の一つで, 従来の trade something off (何かを売り払う, 売りさばく) とはまったく異なった意味を持っている, 経

済やビジネスの世界だけでなく，現代社会の運営に深く根をおろした言葉なのである．しかしこの言葉のはっきりした定義は意外に知られていない．事実 *Webster* にしてもわずか数行記されているだけで，他の辞書にいたっては，たいていの場合のってはいない．

その理由は，trade-off をやる当事者が，「私どもは trade-off をいたしました」と名乗り出ることはまずないからである．だが実際問題として，現代の社会は，trade-off によって成立していると言ってもよいほど，基本的かつ常識的な慣行なのである．ではどういう場合に trade-off が行なわれるか？

一例をあげると，アメリカの Three Miles Island の原発事故があって，恐怖を広くまき散らした．原子力発電などは全廃すべきだという極論まで出たが，Carter 大統領は，安全装置の強化はするが原発は続行するという大方針を声明した．現代科学とテクノロジーの及ぶかぎりの安全度は約束する．だがそれは 99.9 パーセントの安全度で，あとの 0.1 パーセンの危険性は存在する．それがいやなら原発はやめなければならない．そしてアメリカは今世紀の工業先進国としての地位を捨てなければならぬ．ソ連とも対抗出来ないというのである．そこで米国民もわずかの差で，安全装置と警戒の倍加を条件で原発続行を承認したのである．このことについてコラムニストの Max Lerner 氏はその syndicated column のなかでこう言っている．

¶ This may prove a viable *trade-off* between increased safety and continued nuclear use.（これは，増強された［しかし有限の］安全度と核使用続行との実行可能な trade-off

［一種の妥協］であろう）

　trade-off は，つまり欲しいものを手に入れるために代価を支払うことなのである．代価は常に金銭とは限らない．原発の場合，金より重大な人間の健康に対するある危険度が代価なのである．

　もう一つ例をあげてみよう．現代国家の政府は，交通事故による死者の増加に頭を痛めている．わが国の政府も道路交通法の改善により事故をなくすことに全力をあげると公約する．だが厳密に言うと，事故をなくすためには一つの方法しかない．それさえやれば，事故は皆無に近くなる．車の速度を 10 km 以内にすればよいのである．だがそんな速度にしたのでは事故死はなくなるかも知れないが，車を使う意味がなくなる．第一，国家の機構が，産業が，動かなくなる．そこで安全度をある程度犠牲にして時速 40 km という speed limit に落ち着いたわけである．

¶ We operate a *trade-off* between speed and safety. (スピードと安全度との間に一種の妥協を成立させている)

trailblazer　どの国の言語にも，それぞれ特有の image 作りがある．英語には特に比喩的 (figurative) なものが多い trailblazer は行く手をたいまつをかかげて照らして進む人，あとからくる人のために道を開く人，というイメージがある．これは日本語で言えば「草わけ」というイメージに相当する．

¶ He is a *trailblazer* in the field of chemistry. (彼は化学界の草分けだ)

¶ those *trailblazers*, the setters of new patterns in business (業界の新方式をうち立てた立役者たち)

"pioneer", "pathfinder" と同義語だが, もっとリアルなイメージを持った言葉である.

trap わなとか, わなにかけるとか, わなにかけられたという意味ではよく知られているこの言葉には, もっと違う意味で, 英語では普通に使われている.

① 逃げ道を断たれて, prisoner にされた状態. 相手が必ずしも人間である場合ばかりではない. 自然の事故でもよい. ¶ ...*trapped* in a wrecked airplane (事故で墜落した飛行機の残骸の中に閉じこめられ……) のような場合もある.

② 泥棒などをトリックで捕える (catch). ¶ They *trapped* the criminal by forcing him to follow the girl into her home. (女のあとを追って彼女の家の中に入るように仕向けて, 犯人を捕えた)

③ 名詞にして catcher の意味に使ったもの. ¶ The actress did not choose to play sympathy-*traps* any more than villains. (あの女優は別に悪人の役を好き好んだわけでもなければ, その反対に同情を集める人気とりの役を好んで演じたがりもしなかった) sympathy-traps は the kind of roles that would bring her the sympathy of the audience のことである.

treadmill 「踏み車」というこの言葉は, 電力以前に動力を作り出した方法で, 平らにした円盤の周囲を人や牛馬に踏ませてこれを回転させ, その動力を利用した装置で, 昔は囚人に懲罰として課した苦役だという. なぜこれが懲罰になるかと言うと, 無意味な単調な繰り返しは, 人間の心には堪えられない苦痛だからである. 繰り返しがいやとい

うよりは，それが何の成果にもつながらない無意味さが人間の心を侮辱するからである．今ではそのような装置も制度も過去のものだが，比喩的には，英語では常用されて鮮烈な効果を生む．

¶ Japan is a nation *on a treadmill*—densely populated, utterly dependent on imported energy and raw materials, and, hence, dependent on a relentlessly dynamic push for exports.—George F. Will. (日本は［その国内事情により］苦役を強いられた国だ．すなわち，人口は稠密，エネルギーと原料は全面的に外国からの輸入に頼らねばならず，従って，輸出をガムシャラにやるよりほかに道はないのだから)

¶ Various surveys indicate that most blue-collar workers feel themselves *on a treadmill*. (種々の調査によれば肉体労働者の大部分は，毎日の仕事にやりきれない単調さを感じている)

tribute この語は対象への尊敬の念を表わすために捧げものをすることで，必ずしも言葉によるものとばかりは限らない．言葉によってほめるのは ***praise*** である．それで，We received a *tribute of praise* from our chairman. (社長からおほめの言葉をいただいた) といった言い方ができるのである．

tribute には意図的なものと，そうでないものと2種類ある．

① 意図的な例．

¶ The cocktail party is meant to be *our tribute* to him. He is the only writer who deserves *such a tribute* from us in our book.—*New Yorker*. (このカクテルパーティはわが

社の彼に対する公けの賛美として催されたものだ．われわれの採点では，こういう尊敬をわれわれから受ける価値のある作家は，彼一人きりなのだ)

② 意図しない例．

¶ The violent reaction and controversy his work aroused in the public is *a tribute to* the power of his art. (彼の作品の引き起こした激しい反感や論争は，彼の芸術の力を世に示すものだ) つまりこの tribute は意図せざる賛辞 (praise) であったわけである．

trip これはもとは drug からきた幻覚 (hallucinations) の経験を言ったのだが，麻薬をはなれて一般的に，刺激的な経験のことを総称して言う．ヒッピーから発した表現．

¶ You need no pills. Jesus Christ is *the ultimate, eternal trip*. (薬なんかのむことはない．キリストこそトリップの醍醐味だ)

また偏執的な心理状態のことも言う．¶ He is just on an *ego-trip*. (彼はただエゴに狂っているだけだ)．つまりエゴマニアックな状態に（一時的に）あるだけだ——それが彼の本性ではない．

trompe l'oeil [*F.* trɔ̃:p lœj] これはフランス語からきた "eye-trick" とでも言うべき美術用語．室内装飾や映画などの新しい試みによく使われる．前者の場合は，壁や天井などに建築物の一部分を立体画にしたようなものを誇張した遠近法や，強い光と影のコントラストなどで描いて飾りつけたもの．また映画にも用いられ，シネマ・ベリテのようにかくしカメラでとった形式のものを使って，物事を必要以上に強調することもできる．このことを英語で言う

と，Cinéma Vérité can be used as a *trompe l'oeil* technique. となる．

trouble この言葉には，colloquial な使い方があって，馴れない人には的確に意味を摑むのが難しい．「悩ます」とか，あるいは何となく「厄介なこと」という意味に受け取って，たいていは曖昧に解釈してしまう．

He got her into *trouble*. と言えば，その意味するところは一つしかない．「面倒なことにした」などという vague なことではなく，「男が結婚もしないで女を pregnant にした」という意味である．妊娠させることは面倒なことには違いないが，ただの「面倒なこと」とか，「厄介なこと」というのでは，その意味を的確に摑んだとは言えないのである．

get into trouble は，「問題を起こす」とか，「処罰される」としか辞書には出ていない．相手とけんかすることで，with を伴う．

troubled mind と言えば，"disturbed mind" と同じで，「発狂した」ということである．「荒れた心」でもなければ，「当惑した心」でもない．

troubleshooter これは元来，機械の故障を発見し，直して，スムーズに運転さすために雇われている熟練機械工のことだが，政治，経済，軍事，実業その他あらゆる方面のトラブルをとり除く役目をする人を指す．労使問題の調停者のことも言う．***trouble man*** とも言う．

true colors 日本語でよく言う「しっぽを出す」とか「本性をあらわす」に当たるのがこの言葉で，He is showing himself finally in *his true colors*. (ついに本性を暴露し

た) とか, Wait until he shows himself in *his true colors*. (あいつがしっぽを出すまで待て) とか, 敵性を表わす表現に使われる. この場合の color は常に複数形で本来の性格を指す. ただし日本語の「馬脚をあらわす」はこれに似ているが, ややユーモアを帯びていて敵性とは限らない. You'll give yourself away, if you use that word. (その言葉を使うと, お里が知れますよ) つまり, 「馬脚をあらわしますよ」といった具合いに使う.

turf / lawn どちらも「芝生」と訳されているが意味が違う. turf は芝土で競馬の track (走場) のことにも用い, 競馬そのもののことも言う. またスラングで「なわばり」のこと.

¶ You're stepping on someone else's *turf* when you do that. (それをすると他人のなわばりに足をふみ入れることになる)

lawn はきれいに刈りこまれた芝生のこと. またこれとは別に「ロン」と日本語で言っている北フランス産のうすい cotton の布地の名でもある.

turn around このフレーズは英語の世界ではあまりにも常用されすぎているためか, 英英辞典にも改まった説明のないものが多く, 日本語の訳語にも適当なものが見当たらない. 意味は「方向転換 (をする)」で, 動詞にも, 名詞にも使う. 方向転換と言っても, くるりと後ろを向くのも turn around なら, 比喩的に, 衰退の一途をたどっていた会社や事業, または個人のキャリアなどを挽回させることも turn around である.

¶ As soon as his companion left, he *turned around* and

began badmouthing him.（連れの男が席を立つや否や，彼はくるりとこちらを向いて彼の悪口を言いはじめた）

¶ Can President Carter bring it off? Can he help *turn the nation around* by *turning himself around*? Franklin D. Roosevelt in 1933 and Winston Churchill in 1940 each *turned* his nation *around* in its great crisis by an act of will which involved a creative dialogue with the people. —Max Lerner.（カーター大統領は今回表明したその信念を実質的にやり遂げられるだろうか？ 彼は自分自身を180度転換することによって，アメリカを蘇生させることができるだろうか？ フランクリン・D.ルーズヴェルトは1933年に，ウィンストン・チャーチルは1940年にそれぞれ大いなる危機に臨んだ自国を，強い意志をもって，国民と建設的な対話をすることによって，沈滞と衰亡から救ったのである）

turn on turn は日本人にはよく間違えられる言葉である．いろいろ難しい場合があるけれども，動詞として用いられて，その組み合わせによってはまったく意味が逆になる例を一つだけあげておこう．

Kennedy 大統領の著書 *Profiles in Courage* に，アメリカ初期にいたアダムズ上院議員（後に大統領になった人）のことがとり上げられている．その逸話のなかで，アダムズが議員となって四面楚歌の苦境に陥ったとき，He *turned to* his father. と言ったことが述べられている．この turned to は「彼は父に救いを求めた」ということである．これはたいていの人がまあ間違えない．

ところが，これがもし，He *turned on* his father. となったら，どうなるであろう．ちょうど "cornered rat" の

例の「窮鼠猫をかむ」のように, turn on はくるりとひっくり返って相手にかかっていく感じである。明智光秀が信長に反旗をひるがえしたのも, He *turned on* Nobunaga. である.

組み合わせになる副詞, 前置詞のちょっとした違いで, このように意味が反転するから, よく気をつけなければならない. このような例は, "show off" と "show up", "turn to" と "turn on" というふうに一対にして覚えると便利である.

turned-on / pad / dig　これらは hippies の間で多用された言葉で, 今では, モダン語になっている.「体内に灯がともされた状態」つまり, 何か大きな刺激か, 霊感にあって, いい気持になっている状態を指す. また drug (麻薬)からきた表現とも言い, くすりが切れた状態は ***turned-off*** と言う. どこまでも比喩として用いられる.

¶ He appeared *turned-on* and talked a lot. (彼は生き生きとした, 一種の興奮状態で, 盛んにしゃべっていた)

¶ Who *turned Japan on*? (日本に活力を与えたのはどの国のしわざか?)

ヒッピーとは限らないが, ビート族から出たアメリカのスラングで, 今では日常的に使われている言葉のなかで, 最も一般的なものに, pad と dig がある.

まず pad は room, hovel とか den の意味で, りっぱなところであろうと, みすぼらしいところであろうと, それには関係なしに, 住んでいるアパート, または, 単に住んでいるところのことである.

dig には, ①熱心に努力する, ②注意して見る, (*Dig*

that fancy hat.) ③ understand とか appreciate, (What I don't *dig* is their attitude.「私にはわからないのは彼らの態度だ」) ④ like とか admire (The show is vulgar but people seem to *dig* it.「低俗なショーだが人気を呼んでいるようだ」) などの意がある．

U

umbrella / blanket　「傘」と「毛布」は，本来の名称以外に，比喩的に用いられる場合がかなりあって，主に商談に関するものだが，この両者の用法はたいへんよく似ている．違うところは，umbrella は権威の傘下に抱擁するという含みがあるのに対し，blanket は，むしろ個々のものを isolate（分離）してからそれを保護するという気持がある．前者はどちらかと言えば，包括的で，後者は具体的であるとも言える．たとえば，***umbrella patent*** と言えば，特許権として，あらゆる無断使用を厳禁することをにおわせている．

　また umbrella は①「統一する」(unifying)，②「安定させる」(stabilizing)，③「支配する」(controlling) などの意味に使われる．

　①¶ Both parties are *umbrellas* for diverse group.（雑多なグループを総括して両党に分けてある）

　②¶ maintain *a price umbrella* over the industry（業種

を通じて不動の定価を保持する)

③ ¶ countries combined under the *umbrella* of Fascism (ファシズムの傘下に統合された国々)

blanket が毛布の機能として，すっぽり包んでしまうことを形容して，a *blanket* of gloom descended (暗い空気が――陰うつな影が――あたりを包みこんだ) と言ったりする．第二には，分離して保護する意味として，¶ The airfield was under security *blankets*. (飛行場は国家機密保護法下にある) といった例があげられる．

(*cases of*) *understatement* 日本語でもそうだが，英語は特に文字通りに訳しては，意味がとれなくなったり，ピントが少し外れたりする表現が多い．いわゆる understatement をわざとして，実は言葉を強調する場合が少なくない．たとえば He proceeded on the project *without his firm's blessing*. これを，「会社の祝福こそ得られなかったが，工事にとりかかった」と訳した人があるが，これは，against the firm's frowning (会社側の反対にもめげず……) としなければならない．

この種の表現で最もよく出てくるのは次の例である．

¶ Her boss was angry and her talking back to him *did not help*. (ボスは怒っていた．そして彼女が，口答えをしたのでますます事態は険悪になった) つまり did not help は "did actual damage" (害になった) の別の表現と思えばよい．

upbeat* | *downbeat* | *offbeat これらはみなジャズ音楽からきたスラングで，形容詞として用いられると次のような意味になる．

upbeat は「元気のよい」「楽観的」の意. lively, cheerful, optimistic の現代版の言葉と思えばよい.

この反対は downbeat で, grimly realistic; depressing の現代版である.

offbeat は「普通と一風変わっている」の意. *offbeat* places とか *offbeat* plays など何にでも使うが, もとはやはりジャズからきた.

off-Broadway というのは, ニューヨークの主な劇場のある Broadway の外側にある小劇場（複数）で実験劇などを上演するところ. "off-off-Broadway" もある.

update bring up to date（古くなっている個所を現在の事情に合わせる）という意味. 前に書かれた文章などを, 現状に合わせて書き直すのに使う. ジャーナリズムの用語.

upstage / upstaged 劇からきた言葉で, いっしょに舞台に出ている役者から観客の注意をそらせて, 自分のほうに向けさせること. 本当は主役が一番目立たなければならないのに, それをさせないこと.

¶ The old actress refused to be *upstaged* at the party, though President and the first lady were there too.（大統領と大統領夫人もきていたパーティだったが, 年老いた女優は人びとの注意が自分からそれないようにふるまった）

uptight 1960 年代の終わり頃から流行しだし, 今ではアメリカ英語にはなくてはならない口語表現である. 意味は, 神経がぴりぴりしている精神状態で, 恐怖や心配が原因である.

¶ She is *uptight about* her job. She is *uptight about* her boss, her work, her co-workers, everything. She feels beset at her workplace, is afraid of all people she meets there.—*Esquire.*（彼女は会社勤めに怯えている．上司にも，仕事にも，同僚たちにも．職場ではまるで敵に包囲されたように感じ，そこで会う人間全部に恐怖感を抱く）こういうノイローゼ的な状態を uptight というのである．

uptight の正反対は **cool** である．自信に満ちて，楽々と物事に対し得る安定した精神状態，自分で自分が完全に制御できる人のことである．an uptight person はこれにひきかえ，何かに怯え，物事をいつも悪く考える被害妄想狂のようなところがある．ただ注意すべきは，これはいつも特定の事や人物に対する反応を言う点である．それで He is *uptight about* his boss.... というように，その特定のものの前に about が付くのである．

[注] uptight はまた strait-laced（品行にやかましい）の意もあるが，現在のアメリカ英語では，たいていの場合，上記のように neurotic（ノイローゼ）の意に使う．

V

verve これは典型的なアングロ・サクソン語で，これに一番近い言葉は ***vigor*** である．energy と vitality を含んだ熱心さを指す．主として演技とか，作詞作曲などが生気にみちて，熱をもってなされていることを言い，approbation（ほめ言葉）である．She sings with *verve.* と言った

りする.

viable [váiəbl] フランス語の vie (life) からきていて, 母体のなかで十分生育して外界へ出て生育可能になっている嬰児の状態というのが本義. しかし一般的には, idea, project などが根をおろし, 十分活用できる可能性があることをいう.

¶ Is this new system *viable*? (この新しいシステムは長期的に実行可能か)

vicious 単に「悪質の」と言ってもいろいろのニュアンスがあるが, この言葉には, 2つの明確な意味があり, そのどちらかに分けて使われるのである. ① virtue の反対で,「悪徳の」(corrupt) とか「悪質な」(malicious) の場合. ②「野蛮, 猛烈」の意から「強度の」(intense; savage) を表わす.

¶ I've caught a *vicious* cold. (ひどい風邪をひいた)

どちらにしても, derogatory な意味. He is *vicious*. と言えば, 意地が悪いとも, 悪徳漢ともその場に応じた意味を持つ.

vintage この言葉は vintage wine (年号付きのワイン) から転じて商品などの作られた年が一目でわかるのを言う.

¶ He wore a *vintage* suit. (時代もののスーツを着ていた)

つまり, 型でいつの時代に出来たかがわかることである.

vintage はまた同時代 (contemporaneous) の産物として人間のことも言う.

¶ They were of the Edwardian *vintage* of well-off intellectuals. (エドワード王朝時代の, 裕福なインテリ仲間)

That book is not this year's *vintage*. と言ったら,「今

年出版された本ではない」ということ．vintage は "crop" と同義である．常に「上質の」というよい意味である．

vulnerable* ☞ *strong

W

wag　これは主として tongue と一緒に使われ，真実味のないおしゃべりの意味に使う．His *tongue wags* incessantly.（たえずしゃべっている）は「おしゃべり」と言うより，その言うことが信ずるに足りないことをほのめかしている．It was just a *tongue wagging*, was it? と言えば，「それでは，それはいいかげんなことだったんですか？」と詰問すること．ただしこの言葉は女性はあまり使わない．裁判所などで検事が証人等に対してよく使うから，あながち下品なものではないのだが，やや漫画的な要素を持っている．

want　これも一見やさしいがよく間違えられる動詞である．I *want* sugar. I *want* water. のように，大体何かが欠乏している状態を表わし，その結果として「欲する」ことになるのである．だから意思的に欲している場合の wish とはまるで違うのである．一つの例をあげてみよう．

¶Children don't *want* to be told; they *want* to be shown. It takes years of telling to undo one unwise showing.

これを「子供は言われることを欲してはいない」などと訳しはじめてはいけない．これは，「子供は口で言われても，何にもならない」．つまり「本当は言われることよりも，例を示されることが必要である．それでよくない例を一つ見せつけられると，それをなおすのに何年もかかる」という意味である．従ってこの場合の want は，子供が欲するということとは何の関係もない．これなどは untranslatable というわけではないが，単純に want を欲すると考えていると，うっかりしてとんでもない珍訳になりかねない．

want はそっくりそのまま名詞になり，freedom from *want*（欠乏よりの自由）に最も的確に表わされている．この欠乏をそのまま動詞にすればよいのである．

war ☞ battle

weak ☞ strong

welfare state この言葉は非常な誤解を生むから，心して使うべきである．なぜなら，英語の世界では，welfare は日本語の「生活保護」とまったく同じひびきを持っているからである．いつか首相の施政演説のなかに日本を「福祉国家」として発展させたいといった意味のことが述べられていたのを，英字新聞のなかに英訳して welfare state となっていたのを見たことがある．これはあたかも，日本を「生活保護国家」に首相が指定したように聞こえるのである．誤解もはなはだしい結果になる．welfare state とは政府が国民一人一人の生活を保証する，つまり働かなくても食べられるような仕組みになっている社会で，英語の常識としては，スウェーデンと戦後の英国がこの例なので

あって，日本やアメリカは welfare state などではない．welfare state は police state（警察国家）などと同じ範疇の蔑称なのである．welfare はたしかに「福祉」のことだが，「貧民救済」とか「慈善」といった特殊語になったのは，今世紀の初頭からだという．アメリカでは現在，厚生施設など，つまり welfare policy を主張する人は welfare という言葉を避け，その反対に welfare policy を攻撃する側が盛んに welfare を使っている状況であるという．Is America a *welfare state*?（アメリカは生活保護国家か？）といったような言葉で反対派をおどかしたり，侮辱したりするのである．Is Japan a *welfare state*? という見出しをどこかで見たような気がするが，これは根拠のないただの挑発にすぎない．

what have I done?　（誤訳＝私が何かをしたでしょうか．正訳＝私が何をしたというのでしょう）

　つまり，この言い方は rhetorical question で，自分は何もした覚えはないのに，こんな取り扱いを受けるとは，という resentment を胸に持った言葉なのである．

whitewash　日本語の「黒を白と言いくるめる」に当たる表現で，本来ならば黒（guilty）のものを白に塗りたてる（whiten）という比喩である．犯罪とまではいかないまでも，誤りや，欠点をごまかすことも whitewash である．

　whitewash が黒を白と言いくるめることなら，白を黒と言いくるめることは，英語では ***smear*** と言う．次の引用文はこの2つの対照語を使った有名なスピーチである．1950年に米議会で，Margaret Chasesmith 上院議員がいわゆる赤狩りの元兇と言われた Joseph McCarthy 上院議

員を相手どり，"Declaration of Conscience"（良心宣言）なるものをたたきつけたのである．その結びの文が次のようなものだった．

¶ The American people are sick and tired of seeing innocent people *smeared* and guilty people *whitewashed*. （われわれアメリカ国民は，無実な者が犯罪者扱いされ，犯罪者が正しい者のように仕立て上げられるのを見るのはもはや我慢できません）

willing　willing という形容詞は，will（意志）につながる言葉だが，間違って解釈している人がとても多い．He is willing. という場合，たいてい「彼は非常に熱心である」とか「一生懸命やる」とかいうふうに解釈してしまう．これは辞書にたよっている人が犯しやすい根本的な間違いである．なぜなら，willing という言葉が持っている本質的な気分は passive なもので，積極的な意図は少しも含んでいないからである．a *willing* girl と言えばけっしてよい意味にはならない．男性の要求をきぜんとして拒否することなく，諾々としたがうことを意味する．He is quite *willing*. は，「助力してやってもいいと言っている」ことで，「助力をどうしてもしたい」のではない．つまり willing は passion を含んでいない状態を表わす．情熱がないからこそ，will を持って行なうので，つきつめれば，意志を使わなければならない強制された心理状態を表わすのである．"not reluctant" に近く，「してもかまわない」ぐらいの気持だと思えばよい．

¶ I am *willing* to go with you there. は，「そこまでは君と協調してやってもよろしい」ということであって，自分

から進んでやることの表明ではないから，こう言われたときに喜びすぎてはいけない．日本語で「よろこんで致しましょう」という場合，文字通り「よろこんで」いる場合ばかりではなく，お義理に言うことが多い．もちろん本人は I am *willing*. などとは言わず With greatest pleasure. などと言う．だがこれは客観的に言って He is *willing* to help. なのである．それを多くの人は，will という意志を表わす言葉の連想から，非常に強い情熱を持って，積極的に行なうように思っているが，これは英語の shade of meaning をとりそこなった結果である．

window dressing　この言葉は内容を実力以上に見せるために，はでな飾り窓をしつらえること．スタンドプレーとやや似ている．ただ後者は個人演技の場合に多く使う．ともに政治的色彩の強い言葉である．

women of both sexes　「女」は日本語でも英語でも同じだと思うかもしれないが，それが違うのである．英語の woman は virile とは逆の性格，つまり weak character を指す．weak と言っても「女らしい」意味ではなく，「たのむに足りない」「いさぎよくない」性格のことである．したがって woman は男性にも使われる．その人の女性的性格を指摘する場合である．あるイギリスの批評家が，¶ *Women of both sexes* in the Parliament made a big noise against the bill. (議会の両性の女ども [くだらない連中] がその法案に反対して騒いだ) と皮肉った．

　また "old woman" となるともっとよくない象徴になる．He is an *old woman*. と言えば「女の腐ったような男」，特に女の悪徳とされる小胆と狭量を兼備した男性に

対して寸鉄式に用いる酷評である．良い意味の「女らしさ」には *womanly* または *feminine* を用いる．悪い意味のは "old womanish" である．

wool / woolgathering ウールは何も生地(きじ)のことだけではなく，ウールに似たものや，化学加工でソフトな感触に仕上げられたものは，金属でも何でもウールと呼ばれ，mineral wool とか metal wool などがあり，台所のたわしの新製品にもなっている．

　だが woolgathering はそれとは関係なく，仕事に集中できず，雑念が頭のなかに発生するのにまかせている状態．ただし，仕事をしながら能率の上がらないことを指すので，単なる daydreaming とは少し違う．

word 保証の意味に使う場合は常に単数．

　¶ You have *my word on* that.（保証します）

　¶ Give me *your word on* this.（このことについて約束して下さい）

work ¶ His face *worked* fiercely. を「彼の顔が居丈高(いたけだか)になった」と訳した人があったが，とんでもない間違いである．これは「顔が激しくひきつった」ということである．work はアングロ・サクソン系の言葉で，簡単なようで難しい言葉の一つであるが，上のような間違いは，翻訳の専門家と言われる人たちでもよく犯すから注意しなければならない．

　work は「働く」「作用する」といった，含みの多い日本語よりは，もっと直截にエネルギーを使って働く状態を示していると思えばよい．I must go to *work*. の意味は誰も間違えない．だが，それと同じくらいやさしい He is *worked* up.(頭にきている)になると,よくわからなくなってしまう人が多い.この場合は,他からの刺激で興奮し,前後の区別がつかなくなった,つまり自分ではどうにもできない(beyond control)状態を意味している.多くは怒った状態を指すが,多少のユーモアをこめて,相手に熱を上げている状態を指す場合もある.He is all *worked* up about her.(彼は彼女に夢中だ)などと言う.はたで手がつけられないくらい,熱を上げているという意味で,同じことを He is raving about her. とも言う.

work にはまた,機械や制度がうまく機能するというアメリカ英語がある.

¶ Our new system *works*.(わが社の新方式はうまくいっている)

work in tandem ☞ **tandem**

workaholic 「仕事狂」「仕事中毒者」のことで,work＋alcoholic の合成造語で Wayne Oates という宗教家がはじめてその著書 *Confessions of a Workaholic* のなかで論じ,自分もそれにかかって,直した経験を書いた.一種の神経症で仕事を四六時中やっていないと気がおさまらないもの,心臓病で倒れる例が多いと言う.複数は workaholics.

worth 普通この言葉は「匹敵した」と訳されているのをみるが,実際は「……にまさる」と言うほうがもっとはっきりする.

¶ One simple act of love is *worth* all the talks in the world on love.(愛による,ただ一つの素朴な行為は,愛を説く百まんだらの説教にまさる)これは,さらに言えば,後者

(worth のあとにくるもの) では「買えないものだ」と訳してもよい.

(*the*) ***writing on the wall***　これを壁新聞と勘違いした人がある. 英語では日常的に言い古された言葉で, 何でも語源は, 旧約聖書に, ベルシャザルという王様が酒宴の最中, 壁に文字を書くあやしき指を見てぞっとして, 占い師のダニエルを呼んできくと, 国の亡びる前兆だと言った. そして王はその晩殺されたという話 (「ダニエル書」v. i-xxx) がのっているところからきているのだそうだ. わざわいの前兆のことで「書きもの」とは関係ない. 警句として盛んに用いられ, You see *the writing on the wall*. とか Don't you see *the writing on the wall*? (こんなことをしていて, 破滅が目前に迫っているのがわからないのか) といった具合いに使う. 果ては, on the wall を省き, ただ Don't you see *the writing*? と言っただけでぴんとくるほど, 広く言い習わされた言葉である.

　ある人が, ブレヒト (Bertolt Brecht) の詩 "Written On The Wall" のことを「壁に書かれた文字」と訳していたが, これでは何のことかよくわからない.

X

xenophobe [zénəfòub] / ***xenophobia*** [zènəfóubjə]
xeno はギリシア語, phobia はラテン語からきて英語の単

語を作っているわけだが，ゼノフォービアは外国人や異国のものを嫌悪すること．一種の心理的な病癖とされている．

Y

you can have it これは完全にスラング的に用いられ，直訳では意味が通じない．この文句は常に使われ，会話のときに必要だから覚えておかなければならない．これには2通りの使い方がある．まずお互いに自分の欲するものを主張した場合，相手が Oh, *you can have it*. と言えば，「仕方がないからあげるわ」ということである．

もう一つは「私はいいから，どうぞ」という意味に使う．「私だったら要らないわ，そんなもの」ということで，そんなものというところに emphasis がある．つまりそのものにケチをつけているのである．このことを承知していないと，ちょっと説明がつかないときがある．

Z

zeitgeist [tsáitgaist]　ドイツ語．zeit は tide, time で，

geist は ghost, spirit の意. the spirit of the time (時代の気風) ということで, Speed is part of our *zeitgeist*. (スピードはわが世代の気風の一部だ) などと言う.

zip code　これはアメリカでの郵便番号に当たる. 5桁の数字で出来ていて, 初めの3桁は city の表示, あとの2桁はその区の表示. 州名のあとに付ける. たとえば New York, New York 10018 のようになる.

　イギリスのは ***postcode*** と言う. 1960年ごろから始められている.

和英の部

凡　例

構成と見出し語
1. 現代の日本語表現のなかから，英米人に分かりにくいニュアンスをもった語句，日本語の伝統的な表現，慣用句，俗語などを選び，見出し語はローマ字表記にし，語句の区切りを考えずにアルファベット順（ヘボン式）に配列し，そのあとに日本語を入れた．
2. 見出し語で単なる類似表現は（　）内に入れて同項で扱った．そして，それぞれ単独の見出し語のところに☞をつけて「そちらの見出し語をみよ」とした．
3. 見出し語を含む派生語句には～をつけて略した．

本文と符号
1. 見出し語そのものの用例，または語句は見出し語の直後に並列・追込みとした．ただし，それらの日英語が文法的に［品詞上］必ずしも同一でないものがあることをお断わりする．類似語句は；で区切り，別訳文は / で区切った．
2. 和文用例には例をつけ，そのあとに英訳文をつづけ，見出し語の訳語句と同じもの，またはぴったりするもの，語法上まとめて憶えたほうがよいものなどは *italic* 体にした．従って，必ずしも訳語句として，区別がつかないものはそのまま roman 体にした．

3. 英訳例が，英米の雑誌から引用されたものは¶をつけて区別した．ただし，引用によるものも手を施したものはその限りでない．
4. 用法・語法についての英語による説明は [ ] に入れた．
5. 類語の参照は⇨で示した．

A

abare-mono あばれもの   a rebel; a nonconformist
   例「彼はなかなかのあばれものだ」He is quite *a rebel*./ He is *a nonconformist*. しきたりなど守るほうではないことを言う.

abuku-zeni あぶく銭   unearned money; ill-gotten riches; easy money
   例「あぶく銭はなくなるのもはやい」*Easy money* disappears fast.

abunage ga nai 危な気がない   assured; safe
   例「彼の芸は危な気がない」His performance is always *assured*, most comfortable to watch.
   例「彼にまかせておけばまあ危な気はないさ」You can *safely* leave everything to him.

abunai-hashi o wataru 危ない橋をわたる   take a lot of chances; tightrope walking
   例「われわれは相当危ない橋をわたっている」We *are taking a lot of chances*.
   例「それはまったく危ない橋だった」Some *tightrope walking* that was!

abura 油
   ～ *ga noru* ～がのる   do with gusto; be in the prime

例「あの連中は仕事に油がのっている」They are working *with gusto*.

例「彼は油がのり切ったころだ」He is *in the prime* of life.

~ *o shiboru* (~ *shiborareru*) ~をしぼる(~しぼられる) give (*or* be given) a severe talking-to (*or* reprimand); get grilled

例「上役に，仕事のことで，さんざん油をしぼられた」I *was given a third degree* on the ground of being slack with work.

［注］ a third degree は元来は警察の取り調べからきた語．ユーモラスに使う．

例「あの怠けものの油をしぼってやらなければ」I have to *give* that lazy boy a stern *talk-to*.

例「失策をやってボスからさんざん油をしぼられた」I *got grilled* thoroughly by my boss for blundering.

~ *o uru* ~を売る loaf

例「学校の帰りに，油を売ってはいけない」You are not supposed to *loaf* on your way home from school.

***abureru* あぶれる**　(be) unable to get a job

例「今日は仕事にあぶれた」I was *unable to land* (or *get*) *a job* today.

***aburi-dasu* あぶり出す**　smoke animals out from their lair

　動物などを煙でいぶして，ねぐらから外へ追い出して捕えることからきていて，犯罪人などをかくれ場所からおびき出すこと(force or drive criminals out into the open where you can catch them) である. 現代語では "flush them out" という熟語を使う.

¶ They're trying to *flush out* the identities of the high officials involved in the scandal. (彼らは, そのスキャンダルに関与した高官の名前のあぶり出しにかかっている)

ada 仇　enemy として使われないときは injury; harm; ruin; evil の意味に使う.

例「親の愛がかえって仇となった」Parents' love served only his *ruin*.

例「恩を仇でかえす」return *evil* for good

adabana あだ花　an abortive flower that doesn't bear fruit (*or* seeds); a meaningless flowering; love that comes to nothing

例「戦後文学はあだ花とは言えない」Nobody can say that postwar literature was a *meaningless flowering*.

agaki あがき　a meaningless struggle (*or* resistance)

例「むだなあがきはよそう」Let's stop a *meaningless resistance* like this.

agaru あがる　have a stagefright

例「あがってしまって, 半分も試験が出来なかった」I *had* such *a stagefright* that I was unable to perform half as well as I might have at the exam.

agattari-no-jōtai (商売などが) **上がったりの状態**　a business being on its back; a business completely lost

例「当時映画産業は, 土地は高騰し諸経費は嵩み, まったく上がったりの状態だった」At the time, the motion picture industry was *on its back*, with land prices sky-rocketing and overhead soaring.

ageashi o toru 揚げ足をとる ☞ ***ashi*** 足

agura o kaku あぐらをかく   rest on one's laurels
  例「90パーセントの市場を確保したので，会社は今のところその上にあぐらをかいている」Having secured 90 per cent of the market for itself, the company *is resting on its laurels* for the present.

ā-ieba-kō-iu ああ言えばこう言う   tit for tat
  ¶ They were giving each other *tit for tat*, which developed into a free-for-all. (ああ言えば，こう言う口げんかから，だんだん，殴りあいの大乱闘となった)

aite ni suru 相手にする   take someone seriously
  例「あなたが，今のような態度を続けたら，誰もあなたを相手にしなくなりますよ」There won't be anyone left who will *take you seriously* if you continue to act the way you're acting.

ajikenai 味気ない   wretched; unhappy
  例「彼は，味気ない隠遁の生活を送っている」He is leading an *unhappy* life of retirement.

aka-binbō (bita-ichimon) あか貧乏（びた一文）   red broke (a red cent)
  ¶ He didn't spend *a red cent* promoting my first album. これはロックの musician が，自分の専属のレコード会社が，自分のアルバムを出しておきながら，宣伝にびた一文も金を使わなかったことを言ったのである．

akaji 赤字   in the red; at a deficit
  例「あの会社は赤字経営だ」That company is *in the red*.

例「新聞社はたいてい赤字経営だそうだ」Most newspapers, we are told, are *running at a deficit*.

aka o otosu 垢をおとす   wash off the dirt

例「彼は長いアフリカ旅行でたまった垢を洗いおとした」He *washed off the dirt* he collected in his long African journey.

ake-kureru 明け暮れる   that's all one does all day

例「彼は読経に明け暮れた」Sutra-chanting was *all he did from morning till night*.

例「私は仕事に明け暮れる」I *spend all my hours* on work, day in day out.

akesuke-no-hanashi あけすけの話   the lowdown of it... これは主として「裏話」の意味で使う.

例「昔の会社の同僚に出会っておしゃべりをした。彼女は会社の現況をあけすけに話して聞かせてくれた」I ran into one of my ex-office co-workers. We had a chat and she gave me *the lowdown of* the latest office.

akkenai あっけない   all too sudden; all too soon

例「彼は 45 歳で死んだ. それはあまりにもあっけない死だった」

He died at the age of 45. It was a death *all too soon*.

akudoi あくどい ☞ *egetsunai* えげつない

aku ga tsuyoi あくが強い   assertive; aggressive

人間の性質を形容する場合, a certain audacity とか, unyielding quality を指す. an impression of boldness (どぎつさ) のことだが, その人間の本質的な性格とは離れた印象にすぎないし, また悪口でもない.

例「この父にしてこの娘，彼女はなかなかあくが強い」
Like father like daughter. She has a lot of *aggression* in her.

aku o nuku (~ *ga nuketa*) あくをぬく（〜がぬけた）
remove the harshness; refined

例「何年か実業界の風に当たって，彼はあくがぬけた」
Years of exposure to the business world have *refined* him: much of his former crude assertiveness is gone.

akusen-mi-ni-tsukazu 悪銭身につかず　An ill-gotten money will never stay.

この意味は，「努力しないで得た金は浪費され，なくなるのもはやい」ことである．つまり Those who have gotten money without effort are likely to squander it away. 英語の諺に "Easy come easy go." というのがあるが，ほぼこれに当たる．

例「彼は多額のわいろを受け取ったが，ギャンブルですぐなくしてしまって，今は一文なしになった．まさに悪銭身につかずだ」He received a large sum of money in bribes but he gambled it away in no time. He is now broke. A living example of *easy come easy go*.

amae (*amaeru*) 甘え（甘える）　rely upon another's indulgence; act on the assumption that a help will come when you want one

例「あの生徒は先生のひいきに甘えていて，勉強しない」
He is *relying on* his position of the teacher's pet and does not study.

amai あまい

***kābu ga* ～カーブが～**　His curve is *not so good*.

　この表現については面白い話がある．ある野球の選手が，新しく入ったアメリカ人のバッターに，相手のチームのピッチャーのカーブについて耳打ちして，His curve is sweet. と言った．するとそのアメリカ人のバッターはこの sweet を「すごい」(formidable) と了解して，なるべく打たないようにしろということだと思ってその通りにしたところが，敵のカーブはすごいどころか，まったく「あまかった」ので，あとで，だまされたと言ってカンカンになって怒ったとのこと．これは耳打ちした選手が，「あのピッチャーのカーブはあ・ま・い・」をそのまま sweet と訳したことから起こった誤解だったのである．sweet はアメリカならいかにも野球の選手の使いそうなスラングで good; formidable (うまい) の意で，ゴルフで His swing is *sweet*. と言えば，すばらしいスウィングのテクニックを持っていることを言う．何の技でも抜群の意である．

***kangae ga* ～考えが～**　His thinking is *not realistic enough*.

amakudari 天下り　descent from heaven

例「天下り人事」appointment to an official post brought about by influence from above

例「あそこの会社の重役は全部天下りだ」All the executives of that firm *come from a particular ministry of the Government* under whose influence the company operates.

例「天下りは，通常同僚から冷たく扱われる」Those high-officeholders who had got there *through recommendation from high quarters* are usually not popular with the regular staffers.

[注]「天下り」は,今ではほとんどの場合,上記の比喩として用いられるが,これが「お上(かみ)」と「下々(しもじも)」という封建思想から出ていることはもちろんだが,同時に,この言葉は,会社の重役とか幹部は,会社のなかのいわゆる「はえぬき」(the ranks) から,昇格されたものでなければならないという思想によって成り立っている.そのため「天下り」は derogatory な表現である.

amaku-miru あまく見る ☞ ***nameru*** なめる

amanojaku (*hesomagari*) あまのじゃく (へそまがり) a person who likes to contradict just for contradictions' sake [the word is used with implied humor]

amatchoroi あまっちょろい a sucking dove

これは,日英語ともに比喩的表現で,常に「何々と比較すれば」をともなう.

¶ I assure you that our most pan-Germanic Junker is *a sucking dove* in his feelings towards England as compared with a real bitter Irish-American. これはシャーロック・ホームズで有名な作家 Conan Doyle の *His Last Bow*(『最後のあいさつ』)のなかに出てくる人物が発する言葉で,「英国を憎悪することにかけては,最も熱烈な汎ドイツ主義者のドイツ軍の士官でも,アイルランド系の米人の反英感情に比べれば,あまっちょろいものだ」というのである.

ame futte ji katamaru 雨降って地固まる Troubles overcome make for a solid ground for you to stand on.

和英の辞書の After rain comes fair weather. は,意味

がずれている．ただし，研究社の『新和英大辞典（4版）』に，The tree roots more fast which has stood a rough blast. と表現している部分は，原文の意に近い．

例「その夫婦は，けんかするたびに，〈雨降って地固まる〉の諺を引いてみずからをなぐさめていた」Every time they fought, the couple would console themselves by remembering the old adage that *troubles overcome make for a more solid ground for them to stand on*.

anaba 穴場 a surefire spot；(競馬の) the best bet

例「はぜ釣りの穴場を紹介しよう」Here's *the best spot* for goby fishing.

an'ina 安易な easy going；facile

例「それはあまりにも安易な考え方で感心しない」It is too *easy-go-lucky* a thinking for me./I can't go along with such a *facile* approach.

anjū-suru 安住する rest on

例「彼らは万年野党に安住している」They *are resting on* their comfortable position of a 'perennial' Opposition.

ano-te kono-te あの手この手 (try to persuade a person) by all conceivable means

例「彼らは私を説きふせようとあの手この手を用いた」They went to appalling lengths trying to persuade me.

〈類語〉 **te-o-kae shina-o-kae** 手を変え品を変え resort to all means

an'yaku 暗躍 maneuvering；behind-the-scene activities

例「彼がその政治的クーデターの工作に暗躍したことは今では周知の事実だ」His *behind-the-scene activities* in the political coup is now public knowledge.

例「彼は暗躍して，反対派との決戦投票で，多数派の支援をとりつけることに成功した」He successfully *maneuvered* to get the majority group to stand behind him in the final showdown with the opposition party.

anzuru yori wa umu ga yasushi 案ずるよりは生むがやすし　Bearing a child is easier than feared to be. / Fear overruns the danger.

aoiki-toiki 青息吐息　[literally] gasping for breath; in a state of great distress

ユーモラスに使うことが多い．How goes it?（どうしていますか）という問いに対して，I'm *in a state of great distress*. という代わりに I'm falling apart. と言っても同じ．または hopeless と一言でもよい．

例「ひどい不況が，繊維業界をおそった．衣服販売業者は青息吐息だ」A severe recession has hit the textile industry and all those involved in apparel retail business are *in a state of great distress*.

aori o matomo ni ukeru あおりをまともに受ける　come directly under the blast of

例「彼は会社の内紛のあおりをまともに受けた」He *came directly under the blast of* the company's internal feud.

aoru あおる　fan; stir up; inflame

例「対外強硬論者のたわごとが国民の危機感をあおりたてた」A set of jingoistic rhetoric *fanned* a sense of crisis in the people into an inflammable state.

aota-gai 青田買い　buy rice paddies before ripening →

procure ahead of time; scout talents early

例「選挙の青田買い」win one's constituency long before election campaigns

例「中小企業が高校生の青田買いにやってくる」Smaller industries maneuver to *secure prospective employees* before they graduate from high school.

例「今年も野球の青田買いのシーズンになった」The season for *scouting* ballgame *talents* is here again.

arai-naosu 洗い直す　re-examine; make a thorough investigation

例「歳出全体を徹底的に洗い直す必要がある」The national expenditure must be *thoroughly re-examined and analyzed*.

[注]　この意味で "wash" が使われることは英語にはない．英語の "wash" は，「よごれを洗いおとす」の意味が主流を占めている．

ara-kasegi 荒稼ぎ　raise a quick cash; make quick money

例「彼はかけ持ちで荒稼ぎをしている」He is *raising a lump of money* by taking jobs at different places.

　この言葉の原意は get much money by a questionable method like robbery（盗みなどのいかがわしい方法で金をたくさん得る）ことなのだが，今では，「職業のかけもちなどで金をたくさん稼ぐ」"take in more than one job at the same time" の意に使うのが普通である．しかし，いかがわしいやり方で金をもうける，の意にも使う．

例「彼は荒稼ぎをしている」He is *making quick money*.

ara-ryōji 荒療治　a bold surgery

　これは比喩にのみ用いられる表現で，"drastic measures to save a situation"（事態を救うために大胆な方法をとること）の意．

　例「会社が生きのびるためには，大量首切りの荒療治も止むを得ないことだ」For survival, the firm has to *resort to some drastic measures* like divesting itself of a large hunk of its staff.

arikata 在り方　what ought to be; correct thinking for a particular subject

　例「正しい政治の在り方」*the correct concept* of politics

　例「何よりもまずなすべきことは正しい政治の在り方を若い世代に植えつけることだ」What needs to be done before all else is to inculcate in the young generation *the correct concept* of politics.

aritsuku ありつく　land; secure or gain

　例「仕事にありついた」He *landed* a job.

　例「彼は党選挙に当選して大統領候補にありついた」He *landed* the presidential nomination.

asamashisa あさましさ　この言葉の本来の意味は，"shallowness"（浅いこと）で一種の嘲笑語である．

　例「そこが凡人のあさましさだ」That's the wretched *shallowness* of an average man's thinking.

asaru あさる　hunt; forage about; fish for

　例「彼は神田で初版本をあさっていた」He was at Kanda *hunting* for first editions.

　例「そこの図書館で私は本を読みあさった」I *foraged*

around in the library.

例「彼女がそう言ったのは，ほめられたかったからだ」
She was *fishing for* praise when she said that.

例「ハンドバッグをひっかきまわして鍵を探した」I *fished for* my key in my purse.

つまり，「あさる」は the act of foraging にウェイトがあり，"fishing" は，はじめから，探しているもののほうにウェイトがある．

[注]「あさる」は "fishing" のように聞こえるが，"fishing for" の表現とは少し異なった意味がある．

ashi 足

~-de-matoi ~手まとい   a drag on (a person); get underfoot

例「われわれ素人がいてはかえって彼の足手まといになると思ってその試合には遠慮した」We abstained from being at the tournament, fearing that we amateurs could be *a drag on* him.

例「彼女は4歳の息子が目をさましている昼間は，足手まといで何も出来ないことを知った」She found she could not get anything done daytime when her 4 year old son was awake, constantly *getting underfoot*.

~-gakari ~がかり   a foothold

例「彼らは彼らの海外飛躍の足がかりを探していた」They were seeking *a foothold* for their overseas expansion scheme.

~-moto no akarui uchini ~もとの明るいうちに

例「足もとの明るいうちに脱出した方がいい」Get out

while *getting out is good*.

~-moto o miru ～もとをみる　take advantage of one's weakness

¶ He saw through my sense of helplessness at the time, and *took advantage of it*. (彼は私が当時，たよりない気分にあることを見抜いた．そして足もとをみてつけこんできた)

～ o hipparu ～をひっぱる　これは文字通りには，pull one's leg なので，英語の「からかう」と間違われやすいが，日本語では，find faults with とか detract from someone の意味で，全然違う．

例「業者は団結するかわりに，足をひっぱりあっている」The dealers are *finding faults with* on another instead of pooling their forces.

age-~ o toru 揚げ～をとる　trip up a person

例「揚げ足をとられないように言葉に注意しなさい」Watch out for your words, and don't give him the chance to *trip you up*.

isami-~ 勇み～　an act of excess from over-enthusiasm

例「あれは，勇み足で，ついやらなくてもいいことをやっちゃったんだよ」That was *an over-zealous case* of going beyond the need.

asobi-hōkeru 遊びほおける　play one's head off

例「われわれは一日中，遊びほおけた」All day long, we *played our heads off*.

assari-shita あっさりした　「しつこい」の反対で，日本人の好む形容．この言葉に英語の正確な訳語がないことは，日本人との国民性の違いを示している．日本では賛辞

(commendation) である.

例「デザインがあっさりしていて好感がもてる」The design is *nice, simple and uncluttered*.

例「あの人はあっさりしているからいい」He is pleasing to me because he is *not fussy*.

例「あっさりした料理が好きです」I like my dishes *not too rich*.

assen 斡旋 using one's influence

例「私は彼の斡旋で就職した」He *used his influence* to get me a job.

〈類語〉 ***kuchi-kiki* 口利き**

例「彼は,学校の先生の口利きで,会社に入った」He got a job in this office through *the recommendation* of his teacher.

asu wa waga-mi 明日はわが身 Misfortune of others today might fall upon us tomorrow.

atama 頭

~ *ga agaranu* ~が上がらぬ 文字通りに訳すと,英語と同じ文章になるが意味が違うから注意. I can never lift up my head. は英語では「顔向けができない」ことだが,日本語では,I am so obligated to him that I shall never be able to be his social equal. の意.

~ *ni kuru* ~にくる (be) miffed; (be) annoyed

「彼のやり方を見て頭にきた」I *was miffed* at the way he behaved. のような「頭にくる」を,文字通りに英語を用いて "comes to a head" とすると意味が違ってくる. 今まで外に現われなかった問題などが表面に出てくること

で，The question has come to a head. と言うことになる．また "come to" のかわりに "go to one's head" という表現がある．これは「のぼせあがる」「えらくなったような気になる」の意．

¶ His world-wide reputation *never went to his head*. (世界的な名声は持っていても，彼は決して，おごり高ぶることはなかった)

~ no kirikae ～の切りかえ　psychological reorientation

例「新しい考えを吸収するために頭の切りかえが必要だ」
What we need is to *reorient* ourselves *psychologically* to absorb new ideas.

~-uchi ～打ち　a stock exchange term の ceiling market prices（天井相場）からきていて，一般的用法としては，産業，事業その他何でも，もうこれ以上伸びないという状態，競争市場が一様に伸びて，ある極限に達した状態を言う．

例「映画産業は，もう頭打ちだ」The motion picture *has reached the point* where it can not develop any further.

atarashi-gari-ya 新しがりや　novelty hunter

例「彼はたいへんな新しがりやだ」He is *a novelty hunter*.

例「服飾などばかりでなく，どんな面にでも新しがる」
He goes after all new fashions.

atarazu to iedomo tōkarazu 当たらずといえども遠からず

You haven't quite hit the mark, but you aren't too far

away from it.

atari ga ii あたりがいい affable

例 「彼は人あたりがいい」He is *affable* easy to get along with.

この反対の「あたりがわるい」は abrasive.

例 「あたりはわるいが，実際はまともないい男だ」He is a bit *abrasive* but is a decent man at heart.

ataru 当たる be a success; hit a jackpot

例 「あの小説の映画化は当たった」The movie version of the novel *hit a jackpot*.

例 「彼の事業は当たった」His business *was a success*.

aterareru あてられる You make me jealous./I was made jealous by those two.

例 「ふたりの仲のいいのにはすっかりあてられた」They *made me jealous* by their romantic display.

atoaji ga ii 後味がいい leave a good after-taste

例 「後味がわるい」leave a bad taste in one's mouth

例 「あの劇は後味がわるかった」That play has *left* me *a bad taste in my mouth*.

［注］ 「後味がいい」を殊更に，It leaves a pleasing taste in one's mouth. と言って言えないことはないが，あまり言わない．It makes you feel good later. と言うのが普通である．もっと簡単に言えば，It was a good show. でつくしている．大体「後味」は，わるいときに使う．

atsumi 厚み 「厚み」は「厚さ」とも言い，物理的な厚みは thickness, 非物理的な厚みは density. 密度が濃くて容易に定義出来ないという感覚である．「芸の厚み」(the

depth of a good artist) の場合は esteem（尊敬）をあらわす言葉で，英語の "thick"（stupid）と混同してはならない．
例「彼の文体は密度が濃くて，翻訳がむつかしい」Translation is made difficult by *the density* of his style.
例「長い間内閉的に培われてきた地方文化は層が厚くてたやすくわかるものではない」The long in-bred regional culture is *too dense* for anyone to penetrate easily.

atsuryoku-dantai 圧力団体　これは英語の pressure groups の訳語が日本語として定着したもの．会社などでは社員に対する pressure group は management の側．これは意識するとしないにかかわらず，立場上の呼称．

attameru あっためる ☞ ***nigiri-tsubushi*** 握りつぶし

atto yūma-ni あっと言うまに　before you can say 'ah'
例「あっと言うまに，すべては，終わってしまった」The whole thing was over *before you could say 'ah'*.

aya あや　intricate weave; a rhetorical turn
例「それは単に言葉のあやだ」It is just *a rhetorical turn*.

B

ba-atari-teki-na 場当たり的な　a clap-trap measure; pander to the public
例「それはまったく場当たり的な政策にすぎぬ」It is just

a clap-trap measure to court the public.
例「彼の書くものは場当たり的だ」His writings just *pander to the public.*

baka-atari-suru ばか当たりする　hit a jackpot
例「あの出版社はボネガットの小説でばか当たりした」 The publisher who published Vonnegut novels *has hit a jackpot.*
⇒ *ataru* 当たる

baka-dekai ばかでかい　absurdly big
例「ばかでかい眼をした鳥」a bird with *absurdly big* eyes

baka no hitotsu-oboe ばかのひとつ覚え　A fool practises one thing he knows. / A completely literal-minded person who applies one rule he knows to everything.

baka-shōjiki ばか正直　honest to a fault; simple-minded honesty
　〈類語〉 *guchoku* 愚直　simple and honest

bake-no-kawa 化けの皮　「化けの皮が現われる」give oneself away
例「彼はうまくごまかしていたが，ついに化けの皮が現われた」He faked pretty good but finally *gave himself away.*
例「化けの皮をはぐ」「化けの皮をはいでやる」unmask; show him up
　unmask と show him up には微妙な違いがある．unmask は，敵の意識的な偽善を暴露すること．
例「あの悪党の面の皮をはいでやる」I will *unmask* the

scoundrel.

　show him up は過大評価されているものとか，あいまいな立場をとっているものを明確に定義して，その無価値を暴露すること．

　例「あのことで彼はすっかりお里が知れてしまった」It finally *showed him up*.

***banare* ばなれ**　wean (oneself) from

　例「われわれの世代は活字ばなれの世代だ」Ours is a generation that has *weaned itself from* printed words.

　この wean は「乳ばなれ」wean a child from mother's milk からきた表現．wean は他動詞で accustom（慣れさせる）と同じ．

***bankai-suru* (事態を) 挽回する**　turn things around

　例「選挙戦で彼は負けかかっていたが，自力で挽回した」He *turned* his losing campaign *around*.

***bankuruwase* 番狂わせ**　an upset

　例「それは番狂わせの大勝利だった」It was *an upset* victory.

***barasu* ばらす**　take apart; break; pull down to pieces; dismantle

　例「この本をばらして，記事を抜きとろう」I'm *taking* this book *apart* to take out the article.

***bareru* ばれる**　get found out

　例「殺人がばれた」Murder *is out*.

　例「秘密がばれた」The cat is out of the bag.

***batsugun* 抜群**　これは古くからある言葉で，「彼は学校の成績が抜群だった」He distinguished himself at school.

などと言う．だが，この古くからある言葉も近年テレビのコマーシャルなどで盛んに用いられるために新語のような感じさえする．

他に比べるものがない，非常に進んだ，という意味で，"far out" という流行語があてはまる．

例 「彼の著書は抜群の内容だ」His book is *far out*.

例 「この掃除機の吸塵力は抜群だ」The dust absorbing power of this vacuum cleaner is *incomparable*.

***betotsuku-yōna-amasa* べとつくような甘さ**　cloying

この形容詞は，しつこい甘さで，ある不快感をもよおすという含みがある．

例 「それはべとつくようなメロドラマだった」It was a *cloying* melodrama.

***bettari* べったり**　literal-minded adherence to a given subject; inability to see beyond a given subject; avidity

例 「彼は体制にべったりだ」He is an *avid* establishmentarian.

例 「彼は社長にべったりだ」He is *a willing lackey* to the company boss.

「べったり」とはつまり，直接に手がけていることより先が見えないことだから，He is too engrossed with his field problems to see a larger picture. （彼は自分の専門職にべったりで，全体が見えない人だ）と言うことができる．

***bikutomoshinai* びくともしない**　(be) undaunted; not turn a hair

例 「その恐るべきニュースを聞いても，びくともしなかった」He *did not turn a hair* at the terrible news.

binbō-tarashii 貧乏たらしい ☞ ***mimitchii*** みみっちい

binjō-neage 便乗値上げ shopkeeper's practice of illegally raising the prices of their own wares, using, for an excuse, the Government's announced price-hike on certain goods（政府がある種の品物の値段をつりあげたことを口実に，その品目にのっていない自社製品の値段を不法につりあげる，商人のよくやるやり方）

例「方々の店が，便乗値上げをやっている」A lot of stores are using the Government's price-hike on some goods as an excuse to raise their own wares.

binjō-suru 便乗する take advantage of the situation; profit from the situation

bishi-teki 微視的 the worm's view

例「あの作家の今度の小説は，微視的に人生を捉えている．それはそれでユニークだ」That novelist's new work takes *the worm's view* approach to life. It is a unique style as such.

bita-ichimon びた一文 ☞ ***aka-binbō*** あか貧乏

bō-anki 棒暗記 mechanical memorizing; memorizing everything verbatim（逐語的に暗記する）

例「棒暗記は役に立たない」*Memorizing* everything *mechanically*, that is verbatim, will help you very little.

bōchū-kan 忙中閑 leisure snatched in a busy life; the sense of leisure even when under pressure of work

bokeru ぼける become fuzzy; grow dopy (*or* hazy); out of touch

写真などが「ぴんぼけになる」と同じ感覚で，外国ぼ

け，戦争ぼけなどという言葉が出てくる．

例「もう5年もヨーロッパにいるのでそろそろ外国ぼけがするころです」I've been living in Europe for 5 years by now. I'm *getting* a bit *hazy* about Japan.

例「戦争ぼけになってしまった」The wartime preoccupations have made us *out of touch* with normal things.

「ぼける」は相場の用語でもあり，The stock market is slackening (*or* weakening). が「ぼける」に当たる．

例「彼は休日ぼけらしい」He is a bit *dopy from* too long a vacation.

例「彼は外国ぼけがしてる」He is *a bit dopy about things from* being away from home too long.

boketsu o horu 墓穴を掘る　dig a hole for oneself

これは，考えが足りない行為のために，みずから自分の入る穴を掘っていることになるの意で，東西の表現が一致しているもの．

例「その間じゅう，自分では気づかぬまま，彼はせっせと墓穴を掘っていたのだ」Unsuspecting, he *was digging a hole for himself* all that while.

bokkon-azayaka-na 墨痕あざやかな　(characters) vividly executed in bold strokes with bright-colored India ink

例「それは墨痕あざやかな一文だった」It was a message *written in bold strokes*.

bokunenjin 朴念仁　無口で無愛想な善人ということになっているが，いまの使い方では，「かたぶつ」の意である．

無口はふしぎに英語でぴったりの訳がない．a man of few words; reticent; taciturn; silent と言うと，何だか寡黙なりこうな人のように聞こえて，頭がからっぽでだまっている部類の人のイメージは出てこない．また無愛想を unsociable と訳すのにもずれがある．意図的に unsociable であるように聞こえるからである．"blunt" がまだ近い．これも a man whose blunt manners conceal a heart of gold という含みがあってほしい．a silent, blunt, good-hearted man でその心は not a smart mixer（目から鼻に抜けるような社交性のある人物の反対）ということである．dissolute（放蕩）の反対がかたぶつで，それをやや野暮の感じにしたのが朴念人（仁）．

***boro-mōke* ぼろもうけ**　make easy money
　例「彼は屑鉄でぼろもうけをしている」He *makes easy money on* scrap iron.

***boro o dasu* ぼろを出す**　show oneself up; give away
　例「あの言葉を間違って発音した時，完全にぼろを出した」He *showed himself up* when he mispronounced that word.

　つまり「お里が知れる」ことになってしまったのである．これは，英語の言葉つきで階級が知れるといった英国でのおはなし．

　例「あまりしゃべるな，ぼろが出るから」Don't talk too much, you might *give away* your ignorance. / 〜, you might show how much is in your head.（頭の中が空っぽなことを見せてしまうかもしれないから）

　⇒ ***bake-no-kawa* 化けの皮**

bōru-bako ボール箱　cardboard box(es); carton(s)

bōru-gami ボール紙　cardboard sheet

bōsō 暴走　overspeeding

　例「暴走車」a *runaway* train (*or* car)

bōzu nikukerya kesa made 坊主にくけりゃ袈裟まで
He who hates Peter harms his dogs.

　例「坊主にくけりゃのたとえのとおり，彼は私の父を嫌うあまり私をも嫌っている」Like the saying "*He who hates Peter harms his bogs,*" he is hostile to me because he hates my father.

bu ga aru (に) 分がある　have more advantage than...

　例「こういう商売では，英語を知っているほうに分がある」In this kind of business, one who has English is *better off than* who doesn't.

buji 無事　trouble-free

　この言葉を単にsafeと訳すだけでは，意味のはっきりしない場合がある．

　例「いろいろ問題があったが，幸いわれわれは無事だった」There were quite a few problems but luckily we remained *trouble-free*.

bunsuirei 分水嶺　watershed

　例「日本のGNPの分水嶺は1960年代早々だった」The *watershed* for Japan's GNP was in the early '60s.

bunzai 分際　☞ ***mi no hodo shirazu*** 身のほど知らず

busshoku-suru 物色する　cast about for

　例「結婚の贈物に何かいいものはないかと方々を物色した」I *cast about for* something suitable for a wedding gift.

buttsuke-honban ぶっつけ本番　start performance for public showing without rehearsals

例「テレビの演技は，ぶっつけ本番でやると言われた」I was told that there was to be *no rehearsals* and that I was *to act direct* to the camera.

buzen-to-shita-hyōjō 憮然とした表情　これは dignified posture で，英語には相当する言葉がない．dejected look; the air of being slightly put out; a little sad などが少しずつあてはまる．

例「彼は憮然とした表情だった」He looked *a bit sad* over what had happened.

C

chakkari shite iru ちゃっかりしている　have a quick eye for gains

例「彼らは，ちゃっかり便乗するだけの図々しさも持ち合わせている」They have enough astuteness, and audacity as well, to *take a quick advantage of the situation*.

chakku o shimeru チャックをしめる　zip up

例「すみませんが，ブラウスのファスナー（チャック）をしめてください」Can you *zip up* my blouse?

charan-poran ちゃらんぽらん　an easy-go-lucky

attitude

いいかげんで無責任な態度のことで，通常非難語．

例「彼は，仕事ぶりがちゃらんぽらんのため，会社で出世が一番おくれている社員の一人だ」Because of his *easy-go-lucky attitude* to work, he is one of the slowest ones to get advancement in the company's ranks.

chi de chi o arau 血で血を洗う　wage a fratricidal war

例「内戦で，彼らは血で血を洗う地獄図をくりひろげている」In the civil war, *the spectacle of a fratricidal war* is being deployed before your eyes.

chie o shiboru 知慧をしぼる　strain one's brains

例「なけなしの知恵をしぼって考え出した」I *strained my* small *brains* for an idea.

chiisaku matomatte iru 小さくまとまっている　a small self-contained look

例「ここでは，みんな小さくまとまっている」Here, everything has *a small self-contained look*.

例「彼女の芸は小さくまとまっている」Her art has *the cozy look* of a perfectly competent talent.

chikara-kobu o ireru 力こぶを入れる　support a project with a great deal of zeal

例「彼はその事業に力こぶを入れている」He is *actively supporting* the project.

chi-mayou 血迷う　run amok

例「彼は何を血迷ったか，真夜中にベッドから往来にとび出していった」I don't know *what got into his head*, he jumped out of bed in the middle of night and rushed into the street.

例「群衆は血迷い，店舗を襲い，手当たり次第に品物を破壊し掠奪しはじめた」The crowd *ran amok*, and began to assault stores, breaking and looting everything they could lay their hands on.

chimei-do 知名度　the degree of notoriety; the degree of recognition with which one's name is met by the general public

¶ He was laboring under a severe *name recognition problem.*—*Newsweek*. (「大統領候補として，彼は知名度の点でひどく損をしていた［問題をかかえていた］」)

chi-michi o ageru 血道をあげる　dedicated to; crazy about

　これは人にも物にも使う。

例「彼は人類学に長年血道をあげてきた」He has been *dedicated to* anthropological studies all these years.

例「彼女は彼に血道をあげている」She is *crazy about* him.

⇒ *ukimi o yatsusu* うき身をやつす

chimitsu-na 緻密な　careful and accurate work

　「緻密な」の反対は loose; rough; oversimplified

例「その仕事は緻密な頭脳の持主を要求する」The job calls for an *accurate and careful* thinker.

chin'age-an 賃上げ案　wage-hike bills

例「1980年賃上げ案が，議会の賃銀物価委員会に今日提出された」*Wage-hike bills* for 1980 were submitted today to the Wage-Price Committee.

chinpun-kanpun ちんぷんかんぷん　It's all Greek to me.

例「あなたの言うことは私にはちんぷんかんぷんでわからない」
What you say is just *a lot of Greek to me*.

chiratsukaseru ちらつかせる　flash (a thing)

例「彼はある有名クラブの会員カードをちらつかせて特権階級を誇示しようとしていた」He was trying to impress everyone by *flashing* his membership card for an exclusive club.

chiya-hoya sareru ちやほやされる　receive attentions

例「彼はちやほやされたがっているのだ」He craves for attentions.

chōhō 重宝　useful; valued as serviceable

例「彼はじつに重宝な男だ」He is so flexible and resourceful that we can depend on him for most everyday things.

［注］「重宝な男」を a handy man と訳してはいけない．a handy man は "fixer" のように「修繕屋」の意味に大体使われるからである．

chōji 寵児　a darling; a favorite

例「彼はその時代の寵児だった」He was *a darling* of his contemporaries.

例「彼は文壇の寵児だ」He is *a darling* of the literary circles.

chokugen-suru 直言する　speak plainly; be outspoken

about it

例「この問題について，われわれは会社に直言しなければならない」We have to do some *plain speaking* to the company on this subject.

***chokujō-keikō* 直情径行** ☞ ***tenshin-ranman* 天真爛漫**

***chōshi-ga-yoi-hito* 調子がよい人**　a smooth talker

例「彼は調子がよすぎる」He is *a smooth talker*.

例「彼は調子のよい人間だ（信用出来ない）」He is *a smoothie*.

***chōshi ni noru* 調子にのる**　play up

例「彼は調子にのってしゃべった」*Playing up*, he talked his head off.

***chūkaku* 中核**　hardcore

　グループや組織などのなかで核心的存在の人たちを指す．日常的には「ちゃきちゃき」とか「こちこち」といった表現をする．

例「彼は党の中核的存在たる極右翼のメンバーだ」He belongs to the party's *hardcore* ultrarightists.

例「彼は，ちゃきちゃきの組合員だ」He is a *hardcore* unionist.

***chūken-sō* 中堅層**　a segment of corporate workers, usually junior executives, who are running the company on business level

***chūshō-kigyō* 中小企業**　small and middle enterprises

例「これは中小企業の分野です．大企業は手を出すべきでない」

This particular area belongs to *the small and middle*

enterprises. The Big Business has no right to cut in.

D

dabutsuku だぶつく （人員などが）redundant ; too many ; （服などが）baggy ;（商品などが）excess production
例「人員がだぶついている」There're *too many* people in this company. / There is much *redundancy* in the personnel.
例「この記事にはだぶついた（余計な）文句がありすぎる」This article is full of *redundant* phrases.
例「ズボンがだぶだぶだ」His trousers are *baggy*.
例「電気製品が市場にだぶついている」There is *much redundancy* in electric appliances in the market.

daigo-mi 醍醐味　the real taste of
例「山の醍醐味は，山登りでなければわからない」You won't know *the real taste of* mountain climbing unless you are a climber.

dai-jōdan ni furikaburu 大上段にふりかぶる　剣道の構えで "hold a sword over one's head" というのが文字通りの訳だが，これは主として比喩に使われる。"adopt too formalistic a posture" または "have a stiff and humorless style" つまり文体などで，あまり大上段にふりかぶりすぎて，ユーモアにかけ，ゆとりがないのを言う．

例「あの人の文章は，あまり大上段にふりかぶったきらいがある」
The way he writes is *too stiff* for any one's comfort.

daisoreta 大それた　この言葉は,「神妙な」などと共に，封建日本の遺物とも言えるもので，お上を恐れぬふとどきな大胆さを形容したもので，英語の "blasphemous"（神を恐れぬ）に相当する．当時は将軍様は神様だったからである．brazen; daredevil なども同じ心理に相当する．

例「そんな大それた考えは持っていません」I've never entertained such *brazen* ideas.

むろん今ではこういう言い方は，半ば冗談か皮肉として使われることが多い．

dakai-suru 打開する　break out of a deadlock; find a way out of difficulties

例「何とかこの行き詰まりを打開しなければならぬ」We have to *break out of* this deadlock somehow.

例「打開策を講じる必要がある」We've got *to find a way out of this*.

danzetsu 断絶　gap; disconnection

例「世代間の断絶」generational *gap*

［注］P. F. Drucker の *Age of Discontinuity* を「断絶の時代」と訳してあるのは，キャッチ・フレーズとしての価値しかない．discontinuity は continuity（連続）が停止した状態．断絶は gap のこと．

dappi-suru 脱皮する　break away from one's old self

例「何のわざでもものにするためには，絶えざる脱皮が必要だ」

To be a master of anything, a constant self-renewal is essential.

dashi ni suru だしにする　use for an excuse

本当の目的は口に出さず、ほかのことを口実にする．

例「彼らはだれかの送別会をだしにして，酒のパーティを企画した」They planned a drinking party of their own, *using some one's send-off for an excuse*.

例「八百屋は，最近のストライキをだしにして値段をつりあげた」

Grocers raised prices of their wares, *using* the recent strike *as an excuse*.

date ya suikyō de 伊達や酔興で　(not doing this) for a fun

例「わたしは伊達や酔興でモデルをしているわけじゃない」I'm not being a model *for a fun*.

datsuraku-suru 脱落する　この言葉は次の2つの意味に使われる．

　①　現象的に髪の毛などが脱落する．My hair is falling off.

　②　競争に負けて脱落する．drop out

例「彼は脱落組だ」He is one of the *drop-outs*.

例「彼女は経済学科から脱落した」She *dropped out* of the economic course.

deashi 出足　turnout

例「投票者の出足は予期に反してわるかった」The voter *turnout* was surprisingly dull.

debana o kujiku 出鼻をくじく　dampen other people's

enthusiasm

例「彼は新しい事業の出鼻をくじかれた」Someone *dampened his enthusiasm for* his new project.

dekiru（***dekinai***）（学校が）できる（できない） do well at school（not do well at school）

denaosu 出直す start all over; make a fresh start

例「われわれはチームに欠陥があったことを認め，出直すことに決めた」We saw where we went wrong as a team and decided to *make a fresh start*.

deru kui wa utareru 出る杭は打たれる What sticks out is hammered. / There is unwisdom in being conspicuous and wisdom in lying low.（目立つは愚策，目立たぬが賢明）

detarame デタラメ nonsense; rot; garbage

例「そうしたデタラメが私の耳にささやかれたことがある」They once whispered *a rot* like that into my ear.

detatoko-shōbu de suru 出たとこ勝負する これは ***yukiatari-battari*** 行き当たりばったりと同義． take everything as it comes along; do things without plans

例「彼のやり方はいつも出たとこ勝負だ」His way of doing things is entirely *happy-go-lucky*, lacking plans.

例「彼は行き当たりばったりの生き方をしてきた」He has been *taking life as it came*.

例「われわれの商売のやり方は行き当たりばったりといってよかった」By and large, we *took business as it came along*.

detchiageru でっちあげる fabricate a false news or

report; frame-up

例「あれはでっちあげだ」It was a pure *fabrication*. / It was a *frame-up*. (人をおとし入れる行為をさす)

⇒ ***shikumu*** 仕組む

dete-ike-gashi ni sareru 出ていけがしにされる be treated as an undesirable

例「彼は出ていけがしにされた」They didn't want him and showed it.

dezuppari 出ずっぱり nonstop performance; appear in every scene

例「彼は主人役として、晩さん会で出ずっぱりの大健闘だった」
As host, he was putting in *nonstop performance*.

　出ずっぱりは元来、芝居などで、どの場面にも出演すること。

例「あの映画では、ニコルソンは出ずっぱりだった」In that movie, Nicholson was *onscreen all the time*.

例「彼女はあの芝居では出ずっぱりの奮闘ぶりだった」
She worked like a demon in that play, *appearing in every scene*.

do- ど an emphatic prefix (強めのための「ど」)

～-*erai* ～えらい enormous; stupendous; out of proportions

例「どえらい騒ぎになってしまった」It developed into an uproar *all out of proportion*.

～-*konjō* ～根性 the will to rise above ground; the will not to be kept down; grit; pluck

例「あの男にはど根性がある」He is a man of *grit*. / I admire him for his *pluck*.

~-mannaka ～まん中 right in the middle

例「酔っぱらいが道のどまん中で寝ていた」A drunk was found fast asleep *right in the middle* of the road.

dōbyō-ai-awaremu 同病相あわれむ Misery loves company.

¶ *Misery loves company*, the Republicans seemed to forge their ties, overcoming their old differences.—*Time*. (同病相あわれむで，負けかけている共和党の人たちは古いけんかを忘れて仲よくなったようだ)

dochira ni korondemo ii yōni suru どちらに転んでもいいようにする plot your course of action in such a way that you'll have nothing to lose whatever the issue

"plot" という他動詞は次にくるものについて策戦を練ること．この表現の骨子は，行動を起こす場合，結果がどうであれ，自分だけは損をすることがないようにしておく，ということである．

¶ He is one of the politicians who *plot their course of action in such a way that they'll have nothing to lose and everything to gain*, no matter which party wins. (彼はどう転んでもいいように考えて行動する政治家だ)

dōdō to kuridasu 堂々とくりだす come out with all guns blazing

doji どじ この日本語のスラングに当たる英語のスラングは "blooper" または "howler" である．ともに "blunder" のこと．

¶ Ford's East European *blooper*. (フォードが討議のなかで東欧についてした大失言)

¶ Carter's *Playboy howler*. (『プレイボーイ』のなかの会見記でカーターの犯した大失敗)

***dokke ni aterareta* 毒気にあてられた** I was a bit under the poisonous air. / I was a bit overwhelmed by the grossness.

***dōkō-ikyoku* 同工異曲** the same thing in practice

例「2人の作家の言っていることは同工異曲だ」What the two writers are saying is essentially *the same*.

***doko no uma no hone ka wakaranai* どこの馬の骨かわからない** a person of doubtful origin; a complete nobody

例「どこの馬の骨ともわからぬものを連れてきて丁重にもてなせと言われても, むりですよ」You can't expect us to lavish favor upon that *insignificant nobody* you've brought in.

***doku nimo kusuri nimo naranu* 毒にも薬にもならぬ**

これを harmless と訳すことにはやや抵抗感がある. "indecisive" "non-committal" が英語としては, 日本語のこの表現に最も近い. 旗幟鮮明を欠く, つまり, どちらを支持しているのかわからない態度という含みもある.

例「彼は選挙演説で, 毒にも薬にもならぬ言い方で, 問題点に触れるのを避けた」In his campaign speeches, he *waffled* a lot, avoiding controvertial issues. この waffled という言葉は, この前の大統領戦で有名になった言葉で, どうでもよいようなことを, 仔細げに饒舌にしゃべるこ

と，Ford が Carter のやり方を攻撃して，"he waves, he waffles, he wiggles" と言ったので特に人の注意を引いた．この３つの動詞の中枢は waffle であとの２つもほぼ同じような意味に使われている．つまり投票者に合わせて物を言い，行動するの意．

***dokusai-teki* 独裁的** autocratic

これは何も政治のやり方というほどでなくとも，自我が強く，他を圧する傾向のある人を言うので dictator からくる dictatorial より広く使われている．

***dokusō* 独走** win by wide margin; outrace everyone

例「この競争では彼は独走の感があった」He *outraced everyone* and took the center of the stage all to himself.

***donden-gaeshi* どんでんがえし** a reversal; a surprise ending

例「劇はどんでんがえしの結末になる」The play ends in a sudden *reversal*.

***donguri-no-seikurabe* どんぐりのせいくらべ** 文字通りには，acorns comparing their statures だが，原意は，"competition among mediocrities"（平凡なものどうしの張り合い）という一種の馬鹿にした表現．つまり a spectacle to laugh at to those who are not involved in competitions（競争仲間でないアウトサイダーの目には，笑うべき図）なのである．

***donyori-shita* どんよりした** （目などの）lack-lustre;（空の）overcast

例「彼はどんよりした目で空中を見つめていた」He was staring into space whth his *lack-lustre* eyes.

例「空はどんよりと曇っていた」The sky was *overcast*.

例「彼の演技は一向にさえなかった」His performance *lacked lustre*.

doppuri-tsukaru どっぷりつかる (be) steeped in

これは水に首までつかっている状態．比喩的には何かに没頭していることに使う．

例「彼は江戸文化の研究にどっぷりつかっている」He is *steeped in* the studies of Yedo culture.

doro-kusai 泥くさい crude

例「彼の演技はいつまでたっても泥くささが抜けない」His performance lacks refinement. Somehow he never seems able to get rid of that *crudeness*.

doro-nawa どろ縄 "Start making a rope after the robber is caught." は，英語の lock the stable-door after the horse has been stolen（馬が盗まれたあとで馬小舎に鍵をかける）に当たる．つまり，Damage has been done; ridiculously ineffectual とも言える．政府の措置 (measure) などを批判するときによく使う．

例「その措置はどろ縄に等しい」That sort of measure amounts to *starting to make a rope after the robber is caught*./It's *a too late caution*.

doro-numa ni ochikomu 泥沼に落ちこむ bog down into; fall into the morass

例「悪循環の泥沼に落ちこんだことに気がついた時はすでにおそかった」We realized too late that we had *bogged down into* a vicious circle.

例「こんなことをしていると，きりのない罪のなすり合い

の泥沼に落ちこむだけだ」At this rate, we'll only *fall into the morass* of endless recriminations.

例「泥沼からやっとはい出た」We finally escaped from the morass.

doru-bako ドル箱　a gold mine; a jackpot

例「彼女はドル箱スターだ」She is a *boxoffice star*.

例「彼らは大きなドル箱をあてた」They hit *a gold mine* (or *a jackpot*).

dōsa ga dekai 動作がでかい　swagger; act big

例「彼は動作がでかい」He *swaggers.* / He *acts big.*

⇒ ***kata*** (*de kaze o kiru*) 肩(で風を切る)

dosu-ga-kiita-koe どすが利いた声　a deep masculine voice that has an undercurrent of menace (not necessarily derogatory, simply descriptive of a forcible mind behind the voice)

E

ee-kakko shitagaru ええかっこしたがる　この表現は，「かっこいい」と似ているが，皮肉な表現で，英語の現代語で "kitsch" (kich) [Yiddish], a pretentious sort に当たる．

例「彼はええかっこしたがる人間だ」He is too much of *a kitsch*.

egetsunai えげつない   low ; vulgar

例「彼女はえげつない言い方で答えた」She chose to answer it with a *low* remark.

〈類語〉 ***akudoi*** あくどい   unctuous ; ***iyarashii*** いやらしい   unpleasant

eii...ni senshin-suru 鋭意……に専心する   strive for

例「平和のために鋭意, 専心します」I shall *devote myself to* the cause of peace.

en 縁   Buddhist term で "karma relation". 現世で結ぶ relation はすべて predetermined bondage (前世の因縁)――All contacts and relations of this world are predetermined. という fatalism――からきている.

例「縁がないと思ってあきらめてください」Better forget about me as we are not made for each other.

～-*naki-shujō* ～なき衆生   a lost soul impossible to convert (this expression, originally a Buddhist terminology, is used entirely as a wry posture, often half humorous, of giving up all efforts to persuade some obstinate creature)

例「彼らは私には縁なき衆生です」I can *not relate to* these people.

[注]   日本で近年よく使う「関係ない」が一番よく当たっている. He *relates* easily *to* young people. と言えば,「あの男は若者の共感をよぶ」で, He does not *relate to* us at all. は「あんな奴関係ない」である.

e-ni-kaita-mochi 絵に描いた餅   a good food drawn in a picture ; something good to look at but of no real use

〈類句〉 (イギリスの諺) The wine in the bottle does not

quench thirst.

e ni kaita yōna 絵に描いたような the picture of; a typical one; a classic case of

例「彼は悪党を絵に描いたような奴だ」He is *a classic case of* a scoundrel.

　英語では,「健康を絵で描いたような」という言い方がある.

You're *the picture of* health.

en-no-shita-no-chikara-mochi 縁の下の力持ち one who performs a task that is rarely appreciated (*or* credited); one who performs thankless task

eri-gonomi-suru えり好みする (be) choosy

例「少ない資金では,えり好みしている余裕はない」With so little funds, we can't afford *to be choosy*.

eri o tadasu 襟を正す sit up; a sobering experience; straighten oneself

例「アフリカの飢饉のドキュメンタリーに私たちは襟を正した」

The documentary of the famine in Africa was *a sobering experience* to us.

[注] "sit up" は英語では The news made me *sit up*. のように驚きを表わすから日本語の意味とは少し違う.

F

fugainai ふがいない   spineless; disappointing
   例「ふがいない野党」the Opposition's performance found *disappointing*

fugū-no-hito 不遇の人   a man who did not have half a chance
   例「あの人は一生不遇だった」He *never had half a chance* all his life.

fuhatsu ni owaru 不発に終わる   misfire
   例「その商戦は不発に終わった」The commercial stratagem *misfired*.

fujimi 不死身   having nine lives
   例「彼女は不死身だ．何度ひどいめにあっても十分やっていっている」She *has nine lives*. She seems to survive any amount of licking in life.

fukairi-suru 深入りする   go too far into it
   例「あまり深入りすることはよくない」Don't *go too far into it*.

fūkaku no aru 風格のある   of distinct character; style
   例「あの人には一種の風格がある」He is a man of *distinct character*.
   例「彼の作品には風格がある」His work has *style*.

fukami ni hamaru 深みにはまる bog down; too far gone

〈類語〉 ***nukisashi-naranu*** 抜きさしならぬ got to where you cannot get out of

例「抜きさしならぬ羽目からやっと抜け出した」I finally managed to *get out of* the mire.

fūka-suru 風化する fossilize; dry up; become unreal with passage of time; lose substance over the years

例「年と共に人の感情も風化する」Man's emotions *dry up* with passage of time.

例「戦後40年近くなると，あのいまわしい記憶は風化してしまった」Almost forty years after the war, much of its tragic memories *have lost substance*.

fukeba tobu yōna 吹けば飛ぶような an existence so insignificant and powerless that a puff would upset it

例「俺は吹けば飛ぶようなしがない男さ」I am a so powerless in the way of the world that *anyone can knock me over with a little finger*.

fukkireru ふっきれる break free

これは現代的に最も意味の深い日本語で，外国語を意識しないで偶然に現代の日本とアメリカのなかに発生した共通の表現である点がユニークなのである．つまり本質的には liberation の感覚，今まで暗闇のなかでうごめいていたものが，何かのことで，ぱっと自由感をもつようになる，これの最も新しい表現は "breakthrough" である．

例「この点まだまだ封建思想がふっきれないでいる」In this respect, their thinking is *still bound* by feudal, medieval sentiments.

例「そのことで私は，ふっきれて新しい道を進むようになった」It was a *breakthrough* in my life.

例「その問題から，すっかりふっきれました」I feel great now that I *have broken free from* that problem of mine.

例「あの問題からまだふっきれない思いです」The problem is still bothering me.

fukumaden 伏魔殿　a pandemonium; a hotbed of inequity

例「あそこは，伏魔殿だ」That place is *a hotbed of corruption*.

⇒ ***hyakki-yakō*** 百鬼夜行

fukumu tokoro ga aru ふくむところがある　have something against (a person)

例「彼は私にふくむところがあるのを知っている」He *has something against me*, I know.

例「何か私にふくむところがあるのですか」Do you *have something against me*?

fukuro-dataki ni suru 袋だたきにする　join in giving (a person) a sound thrashing

例「彼はみんなに袋だたきにされた」They ganged up on him and beat him up.

fukuro-mono 袋物　bags and pouches

例「袋物のようなハンドバッグが今年の流行だ」*Bags with a pouch-purse* look are in fashion.

fukusen 伏線　an underplot

例「あれが伏線になっている」That is part of *an*

underplot.

***fumidai ni suru* 踏台にする**　use other people for stepping stones

例「彼は友人を踏台にして出世した」He has got where he is by using his friends as *stepping stones*.

***fumikiru* ふみきる**　decide to act; take a plunge for

例「政府はついに公害対策法にふみきった」Government finally *decided to act* by instituting anti-pollution law.

例「私はその事業の冒険についにふみきった」I decided to *take a plunge for* the business venture.

***fundoshi o shimenaosu* ふんどしをしめ直す**　tighten one's belt

例「景気がわるいし，誰でもふんどしをしめ直してかからなければならない」The times are bad. It's about time that you *tighten your belt*.

***funzorikaeru* ふんぞりかえる**　assume a high and mighty posture; lord it over others

例「彼はまるで闇の王様のようにそこにふんぞりかえっていた」
He just sat there, *assuming a high and mighty posture*, like an underworld king.

例「彼は会う人に，ふんぞりかえった印象を与える．それが少しも事実でないにもかかわらず」He somehow gives you an impression that he was *lording it over you*, though that's the farthest from his nature.

***furareru* ふられる** ☞ ***machibōke o kuwasu* 待ちぼうけをくわす**

furekomi ふれこみ announced as; heralded as
例「彼は,大した腕利きというふれこみで来た」He was *announced as* a man of great talent.

furidashi ni modoru ふり出しに戻る make a fresh start; get back to where we started
例「またふり出しに戻ってはじめよう」Let's *make another start.* / Let's *get back to where we started*.

furimawasareru ふりまわされる be turned round at someone's finger tips; let someone walk all over you; do someone's bidding
例「先生が生徒にふりまわされている」The teacher lets his class *walk all over* him.
例「外国人崇拝者のこまる点は,何かする場合,外国人にふりまわされて,自分はただおとなしくあとからついていくだけのことになることだ」The trouble with those Gaijin worshippers is that they *allow* their Gaijin *to dominate them* all the time and end up doing their bidding.

furu-danuki 古だぬき 英語では old fox に当たる. 英語ではたぬきが人をだます習性を持っているとは思われていない. badger はむしろ comic な存在.
⇒ ***kitsune to tanuki no damashi-ai*** きつねとたぬきのだまし合い

furui-te 古い手 ☞ ***te*** 手

furusato wa tōku ni arite omou mono 故郷は遠くにありて思うもの この感慨に最も近い英語の表現は, "You cannot go home again." つまり一旦, 国を出てしまうと, 故郷の事情も変わり, 物理的に同じ昔の土地を訪ね

ても，それは最早自分があとにした故郷ではないの意．

furuwanai (*kakō-gimi*) ふるわない（下降ぎみ） downbeat; downturn

例「今年は，国の経済はふるわなかった」The country's economy this year was *downbeat*.

例「景気は下降ぎみだ」Business is *downturn*.

　この反対に「景気がいい」は "upturn"

fusaku 不作　failure of crops

例「今年はアメリカを除いて世界中が不作だった」*Crops failed* all over the world this year, except in the U.S.

fuseki 布石　strategic arrangement

例「将来への布石を政治家は考えている」A politician makes *strategic arrangements* for his future.

fushin 不振　business slump; in a bad way

例「会社は経営不振に陥った」The company is *in a bad way*.

futakoto-me niwa ふたこと目には　every time he opens his mouth

例「彼はふたこと目にはそのことをもち出す」*Every time he opens his mouth*, he has to rub it in.

futeki 不敵　unafraid; intrepid

例「旅人は物腰はやさしかったが，どこか不敵なところがあった」The stranger was gentle in manner, and yet something about him told us that he was quite *unafraid*.

例「その男は不敵な面魂をしていて，そういうあらくれに慣れない人を恐れさせるに十分だった」The man looked *intrepid*, enough to frighten anyone not used to the type.

***futekusareru* ふてくされる**　become disgruntled; go into the sulks

ただし，この言葉の英語と違うところは，動機が out of desperation の行為であることである．

例「彼は，不公平な取り扱いを受けたと思って，何もしないでふてくされている」He refuses to work and is sitting around *sulking* because he feels he was unfairly treated.

***fute-ne* 不貞寝**

例「怒った彼女は不貞寝している」In protest she stays in bed and refuses to get up.

***futokoro-fukaku hairikomu* (敵の) ふところ深く入りこむ**　explore into enemy's cherished strategy

例「彼は非常な危険をおかして敵のふところ深く入りこんだ」He *explored deep into the enemy's strategic* scheme at great personal peril.

***futokoro-ga-fukai-hito* ふところが深い人**　a deep one who does not let out what he thinks

英語で deep という形容詞を人間に付けるのは批判的な場合で，人をはかる人間，つまり油断のならない人間を言う．

***futokoro-guai* ふところ具合い**　one's financial condition

例「今日はふところ具合いがよくない」I'm *broke* today.

***fuyō-ryoku* 浮揚力**　これは，英語の "leverage" が日本語になって定着したもの．

例「アメリカの支持は，現内閣の浮揚力になるだろう」The support from America will be a *leverage* for the incumbent cabinet here.

fūzen-no-tomoshibi 風前の灯　hung by the thread

　文字通りにはa candle flickering in the windで"exposed to an extreme danger"の意.

例「彼の命は風前の灯だった」His life *hung by the thread*.

G

gaden-insui 我田引水　drawing water to one's own mill self-serving

例「それは我田引水だ」It is a biased opinion. / It is a *self-serving* argument.

gaki-daishō ガキ大将　king of neighborhood child state

　child state は子供の王国という詩的な含みではなく，大人の世界とはまったく別個な，やばんで，ある程度恐ろしい子供の世界があるという含みである．動物や虫の世界と同じように独立した世界を意味している．

例「私は子供のころ，ガキ大将で，近所の子供に恐れられていた」When I was small, I was *a bully* much feared by neighborhood children.

gakkō no seiseki ga yoi (～ ***warui***) 学校の成績がよい（～わるい）　a good (poor) showing at school

例「彼の成績はなかなかよかった」His *showing at school* was found quite *good*.

gametsui がめつい miserly

戦後，菊田一夫の芝居『がめつい奴』(*A Miser*) から出たもので徹底したしぶちん (grabber) のこと．

例「がめつい奴だ」He is terribly *graspy*. / He is *tight-fisted*.

gamigami-iu がみがみ言う blow up a person

例「彼が彼女をがみがみどなりつけているのをきいた」I heard him *blowing* her *up*.

この他，nag; snap; scold などの類語がある．どれも多少のずれがある．

ganbaru がんばる hang in there という口語表現が，今では "carry on", "stick it out" に取って代わっている．英国人がよく言う Keep your chin up. (元気を出せ) に似ている．

例「せいぜいがんばってください」*Hang in there*, keep up your good work.

ganko 頑固 ☞ ***henkutsu*** 偏屈

gari-ben がり勉 cram for examinations

gata-pishi-suru がたぴしする rattle; squawk at

例「風で窓が一晩中がたぴし音をたてていた」The wind *rattled* the windows all night.

例「あの夫婦はいつもがたぴしている」That couple is always *squawking at* each other.

gei ga nai 芸がない resourceless; too plain; uninteresting

例「それではあまりに芸がない．もっと工夫をしてみたらどうだ」That's too poor and *resourceless*. Try and be more inventive (*or* Put more imagination into it).

例「それではあまり芸がないような気がしたので変えてみた」I've made some changes because I felt the former style a bit *too plain*.

例「長生きも芸のうち」The ability to live long is part of your personal resourcefulness.

〈類語〉 ***kufū ga nai*** 工夫がない trite; ***kyoku ga nai*** 曲がない dull

geigō-suru 迎合する pander to the populace

例「作家として大衆に迎合することは恥ずべきことだ」It is a shameful thing for a writer to *pander to the populace*.

例「彼は時代に迎合して作曲したりしない」He never *panders to the contemporary public* as a composer.

genba 現場 the spot; the scene of action; the field

例「現場に働くものから一言言わせていただけば……」If I may be permitted to say a word as an operative working on *the spot*...

~-*chōsa* ~調査 on-the-spot survey

~ *ni kyūkō-suru* ~に急行する rush to the scene

~ *o osaeru* ~を押える catch in the act

例「彼らの不正について,現場を押えた」We *caught them in the act* (or *red-handed*).

~-*shisatsu* ~視察 a spot inspection

gen'eki-no 現役の working

これは米語で形容詞として「現役の」の意に使う。a *working* journalist (*or* reporter) とか, a *working* novelist

(現在実際に書いている小説家)などと言う．

例「107歳で，平櫛田中は現役の彫刻家だった」At the age of 107, Hiragushi Denchū was a *working* sculptor.

genkai o kanjiru 限界を感じる　feel cramped

例「この職場に彼は限界を感じたからやめて自分の才能をもっと発揮できるところをえらんだ」He *felt cramped* where he worked and quit to get in a place where he could give a fuller play to his ability.

genkyō 元兇　archvillain; the original mover; the gang's master mind

genryō-suru 減量する　reduce

例「ぜい肉をとるために，何としてでも減量しなければ」I've got to *reduce*, to take off the surplus fat.

genshoku-no 現職の　incumbent; sitting

例「現職の総理大臣」a *sitting* premier

例「現職の大統領」a *sitting* president

例「現職の大統領として，カーターは対立候補に 2, 3 の利点を持っている」As the *incumbent* president, Carter has a few advantages over his opponent.

genten 原点　root; origin

例「思想の原点」the *original source* of a particular thought pattern

gera (***~de yomu***) ゲラ（〜で読む）(read on) the galleys

例「それはゲラで読むことにする」I'll *read* it *on the galleys*.

「ゲラ刷り」は印刷用語では the galley proof だが，実際に使う時は複数形にして on the を前につけると，ゲラ

（校正刷り）で読むことになる．

例「この部分は校正刷りで読んで下さい」Please *read* this part of the script *on the galleys*.

***geshuku*下宿** (a) roominghouse

例「彼女は下宿屋をやっている」She runs a *roominghouse*.

例「彼は下宿している」He has a room in a *roominghouse*.

***geta o azukeru*下駄をあずける** decide to have some particular person direct your course of action

例「私はあの人に下駄をあずけた」I am content to be *directed by his judgments*.

***getemono*げてもの** objects of dubious value but unusual and interesting in appearance

例「げてもの趣味」a taste for something unusual, like primitives in art

［注］ "low class ware" では必ずしもない．

***gifun o kanjiru*義憤を感じる** feel (*or* be) indignant at an injustice inflicted on another person

例「あの人たちが不当に取り扱われるのをみて，義憤を感じる」The way they are treated *makes* me *angry*.

例「彼らの，彼女に対する陰険な態度を見てとった自分は，義憤を感じた」I was *indignant* when I sensed their insidious attitude toward her.

gimu-zukeru (法的に，または会社などの法規で) **義務づける** mandate something

例「会社運営に社員の参加を義務づける法律が必要だ」

Laws *mandating* worker participation are needed.— *Fortune*.

例 「強制的に定年となる年齢」mandatory retiring age. この mandatory は個々の会社の法規によるの意.

***giri* 義理** a sense of bounden duty from one self-respecting individual to another; duty from the sense of honor and justice

例 「義理と人情の板ばさみ」torn between *duty* and love

例 「義理人情を知ることが真人間の基本だ」The sense of *responsibility* and human feelings are the basic artributes of a decent human being.

***giri-giri no tokoro* ぎりぎりのところ** the barebones minimum requirement

例 「300ページがぎりぎりのところだ。それだけはどうしてもほしい」Three hundred pages is *the barebones minimum requirement*. We cannot take less.

***gishin-anki* 疑心暗鬼** doubts beget doubts; give rise to doubts and suspicions

例 「いまこれをはっきりさせておかなければ，疑心暗鬼をうみ，事態はますます悪くなる」Unless you clear this matter now, it will *give rise to no end of doubts and suspicions* and will aggravate the situation seriously.

***gō* 業** predetermined sin （前世からの宿縁）

¶ You must accept it as retribution for your sin in your previous existence. この表現は，自分の意志ではどうにもならない obsession などを rationalize するために，いまでも使われる．

gōhara 業腹(ごうはら)　that which makes one's blood boil
　例「卑怯者と思われては業腹だ」It *makes my blood boil* to be thought a coward.

gōin-na 強引な　high-handed
　例「強引な政策」a *high-handed* policy

gōin-ni... o suru 強引に……をする　have your way without regard to any one's feelings（他人の感情を無視して意思を通すこと）; do brashly; push one's way through
　例「彼は強引に自分のやり方で押し切った」He *pushed his way through*.
　例「世間の批判をものともせず，強引にやりとおした」He *pushed his way through* it heedless of all criticisms leveled at him.
　例「彼は強引に口説いた」He wooed her *brashly*.

gojuppo-hyappo 五十歩百歩　not a great deal of difference
　例「どちらの方法をとるにしても五十歩百歩だ」There is *not a great deal of difference* between these methods.

gokan 語感　a feel for the language; an instinct for words

gōketsu 豪傑　a tough, fearless man; a character
　豪傑に当たる英語はないが，この言葉には2通りの意味がある。おそれを知らぬ「英雄」の意と「変わり者」の意とである。
　例「彼は正義を信ずる豪傑弁護士に助けられた」He was saved by *a tough, fearless lawyer* who believed in justice.
　例「彼女は女によくある虚栄心を持たない。一種の女傑

だ」She has no feminine vanity ; she is quite *a character*.

gokuraku-tonbo 極楽とんぼ a happy-go-lucky person
frivolous というほどひどく derogatory ではないが，slightly mocking（やや軽べつ的）な含み．

gomakashi ごまかし covering up; putting on a false show to hide something from the real issue; self-deception（「気休め」と似た用法）
例「ごまかさずに問題にぶつかりなさい」Meet your problem head-on, never *hide from* it.
例「彼の言うことに一かけらの真実もない．すべてはごまかしだ」There is not one iota of truth in what he says. Everything about him is *false*.

goman to aru ゴマンとある an excessive amount of; a plethora of
例「日本には，娯楽はゴマンとある」You'll find *a plethora of* pastime in Japan.

gōri-ka 合理化 make it more rational (*or* reasonable)
例「今の税制は合理化されなければならぬ」The present tax system must *be made more rational*.

goro-goro-shiteiru ごろごろしている idling one's time away
例「彼の家にはいつも，食いつめた芸術家がごろごろしていた」His house used to be a haven for idling artists who failed to make a living anywhere.

goshō-daiji-ni 後生大事に treasure; (do) simple-heartedly
例「彼はその虎の子を後生大事にしていた」He *treasured*

his nest egg *like anything*.

例「彼は先生から教わったことを後生大事に実行した」He followed his teacher's instructions *simple-heartedly*.

gotaku o naraberu ごたくを並べる　speak platitude; make speeches; speak a lot of stuff and nonsense

例「ごたくを並べずに，早く仕事をしろ」Get on to work without *making speeches*.

例「彼の書くものはつまらぬごたくだ」What he writes is *a lot of stuff and nonsense*.

go-tōchi-songu ご当地ソング　a genre of the Kayōkyoku songs designed for the ear of a particular local people

goyō-kisha 御用記者

例「政府の御用記者」reporters serving the Government (*or* the leftist or the rightist parties 左翼や右翼の〈御用記者〉)

gōyū-suru 豪遊する　go on a great spree

例「彼は町の一流のホテルレストランで豪遊した」He *went on a great spree* at the best hotel-restaurant in town.

guchi ぐち（をこぼす）　idle complaints; indulge in idle complaints; keep moaning about what might have been

例「年をとるとぐちっぽくなる」One gets *querulous* with age.

guchoku 愚直　☞ ***baka-shōjiki*** ばか正直

guru ぐる　in complicity（法律用語）; in cahoots（スラング）

例「あのふたりはぐるだ」Those two are *in cahoots*.

〈類語〉 **nareai** なれあい in collusion（法律用語）

例「あの人たちはなれあいだ」I know there is *collusion* between them.

例「彼らがなれあいだぐらいはわかるはずだ」You ought to know they are *in cahoots*.

gutai-ka-suru 具体化する materialize

例「計画は具体化された」The plan was *materialized*.

gyaku-kōka 逆効果 ☞ **mainasu ni naru** マイナスになる

gyakuten 逆転 reversal

例「それは大した逆転劇だった」It was a dramatic *reversal* that we were witnessing.

例「それはなかなかの逆転劇だった」The sudden *reversal* of the situation was quite a drama.

～-suru ～する reverse itself; turn around

例「事態は急に逆転した」Suddenly, the situation *turned completely around*.

～ yūshō ～優勝 the reversal of score from a loss into a crowning victory

例「近鉄は逆転優勝した」The Kintetsu Buffaloes *reversed its losing score into a huge crowning victory*.

gyofu-no-ri o shimeru 漁夫の利をしめる When two parties are at war, a third party profits from the situation.

［注］ 国際論評などによく用いられる．

例「アラブとイスラエルの戦争で，他の国が漁夫の利をしめる」When the Arabs and the Israelis are at war, someone else *profits from the situation*.

gyūnyū-haitatsu o suru 牛乳配達をする　have a milk route

例「私は中学生のとき牛乳配達をしたことがある」I *had a milk route* when I was a grammar school boy.

H

haburi no yoi 羽ぶりのよい　influential; gaining power

例「彼は近ごろ政界に羽ぶりがよい」He is fast *gaining power* in the political circles.

hachiawase-suru 鉢合わせする　bump into each other

例「競争会社の代表が取り引き先で鉢合わせして、ばつがわるくて困った」It was an embarrassing situation that we of rival firms should have *bumped into each other* at our business dealer's house.

hachi-no-su o tsutsuita yōna 蜂の巣をつついたような　from a saying "a hornets' nest brought about one's ears"; thrown into utter confusion; gone haywire

例「蜂の巣をつついたような騒ぎになった」All *went haywire*.

haenuki はえぬき　trueborn; deep-dyed; born and bred; career man

例「彼は外務省のはえぬきの役人だ」He is a foreign office *career man*.

例「彼ははえぬきの東京人だ」He is a *trueborn* Tokyoite.

例「彼ははえぬきの保守派だ」He is a *trueborn* Tory.

例「彼ははえぬきの外交官だ」He is a *born and bred* diplomat.

ha ga tatanai 歯が立たない beyond one; out of one's depth

例「この仕事は私には歯が立たない」This job is *beyond me*; I can not handle it.

例「その役目は彼女には無理だ」That assignment is *out of her depth*.

ha-ga-uku-yōna-oseji 歯が浮くようなおせじ cloying words of flattery that set your teeth on edge

例「あの男の歯の浮くようなおせじにはまったく参る」That *apple polisher* sets *my teeth on edge*.

hagire ga ii 歯切れがいい a clear, crisp way of speaking

例「彼の歯切れのよい話しっぷりは、気持がいい」His *clear, crisp speech* is nice to hear.

[注]「歯切れがわるい」は poorly enunciated; unclear; evasive (逃げ腰) の意味にも使う.

例「彼の説明は妙に歯切れが悪い．逃げ腰だということがわかる」

His explanation curiously *lacks clarity*; you can tell he is *evasive*.

haigai-shugi 排外主義　xenophobia; anti-Westernism

hairyo 配慮　care and consideration

例「その問題には，多くの配慮が必要だ」You must deal with it with much *care and consideration*.

〈類語〉　***shinkei ga yukiwataru*** 神経がゆきわたる　nothing being over-looked

例「あの人の仕事は隅から隅まで神経がゆきわたっている」His work is very thorough; *nothing is overlooked*.

例「神経のゆきわたった編集だ」This is an editing in which *nothing is overlooked*.

hakabakashiku-nai はかばかしくない　make little progress

　この表現は，いまでは常に否定形で，「はかばかしい」とはあまり言わない．

例「事業があまりはかばかしくない」Business is *making little progress*.

　この反対は ***hakadoru*** はかどる　make rapid progress

hakanai はかない　a wistful sense of life as a fleeting dream; hollow

例「この世は，はかないものだ」This world is *but a fleeting dream*.

例「そうした期待が，はかない幻想にすぎなかったことが彼らにしだいにわかってきた」It slowly dawned upon them that such expectations had been nothing more than *hollow illusions*.

hakkiri-shinai（声などが）はっきりしない　furry

　この言葉は「舌ごけの生じた」と言ったりするが，声は

出しているものの，はっきり聞きとれないような不明瞭なものの言い方．

¶ Their untrained voices are a little *furry*.—*New Yorker*. (彼らは役者としてまだ未熟で，音声の訓練が少ないので，せりふがはっきりしない)

haku ga tsuku 箔がつく　make you more prestigious

例「昔は，日本の医学生はドイツに行った．ドイツの大学から学位をとると箔がついたから」In the olden days, Japanese medical students went to Germany to study. For degrees from German universities *made them more prestigious* in Japan.

hakujitsu no moto ni sarasareta 白日のもとにさらされた　これはふつう辞書には "brought to light" とか "exposed to the light of day" と出ているが，次のような場合には，他の訳語，"emerge" または "reveal" などがほしい．

例「厖大な資料のなかから，事実の一応の輪郭が白日のもとにさらされた」Out of a body of massive material *emerged* a contour of the fact.

hakuri-tabai 薄利多売　quick sales at small profits

例「薄利多売主義」a *quick-returns* policy

hame o hazusu 羽目をはずす　be carried away entirely

例「あのパーティで彼はすっかり羽目をはずしてしまった」He *was* so *carried away* at the party that he lost the sense of where he was.

hamerareru はめられる　get framed

例「あなたは，はめられたんだ」You've been *framed*!

hana ni tsuku 鼻につく begin to stink
  例「はじめは大したものだと思っていたものも、時が経って熱がさめると鼻についてくる」When one's first enthusiasm wears out, one's object of adoration often *begins to stink*.

hanashi ga dekisugiteiru 話が出来すぎている The story sounds too perfect for my liking.
  例「話があまり出来すぎているので、われわれは何かあると思いだした」*The story sounds so perfect* that we began to sense something fishy about it.

hanashi ga kamiawanai 話がかみ合わない The two parties do not seem to be focused on the same thing in their argument. / They are talking at cross purposes.（議論の焦点が別々だ．相反する目的で物を言っている）
  例「われわれは話がかみ合っていない．実のところ相反する目的で物を言っている．これじゃどうにもならない」We're *not focused on the same thing in our argument*. We're actually *talking at cross purposes*. We'll never get anywhere like this.

hanashi-hanbun ni kiku 話半分に聞く take a tale with a lavish sprinkling of salt

hana-tsumami 鼻つまみ something so stinking (*or* disgusting) that one has to hold his nose around it; undesirable character; stinker
  例「彼はあの会社では鼻つまみだ」He is considered a *stinker* at his work place.

hankotsu 反骨 resistant to authority; a rebel spirit

例「彼はなかなかの反骨精神の持ち主だ」He has a strong mind of his own. / He is not frightened of authority. ただしこれは今の反体制（anti-Establishment）とは違い，単に硬骨漢（a man of grit）というほどの意味である．

〈類語〉　*honeppoi* 骨っぽい ⇒ *hone* 骨

ha o kuishibatte taeru 歯を食いしばって堪える　bear through with clenched teeth; bear through with all the strength one can muster

例「彼は歯を食いしばって，その困難に堪えた」He *bore through it all with all the strength* he could muster up.

happa o kakeru はっぱをかける　set dynamite to; prod (*or* spur) a person to work

例「現場監督は労務者にはっぱをかけるためにやとわれている」The overseer is a hired prodder whose job is to *spur* the workers *to work*.

happō-fusagari 八方ふさがり　blocked in every direction; in trouble

例「あの会社は八方ふさがりの状態だ」That firm is *in trouble* now.

happō-yabure 八方破れ　down and out

例「あの男には八方破れのようなところがある」He has *the down and out look* about him.

例「八方破れのやり方」a desperado approach; derring-do

hara 腹　the belly は figurative speech として多くの日本語独特の表現を生んでいる．英語では belly とか stomach とかいう言葉は低俗な扱いを受けているが，日本語の

「腹」は多くの場合，英語の "heart" に当たり，腹に関するイディオムは抽象化された比喩として一連のイディオムを形成している．

~-fukururu-waza ～ふくるるわざ　兼好法師の有名な言葉が一般化したもの．

You get a full stomach if you keep things inside too much and for too long. ということは，You get sick with rancor. と言いたいのである．

~ ga ōkii ～が大きい　big-hearted; generous

~-gei ～芸　depth-acting

主として劇評に用いる critical term で，役者が感じを，大げさな芝居 (theatricality) によらず，ある深みを，思い入れなどで communicate することで，the hallmark of a good artist (よい役者の特徴) とされる．

~-guroi ～黒い　black-hearted; schemy

~-ise o suru ～いせをする　get even with (a person); retaliate against someone

retaliate は「腹いせ」というより，もっと正式な報復のこと．

例「法律は，それを破るものに報復する」The law *retaliates against* the transgressor.

「腹いせ」のほうはもっと個人的で衝動的なもので，"take out one's anger upon someone"（ひどい取り扱いを受けたことの腹いせ）といった意味の場合が多い．

例「彼は下宿屋の女主人への腹いせに，彼女の犬を蹴っとばした」He *took out his anger on* his landlady's dog, kicking him viciously.

~ ni ichimotsu ～に一物　He is up to something.

~ ni suekaneru ～に据えかねる　I cannot stomach it. / I cannot tolerate. / I cannot take.

~ no mushi ga osamaranai ～の虫がおさまらない　☞ **mushi** 虫

~ no saguriai ～のさぐり合い　spy for what's in the other's heart; spy on each other

~ o awaseru ～を合わせる　conspire; be in cahoots
例「あの２人は腹を合わせて私にかかってきている」Those two *are in conspiracy against* me.

~ o kukuru ～をくくる　make up one's mind on a matter; settle for
例「どうせ結果が同じなら，ここらで腹をくくろうではないか」Why not *make up our minds on the matter* around here, since the outcome of it will be very much the same one way or another?

~ o mirareru ～を見られる　They saw me coming. これは「足もとを見られる」(They take advantage of me.) とやや似ている．
例「こちらで望んでいることがわかって，足もとを見られ，高くふっかけられた」I'm afraid he *saw me coming*; he put on an exhorbitant price-tag.

~ o sueru ～を据える　be resolute; face things
例「こうなりゃ腹を据えてかかるよりしかたない」Under the circumstances there is no other choice for me but *face it*.

~ o waru ～を割る　open up; speak out; take someone

hara

into confidence（心のなかをさらりとうちあける）

***hara-hara* はらはら** ☞ ***oro-oro* おろおろ**

***haran-banjō* 波瀾万丈**　stormy waters; troubled waters
　例「彼の生涯は波瀾万丈だった」He has had a *stormy career*.

***haremono ni sawaru yōni* はれものにさわるように**　(dealing with an ugly customer) tread with extreme care; walk on tiptoes
　例「あの男にははれものに対するようにしている」He is an ugly customer. We have to *walk on tiptoes not to ruffle him*.

***hari* （心の）張り**　a sense of purpose; something to live for
　例「張りがあるから彼女はいつも元気だ」She is always bubbling with energy because she has *a sense of purpose*.
　例「彼女は母親に死なれて心の張りを失った」She lost *a sense of purpose* when she lost her mother.
　例「彼の顔には張りがある（ない）」He has *a strong face*. (He has *a weak face*.)

［注］　この strong とか weak とかは意志力を感じさせる顔とか感じさせない顔の意，つまり，心に張り（目的意識）があれば，意志力も出来，なければ意志力も減退するという考え方である．

***harikiru* はりきる**　full of enthusiasm; with zeal
　この言葉に当たる口語的表現は，"coiled up for action" とか "spoiling for action" で，eager for action の意である．

例「彼は，あまりにもはりきりすぎて，じっとしていられなかった」He was so *coiled up for action* he couldn't stand still. また同じことを He is *spoiling* (or *raring*) *for action*. と言ってもよい．He is *spoiling to fight*.（彼は戦おうとはりきっている）ボクシングの場合もこの表現を使う．

例「彼ははりきってその仕事をしています」He is working on it *with zeal*.

hashagi-sugi はしゃぎすぎ　make too much merriment over

例「メディアは賄賂のスキャンダルについて，はしゃぎすぎる」The media is *making too much merriment over* those pay-off scandals.

hashikure はしくれ　a humble member of

例「私も芸術家のはしくれだ」Such as I am, I regard myself as an artist.

［注］これは日本語の understatement で，自負心の含意がある．

hashi nimo bō nimo kakaranu 箸にも棒にもかからぬ　an impossible creature; a hopeless creature

例「私のいたずら者の12歳の甥は，われわれ親類の間では箸にも棒にもかからぬ存在だ．彼の両親でさえ一再ならずさじを投げたほどなのだ」My naughty 12 year old nephew in considered in our family, to be *an absolutely impossible creature*; his own parents had given up on him as hopeless more than once.

〈類語〉　***nitemo-yaitemo-kuenu-yatsu*** 煮てもやいても食えぬ奴　You can't do anything with him.

［注］ ① この2つの表現は共にユーモアを含んでいる．ただ「箸にも……」のほうは目下のものについて主として使うが，「煮ても……」のほうは対象がバカにならぬ存在であることをある程度認めている．②「さじを投げる」という表現は「箸にも棒にも……」にのみ適用される．

hashiri はしり　この言葉は野菜など季節に最初に収穫されたもの，the first of the season のことだが，これから原型（prototype）の意にも使う．

[例]「それが市民運動のはしりだった」That was *the prototype* of civic movement.

hashitanai はしたない　ill-bred; catty

[例]「彼女はあの女性を好いてはいない．だが人前で悪口を言うような，はしたないまねをするには教養がありすぎる」She does not like her, but she is too well-bred to indulge in *catty remarks* about another woman in public.

[例]「ちゃんとした育ちの女性にはふさわしからぬはしたない行為だ」It is a behavior *entirely unworthy* of a woman of good breeding.

［注］"catty"は主として女性に関して使うが，この頃は男性にも使う．

hassō 発想　the way things occur in mind (*or* are conceived)

[例]「英語の発想と日本語の発想は違う」*The way things are conceived in* English is different from Japanese way.

〈類語〉　***shikō-hō*** 思考法　thought process

hatarakikake 働きかけ　an attempt to move (*or* influence) a person or group into action

[例]「彼らの行動は，明らかに外部からの働きかけによるも

のだ」One can easily detect an outside *influence in their action*.

***hatsugen-ken* 発言権**　a voice

　例「その事については，みんなに発言権がある」Everybody has *a voice* on that.

　例「われわれはそのことについては何も発言権を与えられていない」We are given *no voice* about the matter.

***hattari* はったり**　☞ ***kyosei o haru* 虚勢を張る**

***hayaru kokoro o osaeru* はやる心を抑える**　restrain oneself when one's heart is spoiling to leap out

　　hunter が獲物をわなに捕獲したときなど，今にも飛び出していって成果を見たいのをじっとがまんして，機会をうかがう場合，またそれに似た状況に使う．

　例「私ははやる心を抑えて獲物がわなに入るのをじっと待った」I *controlled my heart spoiling to leap out* and waited for the game to walk into the trap.

　例「今にも飛び出そうとはやる心を，懸命に抑えた」I forcibly *restrained myself when I wanted to rush out*.

***hebi no namagoroshi* へびの生殺し**　この表現に最も近い英語は "be left in limbo" である．limbo とはキリスト教で信じられている死後の状態で，天国と地獄の境目にある影のようにうす暗い場所で，そこにいわば宙吊りのままの忘れられた存在になることで，漠然とした闇の境遇のこと．つまり「へびの生殺し」に当たる．会社などで，サラリーマンが往々にしてゆきあたる不幸な立場．

　例「彼は仕事は与えられず，昇進の道はまったく閉ざされ，へびの生殺しの状態におかれている．いっそやめてや

ろうかと思うが，女房子供のことを思うとそれでもがまんするしかなかった」In the company, *he is now in limbo*, so to say. No daily assignment to work on, no hope for advancement, no future. He thinks of quitting, but then thoughts of his family kept him from indulging in such a luxury. Thus he goes on suffering the unspeakable torture.

***hedo ga desōna jōtai* へどが出そうな状態**　revolting

例「誤った管理のために，その会社はへどが出そうな状態にあった」With appalling mismanagement the company was *in a revolting state*.

〈類語〉　***mirumo imawashii* 見るもいまわしい**

例「彼らの従業員を搾取するやりかたは見るもいまわしい」The way they exploit their company's employees is *revolting*.

***heikin-ka* 平均化**　pressurize things into a common denominator

例「戦後，何でも事物を平均化する傾向はますます強くなってきた」The postwar tendency to *flatten* everything *into a common denomination* is getting more and more prevalent.

***heisa-teki* 閉鎖的**　closed

　この closed は主として "a closed mind"（閉鎖的な人，または心理）の意に使われる．ただし closed には比喩的な意味付けが他にたくさんあり，必ずしもわるい意味ばかりではない．たとえば "closed shop"（従業員がみな労働組合員である店）などがある．

例「商事会社は本来,閉鎖的な社会だ」A commercial firm is essentially a *closed* society.

heiyō 併用 use something in combination with something else
例「粉薬と水薬を併用しなさい」*Take* a powder medicine *with* a liquid one.

hekotareru へこたれる lose heart
例「彼はどんなことにもへこたれなかった」He never *lost heart*. / Nothing discouraged him.

hendō 変動 fluctuations; swings
例「もうけの激しい変動は,水商売にはつきものだと思われている」It is generally thought that *fluctuations* are inherent in all catering businesses.

henkutsu (***ganko***) 偏屈 (頑固) hard-nosed; narrow-minded; curmudgeon
curmudgeon は老人に多く使う. curmudgeonly が形容詞. "cantankerous" とも言う.
例「彼は偏屈で頑固な老人だ」He is a *hard-nosed, old curmudgeon.*

hesomagari へそまがり ☞ ***amanojaku*** あまのじゃく

hibana o chirasu 火花を散らす have a heated argument (*or* controversy)
例「彼らは教育組織についての論争に火花を散らした」They *had a heated argument* over the present school system.

hidari-uchiwa de kurasu 左うちわで暮らす be on easy street for the rest of one's life

例「彼がその大もうけの口を失ったので，彼の家族は，左うちわで暮らす望みがなくなった」Because he lost his lucrative business, his family's hope for *being on easy street for the rest of their lives* was shattered.

higamu ひがむ be sorry for oneself; have a sense of being unfairly treated; given to a jaundiced view
例「彼はひがんでいて，まっすぐにものが見られない男だ」He *is* forever *sorry for himself*, forever *given to a jaundiced view*.

hiiki ひいき enthusiastic; partial to
例「あの先生はあなたをひいきしている」That teacher is *partial to* you.
例「ひいきのひき倒しということもある」You can do a person terrible disservice by pulling for him in a wrong direction.

~*-me ni miru* ~めに見る be biased in favor of
例「わたしは彼の兄弟だからどうしてもひいきめに見る．だがどうひいきめに見ても，彼の腕前は一流ではない」I'm his brother and naturally *biased in favor of* him but his skill is *at best* a second class.
例「どうひいきめに見ても，彼の作品は優秀ではない」Even *under a most favorable light*, his work cannot be called brilliant.

~ *suru* ~する root for someone
例「どの球団がごひいきですか？」Which ball club *are* you *rooting for*？「読売ジャイアンツが好きです．具体的には長嶋のファンです」I'm *rooting for* Yomiuri Giants

in general, and Nagashima in particular.

hijitetsu o kuu 肘鉄を食う　meet with a rebuff; get a snub

例「彼は彼女に求婚して肘鉄を食った」He proposed to her and *got a snub* for the trouble.

hi-jōshiki 非常識　senseless; lacking in common sense; out of one's senses

例「そんなことをするなんて非常識だ」He is *out of his senses* to do a thing like that.

hikage-mono 日陰者　one who is socially ostracized

派閥争いなどで，勢力のないほうの組をよくこういう言い方で表わす．

例「彼は追い出された上司の息がかかっているので，会社では日陰者の身だ」Because of his known association with his banished boss, he is now in an unenviable position in the company.

hikaremono-no-kouta 曳かれものの小うた　a loser's complaint

この一見，日本独特の封建社会の産物のように見える表現も，英語にその片割れを見出すことができる．これもイギリスの中世社会の産物で，"gallows-humor cheekiness"というのである．

たとえば "…and there is an imaginative moment of *gallows-humor cheekiness* when the emaciated Pasqualino woos the commandant by humming a little love song" これは Lina Wertmüller というイタリアの女性映画監督の作で "Pasqualino Settebellezze" というナチ収容

所映画を *New Yorker* 誌が評したものの一部である（評論家は Pauline Kael）．この諷刺映画ではナチの司令官は女性という設定になっている．そのスーパーウーマンに，パスカリノという死刑囚が，曳かれものの小うたよろしく，ラブソングをハミングして聞かせるというなかなかいかす場面があるというのである．中世の産物でも gallows-humor cheekiness は，現在さかんに使われているのである．

hikimawasareru 引きまわされる be pushed around
例「人から引きまわされるのはごめんこうむる」I don't want to *be pushed around*.

〈類語〉 ***o-hikimawashi no hodo o*** お引きまわしのほどを I place myself under your gracious guidance.

日本式の rhetorical expression だが，英語の "I remain your humble servant" 式の form でいまでも使う．

hikishimeru 引きしめる tighten (up)
例「彼はたるみの出来た組織を引きしめるのに力をかした」He helped *tighten up* the sagging system.

hikisueru 引き据える grab a person and hold him on the floor（体に手をかけて床に引き据える）
例「彼らは，彼に手をかけて床に引き据えた」They grabbed and *held him on the floor*.

hikkomi ga tsukanai 引っこみがつかない so far gone that one cannot back out
例「この問題について，あまりにも肩入れしすぎていたので，委員長になれと言われたとき，いまさら引っこみがつかなかった」I had built the case up so much that I *could*

not very well back out when I was designated head of the committee.

hikutsu 卑屈 lacking in moral courage; timid; servile
例「男は卑屈な笑いを浮かべた」The man wore a *servile* little smile.
例「失敗したからといって卑屈になる必要はない」No need to become *defeatist* just because you did not succeed at something.

hima sae areba ひまさえあれば at every opportunity; at every spare moment
例「彼はひまさえあれば本を読んでいる」He reads *whenever he can snatch a moment*.

hinekureru ひねくれる この言い方は，英語にそのままの言葉がない．nasty とも違うし，人の性質を形容するものだから distorted と言ってもぴんとこないし，perverse と言えば sex maniac のようになるし，さしあたり最も近いのは，"sour" であろう．「あの女はひねくれている」は She is *a sour bit*. (bitch の略) などと言う．またもっと分解して，He can't take anything straight. (あの人物はものごとをまっすぐにとれない [つまり，ひねくれている]) と言うこともできる．

hinjaku-na 貧弱な 見た眼に重みが足りないことで，"skimpy" に当たる．skimpy は吹けば飛ぶような，短い布のイメージ．
例「この上着にこのスカートは貧弱すぎる」This skirt is *too skimpy* for this coat.

¶ Carter's own mandate to govern was shadowed, not

just by the skimpiness of his winning edge.—*Newsweek*. (カーターの統治力に暗い影を投げかけるものは,ただに,投票数の差が非常に少なかったというだけではない)

hinoki-butai o fumu 檜舞台をふむ　(be) in the limelight

例「彼はやっと政界の檜舞台をふむことが出来た」Finally he managed to *get into the limelight* of the political world.

hi no nai tokoro ni kemuri wa tatanu 火のない所に煙は立たぬ　No smoke without fire. / Rumor is usually traceable to some facts.

hi o tsukeru 火をつける　set fire (to a house) は火事を起こすこと.kindle はたばこなどに火をつける (light a cigarette) と同じ火のつけ方.古い言葉で,詩的なタッチがある.

例「焼けぼっくいに火がついた」Something re-kindled the embers of their old love.

hiraki-naoru 開き直る　get tough; turn on one's assailant

「居直る」とやや感じが似ているが,criminal act ではない.会話の途中などで suddenly take a defiant attitude の意味.

例「彼は勝ち誇って彼を責める人たちの前にあきらめたように小さくなっていたが,彼らがあまりしつこく追い詰めると,不意に開き直った」He seemed resigned and beaten before his triumphant accusers, but when they drove him too far, he suddenly *turned on his assailants*.

⇒ *inaoru* 居直る

***hiriki* 非力**　not well enough equipped; not enough clout
例「彼は非力だから役には立つまい」He does *not* have *enough clout* to help you.

***hiroi-yomi* 拾い読み**　skim through; glance through (a book)
例「彼は本の拾い読みをしていた」I found him *glancing through a book*.

***hitamuki-na* ひたむきな**　single-hearted; single-minded; earnest
例「彼は持前のひたむきなやり方で目的に邁進した」He pursued his objective with his characteristic *single-mindedness*.

***hito-ikire* 人いきれ**　stuffy from being overcrowded
例「人いきれでむんむんしている」The place is terribly *stuffy*. / The air is *stenchy*.

***hitokawa mukeba* 一皮むけば**　scratch a person and you will find...
例「一皮むけば，臆病な老人だ」*Scratch him and you will find* a frightened old man.

***hitokoto-ōi* 一言多い**　one word too many
例「あの男はいつも一言多い」He always says *one word too many*.

***hitokuse-mo-futakuse-mo-aru-hito* ひとくせもふたくせもある人**　not an easy customer; an ugly customer to deal with
⇒ *kusemono* くせもの

***hitome miyō to* 一目見ようと** have a look at...
 例「有名なスターを一目見ようと何千ものファンが劇場の前に列をつくった」 *To have a look at* the famous star in the flesh, thousands of fans queued up in front of the theatre.

***hito-no-nami* 人の波** waves of throng
 例「私たちは、フットボールのパレードに向かって、人の波が押しよせるのを見た」 We saw *waves of throng* converge towards the football parade.

***hito o kutte-iru* 人を食っている** brazen; having no respect for others' feelings (*or* intelligence)
 例「彼はまったく人を食っている。人にも感情があることをまるで忘れたみたいだ」 He is utterly *brazen*. He seems to forget that people have feelings too.
 例「これはまったく人を食った話だ」 This is an utter *insult to our intelligence*.

***hito o sakana ni suru* 人をさかなにする** have a good time at someone's expense
 例「あの人たちは、私をさかなにして飲んだ」 They made me a good topic of conversation at their drinking spree.

***hitori-gaten* ひとり合点** form a hasty judgment without consulting facts; jump into a conclusion
 例「それは君のひとり合点にすぎない。事実はそんなものじゃない」 You're making *a hasty judgment*. Facts are not like what you think.

***hitori-yogari* ひとりよがり** pleased with oneself; self-complacency; egotism

例「あれは彼のひとりよがりの作品だ」He has created something he is awfully *pleased with* but nobody is impressed about.

例「度をすぎた国家主義は往々にしてひとりよがりの昂じたものだ」Excessive nationalism is often a product of intense *egotism*.

hitori-zumō ひとり相撲　strain oneself to no purpose

例「だれも，彼の売るけんかは買わないから，結局はひとり相撲におわるだろう」Since people will refuse to be provoked by him, he will just end up *straining himself to no purpose*.

hito-sawagase 人さわがせ　false alarm

例「とんだ人さわがせで迷惑したよ」That was a bad case of *false alarm* that wasted a lot of our time.

hito-zukai ga arai 人使いが荒い　be a slave driver; work someone hard

例「彼は人使いが荒い」He *works me hard*.

hitsuzen-sei 必然性　logical necessity

例「私がそんなことをしなければならない必然性はどこにもない」I see *no reason* why I should have to do that.

hitteki-suru 匹敵する　be equivalent to; be worth

例「当時の10円は今の1万円に匹敵する」Ten yen of those days *is worth* ten thousand yen now.

hitto o dasu (~ *ni naru*) ヒットを出す (～になる) score

この score という動詞はスポーツで得点をすることか

ら，ただ勝つ（win）というだけでなく，大成功をおさめるという意味に使う．

例「彼の最近の作詞作曲がヒットになった」His latest work, a song composed and written by him, *scored big*.

***hiya-ase tara-tara* 冷汗たらたら** cold sweat coming out in beads; nearly died of terror doing it

この表現は上記のようにそのまま英語にもあるが，英語の場合は恐怖（terror）一点ばりで，日本語の表現に含まれるユーモアは少しもない．

例「車が一瞬断崖の上にひっかかった感じだった．何とかそこから離れたが，冷汗が出るのを感じた」The car stuck on the cliff. I managed to get it off, but *nearly died of terror doing it*.

例「宿題をしてなかったので先生にさされるかと，冷汗をかいた」I didn't do my home work and was afraid the teacher might call for me. I had *cold sweat* all right.

この第2の例のほうが，日本的である．

***hiyameshi o kuu* 冷飯を食う** eat a humble pie

例「あいつのところで，冷飯を食わされたおぼえがある」I once *ate a humble pie* at his place. ということは，I once held a humiliating position at his place.（彼のところ——これは彼の会社でもよい——で，屈辱的な待遇を受けたことがある）の意である．

例「私にも冷飯を食わされた時期があった」At one stage in my life, I *ate a humble pie*.

***hizumi ga kuru* ひずみがくる** the strain of something will eventually bounce back to right itself

例「高度成長のひずみはいつかはくる」 *The strain* of an extreme economic growth will *bounce back to right itself* some day.

例「そのぼろもうけのひずみはいつかはくるものと私たちは予想していた」 We had expected that the bonanza would some day *bounce back*.

hodasareru ほだされる compelled (*or* moved) by someone's affection (*or* dedication); feel compelled to

例「彼の熱意にほだされて，彼の企画に財政的な援助を与えた」 *His dedication moved me* into offering him a financial support.

例「彼の愛情にほだされて，彼女は彼と結婚した」 *By his touching devotion* she *felt compelled to* marry him.

hōgan-biiki 判官びいき one's inclination to take the side of the underdog [originates in a historical episode]; one's sentimental impulse to root (*or* pull) for the underdog (弱いほうに味方しようとする人間の衝動)

例「東京人は判官びいきをしたがる」 Tokyoites like to indulge in *their inclination to take the side of the underdog*.

例「ずるい策士は他人の判官びいきの感傷を利用して一もうけしようとする．つまり自分で弱者のふりをして見せるのである」 Some cunning strategists try to exploit *people's sentimental impulse to pull for the underdog* by pretending to be the underdog themselves.

hōkaburi (*shiranu-kao no hanbei*) **ほおかぶり** (知らぬ顔の半兵衛) これは歌舞伎もどき (in the pseudo-Kabuki style) のしゃれ (witticism) で, whitewash (表面を糊塗する) が近いが少し違う. cover up するところまでいかない.

例「悪事を働きながら知らぬ顔の半兵衛をきめこむ」He acts as though he had nothing to do with what happened.

hōkan 幇間　court-jester; a clown in Daimyo's retinue

例「あいつは幇間みたいなやつだ」He is a fawning sycophant.

hōman-keiei 放漫経営　sloppy management

honba 本場　the home of; the reputed production center

例「本場のみかんの味」the authentic flavor of the tangerine brought in from *the famous home of* it

honban 本番　action; a final とも言い, 練習 (rehearsal) に対する言葉. 試行錯誤 (trial and error) のもはや利かない正真正銘の action で, 現代英語では "This is it!" といった表現をする.

例「本番はまだこれからだ」*The action* has not begun yet. / *The action* hardly has begun.

hone 骨　bone を比喩的に用いた表現.

~ made shaburu ~までしゃぶる　bleed someone white.

例「あいつは人を骨までしゃぶらずにはおかない」The scoundrel will *bleed you white*.

~-mi ni shimiru ~身にしみる　feel it to the marrow

例「ご親切は骨身にしみて忘れません」I'll never forget your kindness.

~-nuki ~抜き　emasculate (a person); water down

例「冷酷でエゴセントリックな会社重役は社員を完全に骨

抜きにしていたので，彼が不正な方法で会社を乗っ取ったときに，誰も彼に立ち向かうだけの気骨のある者はいなかった」 The hard egocentric executive had *emasculated* the office workers around him so completely that not one had the guts to stand up to him when he took over by foul means.

例「骨抜きザル法」 a law *in name only*

～ *o hirou* ～を拾う

例「私はあの人に骨を拾ってもらうつもりだ」 I'll have him look to my affairs when I am dead.

～ *o oru* ～を折る　take great pains for; toil; exert; break one's ass [slang]

例「このことに関してお骨折りをいただき，ありがたく思っております」 We are thankful to you for *your great exertion* in this matter.

例「むだに骨を折っているとでも思うのか？」 You think I've been *breaking my ass* here for nothing?

～-*oshimi o suru* ～おしみをする　slacken

例「うちの会社では骨おしみをする人は要らない」 We want no *slackers* in our office.

例「彼は骨おしみをせずに働く」 He works without *stint*. / He works without *sparing himself*.

～ *o umeru* ～を埋める

例「私はこの国に骨を埋めるつもりだ」 I wish to bury my bones in this country. / I wish to make this place my last home. / I wish to die here.

～-*ppoi* ～っぽい　spiky; unyielding; having one's own

mind

hongoshi o ireru 本腰を入れる ☞ ***koshi*** 腰

honkaku-teki 本格的　authentic
　例「本格的な梅雨の気候になった」The *authentic* rainy season has started.

honke 本家　a head family
　～-*arasoi* ～争い　dispute priority; dispute over the legitimate originator
　～-*ishiki* ～意識　a proprietary feeling
　例「本家の人間は分家のものに対して常に本家意識を持つものだ」Members of a head family always have *a superior and proprietary feeling* towards those of a branch family.

honki-da 本気だ　(be) serious about it; mean business
　例「彼は本気だ」He *means business*.

honmei 本命　競馬用語で prospective winner of the race. 比喩的には one who is regarded as the prospective arinner（成功まちがいなしと折紙をつけられている人）の意.

honne 本音　what one really intends
　例「本音と建前は往々にして違っている場合が多い」One's announced principle often differs from *what he really intends*.

honshin 本心　what one really thinks; one's mind
　「本心」の反対は "public face"（外面）
　例「人の本心は外面からはわからないものだ」You can't tell anybody's mind from his *public face*.

horekomu ほれこむ　(be) strongly drawn to someone;

(be) completely sold on someone

[注] この「ほれこむ」は「ほれる」(fall in love with...) とは少し違い love affairs でなく，人間関係や business 関係についてよく言う．

例「彼はあの男の意気にほれこんだ」He *was strongly drawn to him* for his indomitable spirit.

例「社長は彼にひどくほれこんだ」The company president *was completely sold on him*.

horisageru 掘り下げる　delve into

例「この問題はもっと深く掘り下げてみる必要がある」We need to *delve into* this matter more.

horo-nigai ほろにがい　bittersweet

例「ほろにがさのなかに真の人生の味がある」*Bittersweet* is the life's own taste.

hōsō-daigaku 放送大学　University of the Air

hotobori ga sameru ほとぼりがさめる　by the time the heat cools off (ほとぼりがさめるころ); (a controversial event) calms down; (public clamor) blows over (さわぎのほとぼりがさめる)

例「彼はうわさのほとぼりもさめたころと3か月後に帰ってきた」He came back three months later, figuring that the rumor *had blown over* by that time.

hōyō-ryoku 包容力　これは英語にはぴったりした訳語のない言葉で，tolerance とか broad-mindedness だけでは意味が尽くせない．英語では "one who likes people" (人が好きな人間) というのがそれに近い．つまり「包容力のある人」とは，"one who has natural (*or* innate) liking for people" ということである．

***hyakki-yakō* 百鬼夜行**　Hundred devils prowl in the gloom of the night. / a scandalous condition

例「ここでは暗闘が絶えなくて，正に百鬼夜行の有様だ」 This place is in a most *scandalous condition*, feuds corroding all human relations.

***hyōban-daore* 評判だおれ**　overrated

例「どんな名所かと思ったが，来て見ると案外評判だおれだ」 The place is called a great site, but actually much *overrated*.

***hyōhen-suru* 豹変する**　turn round; change suddenly

例「彼ははじめ，われわれの側の証人になることに同意しておきながら，いざ法廷の証人台に立つと，豹変してこちらの不利になるようなことを言った」 He had agreed to testify for us at first, but once he got on the witness stand in the court, he *turned round* and spoke against us.

［注］　元来は「君子は豹変する」(A wise man makes adjustments to altered situation.) などと言って，必ずしも derogatory な表現ではないが，今では，sudden change にウェイトがあり，"treacherous" とほとんど同義に使われる．

***hyōmen-ka-suru* 表面化する**　come to a head

例「その収賄汚職問題が表面化したのは，日本では最近の数か月にすぎない」 It's only in the recent months that the payoff scandals *came to a head* in Japan.

***hyon-na-koto ni naru* ひょんなことになる**　come to a strange pass

例「ひょんなことから知り合いになった」We met *by a strange coincidence*.

例「ひょんなことになってしまって申し上げる言葉とてございません」（くやみの場合など）I'm terribly sorry that things have *come to this strange pass*.

hyott suruto ひょっとすると　possibly / Could it be

例「ひょっとすると，彼らは兄弟かもしれない」*Could it be* that they are brothers?

I

ibaru 威張る　throw one's weight around (*or* about)

例「彼はあまり威張りちらすので，仕事場では人気がない」He is not popular with his co-workers as he *throws his weight about* too much.

ibiru いびる　これは「いじめる」とほとんど同義だから，"make it hard for (a person)" で通用する．なお，「意地悪をする」にも通ずる．また bully も大体似たようなものである．

例「彼は会社からいびり出された」They *made it so miserable* (or *hard*) *for him* that he finally quit.

⇒ *ijimeru* いじめる；*ijiwaru o suru* 意地悪をする

ichamon o tsukeru いちゃもんをつける ☞ *iigakari o tsukeru* 言いがかりをつける

***ichibyō-sokusai* 一病息災**　One chronic ailment usually keeps one in general good health.—an old folk saying.

　これは「無病息災」をわざともじったもので，無病とまではいかずとも，宿痾が一つあって，それと何とか折り合って生きることをおぼえると，結果的には結構，健康体らしきものを保っていけるという経験からきた saying.

***ichigen-ka-suru* 一元化する**　unify; centralize
　例「行政権限の知事への一元化」*centralization* of administrative power to the governor

***ichika-bachika* いちかばちか**　take the chances; sink or swim; stake all
　例「いちかばちかやってみよう」I'll *take the chances* whatever the outcome.
　〈類語〉　***kenkon-itteki* 乾坤一擲**　play the game of all or nothing
　例「まさに乾坤一擲の場合だ」We are *staking all* for it.

***ichi-mai-kanban* 一枚看板**　one's sole banner of distinction
　例「3年間英国に留学したことが彼の一枚看板だ」A three years' schooling in England is his *sole banner of distinction*.

***ichi-mai-ue* (役者が) 一枚上**　a better artist; a cut above (someone)
　例「彼は私より役者が一枚上だ」He is *a cut above* me.
　例「彼は仲間よりも役者が一枚上だ」He is *craftier* (or *deeper*) than most of his fellows.

***ichi-moku-oku* 一目おく**　碁からきた言葉で，相手に対

しておく石の数は，ゴルフのハンディのようなもので，「相手に一目おく」とは You have to put a stone in advance to be able to compete with him. これが比喩的には，acknowledge another's superiority to you の意味になる．
　例「私はあの人に一目も二目もおいている」I have a lot of respect for him.

ichi-moku-ryōzen 一目瞭然　plain as day; obvious
　例「商売がうまくいっていないことは，一目瞭然だ」It's *plain as day* that the business is not upbeat.

ichi-ri-zuka 一里塚　a milepost; a milestone（業績の意にも使う）
　¶ His great work is *a milestone* in history.（彼の偉大な業績は歴史に一時期を画すものだ）

ichi-yoku o ninau 一翼を担う　play a part
　例「日本は世界経済の一翼を担っている」Japan is *playing a part* in the world economy.

idensei-shikkan 遺伝性疾患　genetic diseases
　例「今では結核は遺伝性疾患のなかには入らない」Tuberculosis is not among *genetic diseases*, today.

ii-bun 言い分　one's claim; what one has to say
　例「君の言い分をまず聞こう」Let us hear *what you have to say*.
　例「彼の言い分はともかく，彼の理くつは少々おかしい」Whatever *his claim*, his argument sounds a bit irrational.

iigakari (ichamon) o tsukeru 言いがかり（いちゃもん）をつける　pick a quarrel (over trivial things); make a false charge

例「彼が言っていることはまったくの言いがかりだ」 That's *a false charge*, what he is saying is completely untrue.

例「彼は言いがかりをつけてきた」 He deliberately *picked a quarrel* with me.

ii-kao ga shitai いい顔がしたい   want them to think I'm somebody ; want to shine

例「彼はそれで手腕を見せ、いい顔がしたいんだ」 He *wants* you *to see how brilliantly* he handles it. He just wants an audience.

例「いつもいい顔がしたいんだなあ，やつは」 Here's a guy who *wants to shine* all the time.

ii-ki ni naru いい気になる   be carried away by success ; feel too great

例「彼らは成功したあと、いい気になりすぎて、事の成行きに気がつかなかった」 They *were so carried away by their success* that they couldn't see what was coming.

例「彼はいい気になって金を使っている」 He is certainly *feeling great* the way he is squandering money.

iikiru 言い切る   come out with a difinite statement（自分の意見をはっきりさせる）; state clearly

例「彼は自分の意見をきっぱりと言い切った」 He *gave his opinion with a tone of finality*.

例「それはどちらとも言い切れない。事はあまりにもあいまいだ」 We cannot *commit ourselves* to one way or other. The matter is too ambiguous in the first place.

ii-ko いい子　a model child. これは反語的に使う．
　例「自分だけいい子になる」He is being good on us.

ii-koto ni shite (……を) いいことにして　making a good thing out of
　例「彼らは彼女の人のよいのをいいことにして，いやな仕事は全部彼女に押しつけた」*Making a good thing out of* her good nature, they shoved off all dirty work onto her.
　例「あの人たちは，彼が人のよいのをいいことにして勝手なことをしている」They *are making a good thing out of* his good nature.

ii-ne 言い値　the asking price
　例「彼の言い値は100万円だったが，私はその品にそれだけの価値はないとみた」His *asking price* was one million yen. But I didn't think it was worth that much.

ii-nikui-koto o iu 言いにくいことを言う
　例「言いにくいことを口に出して言った」He spoke up and named what was too embarassing to name.
　例「彼はぐずぐず遠回りせず言うべきことをずばりと言った」He didn't beat around the bush *to say what needed to be said*.

ii-sen o itte iru いい線をいっている　be on the right track
　例「あなたはいい線をいっている」You're *on the right track*.

ii-tokoro o miseru いいところを見せる　do something to impress others
　例「彼は盛んにいいところを見せた」He *was making a*

campaign gesture about it.

iji ga warui 意地がわるい spiteful

例 「彼は意地がわるく,人に悪意をもつ」He is *spiteful* and bears grudge with people.

[注] 「意地がわるい」はこう言わないと完全に通じない.日本語の端的な表現が英語にはない.

⇒ ***ijiwaru o suru*** 意地悪をする

ijimeru いじめる 相手を abuse するの総称で,このなかには persecute とか,bully とか,tease または play with (なぶる) などいろいろの shades of meaning があるが,この言葉の真意は,相手の心を悩ませることで,乱暴に扱われてもさっぱり感じない人もあるのだから,いろいろ手をかえ品をかえ,相手の心を傷つける方法をとること."hurt someone" が最も近く,hurt (*or* injure) others' feeling intentionally が「いじめる」という行為なのである. I will make his life miserable. (あいつを徹底的にいじめてやる) とは英語でよく言う.

例 「いじめた人間は往々にして自分のしたことを忘れるが,いじめられたほうは死ぬまで憶えている」*The abuser* may forget what he did, but *the abused* will remember what was done to him to his dying day.

同じような意味の表現を挙げてみよう.

例 「人種が違うのでいじめる (迫害する)」They *persecute* him because of his color.

[注] persecute は人種や,信念や,宗教の違った人を abuse すること.

例 「彼は空腹に悩んだ」He was *tormented* by hunger.

例「絶えず脅迫して彼をいじめた（悩ませた）」They *tormented* him with constant threats.

「いじめる」にはまた bully の意味がある．rough handling とか，frighten と似た使い方．

例「現場監督が労働者をおどかして服従させた」The foreman *bullied* the workmen into abject submission.

tease（からかう）の意味に「いじめる」が使われることがある．

例「彼女の最近の情事について，彼女をいびった」They *teased* her about her latest love affairs.

⇒ *ibiru* いびる

～ijiri ～いじり   be in contact with the object for no very particular reason. 何ということなしに対象に触れている状態．

例「庭いじりが好きです」I like *playing around with* plants.

例「単なる機構いじりだけでは意味がない」Mere *tampering with* office structure is meaningless.

ijiwaru o suru 意地悪をする   make it hard for (a person)

例「彼女は私に意地悪をした」She *made it hard for me*.

例「みんなに意地悪をされた」They *made it very hard for me*.

⇒ *ibiru* いびる；*iji ga warui* 意地がわるい

ikamono-gui いかもの食い   a man of an unusual taste; an eccentric

例「彼はいかもの食いだ」He has *an appalling taste*.

〈類語〉 *tade-kuu-mushi mo suki-zuki* たで食う虫も好き好き Every man to his taste.

ikareteru いかれてる この日本語のスラングに似た英語のスラングはいろいろある。なかでも "way out", "freaky" などが近いがぴったりはしない。両方とも「変わっている」の意だからである。だが「いかれてる」には見るほうで面白がっている様子があるので，"zany" とか "clownish"（道化た，おかしな）といった愛嬌のあるという意味の言葉がより近いものと思われる。

例「あの娘は少しいかれてる」The girl is *crazy*, a bit touched in the head, you might say.

例「あの息子はいつもいかれた服装をしている」He is always seen in one of those *zany* outfits modern hipsters like to wear.

ikasu いかす 英語の "groovy" に当たり，定着している。

例「あの女ちょっといかすな」She is not bad. / She is *groovy*.

ikasu 生かす make a full use of

例「それは人材を生かすための一つの工夫だ」That's a device to *make a full use of* individuals' potentials.

ikeru いける not bad; this is something

しかし，これらは英語では日本語の「いける」ほどスラングっぽくはない。

例「この酒はいける」This saké is*n't bad*.

iki ga au 息が合う temperamentally agree with each other

例「あの2人はぴったり息が合っている」They are a

natural pair, they coordinate admirably. / They are a natural pair, they create a marvellous effect between them.

ikigai 生きがい　something to live for
　例「よい人生をおくるには，何か生きがいを見つけなければならない」To live a good life, it is essential to find *something to live for*.

iki ga kakatta (……の) 息がかかった　connected with; appointed through the influence of…
　例「社長の息のかかった人物の人事には，人事部長はたいてい神経質になる」Managers of Personnel Department usually get nervous over job-placement of someone *connected* in any way *with* the president of the firm.
　例「前社長の息のかかった分子は追放しよう」Let us rid ourselves of those elements whose appointments are *traceable to* the ex-president of our firm.
　例「ひとたび要職につくや，彼はかつてのライバルの息のかかった人びとをいびりはじめた」Once in power, he began to bully those job-holders *who had gotten their jobs through the influence of* his arch-rival.

iki-garu 粋がる　act smart and trendy; (in order to) be clever
　例「彼はそんなことを言って粋がってる」He says that *to be clever*.

iki no nagai 息の長い　capable of a long sustained effort
　これを long-winded とすると意味が違ってきて，long-

drawn-out, つまり tedious (長ったらしくて, たいくつな) ということになる. 比喩的に「息の長い人」は, one who last long. キャリアなどがだめにならないで長く続いている人を, 「あの人は息の長い人だ」と言う. また, 「長い仕事に取り組む能力のある人」one who is capable of a long sustained effort とも言う.

ikioikomu 勢いこむ vigorously prepared for action; dash in
例「彼は勢いこんでかけつけてきた」He *dashed in*.
例「彼は勢いこんで話しはじめた」He *vigorously* started to talk.

ikita-kokochi mo shinakatta 生きた心地もしなかった was scared to death; frightened out of one's wits
例「地震は大きくて持続的だったので, われわれは生きた心地もしなかった」The tremor came big and continuous and we *were all scared to death*.
例「カウンター越しに銃をつきつけられて, 銀行員は生きた心地もせず, 言われるままにした」When he saw a man pointing a gun at him over the counter, the bank clerk *got frightened out of his wits* and did as he was told.

iki-tōgō-suru 意気投合する これを feel congenial with the other party (相手に好感を持つ) と言ったのではまだ何か足りない. ナウな表現を「意気投合」にあてはめれば, "find your chemistry right with other party" であろう.
例「パートナーとしてよい仕事をするためにはまず意気投合する必要がある」To make partnership work for you,

you have to first *find your chemistry right mutually*.

iki-tsuku-hima mo nai 息つくひまもない　so busy that one has hardly a breathing spell

例「3日間というもの息つくひまもなかった」I *had hardly a breathing spell* for those hectic three days.

ikkaku-senkin 一攫千金(いっかくせんきん)　get-rich-quick. これはアメリカ英語で形容詞として使う.

例「街頭は, 一攫千金の考えで動いている人びとでいっぱいだ」Streets are full of *get-rich-quick* operators. つまり山師たちがはびこっている, の意.

ikka o nasu 一家をなす　talented enough to be a professional in one's own right

例「彼はすでに一家をなしている」He is *talented enough to be a pro in his own right*.

例「彼は彼の専門分野で一家をなしている」He has *established himself* in his own line of work.

ikken-rakuchaku 一件落着　¶ The case was concluded and done with. Nothing more is to be said about it.（その一件はとにかく締めくくられ落着した. もう何も言うことはないわけだ）

これは, いろいろの曲折を経たあげく, 事件が落着してやれやれ, という含みもある.

ikki-ichiyū 一喜一憂　now glad, now sad; get affected by every little result

例「そんなことで一喜一憂するのは愚かしい」It is silly to *be affected* by every little result.

ikkyoshu-ittōsoku no rō o oshimu 一挙手一投足の労

を惜しむ refuse to lift a finger to help
例「彼は自分のためには何でもするが，人のためには一挙手一投足の労を惜しむ」He will go to any lengths for his own good but *won't lift a finger to help* others.

imi-shinchō-na-kotoba 意味深長な言葉 a significant remark; a remark full of implications

imozuru-shiki 芋づる式
例「ギャングは芋づる式につかまった」The whole ring of gangsters were arrested *one after another*. / *One* arrest *led to another* and the whole ring of bad men were taken by the police.

inaka-shinshi いなか紳士 a country yoke; a hillbilly; a yokish man
　〈類語〉 ***inaka-shibai*** いなか芝居 a corny theatricality; an obvious attempt to deceive the public
［注］ しかし，いなか教師 (a country teacher) はいなか司祭 (a country priest) と同じく，derogatory の意味はなく，文字通り草深いいなかのことで，むしろ pastoral (牧歌的) なムードを持った表現.

inaoru 居直る get tough suddenly when driven
例「居直り強盗」a burglar who *becomes tough* when detected
例「居直られたらどうするつもりか」What would you do if he *turns on you*?
⇒ ***hiraki-naoru*** 開き直る

inchiki いんちき a humbug; a quack; a shammer; an impostor; phony; fake

例「彼はにせ医者だ」He is no doctor, he is *a quack*.

inga 因果 仏教からきた言葉で,前世にその人間が犯した罪により現世で受ける罰,つまり retribution of one's prenatal sins という考え方.具体的には「不仕合わせ」(misfortune) とか「運命」(fate) というときに使う.

例「戦争で身よりをすべて失ったのは,身の因果とあきらめるよりほかない」It was my *misfortune* to have lost all of my kins in the war. There is no way out for me but to take it philosophically.

～-*mono* ～もの a series of plays Mokuami (1816-93) wrote on the theme of tragic fates suffered by his dramatis personae including incest, all as retributions of their prenatal sins, which is the basic thinking of Buddhism

～ *o fukumeru* ～をふくめる これは,古くからあって今でも盛んに用いられる表現.sweet-talk a person into the mood of resignation ということだが,具体的には,何か明らかにその人に不利な事柄をがまんするように説得するときに使う.

例「彼は部下に,そのありがたくない仕事を,サラリーマンの宿命(因果)とあきらめて,承諾するように納得させた」He *sweet-talked* one of his men *into accepting* the unattractive post as part of the wage earner's cross.

ingin-burei いんぎん無礼 full of effrontery under cover of courtesy

　英語の諺に "Full of courtesy full of craft." というのがあるが,craft は腹黒いほうだから無礼とは少し違う.

例「彼のやり方はいんぎん無礼だ」He will *insult* you with his usual *courteous manners*.

inochi atteno monodane 命あっての物だね To be alive is the most important thing in the world, one can sacrifice everything else but his life.

　従来の和英の辞書の解釈は明らかに意味が違うから注意．この表現は While there is life there is hope. とは似ても似つかぬものである．

inochi-tori 命取り　prove fatal; it can kill you

例「こういうことは，一歩あやまれば命取りだ」One false step *can kill you* in this kind of business.

例「まちがった仕事をえらぶと，とんだ命取りになる」If you make a wrong choice for your career, that *will be the end of you*.

ippentō 一辺倒　single-hearted support to the exclusion of others

例「ソ連のアラブ一辺倒ぶり」Soviet Union's *exclusive support* for the Arabs

ippōteki-na 一方的な　unilateral; ex parte; unreciprocated; one-sided

　ひと口に「一方的」と言ってもいろいろの意味がある．相手側に対する影響は考慮に入れず，自分の側だけに都合がいいような取り決めをすることを They took a *unilateral* action. と言う．また相手国の意向も聞かずに協定などを廃棄することを They abrogated a treaty *unilaterally*. と言う．Unilateral Declaration of Independence (UDI) は一方的独立宣言，つまり世界各国に認められよ

うと，認められまいと，かまわず自国の独立を宣言することである．

軍縮は一方がすれば，他方もそれに応じるのが普通だが，*unilateral* arms control というのも結果的にはある．アメリカの軍事評論家はソ連との SALT II について，それは *unreciprocated* arms control（アメリカだけが軍縮をして，ソ連はお返しせずに平気でいる）ではないか，とカーター政権を非難している．

"ex parte" はもともと法律用語で，一当事者のみの申し立てによって，反対の利害関係を有する者に通知することなしに，法的決定がなされた場合，That was an *ex parte* case. と言う．

これから一般語として，他人の思わくなど一切無視して，自己主張をすることを言う．

¶ The bully proceeded at once to enforce *his ex parte notion* of what is right.（その横暴な男は，すぐに自分の考えを一方的に押しつけにかかった）

¶ The matter was discussed *ex parte* by vehement propagandists on both sides.（そのことについての論議は，両方の側の宣伝員によって，一方的にガナリ立てられる結果になった）

"one-sided" は一方的といっても，試合などで片方が圧勝することに使う．

¶ It was entirely *one-sided game*; Hanshin Tigers scored a *runaway* victory over the Giants 11 to nothing.（試合はまったくお話にならなかった．阪神タイガースが 11 対 0 で巨人を破った）

***ire-ageru* 入れあげる** lavish money on (a lover)
例「彼女は食うものも食わずに恋人に入れあげた」She is starving herself to *lavish money on* her lover.
〈類語〉 *mitsugu* みつぐ give financial aid to one's lover

***ire-jie-suru* (～*-sareru*) 入れ知恵する (～される)** prime (a person) with an idea
例「あれは彼女の考えではない．あきらかに誰かに入れ知恵されたのだ」That's not her idea. Clearly she was *primed by someone*.

***iroke* 色気** sex appeal
例「あの役者には色気が欠けている」The actor has no *sex appeal*.
例「彼女は色気がつく年ごろ」She is no longer a child.

***iro o nasu* 色を作す** 「気色ばむ」とほぼ同義．become incensed by; get angry at... は「激怒する」ほうで，「ほんの少し怒る（むっとする）」程度のは，"be miffed at" である．

***iro o tsukeru* 色をつける** put color to it という意味は，「もう少し色をつけていただけませんか」Can you make your proposition slightly more attractive? ということ．
［注］ ある外国人の書いた辞書に "give way a little" としてあるのを見たが，ややずれる．

***iro-yoi-henji* 色よい返事** a favorable response
これは，江戸時代からある表現で花柳界から出ている．つまり，a favorable answer from a Geisha in response to a customer's wooing で，「お客の求めに応じて芸者が

色よい返事をする」といったもの.「色よい返事」とは言っても,「色わるい返事」とは言わない. 否定に用いるときは,「あの人に講演をたのんだが色よい返事はもらえなかった」We asked him to give a lecture at our next meeting but his answer was in the negative. という.

isami-ashi 勇み足 ☞ ***ashi*** 足

ishin-denshin 以心伝心　telepathy; communion of a mind with a mind

〈類語〉　***uo-gokoro areba mizu-gokoro*** 魚心あれば水心　He'll do by you as you do by him.

isogaba maware 急がばまわれ　Make haste slowly.

これはイギリスの格言.

isōrō 居候　unpaying guest

例「彼は友人宅に居候をきめこんだ」He went to live in his friend's house as an 'unpaying guest.'

issei o fūbi-suru 一世を風靡する　sweep the world with one's celebrated performance (*or* songs, etc.)

例「彼の歌は一世を風靡した」He *swept the world* in his day *with his celebrated songs*.

isshi mo matowazu 一糸もまとわず　without a stitch; stark naked

例「身に一糸もまとわず彼女は眠ったまま歩いていた」She was walking in her sleep *stark naked* (or *without a stitch*). この場合 in the nude とは言わない. なぜなら後者は, 美術などに使うテクニカルな言葉が一般化したもので, 分類には役立つかもしれないが, 生きたショックの感覚を伴わないからである.

isshin-dōtai 一心同体 one flesh

夫婦のことを英語でもこう言う.

例「夫婦であるということは, ただ一心同体だと言ってすましていられるものではない. つまり対世間ということも考えなければならない」Being man and wife is more than the question of *one flesh*. There is the social aspect of it to consider.

isshoku-sokuhatsu 一触即発 an explosive situation; touchy; dangerous

例「両国の関係は, 一触即発の状態だった」The relationship of the two countries was extremely *delicate*.

例「国際情勢は一触即発の状態だった」The world situation was such that war could break out at a slightest provocation.

例「事件は, 一触即発の状況のなかで起こった」All the tinder was there when it happened.

issō-suru 一掃する rid a place of undesirables (望ましくない人物を一掃すること)

例「ごたごたを起こす連中を, 会社から一掃するつもりだということを彼は匂わせていた」He made no secret of his intentions to *rid the office of* troublemakers.

issun no mushi nimo gobu no tamashii 一寸の虫にも五分の魂

¶Every man, no matter how lowly, has a soul of his own.

Don't expect that you can crush it easily, or with impunity. (どんなに下っぱでも人にはそれぞれ魂がある. たやすく踏

みにじれると思うな［人を踏みにじれば必ず罰がまわってくる］）

　この "soul" という言葉は，英語でも人間を生かしておく力と信じられている．最も近い訳語は「気力」だろう．

issun saki wa yami 一寸先は闇　The future is a sealed book.

ita-basami 板挟み　pressured from two sides; in a dilemma

　例「両方の板挟みになって，彼はますますやりにくくなった」*Pressured from the two parties,* he found it increasingly difficult to manage.

itakedaka いたけだか　put on a threatening tone of voice

　例「彼は急にいたけだかになって，女を罵りはじめた」He suddenly *put on a threatening tone of voice* and began to throw invectives at her.

　同じような日本語の表現に，次のような例がある．

　例「たいへんな見幕でつめよってきた」With a fierce anger on his face, he drew close towards me.

itaku-mo-nai-hara o sagurareru 痛くもない腹をさぐられる　have unfounded suspicion directed against one; be suspected of something one is absolutely innocent of

　例「だれだって痛くもない腹をさぐられてよろこぶ人はいない」Nobody likes to *have unfounded suspicion directed against him.*

　例「痛くもない腹をさぐられるのは業腹だ」I resent

being suspected of something I haven't done.

「痛くもない腹をさぐられる」という表現は常に受身で,「痛くもない腹をさぐる」とは言わない.

***itame-tsukerareru* いためつけられる** be taunted; be bullied

例「あの男はいつも妻君にいためつけられている」He *is* always *taunted* by his wife.

***ita ni tsuite-iru* 板についている** The part he plays suits him well. その人間の任務,職業などが,その人にぴったりしていることで,He is very good at what he is doing の意味も含まれている.元来はactor の performance が舞台にのること.He is very persuasive as an actor. のことである.

***itanshi-sareru* 異端視される** be regarded as heretic, or irregular, therefore unacceptable

この表現は日本語では主として受身に使う.

例「彼のその問題に対するやり方は,世間一般のやり方とあまりに違うので,異端視された」His approach to the question differed from conventional ones so radically that it *was regarded as heretic, therefore unacceptable.*

***itashi-kayushi* 痛しかゆし** (be) received with a mixed feeling

例「その法案は,業界には痛しかゆしだ」The bill was *received* by the industry *with a mixed feeling.*

***ito-ga-kireta-tako* 糸が切れた凧** (feel at) loose ends

例「糸が切れた凧のような気がしてるんでしょう」You feel at *loose ends,* don't you now? —*New York Review of Books*.

itooshimu **いとおしむ**　care for; feel for a person
　例「あの娘がいとおしい」I *care for* her a great deal. ということはI love her. と同義.

itten-bari de **一点ばりで**　consistently act on the principle of
　例「彼女は質素一点ばりでやった」She *consistently acted on her principle of* plain living and frugality.

ittetsu-mono **一徹もの**　この言葉を辞書に出ている obstinate とか stubborn と訳すにはむりがある. なぜかと言うと, 日本語で「一徹もの」と言う場合, obstinate といった批判語ではなく, もっと温かみのある描写になるからである. "a hot-head" という言葉が英語にあるが, むしろそのほうに近い. これに uncompromising (妥協をしない) を加味したようなのが「一徹」である.
　例「老いの一徹で彼はいったん思いこんだらてこでも動かない」Nothing will make that *old hot-head* change his mind.

iwa-kan **違和感**　an uncomfortable sense of being out of tune with...
　例「私はこの会社の社風には初めから違和感を感じていた」I've *never been comfortable with* the ways of this firm from the beginning.
　例「あの人の強引なやり方に私は非常な違和感を感じた」I *found* his pushing ways *disagreeable* to the extreme.

iyagarase **いやがらせ**　say or do something for the sole purpose of making the other party feel bad; say or do something disagreeable or menacing; a threat

例「あれはただのいやがらせだ」That was a simple *threat* meant to frighten you.

iyami いやみ (a) sarcasm

~ *ga nai* ~がない free from disagreeable note of any kind だが，実際には，pleasing に当たる．

例「彼の作品にはいやみがない」His work is extremely *pleasant*, completely free from any false note.

ただし，「いやみを言う」は "speak *sarcastically*" で，この場合の「いやみ」は sensibility の問題でなく，皮肉のことである．

iyarashii いやらしい ☞ ***egetsunai*** えげつない

iya to iu hodo kikasareta いやと言うほど聞かされた be made captive audience

例「おのろけをいやと言うほど聞かされた」I *was made captive audience* to his love tales.

iyoku o okosaseru 意欲を起こさせる motivate people

例「会社は新社長を探していた．従業員に勤労意欲を起こさせるような人を」The company was looking for a new leader—a man with an ability to *motivate people*.

J

jiban-chinka 地盤沈下 sinking ground

例「あの会社は地盤が沈下している」The company is on *sinking ground*.

jibara o kiru 自腹を切る ☞ ***mochidashi*** 持ち出し

jibun o korosu 自分を殺す　efface oneself; self-abnegation

例「彼女は自分を殺して、家のためにつくした」She worked for the interests of her family *in complete self-abnegation*.

jichō-suru 自重する　和英の辞書には "self-respect" と出ているが、実際には、日本語では「軽々しいまねをしない」の意に使われている。正しい訳語は、Watch your step./Don't give yourself short shrift./Don't sell yourself cheap. である。

例「あなたのつきあっている男性は、評判が非常によいとは言えない。十分に自重してほしい」The company you keep is not a man of impeccable reputation. You'd better *watch your step*.

jidai-shugi 事大主義　「長いものには巻かれろ」は passive な態度で、しかたなしに yield to the power なのだが、「事大主義」はもっと低い political strategy のようなもの。truckler とか flunkyism に相当し、社会事象などに対しての判断に公正を欠き (an attitude lacking in integrity)、時流に従おうとする (servile to the fashion of the day) のを言う。

ji-de-iku 地でいく　play it out in real life

例「彼はいつも原始的な生活をするアフリカ人やインディオが自然に密着しているのをうらやましいと言っていた。

そして彼は自分もそれを地でいった」He was saying always that he envied those primitive-living Africans and Indians for being so close to nature and that he wanted to be like them. And he practically *played it out in his real life*.

***jiga-jisan* 自画自賛** painting with a world of eulogy written in by oneself; self-praise (*or* praising one's own wares)

例「自分の作品を自分で賞めていれば世話はない」What can you do with a man who *praises his own wares*?

***jigen* 次元** standpoint; level

例「彼はまったく違った次元からものを言っている」He is looking at the question from an entirely different *standpoint*.

例「彼らのは低次元の考え方だ」Theirs is a low *level* and least sophisticated thinking.

***jijō-jibaku* 自縄自縛** もともと仏教の言葉で, "be bound by a spell of one's own imagination" の意.

***jika-chūdoku* 自家中毒** 医学用語としては autointoxication だが, heart burn; その他 pyrosis; dyspepsia などを, 似たような症状に使うのが普通である.

***jika-yakurō-chū-no-mono* 自家薬籠中のもの** win a person over to one's side; make someone eat from his hand

例「経験に富む政治家は, 単純な人びとを完全に自家薬籠中のものにした」The experienced politician worked on the simple folks until he *made them eat from his hand*.

***jikkan* 実感** feel real
  例「どうも実感がわかない」It simply does not *feel real* to me.
***jiko-kisei* 自己規制** voluntarily put a limit to (*or* on) one's maximum performance for some reason (ある理由から,最大能力を発揮することをみずから制限すること)
  例「日本は世界の貿易均衡を是正するために,自国の貿易力を自己規制したことは事実だ」Japan *did voluntarily put a limit on her maximum performance* for the sake of a better trade balance in world economy.
***jimetsu-suru* 自滅する** head for ruin; work oneself out of existence
  例「こういう方針でやっていれば彼は必ず自滅する」He is *heading for certain ruin* if he keeps up such a policy.
  例「こういう時代錯誤的な方針で努力しても,会社はおそかれ早かれ自滅する」The company will sooner or later *work itself out of existence* if it goes by such an anachronistic policy as this.
***jimi* 地味** opposite of "loudness." subdued color などのことも言う.modest つまり aggressive でない様式 (style) や生き方.
***jimichi-ni* 地道に** plod one's way
  例「彼は地道に考えて自分の結論に達した」He *plodded his way* into a conclusion of his own.
***jimoto* 地元** the local people; the host town
  例「姉妹都市を代表してきた人びとは,地元の歓迎攻めにあった」The delegation of the Sister City were feted by

host town.

例「政府の企画した事業は地元民の猛反対にあった」The government project was *locally* met with fierce opposition.

jinchū-mimai 陣中見舞　a cheer visit with a person busy at the front; visit to comfort a battling friend (usually with gifts)

⇨ ***sashi-ire*** さし入れ

jin'in-seiri 人員整理　divestment (*or* divestiture) in organizations

"divest" は着けているものを剝ぎとることで，I *divested myself of day clothes* and changed into nighties. (昼間の服を脱いで，夜着にきかえた) などと言う．

例「あの人は会社の人員整理をするために雇われた」He was hired to perform the job of *personnel divestment* on behalf of the firm.

jinji 人事　これは会社の personnel section (人事課) のことも言うが，サラリーマン社会の人事移動 (new personnel appointments) のことである．

例「こんどの人事は不満だ」I find the way they handled the *personnel transference* very unsatisfactory.

jinkō-bakuhatsu 人口爆発　population explosion

例「世界の人口爆発がはじまってから一世紀未満しかたっていない」It is only less than a century since the world's *population explosion* set in.

jinmyaku 人脈　これは日本語特有の漠然とした言葉だが，意味は，a stratum of society which is broadly known to be in friendly association with a given person (その人に好意的と見られている一部社会); one's circles

例「児玉人脈の最初の逮捕」the first arrest made out of Kodama *circles*

例「人間の出世は，往々にしてその人脈によってきまる」One's fortune is often determined by *the nature of society he moves in.*

jinshin o isshin suru 人心を一新する   usher in a new mood

例「会社の人心を一新する必要があると，重役たちは決議した」The board of directors decided that it was important to *usher in a new mood* into the company.

jintō ni tatsu 陣頭に立つ   lead a campaign personally

これは軍隊で，「兵の先に立つ」"take a position at the head of an army" からきたものだが，主として比喩に使う．

例「彼は毎朝出かけていって，選挙の陣頭指揮をとった」He was there early in the morning, *directing his campaign workers.*

jintsū-riki 神通力   magic powers

例「彼は神通力を失ったらしい」He apparently lost his *magic powers* he had once had.

jippa-hito-karage 十把一からげ   (be) lumped together

例「大抵の大企業では，オフィスボーイはみな十把一からげで，消耗品あつかいされている」In most big businesses, office boys *are all lumped together* and treated as expendables.

***jishu-sei* 自主性**　この言葉を independency と訳してみても本当の意味は出ない．substantivity とすべきである．「主体性」とも言える言葉である．むろん substantivity は substantive の名詞である．substantive とは self-subsistent，すなわち自立している状態，物事が本質的に独立していることである．実質のあること，見せかけ (spurious) の反対である．「市民的自主性」とは "substantive citizenship" 有名無実の市民でないことである．

***jisseki* 実績**　something tangible to show as achievement
例「あの会社は実績をあげている」That firm is going somewhere.

***jita-bata shitemo dameda* じたばたしてもだめだ**
例「ことここに至っては，じたばたしてもだめだ」No use making scenes when things are gone this far.
⇒ *ōjō-giwa ga warui* 往生際がわるい

***jitsuryoku* 実力**　muscle
　これは実力の意味を最もよくうがった現代語．
例「彼は官界では何の実力もない」He has no bureaucratic *muscle*.
　muscle は violence（暴力）につながるところから，「実力行使」は "physical enforcement" のことである．

***jitsuryoku-sha* 実力者**　a power man behind the scene
例「彼は，財界の実力者だ」He is the actual, if unofficial, party *in power* in the nation's economy.

***jittai* 実態**　the actual condition; actualities
例「実態調査に乗り出した」They began to investigate *the actual state of the matter*.

jō ga utsuru 情がうつる become attached to a person over time

例「どんな人でも，長い間つき合っていると，情がうつるものだ」You *become a kind of attached* to any one if you keep his company long enough.

jōhatsu-suru 蒸発する drop from sight; evaporate; disappear without a trace

例「彼は20年間もサラリーマンで家庭人だった．ところが5年前のある日突然蒸発して以来，行方が知れない」He had been a corporate employee and a family man for 20 years. One day, 5 years ago, he *dropped from sight* and has not been heard from since.

例「彼女は2か月前に蒸発したきり，消息がない」She *disappeared* two months ago *without a trace*, and we haven't heard from her since.

jūbako no sumi o yōji de tsutsuku 重箱のすみをようじでつつく 従来の和英辞典では "split hairs" として，That would be splitting hairs. (そんなことを言うのは，重箱のすみをつつくことになる) というようにあてはめてあるが，この splitting hairs は細かい区別をことごとしく言い立てることで，重箱のすみをようじでつつくこととは少し違う．後者は小さなあらを見つけて非難することだから，"nitpicking" である．

例「そんなことで争うのは，小さなことを探して針でつつくようなものだ（つまり重箱のすみをようじでつつくことだ）」To haggle over these would be *nitpicking*.

jūjitsu-shiteiru 充実している full; substantial

例「この本は内容が充実している」This book is a *solid* stuff.

例「あなたは充実した生き方をしている」You are living a *full* life.

jūnen-ichijitsu-no-gotoku 十年一日の如く　(work at a thing) with industry and consistency; day in and day out for years

例「十年一日の如く，彼は働いた」Everyday he worked *with mute industry and consistency*.

例「十年一日の如くに彼は仕事に精を出した」*Day in and day out* he worked at his job.

junpū-manpan 順風満帆　smooth sailing

例「テレビ業界も順風満帆ではない」The television industry is by no means *smooth sailing*.

jūrai no ikigakari ni torawarezu ni 従来の行きがかりにとらわれずに　forgetting old conflicts and rancor

例「従来の行きがかりにとらわれずに，新しい一歩を踏み出そう」*Don't let our old troubles come between* us in our new alliance.

K

kaban-mochi かばん持ち　man friday; assistant

例「彼はかつて，党首のT氏のかばん持ちだった」He

was the one time *man friday* of the party leader, Mr. T.

man friday は Daniel Defoe の冒険小説 *Robinson Crusoe* の主人公に仕える土人の忠僕の名．これから，忠実な秘書をこう呼ぶ習慣が英語に出来た (1791 年以後)．女の assistant は "girl friday" と呼ぶ．

kabu ga agaru 株があがる   rise in the value of one's stock; rise in public esteem

例「その事件以来彼の株があがった」Since that episode, *public esteem* of him *has risen*.

kaburi-tsuki かぶりつき   the front row; the best seat

例「私は，それをかぶりつきで見物できる立場です」I have now *a front row view* of that spectacle.

例「かぶりつきで，そのショーを見ることができた」I was able to see the show at *the front row*.

kachi-me ga aru(~ **nai**) 勝ち目がある(~ない)   have an edge over; have a chance against

例「カーターはフォードよりやや優勢だった」Carter *had a slight edge over* Ford.

例「ケネディはカーターにまず勝ち目はない」Kennedy *stands* little or *no chance against* Carter.

kado ga tatsu 角が立つ   sound harsh; sound raw

例「そういう言い方をすると角が立つ．もう少しおだやかに言え」It would *sound harsh* if you put it that way. Tone it down a little.

kaeru-no-ko-wa-kaeru 蛙の子は蛙   Like begets like.

例「〈蛙の子は蛙〉のようにと，彼は，息子を自分のようにプロのゴルファーに仕立てようとしている」*Like begets like*; he is training his son as a professional golfer like him.

***kage-benkei* かげベンケイ**　同じ弁慶でもこれは，a person who is a braggart and loud-mouthed about someone he wants to beat but who becomes meek when confronted by him（かげでは大きな顔で悪口を言っていながら，前に出ると何も言えない人）

⇨ ***uchi-benkei* 内ベンケイ**

***kage ga usui* 影がうすい**　a shadowy existence

これは2通りの意味に使う．

例 「何だか影のうすい人だった」 I used to feel *a sort of shadow of death* about him.

例 「あの人ももう影がうすくなった」 He is *on the way out*.

***kagidasu* かぎ出す**　sniff out

これは英語と日本語がぴったり合う表現の一つ．

例 「これらのちょっとしたヒントから，彼はその国民の文化の傾向をかぎ出す」 From these tiny clues, he *sniffs out* the major cultural trends of the people.

例 「彼らは衝突事故のあった山にドイツ産のシェパード犬を数匹はなして，生存者をかぎ出させた」 They released some German shepherd dogs in the mountain area where the clash occurred to *sniff out* survivors.

***ka-hogo* 過保護**　overprotective

例 「彼は過保護の子だった」 He had an *overprotective* mother.

***kahō-wa-nete-mate* 果報は寝て待て**　One who waits

gets everything.

⇒ *mateba-kairo-no-hiyori-ari* 待てば海路のひよりあり

kai-asaru 買いあさる hunt for; rummage the market for

例「彼は，何かよい買物はないかと市場を買いあさった」He *rummaged the market for* some good buys.

kai ga nai かいがない work hard for nothing

例「一生懸命やったかいがなかった」*I've worked hard for nothing.*

kaigen 開眼 awakening to...

Buddhist terminology で，あることに関して真理を会得すること．今までモヤモヤしていたものに突破口が開けた，の意．

例「それは彼の芸術家としての開眼だった」That was his moment of *awakening* as an artist.

［注］ 最近では "breakthrough" を awakening の代わりに使う．

kai-goroshi 飼いごろし keeping an employee on the payroll for life; keeping an employee till he dies

この表現はもともと封建領主が年とって役に立たなくなった家来でも一生雇っておくことからきた．老年になって役に立たなくなった人，もしくは初めから無能の人すべてが「飼いごろし」のなかには含まれている．

例「封建時代には定年制というものはなかった．使用人は普通，主人の家で飼いごろしにされた」In the feudal days there was no such institution an mandatory retirement age. An employee was usually *kept for life* by his master.

kaihatsu-suru 開発する　この言葉を単に develop と訳すことには疑問がある．まず資材を発見して他に先んじて develop するという原意が出ないからである．pioneering in developing... とするか，または単に pioneer (a thing) とすべきだろう．

kai-kaburu 買いかぶる　overvalue; overrate

例「わたしはあの人間を買いかぶっていた」I had *overrated* him. He is not that good.

例「あの作家は世間から買いかぶられすぎている」He is an *overrated* writer.

kaishin-no-emi o ukabeta 会心の笑みを浮かべた
His face wore a smile of satisfaction.

kaishin-no-saku 会心の作　a work that has met one's heart's desire

例「あの絵はとくに彼の会心の作だった」That particular picture was *a work, among his other works, that had met his heart's desire*.

kaji-ba-dorobō 火事場泥棒　fire-thief；また類語としては fishing in troubled waters. よく国際関係などにも使う表現．

例「彼らは火事場ドロ的行為に出ている」Those countries are *fishing in troubled waters*.

例「火事場泥棒は重罪になる」*Fire-thievery* is a criminal offence subject to heavy penalties.

kaji-ba-no-bakajikara 火事場の馬鹿力

¶ On the scene of fire, people are often capable of acts of

enormous strength, taking heavy things out of the house they wouldn't dream of doing normally. (火事場でよく見かける光景だが, 人は平時なら手で持ち運ぶことなど思いもよらないような重いものを, 家から持ち出す馬鹿力を出すものだ)

　これは非常時には人間は損をしてはならないという欲心から急に精力的になる, ということをややユーモラスに表現したもの.
この現象を英語では,

¶A sense of danger suddenly energizes the body resources of the human individual. (危険を感じると, 人間の体力は急に精力的になる)
といった言い方をしている.

kajō-koyō 過剰雇用　redundant ; overemployment ; employing more people than needed to run an organization (会社などを経営するのに必要な人員以上の数を雇うこと)

　例「わが国の化学企業では13人に1人は過剰だという」 In the nation's chemical industry, one out of 13 is said to be *redundant*.

kakato-no-chibita-kutsu 踵(かかと)のちびた靴　shoes run down at the heels

kakedashi かけだし　☞ ***shitazumi-jidai*** 下積み時代

kake-goe bakari かけ声ばかり

　例「かけ声ばかりで一向に仕事がはかどらぬ」 Much gesture (*or* shouting), but little progress in actual work.

kakehiki かけひき　stratagem

　例「恋のかけひき」 love's *stratagem*

kakemochi かけもち hold more than one job at the same time; moonlighting（本来は夜のアルバイトの意からきたが，昼でも使う）

例「会社は社員にどんなパートタイムでもかけもちを厳禁する」The company forbids its employees to *work for other organizations* even on part-time basis.

例「私はかけもちをしなければやりくりがつかなかった」I had to do some *moonlighting* because I couldn't make both ends meet otherwise.

kake-ne no nai tokoro かけ値のないところ 文字通りには "an honest price" だが，比喩的に使う場合が多く，This is a flat fact.（これがかけ値のない事実です）などと言う．

¶ To be perfectly candid (*or* honest, outspoken) with you, it was not a wise move.（忌憚なく言えば，それはあまり利口なやり方ではなかった）

kakimawasu かきまわす tamper with

例「新入社員などに会社をかきまわされてたまるか」We cannot allow our new employees to *tamper with* our company's affairs.

例「彼には政界をかきまわすだけの実力はない」He hasn't got the clout to *tamper with* politics.

kaki no yōni damari-kokuru かきのようにだまりこくる silent like an oyster

これは日本語の表現で，英語では Keep your mouth shut like a clam.（蛤のように口を閉じよ）とか "clam up" を使う．

kakioroshi 書きおろし　a new work (as opposed to a revised work)

例「彼は書きおろしの本を書きおえた」He has just finished *a new work*.

kaki-tateru 書き立てる　write up in newspapers; give a big write-up

例「新聞は彼女のことをさかんに書き立てた」The papers *gave* her *a big write-up*.

kakkoii かっこいい　これは "groovy" という流行語にやや近いが, 主観的（文字通りには「好いたらしい」）にすぎる嫌いがある. "smart", "trendy" などもある程度当たっている. 要するに, 人でも, ものごとでも「かっこいい」とは, 時代感覚に合って "good looking" であり, "good sounding" であることである.

例「あなたのは若い人にアピールするかっこいい職業だ」You have a *good looking* job that appeals to youth.

例「あなたの企画している仕事は, とてもかっこいい」Your project is *nice and trendy*.

例「ここはなかなかイカスところだ」This is a *groovy* point.

kakō-bōeki 加工貿易　processing trade

kakō-gimi 下降ぎみ ☞ ***furuwanai*** ふるわない

kaku-kazoku 核家族　nuclear family; the basic components of a family—parents and child

大家族とのコントラスト, つまりしゅうと (inlaws) などのいない状態.

例「私のところは核家族だ」Ours is a *nuclear family*.

kaku-kurabu 核クラブ nuclear club——核兵器 (nuclear weaponry) を持っている英米ソ仏中のこと．「非核保有国」nonnuclear club

kama o kakeru かまをかける lead someone on
例「記者は誘導尋問でうまくかまをかけていった」The reporter *led him on* by clever questions.
⇨ ***yūdō-jinmon*** 誘導尋問

kamatoto かまとと one who feigns innocence of worldly knowledge; a poseur
例「かまとと娘」a girl who pretends to know nothing of common practice
例「その悪徳漢は得意のかまととぶりを発揮して，金持の女性をろうらくした」The knave with his notorious *poseur technique*, eased his way into rich women's hearts.

kamitsuki-yaku (***nikumare-yaku***) かみつき役（にくまれ役） the villain's role
例「彼はかみつき役なのだ」He has to *play the villain* (to right the situation).

kamiwaza 神技 ☞ ***nyūshin-no-waza*** 入神の技

kan 勘 hunch
例「彼の勘は当たらなかった」His *hunch* played him false.

kanabō-hiki 鉄棒ひき scandalmonger; hatchet woman
例「あの女は鉄棒ひきだというので，近所の鼻つまみだ」She has the reputation of being a *hatchet woman* and is shunned by her neighbors.

kane ni itome o tsukenai 金に糸目をつけない money is no object; regardless of expenses

例「その事業は金に糸目をつけず完成されなければならぬ」The project must be worked out *regardless of expenses, money is no object*.

kangae ga aru (わたしに) 考えがある これを I have an idea. と訳しても誤りではないが，もっと具体的に常用されている表現がある．それは I have a plan. というのである．なにかこまったことがあって，どうしたらよいかと案ずる妻に夫が，Don't worry, *I have a plan*. と言う．この plan という言葉の英語のなかにおける地位は，日本語の「計画」などというものよりずっと強い説得性を持ったものである．すべて行動の源泉となるアイディアを plan と言うのである．plan を持っているといないとでは，直接成功不成功につながるという考え方なのだ．They have no plans. と言えば，その人たちの運命はもう極まったも同然だという含みになる．

kanguru かんぐる suspect; stretch one's imagination

「かんぐられる」と受身の形で使われる場合が多い．

例「かんぐられるだけ損だから，余計なことはしないほうがいい」Don't do anything extra. Funny suspicions are all you'll get out of it.

kanroku 貫禄 class

例「彼女は貫禄がある」She has *class*.

kao 顔

例「ここではぼくは顔だ」I have some influence around here; *they know me*.

~-iro o ukagau ～色を窺(うかが)う stand in awe with someone ; (be) anxious to please one
例「彼女はいつも夫の顔色を窺っていた」She *stood in awe with* her husband, very *anxious to please him*.

~-make ～負け be scandalized at
例「彼のやり方は，したたかな放蕩者さえも顔負けだ」His behavior would *scandalize* the wildest libertine.

~ o tateru ～を立てる help someone save his face; save someone's face
例「ここのところはひとつ私の顔を立ててくれませんか」You could *help me save my face* if you would concede on this.

¶ *Saving face* is everything to these people. (面子(めんつ)を失わないことが，この人たちにとって何より大事だ)

~o tsubusu ～をつぶす lose face
例「それでは，彼の顔をつぶすことになる」You can't make him *lose face* like that.

~-tsunagi-ni ～つなぎに attend meetings and parties just to keep yourself on the map

名前を忘れられないように，物書きや芸能人が会やパーティに出席すること．

***karada o haru* 身体を張る** work at a job which requires your physical presence

仕事場に自身で出ていなければならない仕事．事実上，サラリーマンの仕事はすべて身体を張る仕事である．

例「毎日身体を張って仕事をせにゃならんのだから，健康に注意しなけりゃ」Since we have to get out there *physically to work* every day, we need to keep well.

kara-genki 空元気 put on a show of cheer; act cheery
[例]「彼は元気よくふるまっていたが，それが空元気であることはすぐわかった」He was *acting cheery*, but we knew right away that *it was put on*.

kara-ibari 空いばり put on a bold front; bluff
[例]「彼は内心の臆病さをかくすために空いばりしたがる」He likes to *bluff* to hide his timidity.

karakuri からくり a trick; a device; a scheme; a wire-pulling
[例]「そういうからくりがあるとは知らなかった」I had no idea that it was *a device* like that.

karamete-kara-no-kōgeki からめ手からの攻撃 attack by the backdoor. また比喩的には worm oneself into another's good graces. これをさらに一般的な比喩にすれば，正面からでなく，側面から問題を解決しようとすること. an effort to tackle a problem through an irregular (*or* unofficial) approach, as opposed to frontal attack.
[注]「からめ手」に対する「大手」は "by the regular channel".

karamu からむ make insistant remarks
[例]「酔っぱらいにからまれて困った」A drunk *made insistant remarks* at me, it was very embarrassing.

karasu-no-nureba-iro 鴉のぬれ羽色 the crow's wing black
　これは英語と日本語の表現が偶然一致した例の一つである．もっとも英語のほうは日本語のこの表現のなかにある

粋な含みはなく，単につややかな "jet black" と普通いわれる黒々とした黒を他の髪の色と区別したまでである．

kareki-mo-yama-no-nigiwai 枯木も山のにぎわい
The more the merrier.
例「枯木も山のにぎわいと言うからわたしも行くことにした」*The more the merrier*, no doubt, I can at least contribute that much by being there.

kareta-gei (***kareta-ji***) 枯れた芸（枯れた字） A certain transcending quality in a masterly hand, suggestive of detachment and freedom from personal assertiveness— a quality attainable only by lifelong practice in craft. This is a highly laudatory quality in the world of Japanese calligraphy.（すぐれた書に見られる技術を超えたある味，個性の主張を離れた淡々とした自由感のようなもの——これは芸に一生を捧げてはじめて到達できる境地．日本の書道では特に貴ばれる特性である）

[注]「あの人の字は枯れている」を単に He has a well-practiced hand. と言っただけでは意味がない．上記のように freedom と detachment にウェイトがある．

karitekita-neko 借りてきた猫 ☞ *neko* 猫

karuku ashirau (~ *ashirawareru*) 軽くあしらう（～あしらわれる） snub; get snubbed; (be) slighted
例「彼は，ライバルに軽くあしらわれたうらみを忘れなかった」He never forgot the humiliation of *being snubbed* by his rival.

karukuchi 軽口 bantering; badinage
例「彼は軽口をたたいていた」He was *bantering around*.

例「みんな軽口をたたいてはしゃいでいた」There was much *badinage* among them.

kaso-mura 過疎村　villages almost depopulated of able-bodied men who are gone to seek better jobs elsewhere（壮年の男が他の土地にもっとましな仕事を探して行ってしまったため，人口が著しく減った村）

kata 肩

～ *de kaze o kiru* ～で風を切る　swagger（米）; act big

⇒ *dōsa ga dekai* 動作がでかい

～*-gawari* ～がわり　transfer of stocks から，一般的にも double up for someone in his duties（仕事の肩がわりをしてやる）とか take charge in place of someone，または単に take over でもよい．

例「肩がわりをたのむ」Take over, will you?

～*-hiji-hatta* ～肘張った　overstrained to keep up appearances; overly proud and sensitive about what others think of you（人がどう思うかを気にしすぎる）

例「肩肘張って生きるのはバカらしい．もう少し気楽にしてはどうか」There is no sense in *being overconcerned with appearances*. Better relax yourself more.

～*-ire-suru* ～入れする　root for someone; pull for someone

和英の辞書には "take sides with someone" となっているが，これは競争者の双方を前提として，片方に味方するという意味なので，ややずれる．

例「彼女はわたしに肩入れしてもらいたがっている」She

wants me to *root for her*.

~-mi ga hiroi (~ semai) ~身がひろい (~せまい)
(I'm) proud of... (ashamed of...)

例「外国に行くと，働いている会社が有名なので肩身がひろい」When overseas, I feel *proud of* the well-known firm I work for.

例「インテリ仲間の馬鹿さかげんに肩身がせまい思いがする」I'm *ashamed of* my fellow-intellectuals for being so wrongheaded.

~-no-koru-hanashi ~の凝るはなし a boring story; a story too serious for one's comfort

katamaru 固まる jell; come into shape

例「それはいま立案の段階で，まだ固まっていない」The proposal is still in a planning stage, it hasn't been *jelled* yet.

kata-omoi 片思い これは普通 an unrequited love; an unreturned love と言うが，男女の関係のみならず，広い人間関係のなかでの一方交通的な献身ぶりの意にも使われ，このほうは a one-way relationship と言う．

例「彼は上役によく協力した．だがそれは一方交通的な関係ではなかった．2人はおたがいから多くのことを学んだ」He worked in close cooperation with his boss. It was not *a one-way relationship*. They learned much from each other.

katari-kuchi 語り口 individual raconteur's style

これは日本の『平家物語』などから始まったいわゆる「語り」の伝統からきた言葉で，ストーリーテラーのスタ

イルのことである．昔の主として口でしゃべるストーリーについてだったのだが，今では文字による「語り」にも使う．文芸批評などでも，「あの小説の語り口は……」といった言い方をする．だがこれは「語り」の伝統を引いたスタイルを持った作家，たとえば太宰治などには当てはまるが，Thomas Mann のような小説家には当てはまらない．日本文学では『平家物語』の語り口を知らない人はいない．アメリカ文学では H. Melville の *Moby Dick* はれっきとした語り口を持っている．

kataru ni ochiru 語るに落ちる　これは「問うに落ちず，語るに落ちる」という昔からの言いならわしで，普通，はじめの「問うに落ちず」を省略して「語るに落ちる」という表現を使う．その意味を英訳すると，

One never gives away anything when he is questioned directly, but it is when he feels free and begins to talk about himself that he finally gives away his secrets.

つまり，たとえば「お前はあの娘に乱暴しただろう」と問われて，「はい，しました」と答えるものはいない．だが，勝手にしゃべらせておけば，だんだん自分のしたことがはっきりするようなことを言ってしまうものだ，の意．これから，よく，自分から自分の秘密をしゃべってしまう人を「語るに落ちたね」(you give yourself away there) と言ってからかう．

kata-te-ochi 片手落ち　favoritism

例 「彼のやり方は片手落ちで公平を欠く」He plays *favorites*.

katazukeru（仕事などを）**片づける**　get something out

of the way

例「あの仕事が片づいたら，もっと面白い企画に取り組もう」When that project *is out of the way*, we can begin to work on a more exciting one.

kateba kangun 勝てば官軍　Winner is always crusader. つまり Might is right. ということである．

[注]　この安易 (facile) な哲学は世界共通の傾向があるが，日本でも近代史で文字通りのことがあったところからきたもの．

katei no jijō de 家庭の事情で　due to one's private circumstances

辞書には "for family reasons" と出ているが，意味がはっきりしない．family というと一家族，親類の感じがあり，"a family affair"「内々のちょっとしたことにすぎない」(This is just a family affair.) と言って，体裁をつくろう言葉として使う．しかし「家庭の事情で」は実際の家庭ばかりでなく，会社などの内部事情のことを言う場合が多い．

例「家庭の事情で，会社としても思いきった行動に出られない」The company can't take an abrupt decision. It has got its own problems that cannot very well be explained away.

katsugi-dasu かつぎ出す　push someone to the fore; lionize a person

例「彼の選挙区民は，またもや彼をかつぎ出すつもりだ」His constituency is ready to *lionize him* again.

katte kabuto no o o shimeyo 勝ってかぶとの緒をし

めよ ☞ *yudan-taiteki* 油断大敵

katto-naru かっとなる burn up; fly into a temper

例「彼はすぐかっとなるたちだ」He has a temper. He *burns up* easily.

kawari-bae 変わりばえ 変化したために前よりよくなった，の意だから，It has become better for the change. である．この場合注意すべきは change には定冠詞を付けること．これを for a change とすると別の意味になる．毎度のことだったのが，今度ばかりはいつもと違って，の意になるのである．

Write *better for a change*. (たまには，もっとうまく書いてごらんよ) / Be *nice for a change*. (たまにはやさしくしたらどうなの) などと言う．for the change は否定文にも使う．

例「さっぱり変わりばえしない」None *the better for the change*. / I don't think *the change* has made it *any better*. このどちらでもよい．

kayui tokoro ni te ga todoku かゆいところに手がとどく

例「何から何までの（かゆいところに手がとどくような）お心づかい，感謝にたえません」How can I ever thank you adequately for the pain you took to help me out.

kaza-atari ga tsuyoi 風当たりが強い wind blows hard against

例「大木には風当たりが強い」Tall trees *catch much wind*.

例「偉くなると世間の風当たりも強くなる」The wind

blows hard against you if your position is higher than the rest.

kaza-kami nimo okenu 風上にもおけぬ not worthy of being called such

例「あの男は人間の風上にもおけない男だ」He is *not worthy of being called* a man.

kazamuki ga kawaru 風向きが変わる the wind shifts; Things took a new turn. (事態が変わった)

例「そのちょっとしたおせじで風向きが変わり，社長は組合の提案に耳をかしそうな機嫌になった」With this bit of flattery, *the wind shifted* and the boss got into a more receptive mood to the union proposals.

例「選挙の予期せざる結果のため，事態は一変した」Because of election's unexpected outcome, *things took a new turn*.

kega-no-kōmyō けがの功名 a lucky stroke

例「けがの功名ということもある．そう慢心するな」There is such a thing as *a lucky stroke*. Don't let your success go to your head.

keien-suru (~*-sareru*) 敬遠する (～される) politely keep away from a person; shun a person

例「あまりに学があるためか，彼は仲間から敬遠された」Probably because he is thought to be better educated than they, he was *kept at polite distance* by his co-workers.

例「あの男はあまりにけちなので同僚から敬遠される」His co-workers *shun him* because he is too tightfisted.

***keigai-ka-shita* 形骸化した** reduced to mere exterior form without substance

例「形骸化した議会政治」parliamentary procedure *in name only*

***keigan* 慧眼** a quick eye

例「彼は一流の慧眼で,敵のトリックを見抜き,一大惨事を未然にさけさせてくれた」With his *quick eye*, he saw through the enemy's trick and kept us avert the disaster.

***keiki-yosoku* 景気予測** business forecast

例「景気予測ははずれやすい」*Business forecast* is often wrong.

***keimō-sareru* 啓蒙される** be enlightened

例「私はその本に少なからず啓蒙された」I *was* considerably *enlightened* by that book.

***kejime o tsukeru* けじめをつける** draw a line

例「どこかでけじめをつける必要がある」We have to *draw a line* somewhere.

***kemu-ni-maku* けむにまく** give oneself a mysterious air; intrigue one's audience; épater le bourgeois

　この「けむにまく」という言葉の英語の適訳はどの辞書にも見当たらない.外国人との合作のある口語辞典などは,「はぐらかす」(sidestepping)と同一視しているようだが,「けむにまく」は「はぐらかす」と同じではない.後者はむしろ「ごまかす」に近い.「けむにまく」は普通の人にはよくわからない言葉などを用いて,自分の教養学識の「非凡」さを何となく他人の心に植え付けようとするやり方である.言葉は日本語でも,こういうちょっとした

ハッタリ行為は世界共通の現象である．フランス人はこれを "épater le bourgeois"（エパテ・ル・ブルジョワ）という便利な表現を持っていて，英語国民の間にも取り入れられ，いまではモダン英語の一部になっている．*Webster* にはまだないが，次の例が示すように，英語の評論などにはよく出てくる．

この "épater le bourgeois" を英語に直すと，*"bedazzle or befuddle* the general public"（一般人を眩惑する），つまり「素人だまし」のことである．

¶ In punk as in dada, *épater le bourgeois* works only once; by the second time, cynicism sets in.—*The New Republic*.

この文の筆者 Gim Miller は英国のロックの評論家で，英国ではじまった punk スタイルのロックの最近の傾向を論じている．文の意味は，「パンクもダダと同じく鬼面人を驚かす式の素人だましは，一度だけなら効力もあろうが，2度目となると聴くほうでまたかといったシニカルな受け取り方をするようになる」である．

例 「彼は偉そうな言葉をたくさん使って人をけむにまくのが好きだ」He likes to *give himself a mysterious air* by using a lot of big words.

例 「彼は学識のあるところを見せてみなをけむにまいた」He *intrigued his audience* with a great show of learning.

kemutai (kemutagarareru) 煙たい（煙たがられる）

この言葉は英語では find some one hard to talk to というのが近いが，使い方は「敬遠する（される）」と大体同じ．

⇒ *keien-suru* 敬遠する

kenami ga ii 毛なみがいい　fine plumage

動物に使われた場合.

¶ This dog is *of a fine strain*. (血統がいい犬)

人間に使う場合.

① ¶ He *comes from a good family*. (名門の出)

② ¶ He is an *in* person. (時代の波に乗っている) つまり a person whose star is rising.

③ ¶ He has a social advantage by education or family connections. (学校などの環境が一流で出世するようにできている)

ken'i-shugi 権威主義　authoritarian

例「文壇はおどろくほど権威主義だ」The literary circles are incredibly *authoritarian*.

例「彼女は権威主義で, 個人などはバカにしている」She is an *authoritarian* girl who believes in bending to power, contemptuous of individuals.

kenjitsu (tegatai) 堅実 (手がたい)　solid; sound

例「彼のやり方は手がたい」He operates on a *sound* policy.

この言葉には多分に realistic (現実に即した) という意味が含まれている. これは, むしろ反対の unrealistic (非現実的な, ふわふわした) という言葉に対して使われる言葉である.

kenkon-itteki 乾坤一擲 ☞ *ichika-bachika* いちかばちか

ken mo hororo けんもほろろ ☞ *nibe-mo-naku*

kotowaru にべもなくことわる

kenpitsu-o-furuu-hito 健筆をふるう人　a prolific writer

¶ Best wishes to you and your fine writing.（ご健筆を祈ります）

kenshoku 兼職　☞ ***naishoku*** 内職

kenson-suru 謙遜する　これを単に modest とか unassuming と言うと，一般的でありすぎる場合がある．たとえば，立派な仕事をして賞められても謙遜するという場合は，次のように言うとはっきりする．

¶ She took little credit for her team's success.（わたしのせいじゃなくて，わたしのチームの功績だと言って彼女は謙遜した）

kerai 家来　この言葉に当たる英語はふしぎとない．collective noun では，封建時代の領主とその供まわり（a feudal baron and his retinue）などという言葉はあったが，ひとりひとりを指すものではない．家来は，現在では風刺的な冗談か比喩でないと使わないが，he and his men のような言い方が一番原意に近い．henchmen は腹心のとりまきのようなものだし，lieutenants もほぼ同じような意味で，広い意味での家来ではない．

⇨ ***teshita*** 手下

keren けれん　show-off

offensive taste の意味での「いやみ」とやや似ている．

例「あの人の作品にはけれんがない」There is nothing *showy* about his work.

例「彼の作品には多分にけれん味がある」His work

reveals *his love of showmanship*.

kerori to shiteiru けろりとしている   go about as if nothing had happened

例「あんなことのあったあとで，驚くほどけろりとしている」After what happened, he *goes about as if nothing had happened*.

ketchaku o tsukeru 決着をつける   settle a question or an account

例「戦争責任の問題に決着をつけることなしには，何もはじまりはしなかったわけだ」Nothing would have started without first *settling the question* of war responsibilities.

ketsuretsu 決裂   rupture; breakdown; collapse

この言葉は日米繊維交渉決裂 (the *collapse* of Japan-U.S. Textile Trade Talks) といった表現で有名になった．

例「彼らの和解策はついに決裂した」Their attempts at an amicable solution backfired and ended up *in a rupture*.

ki 気

~-*barashi* (*usabarashi*) ~ばらし（うさばらし）   両者は同意義に用いられる．diverting または entertaining. pastime でもよい．

~-*baru* ~張る   strain oneself for

例「彼はいい成績をあげようとして気張りすぎる」He *overstrains himself for* results.

例「外面的な効果をあげるために気張って働くのはばからしい」I wouldn't *overstretch myself for* mere effect.

~ *ga arai* ~が荒い   rough; hot-tempered

例「あの地方の人間は気が荒い」The people of that

locale are *rough and hot-tempered*.

~ ga au ～が合う ☞ **uma ga au** うまが合う

~ ga chiru ～が散る can't concentrate

例「人といっしょにいると仕事にならない。気が散るから」I can't work when I have company. *I can't concentrate.*

「集中する」という表現は日本語本来のものではない。明らかに英語の concentrate からきている。

~ ga hareru ～が晴れる get a lift; brighten up

例「お天気のせいで，少し参っていましたが，よいニュースを聞いて気が晴れました」I was a bit under the weather but the good news *brightened* me *up*.

~ ga muita toki ～が向いたとき whenever you feel like it

~-gane-suru ～がねする be in too much awe of a particular person

例「彼はあなたに気がねしている様子だ」He seems to *stand in awe of* you.

例「嫁はいつも姑に気がねする」A wife tends to *have a sense of pressure*, usually imagined, from her mother-in-law.

例「俺は気がねなしにやりたいよ」I want to operate completely pressure-free from any directions.

〈類語〉 **tanin-gyōgi** 他人行儀 stand on ceremony

例「他人行儀はするな」Don't *stand on ceremony* with me.

例「それでは他人行儀でありすぎる」You need not *stand*

on ceremony with us.

[注] 英語の表現では主に否定を伴うところが日本語と違う.

~ *ga noranai* ~が乗らない　My heart is not in it.

「気が乗る」とは言わない．ただし「乗っている」I'm turned on about it. とは言う．

~ *ga sumanai* ~がすまない　not feel right until...

例「朝コーヒーを一杯のまなければ気がすまない」I do*n't feel right until* I have a cup of coffee in the morning. これはさらに言い換えて，My morning doesn't start until I have a cup of coffee. と言っても別に違わない．

例「それでは私の気がすみません」I don't simply *feel right otherwise.*

~ *ga tatte-iru* ~が立っている　be wrought up

例「彼は気が立っているからそっとしておけ」Leave him alone as he *is* all *wrought up* at the moment. "worked up" としても可．

~ *ga tsuku* ~がつく　have a quick eye for details

例「彼女はよく気がつく」She quickly senses what you need and attends to it with care and consideration.

~-*gokoro-no-shireta-naka* ~心の知れた仲　be close to a person

例「われわれは気心の知れた仲だ」We *are close friends*, well used to each other's ways.

~-*kotsu ga aru* ~骨がある　a plucky person が近い．

~-*magure-de* (ほんの) ~まぐれで　just for a lark

例「私はほんのちょっとした気まぐれでそのドレスを買っ

た．本当に必要だったわけではなかった」I bought the dress *just for a lark*. I really did not need it.

~ ni shinai ～にしない　easy does it ; think nothing of it

例「気にしない，気にしない．今日は気楽にいきましょう」*Easy does it*. Let's take it easy today for a change.

~ ni suru ～にする　worry ; take something seriously

例「彼はよく物事を気にする人間だ」He is a *worrier* if there is one.

例「そんなに気にするな，あんまり考えこんでしまうと健康によくないぜ」Don't *take it so seriously*, brooding is bad for your health.

~-nori shinai ～のりしない　not too keen for

例「この仕事にあまり気のりしないようなら，来なくともいい」If you are *not keen for* this project, you needn't join.

［注］常に否定形であり，「気のりがする」とは言わない．

~ o haku ～を吐く　make a good showing

例「あの23歳のピアニストはパリの国際コンクールで1位になり，日本のために気を吐いた」The 23 year old Japanese pianist *made a brilliant showing* for her country by winning the first prize in a Paris international concours.

~ o hatte iru ～を張っている　be on one's toes

例「彼はいつも（積極的に仕事をしようと）気を張っている」He *is* always *on his toes*.

これは slothful（だらだらと怠けている）の反対で，

kihaku 気迫　drive; the will to win
　例「彼は有能だが，気迫に欠けている」He is talented but he lacks *drive*.
　例「この人の静かな物ごしのなかに鋭い気迫が感じられる」You feel a strong *drive* in that soft-spoken man.

kiita-fūna-koto きいた風なこと　say (*or* act) something smart; smart-alecky behaviour
　例「きいた風なことを言うな」Don't be *so insolent* (or *smart*).

kiji no mama 生地のまま　one's natural self; no pretensions
　例「彼は生地のままの時が一番いい」He is most winning when he is *his own natural self*.
　例「私は生地のままの彼を見た」I saw him *without his public clothes on*.

kikai-na 奇怪な　grotesque; monstrous; mysterious
　　この日本語にぴったり当てはまる英語はないが，上記の3つを全部合わせたような感じの形容詞である．
　例「これは奇怪な事件だ」This is a *monstrous* case.
　例「彼は奇怪な人物だ」He is a *grotesque, unaccountable* character.

kiki-komi-sōsa 聞き込み捜査　snooping for information as practiced by police near the scene of crime（犯罪の現場付近で，警察が秘密でやる情報狩り）

kikkake-ni（……を）きっかけに　make it an occasion to switch to another action
　例「彼らはこれをきっかけに違った方向に向かうものと予

想される」They will *make it an occasion to* change direction.

***kikonasu* 着こなす**　wear a dress well

例「彼女はどんな服でも着こなす」She *wears any type of dress very well*.

***kimekomu* きめこむ**　adopt the strategy of...

例「彼は知らぬ顔の半兵衛をきめこんだ」He *adopted the strategy of* total ignorance with the question.

***kime no komakai* きめのこまかい**　fine-grained; carefully-calculated

例「彼の文体は詳細できめがこまかく，表現的だ」His style is copious, *fine-grained* and articulate.

例「彼女は例によってきめのこまかい演技を披露した」She gave her characteristically solid, *carefully-calculated* performance.

***kimetsukeru* きめつける**　telling a person what to do or what to think or what's wrong in a manner that discourages any arguing back（相手にこうしろとかこう考えろとか，どこがまちがってるとか，言いわけを一切受けつけない高びしゃな調子で申しわたすこと）

例「彼の上司は，彼の仕事の成績が会社の求める標準に達しないときめつけた」His superior *told him angrily* that his work was not just up to the company standards.

***kimi ga warui* 気味がわるい**　scary

「気味がわるい」のが人間だった場合，He is scary. と言ってもいい．subjective な言葉だから別にかまわない．また能力がありすぎて気味がわるい場合は "uncanny" を

使う.
例「気味のわるいほど才能がある」He has an *uncanny* talent.

kimochi no seiri 気持の整理 find one's bearing
例「気持の整理がついたころ, 社長になれとたのまれた」When I *found my bearing* in my new circumstances, I got a new offer of chairmanship.

kinchō-suru 緊張する (be) keyed up; tense up; become tense
例「私はその新しい企画を手がけて, 極度に緊張していた」I was all *keyed up* working on the new project. この緊張は, 一生懸命に気張ることだが, 緊張はこの他にtensions（険悪な状態）の意に使うことがある.
例「両国の関係はしだいに緊張してきた」The two countries' relationship *became* increasingly *tense*.
例「険悪な空気だった」The atmosphere was *tense*.

kinrō-sha 勤労者 working men (*or* women); wage earners

kinshitsu-ka 均質化 become standardized in quality
例「文化の均質化は進みつつある」Cultures are getting more and more *standardized in quality*.

kire-aji 切れ味 sharpness; brilliance
例「彼は事件処理に切れ味を見せた」He displayed great *sharpness* in the way he handled the situation.

kirei-goto きれいごと do or say things for the sake of appearance; ignoring the seamy side; whitewash
例「きれいごとですます」pretend not to know the

darker side of the picture

例「きれいごとではすまないこともある」Some things take more doing than just sounding nice. / Some things require you to work real hard. / You can't be sitting pretty when you get involved with this problem.

kireru 切れる professionally shrewd and competent

例「あの人は切れる男だ」He is sharp. / He is keen.

kiri-kiri-mai o saserareru (~ ***saseru***) きりきりまいをさせられる（〜させる） extremely busy; kept frightfully busy

例「あの日は，仕事できりきりまいをさせられた」I was *so busy* all day long that I never had a moment to sit down.

例「あいつをきりきりまいさせてやる」I'll drive him so hard until he *gets dizzy*.

kiri-nukeru 切り抜ける tide over; find one's way out of a trouble

例「私はやっとの思いでその問題を切り抜けた」I finally managed to *get out of the trouble*. / I finally *found my way out of it*.

kiri-uri-suru 切り売りする prostitute (one's talent, etc.)

例「学問の切り売りをして生活している」He *peddles out* his learning by the piece. / He is *prostituting* his great learning.

kisei o ageru 気勢をあげる show one's nerve; make a demonstration

例「学生は大声でしゃべり，大きな身振りをして気勢をあ

げていた」Students were talking loudly, acting big, and generally *making a show of their nerve*. この場合 nerve はあくまで単数. nerves と複数にすると I had *nerves*. のように,「神経症の発作で苦しんだ」ことになる.

kisei-suru 規制する limit by law to...
[例]「米の生産高は年1エーカーにつき〜ブッシェルに規制されている」Rice production *is limited by law* to 〜 bushels per acre.

kisen o sei-sareru 機先を制される be beaten to it
[例]「タイミングにすぐれた勘を持っている相手にまんまと機先を制されてしまった」I *was beaten to it* by my opponent who had a better sense of timing.

⇒ **sensei-kōgeki ni deru** 先制攻撃に出る

kishimu きしむ creak; creaks（きしみ）
[例]「家が古くなってきて,方々がぎーぎーときしむ」The house is getting old. There're *creaks* in the hinges.

kishō-kachi 稀少価値 scarcity value
[例]「彼女は稀少価値であるところから得をしている」She is benefiting from the fact that hers is a *scarcity value*.

kishoku-manmen 喜色満面 a face all lit up
[例]「彼は喜色を満面に浮かべて,私を迎えた」He met me, *beaming*.

kishu 旗手 a standard bearer
   これは明らかに英語からの訳語として発足した言葉だが,今では日本語として定着している.
[例]「彼はモダン・アートの旗手だった」He was *a standard bearer* of Modern Art.

kitai ni somuku 期待にそむく fail to measure up to the public's expectations

例「あの映画は,みなの期待にそむいた」That film *failed to measure up to* everyone's *expectations*.

kitoku-na-hito 奇特な人 a laudable personage; a unique benefactor（いずれも皮肉）

例「こりゃ驚いた！ 世の中には奇特な人もあるものだ」Live and learn! You run into some *do-gooders* of absolutely *unique kind* in this world.

kitsune to tanuki no damashi-ai きつねとたぬきのだまし合い the fox and the badger

例「彼らはきつねとたぬきのだまし合いだ」They are trying to *out fox* each other.

⇒ ***furu-danuki*** 古だぬき

kiwame-tsuki (*-tsuke*) 極めつき（〜つけ） the ultimate; a dream piece [used for curio pieces or Kabuki plays]

例「これは歌舞伎の極めつけの出しものだ」The piece is *the ultimate* Kabuki.

kiwamono きわもの put out something for quick audience and quick money; claptrap

例「あの出版社はきわものをねらう」The publisher aims at *quick audience and quick money*.

例「あんなきわものを読むな」Don't waste your time on *a claptrap* like that.

kiyase-suru-hito 着やせする人 a person who looks thinner than what he (*or* she) really is when dressed

kiyō-binbō 器用貧乏 one who has many abilities often ends up poor, for such a person is apt to put his finger in every pie, never concentrating on any one thing (多才な人は出世せずに終わりやすい. そのわけは, そういう人は, いろんなことに手を染め, 結局一つのことに徹しきれないから)

kiyo-hōhen 毀誉褒貶 the ups and downs of public rating

例 「毀誉褒貶は彼の意に介するところではない」 *Praise or disparagement* does not affect (*or* touch) him.

kiza きざ affected; smug

例 「彼女の動作はきざで, 乙にすましていて, 感じが悪い」 Her action strikes me as *affected, smug* and altogether revolting.

koaji 小味 cozy

例 「あれはちょっと小味な映画だ」 That film is a *cozy* piece.

⇒ *ōaji* 大味

kobiru 媚びる pander to; give a come-on look

例 「物書きとしては, 彼はつまらぬ人間だ. 自分の意見を書かず, 大衆に媚びている」 As a writer he is worthless, he doesn't say what he really thinks, he only *panders* to the public.

例 「人気のある芸人たちは, 自分たちの仕事のなかで大衆に媚びている」 All those popular artists *are giving* their public *a come-on look* in their works.

kodawaru (*kōdei-suru*) こだわる (拘泥する) insist on one way; (be) obsessed with the question of...; give a disproportionate value to one subject; be unable to take things in perspective

例「彼女は年齢の問題にこだわりすぎる」She *is obsessed with* the question of age. She takes it too seriously.

例「彼は小さなことにこだわりすぎる．離れた視点から物を見ることが出来ないためにたいへん損をしている」He takes every little thing dead serious. His *inability to take things in perspective* is costing him much.

kogi-tsukeru 漕ぎつける   manage to attain

例「私はやっとの思いで出版にまでこぎつけた」I finally *managed to break* into print.

kojiraseru こじらせる   complicate (a problem)

例「病気はこじらせるから注意せよ」Beware of *complicating* an illness.

例「そんなことをすれば問題をこじらせるだけだ」It would only *aggravate* the situation.

kojitsuke こじつけ   forced (or strained) logic; sophistry; strain the normal meaning of a word to meet one's own requirement

例「彼はこじつけの名人だ」He is a past master of *straining the logic of things* to suit himself.

kojūto 小姑   the in-laws; petty fault-finders

例「あそこは小姑が多すぎて，思うように仕事ができない」There are too many *petty fault-finders* for me to be able to work creatively.

koke-odokashi こけおどかし   show off stuff; stilted; high sounding

例「こけおどかしの文章だ」That's just a collection of *stilted* words.

***ko-kimi ga ii* 小気味がいい**　feel sweet

例「悪人が罰せられるのを見るのは小気味がいい」It *feels sweet* to watch a bad man being punished.

***koki-orosu* こきおろす**　disparage; revile; berate

例「既成の権威をこきおろすだけではだめだ．建設的な案を提供しなければ」It's not enough to *disparage* the established authority. You must have alternatives to offer.

***kokoro* 心**　日本語の心は mind（知性）ではなく, heart に当たる．

~-*gake* ~がけ　その人間の personal attitude to things のこと．

例「あれは心がけのよい生徒だ」He is a *conscientious* student.

~ *ga nagomu* ~がなごむ　It has *a softening effect* on one's heart.

~ *ga susamu* ~がすさむ　a coarsened heart

例「彼の心はすさんだ」His *heart* has *become coarse*.

~-*machi ni suru* ~待ちにする　look forward to

例「私はそれを心待ちにしていた」I was *looking forward to* it. / I had *eagerly hoped for* it.

~-*motonai* ~もとない　feel uncertain

〈比較〉 feel insecure は不安感を持つことで, feel uncertain は何か特定の理由があって心もとなく思うこと．"insecure" は前者に比べて psychiatric な言葉.

~-*nai* ~ない　heartless; insensitive; thoughtless;

outrageous

例「心ない司会者が若い女をひどい質問で困らせていた」 The *heartless* emcee was harassing a young woman with *outrageous* questions.

~ no yoyū ～の余裕 a quiet spot all your own reserved in your mind

例「心の余裕を持て(どんなにいそがしくとも)」You should have *a quiet spot all your own reserved in your mind* (no matter how pressed you may be).

~ okinaku ～おきなく free from all worries

例「妻が家のことをよくみてくれるので,心おきなく仕事に専念できる」Because my wife relieves me of all domestic cares, I am able to devote myself to my work *free from all worries*.

~ o oni ni suru ～を鬼にする steel your mind

例「心を鬼にして悲しむ人びとをあとにした」I *steeled my heart* and left the grieving people.

~-tanoshii ～たのしい happy

[注] happyを「幸福」とか「しあわせ」とか言うのはややずれる。むしろ「幸福」とか「しあわせ」は "the sense of well-being" である.

kōkō to dentō ga tsuite ita こうこうと電灯がついていた lights blazed...; lights burning

例「真夜中でも,会社には灯りがこうこうとついていた」At midnight, *lights blazed* in the office.

koku こく 物の味などに一種の substance (*or* body) があること.

例「この酒にはこくがある」This wine has *body* to it.
例「私はこくのある酒のほうが好きだ」I like *full-bodied* wines, rather than light ones.
例「あの役者の芸にはこくがある」There is *richness* to his acting.

komata-no-kireagatta-onna 小またの切れあがった女 a nifty woman; a woman who is stylish in an intriguing way（小いきな魅力的な女）

ko-mawari-no-kiku 小まわりの利く
例「小まわりの利く車」a compact car easy to turn around
例「小まわりの利く人間」a flexible person who can be serviceable to a variety of things

kōmu-shikkō-bōgai 公務執行妨害 resisting a public officer in the discharge of his duty
例「彼は公務執行妨害のかどで逮捕された」He was arrested on the charge of *resisting a public officer in the discharge of his duty*.

kō-nari-na-togeta-hito 功成り名遂げた人 someone who has made it

この表現はまったく日本語と同じ意味合いで，現代語として盛んに用いられている．日本語のほうは言葉は古いが，意識としては常に新しい．

¶ At New York's expensive restaurants frequented by show biz people, *those who have made it* usually stick together to protect themselves from being exploited by those brash youngsters who not yet *have made it*.—New

Yorker. (芸能人のよく行くニューヨークの超一流のレストランでは,功成り名遂げた連中はおたがいどうしとだけつき合う.まだ成功の途上にある若い連中にお株をうばわれないように)

***ko-nikurashii* 小にくらしい**　smarty; smart-alecky

例「あの子は何でもいっぱしの口をきく小にくらしいがきだ」That *smart-alecky* brat speaking like a grownup gives me a pain on the neck.

***konki* 根気**　stamina

例「体がわるいと根気がなくなる」When you are ill, the first thing that goes is your *stamina*.

***koredemo-ka-koredemo-ka-to-bakari-ni* これでもかこれでもかとばかりに**　play up relentlessly (*or* with a vengeance)

例「映画の監督はお涙ちょうだいの場面をこれでもかこれでもかとばかりに演出した」The movie director *relentlessly played up* the tear-jerker scenes.

***kori-gori-shita* こりごりした**　have had it; have had enough of it; know better after the experience; never again

例「グループツアーのヨーロッパはこりごりだ」No more of a conducted tour through Europe, we've *had it*.

例「あんな人たち,もうこりごり」We've *had enough of* such people.

例「そのことで彼はこりごりしている」He *knows better* now *after the experience*.

例「わたしはもうこりごりだ」I've *had it*! *Never again*!

kōritsu ga yoi (~ *warui*) 効率がよい（～わるい）
effectual (ineffectual)

　これは efficiency（能率）の問題ではなく，効果に関するもの．しかし effective (ineffective) とも少し違う．effectual は得になる率のことで，ineffectual は得にならない率のことである．

例「あの球団のやり方はどうも効率がよくない」That ball club's way of managing things is not *effectual*.

例「彼はアイディアはもっているが，どうもやることの効率がよくない」For a man of a good many ideas he is not very *effectual*.

korogari-komu ころがりこむ　この表現は，英語には手ごろのものがまったくない．これを強いて訳せば，"move into another's house for sustenance in the name of friendship"（友情をだしにして，他人の家に住んで食わしてもらう）ということである．

例「一文なしになったので，彼は友人の家にころがりこんだ」Completely broke, he has *moved into* a friend's house (to be fed by him).

koroshi-monku 殺し文句　歌舞伎もどきの言葉で「うれしがらせ」に似ている．つまり相手に対して絶対の効果をもつ言葉，"a clincher" のこと．"cajolery" とも言う．

例「それは大した殺し文句だった」That was a powerful *clincher*.

例「彼は殺し文句をならべた」He worked on her releasing all his *verbal killer-technique*.

koru 凝る　go deeply into things ; elaborate

workmanship（凝った技術）

例「彼女は考古学に凝っている」She is taking up archaeology in a big way.

例「これは凝った細工だ」This is an *elaborate* workmanship.

***koshi*腰** 「腰」は日本語では性格描写などによく取り扱われ，いろいろな表現を生む．

~ *ga omoi* ~が重い　slow to act

反対の「腰が軽い」は quick to act.

~ *ga suwaranai* ~が据わらない　He is *a rolling stone*, he will never stay in one place for very long.

~ *ga yowai* ~が弱い　not strong enough to stand wear and tear

例「この生地は腰が弱い」This fabric is *not strong enough to stand wear and tear*.

~-*kake-shūshoku* ~かけ就職　take a job with the intention of staying only for a while before moving on to a better one（もっとよい職に移るまで，暫時の間いるつもりで就職する）

~ *o nukasu* ~を抜かす　petrified with terror; paralyzed with fear; lose one's legs

例「その恐ろしい光景を見て腰を抜かした」He *lost his legs* when he saw the terrifying scene.

~ *o oru*（話の）~を折る　damp others' conversation by throwing in a wet blanket

***hongoshi o ireru* 本腰を入れる**　start to put in serious efforts

例「政府は公害問題に本腰を入れだした」The Government has begun to *put in serious efforts* to tackle pollution problems.

〈類語〉 ***koshi o suete kakaru*** 腰を据えてかかる tackle with a resolve

nige-goshi 逃げ腰　on the defensive; evasive

例「彼は初めから逃げ腰だ」He is *on the defensive* from the beginning.

例「政府の説明は逃げ腰だ」The government's explanation on the matter is *evasive*.

koshi-tantan 虎視眈々　keep a vigilant eye on...

例「競争相手に虎視眈々と目を光らせていた」He *kept a vigilant eye on* his rival awaiting the first opportunity to beat him.

kōsō 構想　plan; idea

例「構想は雄大である」The *plan* envisages a stupendous scope.

kosoku-na-shudan 姑息な手段　half measures; stop-gap devices

例「こういう姑息な手段は何もしないよりわるい」*Half measures* like these are worse than do nothing.

例「姑息な政策」a stop-gap policy (as opposed to a positive policy)

例「インフレは姑息な手段ではどうにもならない」*A stop-gap policy* like the one the government is adopting can't make inflation go away.

kotesaki no kiyōsa 小手先の器用さ　little cleverness;

small ingenuity and tricks

例「小手先の器用さが身の仇となるかもしれない」His *little ingenuity and cleverness* may yet prove to be his doom.

kotoba-jiri o tsukamaeru 言葉じりをつかまえる　trip up others; find faults with other party's use of words

例「人の言葉じりをつかまえるのはよせ」Stop *tripping people up* about their speech.

〈類語〉　***age-ashi o toru*** 揚げ足をとる ⇨ *ashi* 足

koto-mo-arō-ni 事もあろうに　of all things

例「事もあろうに，彼は外国の内戦に志願した」*Of all things* he volunteered to serve in another country's civil war.

kōtō-mukei 荒唐無稽　a product of sheer fantasy

例「それはきわめて荒唐無稽な劇だ」No part of that play relates to realities, it is *a product of pure fantasy*.

koto-nakare-shugi 事なかれ主義　a don't-rock-the-boat policy; a peace-at-any-price policy

例「彼らのやり方は，平和の外形を維持するためには，何でもしようとする典型的な事なかれ主義だ」Theirs is a typical *peace-at-any-price policy* by which anything is justified to buy peace.

例「サラリーマンはみんな事なかれ主義だ」All wage earners operate by *the don't-rock-the-boat principle*.

koyō-gata-keiei-sha 雇用型経営者　hired managers; hired chief executive (*or* chairman)

　これを日本語ではサラリーマン社長という．つまり

owner-chairman（会社の持主で社長である人）と対照した呼称.

kōzō-oshoku 構造汚職　structural corruption

例「現在の機構では，汚職は避けられない」As it is, corruption is structurally difficult to avoid.

ko-zurui 小狡い　slippery

これは "wily"（陰険な）と似ているが，もっと具体的で，ちまちました狡さを言う．

例「あいつは小狡いやつだ」You can't trust him, he is too *slippery*.

kubi くび（馘）　「くびになる」のくびは "head"

例「重役会議は支配人のくびを要求した」The board of directors called for the *manager's head*.

例「会社のあの大しくじりのあと，くびになる人が多いにきまっている」After that executive blunder, *heads will roll*.

「くびになる」は，アメリカでは，"get fired"，イギリスでは "get the sack" または "get sacked".

kubi o kashigeru 首をかしげる　express doubts

［注］「首をひねる」とも言う．これを wring (*or* twist) one's neck と混同すると，とんだことになる．I'll wring your neck if you let it out.（それを口外したら，承知しないから）という慣用語がある．これはユーモラスにも使い，必ずしも文字通りの脅迫でない場合もある．

kubippiki-de 首っぴきで　constantly consulting (dictionaries)

例「フランス語の本を辞書と首っぴきで読んだ」I went

through that French book, *looking up in dictionaries for every word*.

kuchi ga suppaku naru made 口が酸っぱくなるまで (talk to someone) until one's mouth goes dry

例「口が酸っぱくなるまで説いたのに，相手にはわからずじまいだった」I talked and talked to him *until my mouth went dry*, but I couldn't get through to him.

kuchi-guruma ni noru 口車に乗る be talked into something

例「彼は人の口車に乗って，あやしげな企業に出資した」He *was talked into funding* a dubious project.

kuchi-ki 朽木 dead wood

例「彼は朽木が倒れるように死んだ」He fell like *dead wood*.

kuchi-kiki 口利き ☞ ***assen*** 斡旋

kuchi-tassha-na 口たっしゃな glib-tongued; smooth-talker

例「私は交渉の一切を口たっしゃな中国人の友だちにまかせた」I left the whole matter of negotiating to my *glib-tongued* Chinese friend.

kūdō-ka-suru 空洞化する gut some structure; something reduced to a mere form and ritual

例「火事でビルは空洞になった」A fire has *gutted* the building.

例「あの条文は今では空洞化しているから引用してもだめだ」No use bringing in the text of the law about it since it has *lost all substance* by now in today's practice.

例「誤ったやり方がその法律を空洞化した」A wrong procedure has *gutted the substance* of the law.

kudoku 口説く　woo

これは比喩的にも盛んに用いられる。たとえば，有能な社員を自社に，また同じ会社内での自分の課や部に，誘致しようとつとめることも言う。He is *being wooed* by several managers.（彼には複数の部長連中から誘いの口がかかっている）男が結婚の目的で女を口説くのは He is *courting* her. で，wooing とはあまり言わない。wooing は性別を問わず，ある目的のために相手の機嫌をとり結ぶことを言う。

kuenai-yatsu 食えないやつ　a crafty fellow

例「いなか者だと思っていたら，案外食えないところのある男だ，見かけほどじゃない」He looks a simple hillbilly, but his appearance is deceptive; he is not as simple as he looks. これは derogatory な言い方。

kufū ga nai 工夫がない　☞ *gei ga nai* 芸がない

kugi o sasu 釘をさす　warn (someone) about the matter

例「私は彼にその点につき一本釘をさしておいた」I *gave him a strong warning* about it.

例「彼女があまりいい気にならないように釘をさしておいた」I *jolted* her enough *with the reminder* to prevent her from getting too fat-headed (*or* big-headed).

kui-sagaru 食い下がる　get tough with; hang tough with

例「彼は調べに当たった警官にあくまで食いさがった」He *hung tough* with the examining police officer.

kui-tarinai 食いたりない not enough to satisfy hunger
  例「この仕事は私には食いたりない」This job is *too simple for* me.
  例「あのTV劇は簡単で食いたりない」That TV drama is *too light for* my taste.

kui-tsuitara hanasanai 食いついたらはなさない
  例「いったん，食いついたら（足場を得たら）それを逃がすような男ではない」*Once* he *gets a foothold on* something good, he will *never let go of it.* / He is the kind of man who will *never let anything escape once* he *gets a hold of it.*

kui-tsumeru 食いつめる fail or go broke (in a given locale)
  どこそこで食いつめて，他の地方へ行くという場合に使う表現．
  例「彼は東京で食いつめて九州に渡った」He *went broke* in Tokyo and went up to kyushu.
  例「大阪で食いつめて東京に来た」He *failed* in Osaka and turned up in Tokyo.

kumitate-shiki-jūtaku 組立式住宅
  ¶ Factory-finished (*or* Prefabricated) house are assembled at the site.（組立式住宅はどこでも好きなところに組み立てられる）
  この反対に，建築する場所で建てる従来の建て方を "conventional *on-site* building" と言う．

kuniku-no-saku 苦肉の策 disregard one's own pain to overpower and outsmart the enemy

例「彼は苦肉の策を用いた」He resorted to a drastic countermeasure to outsmart the enemy.

***kuridasu* くり出す**　march out in numbers; file out

例「宴会のあと花見にくり出した」We *filed out* to look at the cherry blossoms after the banquet.

***kurihirogeru* くりひろげる**　deploy

例「彼らはまたもや相も変わらぬ泥仕合をくりひろげだした」They again proceeded to *deploy* their usual dirt-slinging.

「泥仕合」は"mudslinging"とも"dirtslinging"とも言う．

***kuro-maku* 黒幕**　mastermind wirepuller

必ずしもderogatoryではなく，"moving spirit"の意味に使われることもある．しかし大体はa wirepuller（かげで糸をひく人）で策謀家のこと．

⇒ *karakuri* からくり

***kurō-shō-no-hito* 苦労性の人**　a worrier

例「彼女は苦労性だ．何でも心配の種になる」She is *a worrier*. Everything worries her.

***kusaba no kage kara* 草葉のかげから**　「墓のなかから」from the graveと言うと，日本語では縁起がわるいからこう言ったので，肉体は亡びても霊魂は生きつづけるという思想からきている．

例「わたしは死んでも，草葉のかげからお前を守っているよ」Even when I'm dead, my soul will remain on earth to watch over you.

***kusai-mono-niwa-futa* くさいものには蓋**　cover up a

stinking object ; a cover-up policy

例「くさいものには蓋式の政策は事態を救う道ではない．われわれはそれ以外のものを必要としている」 *The cover-up-a-stinking-object policy* is no remedy for the situation. What we need is something more positive than that.

kusami くさみ   a certain smell

例「彼の書いたものにはくさみがある」His writing is not entirely pleasant, it carries *a certain smell* of affectation.

kusare-en くされ縁   a relationship like a long mismatched marriage in which one can't live without the other

例「私と会社の関係は，不仲の夫婦のくされ縁のようなものだ」My relation with the company is like a mismatched marriage of long-standing.

kusaru (気持が) くさる   feel rotten; depressed

¶ "How do you feel?" "I *feel rotten*." (すっかりくさってるのよ)

kusattemo-tai くさっても鯛   A thing of quality will never lose its real worth, no matter how old it may become. (質のよいものは，古くなったからといって，その真価は失われない)

鯛は日本では最も高級な魚とされてきた．それでA tai (i.e. sea bream) is a Tai even if it goes bad. という諺が出来たのである．なお，この諺に似たものに「切れても錦」Brocade is brocade if it goes bad. がある．

kusemono くせもの   a hard customer to deal with; a sleeper

[注] 人に対してばかりでなく物にも擬人化して使う．ちょっと見には，何でもないようだが，いざ勝負となると，俄然実力を出す．これを競馬用語で "a sleeper" と言う．

例「何でも見かけだけで見くびるな．一見何でもないような映画が意外にくせもので，空前の大ヒットになることだってある」Never judge anything from the appearance. A seemingly simple movie may be *a sleeper* that smashes all box office record.

kushin-santan 苦心惨憺　take great pains to work out; wrack one's brains

例「ロッキードのスキャンダルを出来るだけ小さくしようとして政府機関は苦心惨憺していた」The government agencies were *wracking their brains* to minimize the Lockheed payoff scandals.

kusuburu くすぶる　live in obscurity; be couped-up

例「人のあまり知らない会社の平社員で10年間も彼はくすぶった」He *was couped-up* in an obscure company slaving as a clerk for 10 years.

kuttaku-no-nai くったくのない　carefree

例「くったくのない顔」a *carefree* face

例「くったくのない微笑」a *sunny* smile

例「彼はいつも丈夫で，くったくがない」He is always fit and *carefree*.

kuwareru 食われる　Someone else will profit at my expense.

例「下手すると食われちまいますからね」Unless I'm careful, he will *steal the show from me*.

kuyashigaru くやしがる burn up; feel bitter; resent
  例「上役の意地のわるい言葉は彼をひどくくやしがらせた」He *burnt up* at his boss's implied abuse.
  例「敗北をくやしがった」He *felt bitter* about his defeat.

kuzure くずれ
  例「彼は新聞記者くずれだ」He is *a deteriorated form* of a newspaperman. / He is a former newspaperman.
  [注] "deteriorated form"（くずれ）は，その人間に対する評価が低いことをあらわしている．つまりくずれは "disparaging term" なのである．好意があればこの言葉は使わない．

kyōgen-mawashi 狂言まわし これは，古くからある言葉が近代的に使われている例で，"Master of Ceremony" または "steering committee" に当たる．
  例「この芝居では，その劇中人物が，狂言まわしの役をつとめている」In this drama, that character helps *the show go round* (He plays the role of *steering committee*).

kyōgō 競合 the failure of synthetic textile talk のあとで，外交的見地から使われるようになった言葉で，競争 (competition) よりはやや mild で，"friendly rivalry" とでも言うべきもの．
  例「われわれは，いまや競合時代に入った」We are now in the age of *friendly rivalry*.

kyōki 俠気 heart; staunch heart
  これは英語にはない心理で，もちろんただの courage とも違う．gallantry がどちらかと言えば近く，人のために一肌ぬぐ町奴の気分 (the spirit of "the knight of the town")．

rikubu no ~ shibu no netsu 六分の〜四分の熱　Sixty percent heart, forty percent lust. (a desirable man's image)

kyōki 兇器　the death weapon used by a killer
例「無責任な運転者の乗る車は兇器になりうる」At the hand of a reckless driver a car can turn into *a death weapon*.

kyōkō-ron (~-ja) 強硬論(者)　hard-line; hard-liner; the hawks (タカ派，反対は the doves ハト派)
例「アメリカ議会では日本に対する強硬論者が勢力を占めている」The U.S. Congress is dominated by *hard-liners* on the subject of Japan.

kyoku ga nai 曲がない ☞ **gei ga nai** 芸がない

kyomei 虚名　mere notoriety
例「彼は虚名を売るためにうき身をやつす」He is wearing himself out for achieving *mere notoriety*.
例「彼は単なる有名病患者にすぎない」He is *publicity-crazy*. / He is *a mere publicity seeker*.

kyōsai 恐妻　wife-phobia; a henpeck; a man afraid of his wife
　この言葉は戦後まもなく，社会評論家大宅壮一の作った造語．「亭主関白」の反対だと思えばよい．日本男性どうしの間で他の男性のことを「あいつは恐妻（または恐妻家）だ」と言って笑う軽い蔑称．英語には，これに当たる単語はとくにない．"a regular henpeck"ぐらいが普通使われる．「恐妻」の意味では，He is afraid of his wife. と言ったほうが当たる．

kyosei o haru 虚勢を張る　put up a front
- 例「彼は虚勢を張っている」He is *putting up a front*.
- 例「虚勢を張る人」swaggerer; bluffer
- 〈類語〉　***hattari*** はったり　play to the audience
- 例「あの男は単にはったりをやっていたにすぎない」He was just *playing up to the crowd*.

kyosei-sareta-hitobito 去勢された人びと　eunuchs; spineless individuals
- 例「会社には去勢されたようなイエスマンばかりだ」These are just so many *eunuchs* in the office—just so many *yes men*.

kyoshi-teki 巨視的　take a broad view of things without being bothered by trivia（身辺の小さなことに心をわずらわされることなく大きな眼で物事を見ること）
- 例「政治家は巨視的に物を見ることができなければならない」A statesman has to have the ability to look at things *in broad perspective*.

kyoshū 去就　the moves

出所進退などの動向のこと．
- 例「T氏の去就は，人びとの注視のまとだった」People's eyes were focused on Mr. T's *moves*.

kyōso 教祖　guru

アメリカ英語でここ数年さかんに用いられ，ヒンズー語から英語として一般化した．

kyūtai-izen 旧態依然　things still kept in the old order without slightest changes or improvements
- 例「彼らのやり方は旧態依然たるもので，進歩の兆しはな

い」Their method *remains just as it was*, one finds no sign of change for the better.

M

machibōke o kuwasu 待ちぼうけをくわす　stand someone up

　人と会う約束をしておいて，一方的にその約束を破って，約束の場所に現われないことを言う．

　〈類語〉　*furareru* ふられる

　例「あなたにふられるかと思いましたよ（あまり無理なおねがいだったので）」I thought you'd *stand me up*.

　例「彼女は恋人にふられたと早合点している」She thinks she *has been stood up* by her man.

machi-machi まちまち　divided; lacking in unity

　例「意見はまちまちで統一がつかなかった」The opinion was *divided*.

　[注]「いろいろ」(varied) とは違って，単に descriptive ではなく，disapproval の気持がある．There are all kinds. （いろいろあらあね）は統一を期待しないが，「まちまち」は統一を期待して果たせない場合に多く使う．

madogiwa-zoku 窓際族　company employees who are given no assignment, and slated for no promotion

　会社のなかにいながら，仕事は全然あたえられず，昇進

の可能性がまったくないものに，サラリーマンの世界でよく言われる陰口．

¶ These people are branded by the company as unemployable.（この人たちは会社側が，使えない烙印を押したも同然の社員）

mae-hyōban 前評判　general reception of a forthcoming show

例「有楽座にかかるコッポラの新作の前評判は上々だ」
General reception of Coppola's new film coming to the Yūrakuza theatre seems very good.

例「彼の今度の劇は前評判からしてたいへんだ」His new play is *having a good press*.

mae-iwai 前祝い　an advance celebration; one for the road（行動に移るまえに，一ぱい）というイディオムが近いが，ぴったりした訳語はない．

magai-no まがいの　smacking of

例「彼らはウォーターゲートまがいの謀略を使ったりした」They indulged in plots *smacking of* the Watergate.

magari-narinimo...suru 曲がりなりにも……する　manage to do

例「彼は曲がりなりにも大学を出た」He *managed to* pull through a college.

magirasu まぎらす　elude (one's sense of loneliness)

例「彼は淋しさを酒でまぎらしていた」He *was eluding* his sense of loneliness with drinks.

mago-nimo-ishō 馬子にも衣裳　The tailor makes the man.

これは封建時代に出来た表現で階級意識がなければわからない比喩だが,意味は,どんなに身分のいやしいものでも,上等の服を着れば,えらそうに見えるということである.よい仕立の服を着るとどんな男もりっぱに見える,の意.これに似た表現に,The hat makes the man. The hat makes the woman. というのがある.1930年代に最も成功したニューヨークの帽子屋の広告で,一般人の間にまで定着したもの.帽子をかぶらなければ,男に(または女に)見えない,の意である.

***mainasu** (**gyaku-kōka**) **ni naru* マイナス(逆効果)になる a drain on

　a drain on U.S.-Canada Relation(アメリカとカナダの友好にマイナス点となった事件)という言葉があった.マイナスが「逆効果」の意味に使われる場合は,"work against" の形をとる.

¶ Where he worked, his zeal for work *worked against* him rather than for him. (彼の職場では,彼の仕事熱心が,かえってマイナスになった)

makaritōru まかり通る　pass muster; something not quite up to the par has pushed itself into the show

例「ひどい不正がしばしばこの社会ではまかり通る」Some glaring injustices *pass muster* in this society of ours.

例「こういう幼稚な仕事がまかり通るとは……」Outrageous that so bad a job as this should be *thrusted on* us....

make-inu 負け犬　a beaten dog

例「彼はまだ負け犬気分が抜けきらない」He hasn't overcome his defeatism.

make-oshimi 負けおしみ   poor loser
例「あの男は負けおしみが強い」He is a *poor loser*.

makeru-ga-kachi 負けるが勝ち   He stoops to conquer.

makka-na-uso まっかなうそ   a red lie

奇妙なことに英語でも日本語のように，red は total, complete など強めの補助語として使う．ただし，常にスラングめいた口語としてである．

makkō-kara まっこうから   head-on
例「彼は上役とまっこうから衝突した」He had a *head-on* collision with his boss. / He collided *head-on* with his boss. 後者の head-on は副詞として使われている．

makushi-tateru まくしたてる   stun everyone with voluble talk; shoot one's mouth off
例「彼は長広舌でまくしたてた」He *left everyone stunned with* his long-winded haranguing.
例「候補者は滔々とまくしたてていた」The campaigner *was shooting his mouth off* in torrential eloquence.

mama-naranu (……も) ままならぬ   cannot do as much as one likes
例「時間がなくて，旅行もままならぬ」I have so little time that I *cannot travel as much as I would like*.
例「いそがしくて，つきあいもままならない」I'm so busy that I *cannot find time* for social life.

mame まめ ☞ ***richigi-mono*** りちぎもの

mamena まめな   chipper

この chipper は形容詞で，sprightly（元気な）とほぼ同義．

例「彼はまめな男だ」He is a *chipper* man.

ma-ningen 真人間　a person whose heart is in the right place

ハートがあるべきところにあるのが真人間，つまり血も涙もある人．その反対のようにみえる表現に "one who wears his heart on his sleeve" というのがあるが，これは「本心を容易に顔に出す単純な人間」のこと．

¶ He may be abrasive but believe me *his heart is in the right place*. （彼はあたりはよくないが，血も涙もある人だ）

manma-to まんまと　successfully

例「陰謀家はまんまと競争相手を追い出した」The schemers *successfully* got rid of their rivals.

mannerizumu ni ochiiru マンネリズムに陥る　be reduced to a mere form and mannerism without the original spirit

例「どういう組織でも常に脱皮していかねば，マンネリに陥ってしまう」A system, however good, is in danger of losing its original spirit and becoming a mere form, unless it tries to renew itself always.

manzara demo nai まんざらでもない　not altogether bad

初めから enthusiasm をあらわすのは気がひけるので，こういう形で賛意をあらわす慣用句．

例「彼は自分の作品が賞めそやされて，まんざらでもない面持ちだった」He *did not seem to be able to hide his happiness altogether* when he learned that his work having rave reviews.

例「こんな日に，家で本を読むのもまんざらわるくない」 It's *not altogether bad*, is it? to stay home and read on a day like this.

mappira da まっぴらだ I won't have it. / Cut it out!

masseki o kegasu 末席をけがす [used exclusively as a self-deprecating rhetoric] 謙遜の辞令として使う．

例「私もあの会で末席をけがしました」I, too, was there at the party.

mateba-kairo-no-hiyori-ari 待てば海路のひよりあり Wait and the day will come with the weather just right for a good voyage. / Everything comes to him who waits.
⇒ *kahō-wa-nete-mate* 果報は寝て待て

〈類語〉 ***tanakara botamochi*** 棚からぼたもち a good thing comes into one's possession by sheer accident

matsuriagerareru まつりあげられる be set up as

例「私は会長にまつりあげられた」I *was set up as* chairman of the Board. / I was made honorary chief executive.

mawari-awase まわりあわせ ☞ ***meguri-awase*** めぐりあわせ

mawata de kubi o shimeru まわたで首をしめる a soft spoken but telling rebuke

例「ああいうのをまわたで首をしめるというのさ」That is what is called *the velvet paw of the cat*.

mayoi 迷い self-doubt

例「私は、もはや彼のなかに、仕事や自分自身に対する迷いを感じることが出来なかった（彼は生まれ変わった）」I no longer sensed in him *the slightest doubt about his job or himself*.

mayutsuba-mono まゆつばもの　something you have to be wary about; a dubious thing

例「その話はまゆつばものだ．気をつけたほうがいい」The story *sounds dubious*. Be careful about it.

mazui-honyaku まずい翻訳　a lame translation

例「まずい翻訳で読んだのだが、その本は私を感激させた」Even in *a lame translation* the book moved me deeply.

　この lame は weak と同義で、舌足らずの翻訳といった含みがある．

meboshii-mono めぼしいもの　anything of money value

例「彼は家財のなかから、めぼしいものだけを拾い出し、質屋にかけこんだというどん底生活を送ったこともある」He once led a life of dire destitution in which he would scrape up every piece of furniture in the house that had promised least *money value* and run to the nearest pawnbroker's for a few yen.

mecha-kucha-ni (~-*na*) めちゃくちゃに（〜な）　helter-skelter

　あわてて、混乱した状態．この言葉は副詞にも形容詞にも使う．

例「彼はただめちゃくちゃに走って逃げた」He ran *helter-skelter*.

例「それはめちゃくちゃな討議だった」That was *a helter-skelter sort* of discussion.

例「ウィーンの街では，車が空いているスペースにめちゃくちゃに駐車してある」On the Viennese streets, cars are parked everywhere in utter disorder on every inch of empty space.

⇒ *tenya-wanya* てんやわんや

***medama-shōhin* 目玉商品**　a consumer-trap

例「カラーテレビを目玉商品に使ったバーゲンセール」a bargain sale in which color television sets were used as *consumer-traps*

***medatanu-shisei o toru* 目立たぬ姿勢をとる**　keep one's profile low

例「個人生活の自由を最大限に保つために，彼はわざと目立たぬ姿勢をとりつづける」He *keeps his profile low* to secure maximum freedom for his private life.

例「目立って得になることは何もない．いつも目立たぬようにするのが最も賢明だ」There is nothing to be gained from keeping a high profile. It is wise to *keep your profile low* always.

***medo* めど**　a prospect of success

例「仕事のめどがようやくついてきた」We are beginning to see a definite *prospect of success*.

***me ga deru* 芽が出る**　one's fortunes (*or* stars) are rising

例「ようやく少し芽が出はじめてきたらしい」I feel my *stars are rising* at long last. / Things *are beginning to work* for me.

me ga kuramu 目がくらむ (be) dazzled; (be) overcome by greed; lose one's moral principle
例「あの男は欲に目がくらんだ例だ」His is a typical example of *losing his moral principles* from greed.

meguri-awase (*mawari-awase*) めぐりあわせ（まわりあわせ） a coincidence
例「ふしぎなめぐりあわせ（まわりあわせ）で，わたしは，彼に25年後に会った」By a strange *coincidence*, I met him 25 years later.

megutte kuru (日が) めぐってくる roll around; hop around
例「今年もまた12月の戦争記念日が，めぐってきた」The war anniversary once again *rolled around* in December.

me-hana ga tsuku 目鼻がつく take on distinct features; take on a definite shape
例「仕事の目鼻がついてきた」My work (*or* project) has begun to *take on a shape*.

meibun-ka-suru 明文化する expressly state; stipulate
例「住民の権利は法律に明文化されている」Residents rights are *expressly stated* (*or stipulated*) in the law.

meijin-gei 名人芸 virtuosity
例「今日の医学はもはや個人の名人芸にたよるべき時代ではなくなっている」Today's medicine no longer is in a position to rely on individual doctors' *virtuosity*, however great.

mei-jitsu tomoni 名実ともに in fact as well as in name
  例「彼は名実ともにこの運動の推進者だ」He is the leader of the movement *in fact as well as in name*.
  [注] これはよく考えると奇妙な論理で,典型的な日本語のレトリック.リーダーであることを,名と実とに分けて考えなければならないというのはおかしい.実があるからリーダーなので,名だけのリーダーが慣わしだというように聞こえる.要するに理屈ではなく,日本語の強め (emphasis) のレトリックと思えばよい.

meikyū-iri 迷宮入り shrouded in mystery
  例「その事件は依然として迷宮入りのままだ」The case is still *shrouded in mystery*. / The authorities are just as *in the dark* about it as before.

meirō 明朗 sunny; clean; open-hearted [as opposed to underhanded]
  例「そういうやり方は明朗を欠いていて大衆の支持はむつかしい」That sort of approach does not strike one as *frank* enough to win public support.

meiwaku-shita 迷惑した It was a lot of *bother* to me.
  [注] これはあまり polite な言い方ではない.「ご迷惑をおかけして……」などの場合の「迷惑」(trouble) は rhetorical expression (I hate to put you to trouble とか, I hate to trouble you, but...) だが,「迷惑した」はありのままの annoyance をあらわしたもの.

mejiro-oshi 目白押し ☞ ***suzunari ni natteiru*** 鈴なりになっている

me kara uroko ga ochiru omoi 目から鱗が落ちる思い a great sense of discovery when I saw (*or* read) it
  例「あのすぐれた論文を読んで,私は目から鱗が落ちる思

いだった」I felt as though *my eyes were opened for the first time* when I read through that article.

me-kujira-tateru 目くじら立てる   hasten to find faults with...

例「目くじら立てるほどのことでもない」It's not something we should need to *make a fuss about*, let it go.

me no arai 目の粗い   of loose weave

例「目の粗い布」a fabric (*or* material) *of coarse weave*

[注]「目のつんだ布」は a fabric (*or* material) of fine weave.

例「彼は目の粗い服地のツイード風の上着を着ていた」He wore a tweedy jacket made of some *loosely woven* material.

me no doku 目の毒   文字通りには, something bad for your eyes, since it is a thing you covet but cannot get

自分が内心欲しがっているが, 実際には得られないものを見ることは目の毒だ, というのが原意.

例「私はなるべくこのところ, 骨とう品店にはたちよらないことにしている. 目の毒だから」I avoid curio shops these days, for I see there too many things I covet.

me no tama no tobidasu yōna 眼の玉のとびだすような   eye-popping

¶ General Foods raised its spending by an *eye-popping* 111 percent over 1975's first quarter.—*Fortune*. (ゼネラルフーズ社は, 1975年の第一期に比べて広告費を眼の玉のとびでるほどの111パーセントも増加した)

menuki-dōri 目抜き通り   a main street

例「これは当時の上海の目抜き通りの写真です」This is a picture of Shanghai's *main street* at the time.

me o akete ite kure 目をあけていてくれ　Keep your eyes peeled for me.

これは日本語の「目を剝く」と文字の上では一致するが，意味が違う．Keep your eyes open for me. とも言い，何でもよく見張っていて知らせてくれよ，の意．「目を剝く」は，"glare (*or* growl) at" である．

例「2週間ほど留守にするが例の問題については，目をあけていてくれ」I'll be away for about two weeks. I want you to *keep your eyes peeled for me* about the issue.

例「見張っててあげますよ」I'll *keep an eye out* for you.

mesaki-no-kiku-hito 目先の利く人　a farsighted person; a man of foresight

"a foreseeing policy" は "a short-sighted policy"（目先のことだけにかかずらわった政策）の反対．

mesaki o kaeru 目先を変える　give them something different to look at

例「業界のスランプを乗り切るために，品物の目先を変えてみたらどうだろう」To break out of the slump, we might *introduce something different* to our wares.

meshi no kuiage めしの食いあげ　lose the only source of bread and butter

例「そんなことをしたら，めしの食いあげだ」I'll *lose my job* if I should do such a thing.

mesu o ireru メスを入れる　probe into the question; make searching inquiry into the matter

例「その問題にメスを入れていいころだ」It is about time we *probed into* the question.

me-utsuri ga suru 目移りがする You have trouble picking out right ones because there are so many good-looking things to choose from. (あまり見場のいいものがありすぎて，どれにしていいかわからない)

miau 見合う (だけの) proportionate to; commensurate with

例「生産上昇に見合う賃銀上昇を計るべきだ」You must have a raised wage standard *proportionate to* an increased productivity.

michikusa o kuu 道草を食う dawdle along the road without going straight to one's destination; deviate momentarily from the task in hand

例「私は専門分野で道草を食うのが好きだ」In my professional field, I like to *take time* to absorb a lot of incidental knowledge.

michi-sū 未知数 これは an unknown quantity からの訳語には違いないが，今では英語をはなれて日本語になっている．

例「彼はいい学校を出ているが，能力は全然まだ未知数だ」He comes from a good school but still, he is entirely *an unknown quantity* to us.

mie o kiru 見得を切る posture as part of Kabuki craft (歌舞伎役者が見得を切る)

例「あんな公約をして大見得を切った手前，どうにも引っこみがつかない立場にある」Because he had *made a grand gesture*, making those big public promises, he is in an embarrassing position to retreat now.

migamae 身構え   stand; stance; posture; attitude

例「この問題について，われわれは身構えを確立しておく必要がある」We have to have a definite idea of what *attitude* we should bring to the problem.

migatte-na 身勝手な   selfish

例「彼らは自分たちが困るときはわれわれの助けを求めておきながら，こちらが彼らの助けを必要とするときは，援助をことわる．それでは身勝手すぎる」They come to us when they're in need, but they refuse to aid us when we need their help. That's downright *selfishness*.

migi-e-narae-no-fūchō 右へならえの風潮   conformism; the prevailing habit of doing everything as others do

これは，アメリカなどでは，keeping up with Joneses とも言って，お隣りが何かを買ったから，うちもというやり方を言う．

例「女は男よりも，右へならえの心理になりやすい」Women are more prone to fall into the psychological habit of *keeping up with Joneses*.

migi-ude 右腕   one's right hand man

例「弟が死んで，彼は右腕を失った思いだ」In his brother's death, he feels as though he has lost *his right hand man*.

migoroshi ni suru 見殺しにする   abandon a person in the lurch; refuse to move a finger to help someone in a desperate situation

例「人を見殺しにするような人物は尊敬に価しない」A man who *refuses to lift a finger to help* others in dire situation when it is so easy for him to help deserves no respect.

例「彼は見殺しにされたようなものだ．そんな計画はそもそも最初からだめなことははっきりしていたんだから」He was *thrown to the lions*, if you ask me. For the project had been forced upon him. He was doomed from the beginning.

例「飢え死する人びとを見殺しにするに等しい政策だ」The policy amounts to seeing these people starve to death with folded arms.

mī-hā-zoku ミーハー族　the lowbrows

反対は the highbrows（高級な趣味の人）．

例「ああいう映画はミーハー族にはわからない」A film like that is too difficult for *the lowbrows*.

miira-tori ga miira ni naru ミイラとりがミイラになる　Hooker Hooked.

これは，日英両語に存在する発想．従来の表現としては，He went for wool and came home shorn. というのがあるが，Hooker Hooked.—*Time*.（人をたらしこもうとしたのがあべこべに，むこうの魅力のとりこになってしまった）というほうが，簡潔で面白い．

mikaeri 見返り　これは collateral（見返り物資担保）というのが原意だが，もっと一般的な "a favor in return" の意に使うこともある．

例「何の見返りも期待しないで誰がそんな大金を餞別に出すか？」 Who would give any one as a farewell gift that kind of money without expecting *a favor in return*?

mikaesu 見返す   vindicate oneself; get back on

例「過去において，自分をいやしめた人間を見返すことができた」 I was able to *vindicate myself to* those who humiliated me in the past.

例「彼女は学校時代に自分を馬鹿にした金持の娘を見返してやろうと思った」 She was going to *get back on* those rich girls who scorned her at school.

mikomareru 見込まれる   be given a great trust; win favor from

例「K氏はどういうものかアメリカに見込まれて巣鴨プリズンから，数年つとめただけで釈放された」 Mr. K somehow *won favor from* America and was released from Sugamo prison after a few years' stint.

mikomu 見込む   see a great potential in someone

例「彼はその青年を見込んで自分の会社の副社長にした」 He *saw a great potential in* the young man and made him a vice president of his firm.

mimi ga itai 耳が痛い   make one's ears burn

例「彼の言ったことはみんな耳の痛いことばかりだった」 Everything he said *made my ears burn*.

mimi-gakumon 耳学問   picked-up knowledge

例「彼は耳学問でいろんなことを知っている」 He has *picked up* a great many things. / He is full of *picked-up knowledge*.

***mimitchii* みみっちい**　poor looking; shabby; miserly
　〈類語〉　***binbō-tarashii* 貧乏たらしい**　wretched to look at

***mi mo futa mo nai* 実もふたもない**　too blunt; too outspoken (for anyone's comfort)
　例「そういう言い方をしては，実もふたもない」To put it that way would be *too blunt* (or *outspoken*) for anybody's comfort.

***minaosu* 見直す**　rediscover; take another look at
　「見直す」は，いわゆる「再評価」の意に使われる．
　例「和裁の特技が見直されつつある」The skill in kimono dress making is *being rediscovered*.

***mi ni tsuku* 身につく**　master
　例「3か月で英語が身につくというふれこみの本」a book whose publishers say that you can *master* English in 3 months with it

***mi no hodo shirazu* 身のほど知らず**　one who does not know his place
　封建制のもとでは，階級の下のものは，上のものを出し抜くことはできなかった．そういう挙動に出るものを「身のほど知らず」といって社会から ostracize された．階級 (class distinction) のなくなった今でも，この表現は生きて使われる．
　例「シェイクスピアではないのだから，身のほどを知るべきだ」He ought to *know his limitation*, for he is no Shakespeare.
　〈類語〉　***bunzai* 分際**　例「事務員の分際でよくあんな

ぜいたくができたものだ」I wonder how a *mere* clerk could manage to live in such style.

mi no shimatta 身のしまった   lean

これはぶよぶよしている (flabby) の反対で，同じやせているのでも，ひきしまっていることで常に賛辞．「身のしまる思いがする」の意味のときは，"bracing"．

¶ The book is *bracing* to read. (この本は，読みごたえがある) むつかしいが身のしまる思いがする，の意．

miokuru 見送る   let go a chance

例「個人的な理由でせっかくの機会を見送ることにした」I decided to *pass up the opportunity* for reasons of my own.

mi o mamoru (災害などから) 身をまもる   fend off

例「会社は災害から身をまもろうと必死になった」The firm tried hard to *fend off* calamity.

miren 未練   これは英語には適訳がないが，attachment の意．

例「彼は彼女にまだ未練がある」He has not quite overcome his *emotional entanglement* with her, though he pretends he has.

例「未練たっぷりだ」He still has his *feeling over* her (or a matter).

mirumo imawashii 見るもいまわしい ☞ **hedo ga desōna Jōtai** へどが出そうな状態

misekake みせかけ   a sham; make-believe; window dressing

例「彼らの慈善はみせかけだけのもの」Their charity

work is *a sham*.

miso ミソ   the essential point one wants to make; the best part of it

ミソ（味噌）は日本では，もっともおいしいところという含意がある．

例「そこがあいつのミソなんだ」That's *the point he wants to make*.

~ *o tsukeru* ~をつける   make a mess of it; blow it

例「すべてはうまくいっていたのに，彼は最後にミソをつけた」He *blew it* when everything was going so well for him.

***misshitsu-seiji* 密室政治**   policy-making carried out behind closed doors

例「大衆は古い密室政治をもはや支持しない」The public no longer supports the old style *policy-making carried out behind closed doors*.

***misu-misu* みすみす**   before one's very eyes

この副詞には2つの使い方がある．

① 何かが目の前に起こるのを見ていながら，どう手のほどこしようもなかった，と自分の無力さ (helplessness) を単に報告する場合．

¶ The little girl was dying *before my eyes*, but there was nothing I could do about it.（幼女が目前で［みすみす］死ぬのを見ていながら，どうすることもできなかった）

② 偶然降ってわいた機会をのがすまいという場合．

¶ It's too good an opportunity for me to miss.（このチャンスをみすみすのがすわけにはいかない）

mitsugo-no-tamashii hyaku made 三つ子の魂百まで
The leopard does not change his spots.
mitsugu みつぐ ☞ ***ire-ageru*** 入れあげる
miugoki ga dekinai 身動きができない　no elbow room to move around in
¶ Laid down with the bulging personnel to support, the industries *have no elbow room to move around in*. (過剰人員を抱えこんで，企業は身動きできない状態となっている)
miyō-mimane 見よう見まね　learn by watching other people and doing the same
例「私は絵をかくことを見よう見まねでおぼえただけです」I *learned* to paint, not by formal education, but *by watching other people* paint and *doing the same*.
mizu 水
　~-*irazu* ~入らず　all by ourselves; keep to ourselves
　例「夫婦水入らずで暮しています」We *keep to ourselves without outsiders* living in the house.
　~-*kusai* ~くさい　acting unnecessarily formal and reserved
　例「どうしてそんなに水くさいの？　わたしたちの間でそんな他人行儀は必要でしょうか」Why act *so formal with* me? Is there any need to stand on ceremony between us? for God's sake!
　~-*mashisareta* ~増しされた　padded
　例「彼は水増しされた勘定書が出されると，支払いを拒否した」He refused to pay when they presented him *padded* bills.

~ no awa ni naru ～の泡になる　all come to nothing; gone down the drain

例「われわれの努力も水泡に帰した」All our hard work *has come to nothing*; everything *has gone down the drain*.

~ o akerareru ～をあけられる　get beaten by a narrow margin; open up a lead over to (one's opponent)

[注]「水があく」は open up the space by a mere boat's length to one's opponent，つまり，相手にわずかの差でリードを許すこと．

例「両者の隔りは，どんどん広がる一方で，水があくどころのさわぎではなくなった」The widening space between the two was no longer the question of a boat't length.

~ o mukeru ～を向ける　draw a person out; tap a person for information; worm information out of a person

例「それとなく水を向けると，彼は話し出した」When we *subtly tapped him*, he began to talk.

~ o sasu ～をさす　do something to turn the lovers off; throw cold water on a project in the making

例「彼らが愛しあっていることはわかるだろう．だから水をさすようなまねをするな」You can see they're in love. So don't *do* anything *to turn them off*.

例「企画がうまくいきかけると，必ず水をさすやつが現われる」Whenever you have a project going well, detractors are sure to arrive on the scene to *throw cold water* on the whole thing.

mochidashi 持ち出し　forced to dip into one's own pocket (far from making profit)

例「その仕事は，持ち出しが多いのでやめた」I quit the job because it did not pay. / Half the time, I found myself *dipping into my own pocket* to stay in the job.

〈類語〉　***jibara o kiru*** 自腹を切る　pay out of one's own pocket to do one's office work

mochi-kaeri-yō ni 持ち帰り用に　make it to go

　これは普通「お持ち帰り」と食べもの屋では言っているもので，客が，その場では食べず，車のなかや，家に帰ってから食べようというので，オーダーするときに使う用語である．

¶ The man said, "I'll have a ham-and-cheese sandwich on rye bread. No mustard, no mayonnaise ; just butter. *Make it to go*."—*Ellery Queen's Mystery Magazine*. (その男は言った．ブラウンパンでハムチーズ・サンドイッチを一つ．辛子もマヨネーズもつけないで，バターだけでいい．持ち帰り用に包んでくれ)

mochi-kotaeru もちこたえる　sustain ; hold out against
¶ How long can white Rhodesians *hold out against* a guerrilla war?—*Newsweek*. (ローデシアの白人は，ゲリラを向こうにまわしてどれだけもちこたえられるか？)

mochi wa mochi-ya 餅は餅屋　A specialist knows his subject. / Better leave it to him. / Ask help from a specialist for best results.

moguri もぐり　[a short for the verb "moguri-komu"

which means to get oneself lost in the crowds] get the benefits and privileges of an organization without being a member of it の意. つまり "an unlicensed person".

例「もぐりの業者」dealers operating *unlicensed*

例「あの歯医者はもぐりだ」That dentist is *without a license*.

***mogurikomu* もぐりこむ** slip into some organization; contrive to find a place in some group or organization; crawl into

例「記事を探して彼はアングラ劇団にもぐりこんだ」He *got in* the underground drama group for a story.

例「私は疲れたので早々に寝床にもぐりこんだ」Exhausted, I *crept into* bed early in the evening.

例「彼はよい会社にもぐりこんだものだ」He *has found a place for himself* in the big firm.

***mō hitoiki no tokoro* もう一息のところ** We are almost there. / just a little more to go

〈類語〉 ***mō hito-funbari* もうひとふんばり** Just one more climb.

***mōja* 亡者** a fiend; demon; one obsessed with

例「金の亡者」the money-mad; a money-*fiend*

***mōjū-tsukai* 猛獣使い** a lion tamer

これは英語ではよく使う比喩で, 別にライオンでなくともかまわない.

¶She is quite *a lion tamer* who runs her company effectively by playing one ambitious executive against another. (彼女は, 社長として自分の会社の重役たちの野心を

あやつって会社に君臨している)

***mokei* 模型**　a mockup

テスト用の新製品模型. 製品が非常に大きい場合は, 何分の一かの縮図式のものにもこの言葉を使うが, 大抵は実物大にした見本. sample は客に見せる商品の見本だが, a mockup は製作の段階で作った模型.

¶ The marketing men showed *a mockup* of the new product to a group of buyers for their reactions. (市場係が, 新製品の模型をバイヤーの一団に見せて, 意見を求めた)

***mokuhyō* 目標**　one's sights

例「政府は初めのうちはあまり高い目標は掲げなかった」
At first the government did not set *its sights* too high.

***momeru* もめる** ☞ *motatsuku* もたつく

***mondai-gai ni shite shimau* 問題外にしてしまう**
write him off

例「会社は, 彼を無能として, 問題外にしてしまった」
The company *wrote him off* as incompetent.

***mondai-ishiki* 問題意識**　positive attitude brought to a given subject

「問題意識」は往々にして日本人でも使い方がはっきりしない人がある. この言葉は, 当面の問題, 現に取り扱っている題材に対する個人的な積極的関心 (concern) というのが根本の意味であって problem-conscious などと直訳されては困る.

例「彼は問題意識をもって, 仕事に当たる」He *genuinely interests himself in any assignment*. これをさらにつきつめれば, He makes his subject-matter his personal problem to attack.(彼は仕事の内容を自分の個人的な,つまり自分の内面の問題として考える)ということなのである.今流行の心理用語を使えば,He *interiorizes his subject matter*.ということである.

mondai-ten 問題点 point

例「それにはいくつかの問題点がある」There are several *points* to it. これは別に論争点(points at issue)の意ではなく,単にポイントのこと.

mono-hoshi gena (mono-hoshi sōna) ものほしげな(ものほしそうな) the ready and willing look; the come-on look

例「彼の作品には何かものほしげなところがあって感心しない」There is a sort of *come-on look* about his work I am not keen on.

monomi-dakai 物見高い curiosity-seekers; rubber-neckers

例「東京の人は物見高い」Tokyoites are great *rubber-neckers*.

mono ni suru ものにする master a skill; get a grip on a thing

例「どんなことでも,知識や能力をものにしようと思えばたいへんな努力を要する」It takes tremendous efforts to *master a skill* no matter in what subject.

mono-oji-shinai 物おじしない not a shy sort; brash

例「子供のころから彼は物おじしない性質だった.彼をおどかそうたってむりだった」As a child he was *not a shy sort*. No one could frighten him.

mono o iu ものを言う   what decides the issue; the final thing that talks

例「平等な条件なら,毎日のトレーニングが最終的にものを言う」All other things being equal, it's your daily training *that decides the score*.

例「この世は金だけがものを言う」Ours is a world in which money alone *helps* (or *talks*).

例「この社会では,実力だけがものを言う」Muscle alone *talks* in this society.

例「彼は顔にものを言わせて,その案を推し進めた」He *used his influence* to push the project through.

mono-tarinai 物足りない   finding something not entirely satisfying; unable to get full satisfactions out of something; lacking in something (何か物足りない). この場合 satisfying として satisfactory としないのは not satisfactory と言えば,「欠点があり,ある標準に達しない」の意になり,ぼんやりと感情的に満足が得られないという感じが出ないからである.

monzen-barai 門前払い   turn a person away at the gate; slam the door in *someone's* face

例「彼は門前払いを食わした」He *slammed the door in her face*.

例「彼女は門前払いを食わされた」She *was turned away*.

mōretsu 猛烈   intense がこれの普遍的な意味だが,もっとくだいた言い方に "wildcat" がある.普通,形容詞に使う.

例「ミシガン大学(のフットボールチーム)は,ノートルダ

ムの猛攻に曝された」The University of Michigan was exposed to Notre Dame's *wildcat* offensive.

moriagari 盛り上がり　dramatic end-effect

例「その会には盛り上がりがなかった」The audience was not *aroused*.

例「その会は，劇的な盛り上がりをみせた」The gathering had a dramatic *built-up*.

例「思ったほどの盛り上がりはなかった」Despite expectations it turned out to be not too *exciting*.

moriageru 盛り上げる　put some life into a thing

例「司会者として彼の仕事は会を盛り上げることだった。だが会はいまひとつ盛り上がらなかった」As an emcee his job was *to put some life into* the programme. He did work at it but not too successfully.

例「彼はいろいろと趣向をこらして会を盛り上げた」He put in a lot of ideas *to enliven* the party.

mosa もさ　a regular bulldog

例「彼は記者歴 15 年のもさだ」He's *a regular bulldog* of a reporter with 15 years' frontline experience behind him.

mōshiwake-ni 申しわけに　just a token gesture

例「誰も来ない小さないなかの店に申しわけばかりに品物が並べてあった」A few *token* goods were on the counter in a small forgotten village store.

mō takusan da もうたくさんだ　I've had it. というのが現在一般に使われている表現．Enough! とか That's enough. は「もうそれくらいでやめなさい」の意で少しず

れる.

motareai-seisaku もたれあい政策　a let's-do-it-together policy

例「もたれあい政策は、なれあい行為としての当然の帰結を生む」 *A let's-do-it together policy*, like all cozy camaraderie, has its consequences.

motatsuku もたつく　things not going smoothly; fall out of step with the rest

例「意見の違いで，会議がもたつく」The conference was *slowed down* by conflicting opinions.

例「それらの企業組合は一社だけがまだもたついているので共同戦線を張るに至っていない」Those trade unions have not yet put on a united front as one of them is still *lingering behind*.

〈比較〉 ***momeru*** もめる　a state of conflict

moteamashi-mono もてあまし者　someone difficult to manage because he does not fit into his surrounding

環境にぴったりしないため，まわりのものが取り扱いにくい人のこと．たとえば「ある球団で，非常に有能な打者がもてあまし者だった」In a certain baseball club, an extremely talented player used to be *an embarrassing existence nobody quite knew what to do with*. つまり"unmanageable" だったのである．どうしてもてあますかというと通常2つの理由のどちらかである．当人がunmanageable の場合と，当人のせいではなく，当人のおかれた状況のためである場合，つまりその人が不幸にもところを得なかったためである．

***mōten* 盲点**　a blind spot ; a vulnerable spot ; oophole
　例「法の盲点をつく」take advantage of the law's *loophole*

***moto no mokuami* もとのもくあみ**　right back where one started from
　例「彼は金をすってしまって、もとのもくあみだ」He lost all he had won and went *right back where he had started from*, that is, penniless.
　例「損をすれば、もとのもくあみだ」If I lose, I'd be *right back where I started from*.
　　〈類語〉　*moto-moto* もともと　例「うまくいかなくとも、どうせもともと」If I lose on this venture, I'd be no worse for it.

***moto no saya ni osamaru* 元のさやにおさまる**　return to the fold
　例「結局、彼は元のさやにおさまった」Finally he *returned to the fold*.

***mottai-nai* もったいない**　(the sense of) waste
　例「そんなことに時間を使うのがもったいない」I think it *a sheer waste* to spend your time on a thing like that.

***motteiru* 保っている**　being sustained
　例「あの芝居は、あの役者で保っている。彼がいなかったらめちゃめちゃになる」The play is *being sustained* by that actor. Without him the whole show will fall apart.

***moya no tachikometa yōna* もやのたちこめたような**
　これはそのまま foggy としてもよいが、「明確さを欠く」という意味をはっきりさせるためには、"murky" を使う．

論理がはっきりしないことにも使う.

¶ Politicians have to take into consideration the *murky depths* of public opinion. (政治家は, 世論というどうにもならないもやもやしたものがあることを考えに入れてかからねばならない)

murky は foggy と多くの場合おなじ意味に使われる. 光りがあまりささない小暗い状態. London street *made murky by fog* (霧でほの暗いロンドンの街路)

それからもっと抽象的に murky は,「さだかでない」の意に使う. *murky* generalizations without any substantiation in fact (具体性のないぼんやりした概論)

muchū ni naru 夢中になる be high on

これはスラング. "crazy about", "keen on" などは常に使われる口語だが, この high on は, 麻薬語に根をおいた陶酔の感覚からくる.

例 「あれが, 彼が夢中になっていた女だ」That was the girl he *was* very *high on*.

mukashi-banashi 昔話 an ancient story; reminiscences

昔話は2通りの意味に解せられる.

① 古い話だ, つまり, ずっと以前に起こったことだ.

例 「ご結婚おめでとう」「そんなこと古い話です」"Congratulations on your marriage." "Oh, that's *an ancient story*."

② 「老人たちは昔話にふけった」Old timers were engrossed with *reminiscences*.

mukashi-totta-kinezuka 昔取った杵づか An old

craftsman remembers his craft.

例「さすがに昔取った杵づかだ」He has *the sure touch of his old craft*.

***mu-kidō* 無軌道**　unprincipled

例「あの男の無軌道ぶりにはあきれる」His *unprincipled behavior* is scandalizing. / He is *misbehaving badly*.

***mu-kiryoku-na* 無気力な**　inert

　これは inertia（惰性）からきていて，現状のままずるずるとすごす意味の無気力を言う。"nerveless" はものをする気力がないこと。"unnerved" は今まで持っていた気力をうばわれたこと。同じ無気力でも inert は idle とか inactive とかにおきかえられる。*inert* contemplation of T. V.（テレビをただ無気力に眺める）unnerved のほうは疲労だの，恐怖心から無気力になったので，feeble, weak とおきかえられる。こうしてみると "nerveless" が，日本語の無気力に最も当たっているように見えるが，これとても，性格的に無気力なほうに偏っている。

¶ He is a *weak, nerveless* fool.（彼は気の弱い，気力のないバカ者だ）

～*-jōtai* ～状態　be in a slump; feel low

例「私はかなり無気力状態にあった」I was *feeling* pretty *low*.

例「彼はついに無気力状態にうちかって，ふたたび劇を作りはじめた」He finally beat his long *slump* and began to produce plays.

***mukō-no-hito* むこうの人**　people over there

　これは，日本人が西欧人のことを言うときよく使う言

葉．ヨーロッパなどでもある国についてはこういう形で呼ぶことがある．別に尊称でも蔑称でもない．

mune ga shimetsukerareru yōna 胸がしめつけられるような　deeply moved

よく言う "tightening of the throat" に似ている．

例「それは胸をしめつけられるような光景だった」It was an *excruciatingly moving* scene.

mune ga suku yōna 胸がすくような　devastating; terrific; feel sweet

例「それは胸のすくようなせりふだった」The way he put it was *devastating* (or *terrific*). / I *felt so sweet* to hear him say it.

mureru 群れる　flock together; throng

例「メダカは群れたがる」Small fishes like to *flock together*.「小人は数をたのむ」(Little people believe in numbers.) の比喩．

muri-suru 無理する　overreach oneself; stretch oneself

例「無理をしてはいけない」It won't do to try to *overreach yourself*.

mushi 虫　a bug

比喩的には temperament のこともあるし，instinct のようなものを指すときもある．a bug にかまれるというイメージは英語にもある．

¶ Once bitten, you'll get bitten again.（一度，恋の虫につかれたら，必ずまたつかれる——一度結婚した人は，たいてい二度する）

日本語には次のような「虫」の使い方がある．

~ gaii ~がいい　have a nerve to…

例「ろくな仕事もしないでそんな高額の支払を請求するとは，あの男も虫がいい」He *has a nerve to* ask that kind of money for the poor work he has done.

~ ga shiraseru ~が知らせる　I have a presentiment.

~ ga sukanai ~が好かない　I dont' like him somehow.

~ ga tsuku ~がつく　bugs bite one

例「あの娘は虫がつかないうちに結婚させたほうがいい」Better marry her off before *some bugs bite her*. / Marry her off before she finds a lover.

~-zu ga hashiru ~ずが走る　It gives me *the creeps*. / pain on the neck

[注] the creeps は英語のスラングと日本語の俗語が一致した数少ない例.

hara no ~ ga osamaranai 腹の~がおさまらない　I cannot stomach it.

naki-~ 泣き~　a blubberer

uwaki-no-~ 浮気の~（が頭をもたげた）The bug of naughtiness in her raised its head.

yowa-~ 弱~　a weakling

mushikaeshi むしかえし　repetition; rehash

例「それは同じ論争のむしかえしにすぎない」That is the *repetition* of the same old controversy.

例「問題は何度も何度もむしかえされた」The question was *rehashed* over and over again.

mushi mo korosanu kao 虫も殺さぬ顔　looking as

though butter wouldn't melt in one's mouth

これは常にこの形で使う．

例「彼女は虫も殺さぬ顔をしている」She *looks as though butter wouldn't melt in her mouth.*

muttsuri-ya むっつり屋　日本語ではこの言葉は別に非難の意はなく，あまり人前でしゃべりたがらない人の描写語にすぎない．辞書を見ると sullen, sour, glum, grim, dour などとなっているが，どれもずれる．このなかでも近いのは "dour" だが，これとても cheerful（元気のよい明るさ）の反対なので，ただ口数が少ない人という透明さはない．もっとも，むっつり型とおしゃべり型と分けないで，何が気に入らないのか，だまりこくっている人というとりかたをすれば，sullen だの sour だのが当てられるかもしれないが，この2つの英語は非難調，しかも上から下にものを言う感じなので適当でない．「むっつり屋」は，やはり loquacious（おしゃべり型）の反対 "taciturn", "reticent", "silent" が当たっている．

mu-yoku 無欲　free from greed; indifferent to gains

例「彼はまれな種族だ．全然無欲なのである．彼は買収できない」He is the rarest of rare species. He is completely *free from greed*. You can't buy him.

無欲だということは，しかし，ある辞書に出ているように一足とびに generosity にはならない．

muyō-no-chōbutsu 無用の長物　a white elephant; something worse than useless

例「あそこでは，彼を無用の長物視している」They look upon him as *worse than useless*.

myaku ga aru 脈がある　The pulse is still beating. / There is still hope. / The situation is not without hope.

N

nadarekomu (*sattō-suru*) なだれこむ（殺到する）　stampede into
　例「金の採掘者たちは，クロンダイクになだれこんだ」Prospectors *stamped into* the Klondike.

nagaiki wa shitaimono 長生きはしたいもの　live and learn
　¶ "Sold it", Trace repeated to him. "*Live and learn*" he said, but he was smiling.—*Atlantic*. (「売っ払った」とトレースは彼に，おうむ返しに言った.「やれやれ長生きすればけったいなことに出くわすものだ」，だが彼の顔は笑っていた）

nagai-mono niwa makarero 長いものには巻かれろ　yield to the powerful
　つまり opportunism のこと.

nagashi 流し
　例「流しのタクシー」a *cruising* cab
　例「流して歩く演歌師」a *strolling* minstrel (*or* musician)

nagasode 長袖　「ちょうしゅう」とも言う. "clothes with long sleeves"から one who despise toil の意に使う.
　元来，中世の武士が，公卿や僧侶などを，「殿上人」

(courtiers)——つまり労せずして,よい生活をむさぼる人種 (non-working members of society)——として嘲笑した言葉. いまでも, 人の生き方 (the way of life) を評する際に用いられる.

例「あの人たちは長袖だという点でよく似ている」They are alike in that *they don't believe in working for a living*.

***naibun ni sumasu* 内分にすます** ① settle a dispute as "a family affair"; settle a dispute privately between the parties concerned without taking legal action

② hush up a scandal with a deal

例「この騒動は内分にすます必要がある. 内輪もめが外に知れてはまずい」We have to *settle this dispute as "a family affair"*. We can't afford to wash our dirty linen in public.

例「双方は示談で問題を内分にすますことにした」They both agreed to *settle the dispute privately* between themselves.

例「スキャンダルを取引でもみけしたらしい」They apparently *hushed up the scandal with a deal*.

***naifun* 内紛** intramural feuds

例「あの会社は内紛がたえない」That firm is torn with *intramural feuds*.

mural は壁 (mur) からきた言葉で, "a mural" は壁画 (ミューラル). intramural は「社内の」の意.

***naishin* 内心** in one's heart

例「彼は内心, 恐怖を感じた」He felt terror *in his heart*.

「内心」という言葉は，心の奥底ではそう感じるが，それを表に出さないという含みがある．

例「彼はその子の歌のよさに内心舌を巻いたが，言葉に出しては言わなかった」*In his heart* he was astounded at the boy's brilliance but did not say it to him.

naishoku (*kenshoku*) **内職（兼職）** moonlighting

例「収入を増やすため，彼は週2回デパートでアルバイトしている」To increase his income, he *moonlights* at a department store twice a week.

***naizō-suru* 内蔵する** have a built-in something; have it in one

例「彼はまるでコンピューターを内蔵しているみたいな頭をしている」He *has a built-in computer in his head*.

例「彼女がそんなことをするとは誰も思わなかった．が彼女はそういうものを内蔵していたのだ」No one had expected a thing like that from her. But she *had it in her*.

***najimu* なじむ** take to

例「彼は2年ほど前に一度訪れたその土地になじんでいたようだった」He apparently *took to* the place where he had visited once two years ago.

***naka ga warui* 仲が悪い**　人間関係のうちで，仲がよくないことを表わす典型的な英語に，次の3種類がある．

　① "strained" これはひずみが出来たこと．

¶President's relationship with the Congress *was strained*. (大統領と議会との関係は円満ではなかった)

　② "estranged" これはいままで仲がよかったものが，

冷却すること．夫婦関係によく使うが，他の友人関係，仕事の上の関係にも使う．「彼らは以前ほど仲よくない」(They are *estranged*.) だが，これはむしろ冷たい受身の感じで，憎悪にまではいかない．

③ "There is much tension." 憎悪はむしろこの tension によって表わされる．

¶ There was much *tension between them*. (彼らの間は険悪だった)

nakazu-tobazu 鳴かず飛ばず　lie low; make oneself deliberately inconspicuous and lie in wait for opportunity

この表現はふしぎに英語にぴったりした equivalent がある．

例「他日を期して彼はしばらく鳴かず飛ばずの生活をつづけた」He *lay low* for sometime in wait for the opportunity to strike out.

nakenashi-no-kane なけなしの金

例「彼のためになけなしの金をはたいた」I dipped into my purse to help him.

〈類語〉　***saifu o hataku*** 財布をはたく　例「私は財布をはたいた」I emptied my purse to the last penny to pay for it.

nakidokoro 泣きどころ　an Achilles' heel (i.e. vulnerable part)

例「あのボクサーの泣きどころはあごだ」His jaw is that boxer's *Achilles' heel*.

nakimushi 泣き虫　☞ ***mushi*** 虫

nakineiri 泣き寝入り　cry oneself to sleep; suffer in silence

例「われわれはあまりにも長い間泣き寝入りしすぎた。行動をとる秋(とき)だ」We *suffered in silence* too long, it is about time we take action.

naki o miru 泣きを見る　come to grief; end up in pain; one's own undoing

例「あの仕事で、私は結局泣きを見た」The undertaking was *my undoing*.

naki-tsura-ni-hachi 泣き面に蜂 ☞ ***oiuchi o kakeru*** 追い討ちをかける

naku-ko mo damaru 泣く子もだまる　have such clout
¶ His name raises such terror that even a crying child stops crying at the mention of it.（彼の名はそれを聞いただけで泣く子もだまるほど誰からも恐れられている）

例「彼は政界では泣く子もだまる存在だから、誰も立てつこうとはしない」He *has such clout* in the nation's politics that nobody dreams of crossing him.

naku-ko to jitō niwa katenu 泣く子と地頭には勝てぬ　A crying child and a tax-official will have their way. [This is used figuratively to indicate that there are circumstances in which you have to *yield to the unreasonable*.]

nakumo-gana なくもがな　expendable; dispensable; can be done without

例「あなたの記事のなかに、なくもがなの箇所がある」There are passages *entirely expendable* in your article.

[注] これは euphemism の一種で,"absolutely unnecessary" を和らげたもの.

nama-goroshi-no-jōtai 生殺しの状態 (be) left in limbo

"limbo" はキリスト教の言葉で,死後天国にも地獄にもいけず,その中間地帯におかれる洗礼を受けない人びとの不幸な状態.これから,物事がどちらかに決まらぬため,ストレスがたまった状態を言う.

¶ Should we stay? How will it be? *The fact that we are in limbo has put a tremendous strain on family life.—Time.* (このまま留まるべきなのか? どうすればよいのか? 生殺しの状態におかれて,家庭生活がやりきれなくなった)

⇒ *hebi no namagoroshi* へびの生殺し

namagusa-bōzu 生臭坊主

和英辞典などでは単に "corrupt priest" と出ているようだが,説明不足でこの言葉の真意を出していない.本来これは比喩で, a sanctimonious priest とか a hypocritical priest とかで,つまり, "a hypocrite who *acts pious*" のことである.これに相当する英語の "philistine" は男女両性に用いられる.

例「彼は気取っているが,案外の生臭坊主だ」With all his pious air, he is quite a worldly kind of person.

nama-gusai 生臭い unholy

「生臭い」という言葉は,仏教思想からきたもので,殺生を忌むため魚肉などは生臭いものとしてこれを表向きには排した.だからこの言葉の感覚は英語にはない.比喩的に用いられ,仏教の訓えをまもりきれないという意味で,人間的な俗悪さの意に使う.

¶ Actually though, an *unholy*, all too human intramural war was being fought over it for the past one year.—*Economist*. (じつはその問題についてこの1年間, 生臭い, あまりにも人間的な葛藤が内部で行なわれてきた)

***nama-hanka-na* 生半可な** half-baked
例「競争社会では, 生半可な知識などは何のたすけにもならない」In the world of competition, no *half-baked* knowledge will help.

***namami-no-karada da, byōki nimo naru* 生身の体だ, 病気にもなる** A man is no machine, he can fall ill.
例「そんな重大な仕事を一人の人間にだけまかせておくのはまちがいだ. 彼はたしかに優秀だ. だが生身の身体だ, 病気にもなる」It's a mistake to leave a critical job like that to only one man. He is talented, yes, but he is also a man, *a man is no machine, he can fall ill*.

***nameru* (*amaku-miru*) なめる (あまくみる)** make a fool of
例「俺をなめるつもりか」You think you can *make a fool of* me?

***namida ga karete denai* 涙がかれて出ない** One cries himself into a state in which tears no longer come.

***nandemo ii kara yaru koto* 何でもいいからやること**
この意味をそのまま英語にすると, Never mind what you think or what you feel, just do. である. What we need is not *talk but action*. (われわれの必要とするのは, しゃべることではなく, 行動だ) というのが, その解明である. これをさらに平易な言葉に直すと, I don't care how you do it,

just do it.（どうやろうとかまわない，とにかくやれ）といったようになる．

naniwabushi-teki-na 浪花節的な　soapy; sentimental
　例「浪花節的な箇所がなければ，あの映画はなかなかの傑作なのだが」The otherwise masterful film is marred by a few *soapy* passages.

na o oshimu 名を惜しむ　jealously watch over one's good name
　¶ We're not about to take any chances with our good name.—*Fortune*. （われわれは，会社の名が大事ですから，めったなまねはしませんよ）
　例「わたしは名を惜しむから，そんないかがわしい事業に関係したくない」I *value my good name* too much to risk it by getting involved in such a dubious project.

na o sute jitsu o toru 名を捨て実をとる　prefer substance to name; go in for gains rather than for glory
　¶ Clearly he *preferred substance to name*. For he took the manager's position in a little real-estate firm when he was offered the treasurer's position in a big New York firm.—*Fortune*. （彼はあきらかに名を捨て実をとったのだ．ニューヨークの大会社の会計係になれたのに，断わって小さな土地会社の支配人に納まった）
　例「彼らは名を捨てて実をとることにした」They *went in for material gains rather than public glory.* / They *preferred money to fame.*

nareai なれあい ☞ ***guru*** ぐる
naresome なれそめ　the beginning of a love relation

例「なれそめはいつ，どこででしたか」How did you meet and when?

narifuri-kamawazu なりふりかまわず work like a dog (never caring how he looked)

例「彼はなりふりかまわず働いて，今日の身分になった」He's gotten where he is by *working like a dog*.

nari o shizumeru 鳴りを静める be hushed; be subdued

例「満座は鳴りを静めて見守った」The whole company was *hushed*, watching.

例「今日は鳴りを静めていますね」You are very *quiet* today.

例「子供たちは今日は鳴りをひそめている」The children are *subdued* today.

narisumasu なりすます assume someone else's identity by clever impersonation; set oneself up for; assume the identity of

¶ She *assumed the identity of* the dead millionaire's nonexistent wife to claim the rights to his assets.—*Time*. (彼女は死んだ百万長者の仮空の妻になりすまして，遺産相続権を申し立てた)

例「彼は医者になりすまして，土地の金持の患者を診て大金を稼いでいた」He *set himself up for* a medical doctor and was taking in the local rich patients for enormous gains.

例「彼は見事に銀行員になりすました．そのため誰も彼をあやしまなかった」He came out *in a perfect disguise of* a bank-employee. No one suspected him. / He *posed as a bank-employee* so brilliantly that he aroused no one's suspicions.

nariyuki ni makaseru 成行きにまかせる leave it alone; let it run its course
 例「心配してもしかたがない．ことの成行きにまかせよう」There is no sense in worrying over it. *Let it run its course.*

nasake wa hito no tame narazu 情は人のためならず A life you save today may be your own tomorrow. (あなたが今日助ける人命は，ことによったら明日あなた自身の命を助けることになるかもしれぬ)

natcha-nai なっちゃない It's all rubbish.

natsu-bate 夏ばて ☞ ***natsu-yase*** 夏やせ

natsu-mero (*natsukashi no merodi*) なつメロ（なつかしのメロディー） songs from other years（これはアメリカのあるテレビ番組の名でもある）

natsu-yase 夏やせ lose weight in summer
 〈類語〉 ***natsu-bate*** 夏ばて 例「夏ばてで元気がない」I'm fagged out this summer.

nawabari 縄張り one's sphere of influence; one's domain
 例「縄張り意識」the jealous sense of *one's domain* (or *one's sphere of influence*)
 ¶ The two organizations were *fighting bitterly to defend their turf*.（その2つの会社は，激しい縄張り争いをしていた）

例「縄張り荒し」trespassing upon *another's domain*

ne-hori-ha-hori kiku 根掘り葉掘り聞く　hard-digging probe

¶ *Probed by hard-digging* newsmen, he finally blurted out his well-kept secret.—*Newsweek*.（執拗に根掘り葉掘り聞いてくる新聞記者の質問攻めにあって，彼は遂に長い間かくしていた事実を口走ってしまった）

neko 猫　「猫」に対するイメージは英語と日本語では多少違っている．

~-baba-suru ~ババする　misappropriate money; pocket public funds

例「会計係りが会社の臨時収入をネコババした」The accountant *pocketed* the company's extra revenue.

~-kkawaigari ~っかわいがり　dote on a child without any thought of the child's real interests

~ mo shakushi mo ~もしゃくしも　every Tom, Dick and Harry

例「当時は猫もしゃくしもあの型の帽子をかぶった」*Everyone* wore that kind of hat in those days.

~-nade-goe ~なで声　the voice one adopts when cajoling a cat

　feigned gentleness のこと．つまりとってつけたやさしさで，その人間の性質と反対という底意もある．

~ ni katsuobushi ~にかつおぶし　It's like making a wolf your shepherd.（狼に羊番をさせるようなもの）

〈類句〉"set a fox to keep geese"; "set a wolf to guard sheep"

例「そんなことをするのは猫にかつおぶしだ」It's like *trusting a cat with milk*.

~ *ni koban* ~に小判 It's like casting a pearl to a swine. (豚に真珠) / It's a pointless thing to do.

~ *no hitai* ~のひたい (ほどの土地) a tiny strip of land; a tiny lot

***karitekita*-~ 借りてきた~** (のようにおとなしい) "Quiet and afraid like a borrowed cat" refers to one who is tongue-tied before strangers.

***nemawashi* 根まわし** preparatory work to win key personalities to one's side before a decisive official event (like a Board meeting *or* shareholders' meeting) (重役会議とか，株主総会とか，決定的な場に出る前に，有力なメンバーに予め手をまわしておくこと)

例「今度の会議はむつかしい会議だから，根まわしが必要だ」The forthcoming conference is a difficult one. It takes some doing in the way of securing a basic understanding beforehand from the key personalities.

***ne-mimi-ni-mizu* 寝耳に水** a complete surprise

例「それはまったくの寝耳に水だった」The news was a *complete surprise* to us (We were shaken by it). / It came as a thunderclap to us.

***nen ga irisugite-iru* 念が入りすぎている** He is pouring it too thick, so I became suspicious.

これは "He is overdoing his act." をスラングで表わしたもの．

***nenkō-joretsu* 年功序列** the pecking order by seniority

これは日本特有の制度 (system) とされていて，外国では序列 (pecking order) は，年齢とは違った，能力その他の条件によって定められる．

pecking order というのは，にわとりの世界での hierarchy (階級制) のことで，段階に分かれていて，階級が上のものは，下のものをくちばしで突ついても報復されない．自分もその上のものに突つかれてもおとなしくしているというもの．これを人間の社会における上下の制度にあてはめた言葉．

例 「私は会社の年功序列では下から数えたほうが早い」
By the firm's *pecking order*, I'm nearer to the bottom.

nen no tame 念のため　make doubly sure

例 「念のため一言つけ加えます」Let me add a few words *to make it doubly sure* to avoid any possible misunderstanding.

nenrin 年輪　樹木の growth rings からきた比喩で，意味は，a great sense of maturity one notices in a person who has aged gracefully with much wisdom and experience to show for it

nenshutsu-suru 捻出する　manage to raise funds; work out a plan

例 「会社は債務を払うための新工夫を捻出した」They *worked out* a new plan for financing their commitments.

ne o ageru 音をあげる　cry out for help

例 「仕事が一時に押しよせてきて，彼らは音をあげている」Under the pressure of work, they are literally *crying out for help*.

ne o orosu 根をおろす put one's roots down
  例「彼はパリに根をおろしてしまった」He *has put his roots down* in Paris.

nibe-mo-naku kotowaru にべもなくことわる curtly turn down a proposition; flat refusal
  〈類語〉 ***ken mo hororo*** けんもほろろ 例「けんもほろろのあいさつだった」He snapped at me.

nichijō-sahanji 日常茶飯事 routine
  例「1日12時間も仕事をすることは，彼にとっては日常茶飯事だ」To work 12 hours a day is *routine* to him.

niekiranai 煮えきらない shilly-shally; ambiguous; noncommittal
  例「彼らは終始煮えきらない態度だった」They were entirely *noncommittal* about it.
  例「この問題について政府はいつも煮えきらない」The government has been *shilly-shallying* about the question all this while.
  [注] この表現には多分に非難がこもっているから，"undecided" は少しずれる．

nieyu o nomasareru 煮湯をのまされる be doublecrossed; be betrayed
  「裏切られる」の意に用いられることが多い．
  例「彼はその人びとに油断しなかった．一度自分の選挙区に煮湯をのまされているから」He was wary of these people. For he *was* once *betrayed* by his own constituency.

ni ga kachisugite iru 荷がかちすぎている out of

one's depth
例「その仕事は彼女には荷がかちすぎている」The job is *out of her depth.* / The job is *too difficult* for her.

nigari-kitta-hyōjō 苦りきった表情　a look of disgust
例「彼は苦りきった顔だった」He *looked* thoroughly *disgusted*.

nigate 苦手　not good at; a tough (*or* ugly) customer to deal with
例「社交は私には苦手だ」I'm *not good at* socializing.
例「あの人は私には苦手だ」He is *too tough a customer* for me.

niga-warai 苦笑い　smile wryly
例「彼は苦笑いを浮かべた」He *smiled wryly*.
　これは「作り笑い」とは違う．苦笑いは本当の笑いで，いろんな理由，たとえばてれかくしで微苦笑を浮かべるのであって，おせじに作り笑いをするのではない．後者は a base, sycophant's smile.

nige-goshi 逃げ腰 ☞ ***koshi*** 腰

nige-kōjō 逃げ口上　excuses one uses to evade
例「そんなことは単なる逃げ口上にすぎぬ」It is nothing but *an evasion*.

nigiri-tsubushi 握りつぶし　法案 (draft act) などの get shelved
例「会社にアイディアを出したが，部長に握りつぶされたらしい」I sent in business suggestions but I'm afraid my boss *has shelved* them.
　〈類語〉***attameru*** あっためる　just keep someone's

proposed idea to oneself without doing anything about it

nigiyakashi にぎやかし   just for a cheer

例「あのパーティにはフロアショーがいくつかちゃんときまってるんだが，これもにぎやかしに入れとこう」There are a few floor-shows planned for the party, but let's throw this one in too *just for a cheer*.

nijimi-deteiru にじみ出ている   revelatory of...; suffused with...; visible

例「これらの版画には18世紀の日本における豪商たちの夜の生活がにじみ出ている（しのばせる）」These woodblock prints *give us revelatory glimpses of* the night life led by the wealthy merchants in the 18th century Japan.

例「その風景画には，そこに住む人びとの生活がにじみ出ている」That piece of landscape painting *is suffused with* the sense of everyday life of the people living there.

例「彼の誠意は話のなかににじみ出ている」His sincerity *is quite visible* when you speak with him.

nikki ni kaku 日記に書く   tell one's diary

例「彼は日記のなかで……と言っていた」He *told his diary* that...

nikui (umai) にくい（うまい）   a mean+something; insouciant

例「彼はにくいバンジョーを弾く」He plays *a mean banjo*.

例「彼女の色の使い方はにくい」She achieves a *perfectly insouciant effect* by her choice of color combinations.

nikukarazu-omou にくからず思う   have a soft spot for

someone

例「いろいろ迷惑はしたが，わたしは彼をにくからず思っている」For all the troubles he caused me, I *have a soft spot for* him.

nikumare-yaku にくまれ役 ☞ ***kamitsuki-yaku*** かみつき役

ningen-sonchō 人間尊重　respect for man's life and his personal dignity above all other values

ninki-shōbai 人気商売　show-biz people; caterers

ninki-tori 人気取り　a crowd-pleasing act; clap-trap

例「あれはただの人気取りの行為だ」What he did simply for *crowd-pleasing effect*, nothing more to it.

例「彼の演説は人気取りだ」His speech is just a political *clap-trap*.

¶ Carter is *crowd-trap*.（カーターは彼に直接接する一般人を喜ばせる術を知っている）つまり，その政綱のユニークさというよりも，感じのよさで勝負する政治家だ，の意.

nirami-awaseru にらみ合わせる　checking against

例「全体の予定とにらみ合わせてプランを立てる」I'll set up my schedule by *checking against* the rest of my programme (not to overlap).

nirami ga kiku にらみがきく　have clout; one's word carrying weight in

例「彼は会社ではにらみがきく」His word *carries weight in* the company.

例「彼は政界ではにらみがきく」He *has clout* in the political circles.

nishiki no mihata 錦の御旗　the Imperial standard; a holy cause you invoke to justify your attack on your enemy

[注]　討幕と称していわゆる官軍が反対勢力を destory した明治の歴史からきているために，英語の equivalent は直接にはないが，the Banner of authority one waves to have one's way.

例「占領軍の下では錦の御旗はデモクラシーで，それさえ掲げれば何でもできた」In those occupation days, one could, and did, get away with almost anything in the name of democracy.

nitchi-mo satchi-mo ikanai にっちもさっちもいかない ☞ ***tachi-ōjō saserareru*** 立往生させられる

nobanashi-no-jōtai 野放しの状態　a state of unbridled license

nobi-nayami 伸びなやみ　find it not easy to expand

例「電気器具は，伸びなやんでいる」The consumer electronics industry is *not growing as much as* it should.

nodomoto sugireba atsusa wasureru のどもとすぎれば熱さ忘れる　terror wears off; terror passes（恐ろしい経験もそのときだけ）

和英の辞書には "The danger past and God forgotten." と，"Once on shore, we pray no more." という英語の諺をあてはめているがこれは，むしろ「苦しいときの神だのみ」に当たる．「のどもとすぎれば熱さ忘れる」のほうは，terror wears off や terror passes でその意を明白にすることができる．

例「破産は彼にとって手痛い経験だった．だがのどもとすぎれば熱さ忘れるで，またぞろギャンブルの虫が頭をもたげだした」Bankruptcy was a blow to him all right, but *terror passes* and the riverboat gambler's bug in him began to raise its head.

nohōzu-na 野放図な　unbridled

例「野放図な利潤の追求は自己破滅につながる」The *unbridled* pursuit of profits is only self-defeating.

nomerikomu のめり込む　この表現を英語のイメージに直すと，lose one's footing and fall into a bog（足場を失って沼に落ち込む）ことで，これから，find oneself numbingly absorbed with something, つまり，まるでしびれたように何かに没入してしまうことに使う．

例「彼らは企業にのめり込んでしまっていて，すっかり企業に依存した存在になってしまった」They have made themselves part of the firm to the point they are now entirely dependent upon the company for their sustenance, mentally and physically.

noppiki naranai tachiba ni oikomareru のっぴきならない立場に追い込まれる　by force of circumstances be compelled into a situation (*or* position) from which you cannot extricate yourself

例「私はあのとき他人の仕事の責任をとらなければならぬ立場に追い込まれていた」At that time, I had been, *by force of circumstances, compelled into a position* in which I had to take responsibility for someone else's work.

norari-kurari-to のらりくらりと　elude; evade; not

committing oneself to anything

例「彼はのらりくらりと新聞記者の質問から体をかわした」He managed to *elude* reporter's queries, *evading* direct answers!

例「彼はのらりくらりと確答をさけてきた」He has been putting you off, all this while *evading* a definitive answer at every turn.

***norikiru* 乗り切る**　surmount ; overcome

例「彼はあらゆる困難を乗りこえて初志を貫徹した」He *surmounted* all difficulties and hardships to do what he had set out to do.

　この surmount に似た語に "override" というのがある．字面は似ているが意味がいくらか違う．override はこちらの勢いで先方を圧勝して勝をしめること，prevail over に当たる．相手を打ちまかすほうにウェイトがある．むしろ「押し切る」に当たる．

¶ *Overriding* all the problems and objections was their belief that More had a real chance to score.—*Fortune*.
(彼らをしてあらゆる困難や反対を押し切らせたものは，モア会社は必ず成功するという信念だった)

***nitemo-yaitemo-kuenu-yatsu* 煮てもやいても食えぬ奴**
☞ *hashi nimo bō nimo kakaranu* 箸にも棒にもかからぬ

***norokeru* のろける**　boast of one's love

例「また，彼女のおのろけがはじまった」There she goes again, *boasting of her great love*.

⇒ *te* (*-banashi de homeru*) 手 (放しでほめる)

noserareru のせられる　be enticed to; be swept into something; be carried away; be talked into doing something the other party wants

例「われわれはかえって向こうのペースにのせられた」 (Instead of leading,) we *were swept into doing* the other party's will.

例「彼はまんまとその企画にのせられた」 He *was enticed to take up* the project.

noshiagaru のし上がる　rise to the position

例「彼は大臣にまでのし上がった」 He *rose to the position* of a cabinet minister.

nottekuru のってくる　warm to

例「彼はその話にのってきた」 He *warmed to* the subject.

nottoru 乗っ取る　take over; make inroad into

例「外資が国内企業を乗っ取る」 Foreign capital *makes inroad into* our national industry.

nukegake-no-kōmyō 抜けがけの功名　steal a march on

例「彼は友だちを出しぬいて，抜けがけの功名をやった」 He *stole a march on* his co-workers on the game to get all the credit for himself.

〈類語〉 ***sente o utsu*** 先手を打つ　forestall; get ahead of others

nukisashi-naranu 抜きさしならぬ　☞ ***fukami ni hamaru*** 深みにはまる

nukiuchi-chōsa 抜き打ち調査　a surprise inspection

nureginu o kiserareru ぬれ衣をきせられる　be falsely charged with (a crime); falsely accused of

例「彼は偽造のぬれ衣をきせられた」He *was falsely accused of* forgery.

nushi 主 guardian spirit of a place [originates in the popular belief that an animal dwelling in a place for lifetime eventually turns into the guardian spirit of the place]

これから転じて "an old-timer" のことを言う．

例「彼は古顔であの会社の主のような存在だ」She is a great *old-timer* in that firm.

nutte-aruku (間を) 縫って歩く thread one's way between...

例「彼女は水たまりの間を縫って歩いていった」She *threaded her way between* puddles.

nyūshin-no-waza (*kami-waza*) 入神の技 (神技) a consummate skill

例「彼は技能の点で入神の境地に達した」He's attained *a godlike skill* in his craft.

O

ōaji 大味 rough grained as opposed to fine-texture, referring to any work of art, music, drama, pictures, etc; bland

例「この作品には，オペラ的な大味なところがある」

There is a *bland* operatic flavor about this piece.
⇒ *koaji* 小味

oazuke-o-kutta-inu おあずけを食った犬 a dog kept waiting for the food dangled before him

主として皮肉な表現.

例「おあずけを食った犬のような状態だ」Our situation is something like that of *a dog forbidden to eat the food shown him until his master permits him*.

ōbeya 大部屋 a big commom room

例「平社員は大部屋で仕事をする」Plain employees work in *a large common room*.

ōbune-ni-notta-yōna-kimochi 大船に乗ったような気持 rest assured

例「私どもがあなたの背後にある以上, 大船に乗ったような気でいてください」Now that you have us behind you, you may absolutely *rest assured* that all'll go well.

obsaru おぶさる (be) heavily dependent upon...

例「日本の果実業者は, 政府の決めた統一価格におぶさっている」Japan's fruits-growers are *in heavy reliance upon* the Government controlled prices.

o-cha o nigosu お茶をにごす do a token job only for acceptance; do perfunctorily

この言い方には, self-deprecating な謙遜を示す場合と非難調の場合の2通りある.

例「単にお茶をにごしたにすぎません」It is not much, just an *effort to be adequate*.

例「あんなことでお茶をにごされてはこまる」Theirs is

just *a token job* and means nothing.

ochi 落ち   the end; the last scene; the upshot
 例「それくらいが落ちだろう」That would be just about *the upshot* of the matter.

ochikomi 落ち込み   conspicuous decrease; plummeting
 例「外国投資は1972年に, ひどい落ち込みを見せた」Foreign investment *plummeted* in 1972.

ochime 落ち目   on the skids
 例「あの会社は落ち目だそうだ」They say that firm is *on the skids*.

ochitsuki 落着き   staidness; sedateness
 例「コンスタブルの絵は, われわれが機械文明のこの時代に失ったと思った落着きと平和の感覚を与えてくれる」Constable's paintings give us a sense of *staidness* and peace we thought we've lost in our mechanical age.

o-furu おふる ☞ **o-sagari** おさがり

ogami-taosu おがみたおす   entreat someone for something until he caves in
 例「おがみたおし戦術は功を奏すまい. 彼は頑固だから」*Begging tactics* won't work with him. He is too hard-bitten for that.

ogori (*kyōman*) おごり (驕慢)   arrogance
 例「金持のおごり」the *arrogance* of the rich

ōgyō-ni 大仰に   theatrically
 例「彼らは大仰にあきれてみせた」They acted *theatrically* shocked.

   ~ *iitateru* ~言いたてる   make heavy weather about

例「そういうことを大仰に言いたてても何にもならない」 There's no point *in making heavy weather about* such things.

ohako おはこ 歌舞伎十八番 (18 piece best repertoire of the Ichikawa family—known as the top Kabuki actors). これから one's speciality (最も得意とする芸), 転じて one's antics (きまってしてみせる道化じみた仕草) にも用いられる. "favorite game" の意味に使われるのが最も多い.

例「そのことなら彼にさせろ. 彼のおはこをとってはいけない」 Let him do it. Don't take his *speciality* away from him.

o-heso ga cha o wakasu おへそが茶をわかす これに当たる英語は, "You make me laugh." である. 大衆文学ではやった表現で, 日本語のほうは限られた用途だが, 英語では一般的によく使う. 相手が身分不相応なまねをする, 出すぎた態度に出る, という含みで「笑わせるな」に当たる.

例「あんな態度をして, 彼を見るとまったくおへそが茶をわかすよ」 He certainly *makes me laugh* acting like that.

o-hikimawashi no hodo o お引きまわしのほどを ☞ **hikimawasareru** 引きまわされる

o-ie-sōdō お家騒動 internal trouble of a big house

封建時代の大名などの世襲 (succession by heredity) の問題をめぐっての争い (a strife of the question of succession) から出た言葉だが, 今でも企業社会の内紛 (internal conflict of an organization) の意味に使う.

例「あの商社は, お家騒動でエネルギーが消耗され, 衰運

に向かっている」That trading firm is on a decline, eaten up by *an internal trouble*.

oiuchi o kakeru 追い討ちをかける attack the routed enemy; add insult to injury

例「あとからあとから追い討ちをかけるように災難がつづいた」A series of misfortune followed them one after another as if to *attack the routed enemy*.

〈類語〉 *naki-tsura-ni-hachi* 泣き面に蜂 one misfortune on top of another

ojan ni naru おじゃんになる By a stroke of ill luck, a project has come to nothing.

例「あんなことが起こったので,計画が全部おじゃんになった」Because of that happening, all our plans *have come to nothing*.

ō-jidai-teki 大時代的 old-fashioned; anachronistic; outmoded

例「政府は相変わらず大時代的なやり方を変えない」The government is still adhering to its *outmoded* system in dealing with problems.

ōjō-giwa ga warui 往生際がわるい a bad loser

例「彼はいつも往生際がわるい.負けたことを決して認めない」He is *a bad loser*, never admits his defeat.

o-kabu o torareru (~ ubawareru) お株をとられる (～うばわれる) Someone stole your show.（お株をとられましたね）

これを別の言い方をすると,You were outshone by him in your own game. としてもよく,さらにくだいて,

You were upstaged by him. と言ってもよい．

¶ On the debating scene the two politicians tried hard to *upstage* each other. (討議場で，2 人の政治家は互いに相手をだしぬいて自分が目立とうと苦心した)

okame-hachimoku 傍目(おかめ)八目　On-lookers see more than players.

例「傍目八目ということもあるから，一言忠告させてください」As there's a saying that *an on-looker commands a better view* sometimes, let me give you a piece of my mind.

o-katai-koto de おかたいことで　How proper! [a remark to *or* about a prudish person]

okera ni naru おけらになる　これは賭けごとの用語で，すっからかんになったこと．英語では (be) broke; penniless

例「すっかりおけらになっちゃった，きのう遊びに出て」I'm *broke* now, after last night's spending spree.

ōkiku hiki-hanasu 大きく引きはなす　outdistance (someone) by wide margins

例「日本は学校教育の普及度において，アメリカの次で，イギリスとフランスを大きく引きはなした」Statistics reveal that in its school education Japan stands second only to the U.S. and *outdistances* Britain and France *by wide margins*.

okinuke-ni 起きぬけに　first thing in the morning

例「これは忘れないで起きぬけにやっておいてくれ」Attend to this *first thing in the morning*. first の前に冠詞は

つけない．

okkū おっくう　a too much bother (*or* too much of a bother)

例「映画はテレビで見ることにしている．わざわざ映画館へ行くのはおっくうだ」I usually take in movies on television. It's *too much of a bother* to get out to a movie house.

okogamashii おこがましい　presumptuous; forward
主として自分で自分のことを謙遜して言う場合が多い．

例「先輩や上司をさしおいて，おこがましいとは存じますが，一言申し述べさせていただきます」In the presence of my superiors and my betters, may I be so bold as to say a few words?

okubi nimo dasanai おくびにも出さない　never breathe a word about it; never let it out

okura-ni-naru オクラになる　get shelved

例「あのロック・ミュージックのアルバムは何年か前にオクラになったが，今になってリバイバルしようとしている」That rock album *was shelved* several years ago, but now they're reviving.

okure o toru おくれをとる　fall behind

例「一つの商社が競争会社に情報戦でおくれをとると通常売上げでもおくれをとる」When one firm *falls behind* the other in researches, it usually *falls behind* the other in the sales too.

okuyukashii (***yukashii***) おくゆかしい（ゆかしい）　(be) graceful and beautiful; warm one's heart

例「彼女が自分の明らかな功績を否定する態度はわれわれにはおくゆかしく映った」Her refusal to take credit for her obvious contribution struck us as *graceful and beautiful*.

例「彼女のそうした謙虚さは，まことにゆかしく思われた」Her unassuming manner *warmed our hearts*.

o-kyaku-sama wa kamisama desu お客様は神様です
この考え方のパタンは英語にもあり "Customers are the boss." と言う．the boss の代わりに "the king" とも言う．

o-majinai おまじない　a charm (against misfortune)

例「そんな申しわけの努力は，何かのおまじないのつもりか？　政府は空疎なおまじないでなく，もっと真の努力に頼るべきだ」What do they mean by a token effort like that, is this some sort of *a charm*? The government must rely on honest efforts, not on *charms*.

o-matsuri-sawagi お祭りさわぎ　conviviality; festivities

例「日本人はお祭りさわぎが好きだ」The Japanese like to make *a festive occasion* out of everything.

o-medetai お目出たい　a sucker

例「だまされてるのも知らずに，あの男はよほどお目出たい」Duped and ignorant about it, he sure is *a sucker*.

o-mitōshi お見通し　これはわざとおどけて，そこにいる相手もしくはいない相手を神様じたてにしたもの．Your Grace have seen through everything.

例「あなたは何でもお見通しだから，いまさらかくしてもしかたありませんわね」Your Grace *see through* me

o-mitōshi 505

every time. There's no use keeping anything from you, is there?

***omohayui* おもはゆい**　feeling bashful; embarrassed

例「博士は、人びとの熱烈な賞賛に、やや、おもはゆい面持ちだった」The professor appeared a bit *abashed* at the loud acclaim from the crowd.

***omoi-agari* 思い上がり**　conceit; assumption of one's own superiority

例「そういう思い上がりは許されない」Such *conceit* should not be tolerated. / They have no right to such *an assumption of superiority* over others.

***omoi-ataru fushi ga aru* 思い当たるふしがある**　It rings a bell.

例「それを聞いて思い当たるふしがある」*It rings a bell* to me.

⇒ ***pin to kuru* ぴんとくる**

***omoi-tsuki* 思いつき**　a casual idea; an off-the-cuff idea

例「単なる思いつきだけでは、この仕事は始められない」It takes more than *a casual idea* to start this project.

例「彼は思いつきはなかなかいい男だが、実行の能力に欠けている」He is an excellent *idea man*, but lacks the ability to follow through.

***omoi-tsumeru* 思いつめる**　take things too seriously

例「日本人は思いつめるくせがある」The Japanese have an obsessive habit of *taking everything too seriously*.

***omoshiro-hanbun* 面白半分**　『面白半分』という雑誌の表紙に、"half-serious" という英訳らしきものが付いてい

たが，これはちょっと頂きかねる翻訳だ．このままでは何の意味も構成しないからである．なぜなら英語には half-serious という表現はない．"half-way serious" というのはある．そしてこれは半分は本気の意味で，少しも「面白半分」ではないのである．これはあくまで否定的意味である．たとえば「こんなことがあってから，誰も彼のすることを本気にしなくなった」No one took him *ever halfway seriously* after this. といった言い方をする．

それでは「面白半分」と言いたいときはどう言うか？それは "just for the fun of it"，または，もっとスラング的に，"just for the hell of it" である．

例「まさか面白半分にストライキをするわけでもあるまい」Obviously they don't go on strike *just for the fun of it*.

「面白半分」をもっと固い言葉で言えば "do things frivolously" であろう．

例「面白半分に物事をすることは私の性質に反する」It's not in my nature to do things *frivolously*.

¶ He joined the queue *frivolously*, complained a London housewife. これはイギリスなどによくある図で，何かの行列が店の前にできると，それが何のためのものかも確かめないですぐ並ぶくせのある男がある．そして要りもしないものを買って，それを本当にほしがっている他人の迷惑になるというのである．

omote-datta 表立った　open and public

例「こうした表立った企業取得のほか，もっと目立たない方法でわが国の企業に食い入るやり方もある」Besides

these *open* acquisitions of business (by foreign multinationals) there are other less conspicuous ways of encroaching into our industry.

omote-zata ni suru 表沙汰にする bring a matter before the court; take the legal proceedings against a person over a matter

例「彼はそのことを表沙汰にする気だ」He is prepared *to go to court with them over the matter*.

omowaku 思惑 personal judgment (in stock purchasing)

例「思惑買い」speculation

ō-mukō 大向う the gallery; the masses

例「彼はいつも大向うの気をひくようなことだけをやっている」He is always playing for *the gallery*.

onbu-suru おんぶする ride on someone's back; rely on someone else's resources

例「アメリカにおんぶしようという考えはまちがっている」The notion that you can always *ride on* America's broad *shoulders* is not right.

ondo-tori 音頭取り a cheer leader; a starter of a joint project

例「あの事業は彼の音頭取りで着手された」The new project was started *under his leadership*.

oni 鬼

～-ni-kanabo ～に金棒 arm a devil with an iron bar

例「あの男に教育をほどこせば，鬼に金棒だ」Give him education and you will make him doubly powerful.

～-no-kakuran ～のかくらん a devil in sickbed

例「10年間に初めてかぜをひいたので，みんなに〈鬼のかくらん〉と言われた」They teased me saying "*a devil in sickbed*" because I caught cold for the first time in 10 years.

～-no-kubi-demo-totta-yōni ～の首でも取ったように triumphant as if he took the devil's head; make a song and dance about

例「ちょっとした誤りを見つけると，彼はまるで鬼の首でも取ったかのように騒ぎたてるのが常だった」When he detected a smallest fault in his competitor's work, he would *make a song and dance about* it.

～-no-me-ni-namida ～の目に涙   iron tears; tears in a devil's eyes

onjō-keiei 温情経営   paternalistic management

これは日本の会社の特徴とされている．lifetime employment を建前としているところから出た名称．

on-kise-gamashii 恩着せがましい   speak or act as if it were a favor...

例「彼は恩着せがましい態度をとっている」He *is acting as though* he was bestowing *a favor* upon me.

onnen 怨念   vengeance

例「怨念の復讐劇の幕が開いた」The curtain went up on a drama of *vengeance*.

英語にもこの怨念的の感覚はある．たとえば，He worked *with a vengeance*.（彼はまるで怨念がこもってでもいるかのように，激しく仕事をした）とか He produced *with a vengeance*.（作品をたくさん作った）などと言う．

on ni kiseru 恩に着せる　expect another to feel indebted to you

例「誰にも恩に着せられる理由はない」I *owe* you (*or* them) nothing. / I *owe* nothing to anyone.

例「恩に着る」be obliged (*or* obligated) to...

例「あなたに親切にしていただいてまったく恩に着ます」I'm deeply *indebted* to you. / I *owe* a great deal to you.

on o uru 恩を売る　make a great show of a favor done to you (世話をしてやったことをこれみよがしにヒレキする); compel another to feel bound to repay the favor done to him (施された恩に報いる義務を感じさせる)

例「彼は巨大な橋をつくったことで土地の人に恩を売っておいた」In building the mammoth bridge, he made the local people feel *obligated to* him.

ōraka おおらか　large-hearted ; placid

[注]「おおよう」に似ているが，違うところは，「おおらか」は，人間だけでなく他のものも形容しうる点である．

例「おおらかな田園風景」a *placid* pastoral scene

orime-tadashii-hito 折り目正しい人　a person who respects conventional hierarchy ; a well mannered person

例「彼は一見気安そうに見えるが，折り目正しいところがある」He appears to be easy going but actually *he has a great sense of manners.* / He seems easygoing but actually *he has a great respect for social hierarchy* and never acts familiar.

例「彼の折り目正しさに好感がもてた」His *impeccable manner* impressed me favorably.

oriru おりる　abdicate oneself from...

　例「彼はその企画からおりた」He *abdicated himself from* the project.

oro-oro（*hara-hara*）**おろおろ（はらはら）**

　「おろおろ」は afraid for someone in trouble without knowing what to do to help him.「はらはら」は in a state of thrilling suspense.

　[注]「おろおろ」のほうが emotionally involved の状態だが,「はらはら」も似ている.

osaeru（*seigyo-suru*）**おさえる（制御する）**　command; contain

　これは "control" ほどはっきりした意味ではない.

　例「彼は会社でたくさんの部下を断然おさえて, なかなかよくやっている」He is doing well at the office, successfully *commanding* his large staff.

　例「アメリカはソ連につきそうな群小第三国家をおさえていかなければならない」The U.S. has *to contain* a group of small rebellious third countries threatening to go over to the Soviet camp.

o-sagari（*o-furu*）**おさがり（おふる）**　hand-me-downs

　この言葉は, 比喩的に使われる場合が多い.

　¶ She deserves better than white *hand-me-downs*. これはアメリカの映画評論家 Pauline Kael が黒人ブルース・シンガー兼女優のダイアナ・ロス主演の "Mahogany" という映画について言ったもので, ロスは才能ある artist で, 白人のおさがり然とした月並みな脚本でなしに, もっと個性的な役作りをさせてもらう権利があると言ったものであ

る.

o-samui お寒い　insubstantial; skimpy

　日本語のスラングで，心細い内容（財布などの）のこと．

　例「わたしのふところはいま大変お寒いです」My purse is too *skimpy* at the moment.

　例「広告では盛んに持ち上げられているが，彼の新著の内容はとてもお寒いです」The contents of his new book, despite the blow-ups in ads, are *nothing to boast about*.

oshaberi おしゃべり　☞ ***seken-banashi*** 世間話

oshiai-heshiai 押し合いへし合い　a tight squeeze

　例「門のところではひどい押し合いへし合いだった」It was *a tight squeeze* at the gateway.

o-shibai o suru お芝居をする　stage a fake show

　例「下手なお芝居をするのは時間と精力のむだだ．要点にすぐ入ったらいいじゃないか？」It's all a waste of time and energy to *put on an obvious show* like that, why not come to the point directly?

oshidashi 押し出し　a person's look; appearance

　例「彼は押し出しがりっぱだ」He cuts a handsome figure. / He stands out in a crowd. 同じことを He makes an impressive social appearance. / He is handsome. などとも言える．

oshii 惜しい　(We can) ill afford to lose. / (We are) poorer now without him.

　例「惜しい人物を失った」We have lost someone we can *ill afford to lose*.

　例「あの偉大な政治家は死なすには惜しい人物だった」

We are *poorer now without* that great statesman.

oshi-kiru 押し切る override the opposition

例「彼は強引に反対を押し切ってその企画を成功させた」 He *overrode all opposition* and saw the project through to a successful conclusion.

oshi-tsukeru 押しつける impose something on someone

例「小児まひ病救援資金の名目で，つまらぬ品物を押しつけられた」 In the name of polio funds they *imposed* some dubious articles *upon* us.

o-sumi-tsuki お墨付き written authorization from topman of an organization [originates in "Shōgun's handwriting" in the feudal days]

例「彼はお墨付きを持っているのか」 Is he *empowered from above* or something?

o-takaku-tomaru お高くとまる stuck up; uppity; snooty

例「彼女はお高くとまっているから嫌われる」 No one likes her because she is *stuck up*.

o-tanoshimi おたのしみ

例「あとはあしたのおたのしみ」 Let's save it for tomorrow.

例「おたのしみですね」 Have a good time (*or* a grand time).

otchokochoi おっちょこちょい the gullible; a simpleton; well-meaning pig-headedness

例「彼にはおっちょこちょいのところがある」 There is something *simplistic* and naive about his judgment of things.

ōte 大手　major dealers; the majors
　例「そのニュースで繊維の大手筋は恐慌状態だった」The *major* textile *dealers* panicked at the news.

o-teage お手上げ　hopeless
　例「これではまったくお手上げだ」This is entirely a *hopeless* case!

o-temori お手盛り　personal dispensation or charity (to be distinguished from what is due)
　例「あの会社は組合がないから、ボーナスは社長のお手盛りだ」Because there is no workers union in that company, the worker's bonuses depend upon the company president's *whim*.

o-teyawaraka-ni お手やわらかに　Don't be too hard on me.

otoboke おとぼけ　put on the air of total innocence (*or* ignorance)
　例「そうおとぼけにならないで、あなたが何をねらってるか、ちゃんとわかってるんですよ」Don't give me that (*or* Come on), we know as well as you do what you're up to.
　例「彼は例の問題についてはおとぼけに徹している」He assumes the air of total innocence of his involvement in the hot issue.

otoko ni suru (……を)男にする　make (someone) the winner
　つまり日本語の「男にする」は立派な男にしてやりたい

ことである．これを文字通りに make him a man とすると，英語では全然違った意味になるから注意を要する．

¶ Self-discipline and self-restraint has made a man out of him. (克己心と辛抱が彼を男にした［男らしい人間にした］)

¶ A hat makes the man. (帽子が男をつくる) これは1930年代のアメリカの帽子屋の広告のうたい文句で，広告の歴史でこれほど効果的なうたい文句も少ないとされている．このうたい文句をまにうけて，人は争って帽子を買ったのである．

ottori-shita おっとりした ☞ ***ōyō*** おうよう

ō-warawa 大わらわ   hard at it ; working hard to...
例「資金集めに大わらわだ」They are *working hard to* raise funds.

ōyō おうよう   この言葉の発想は日本語独特のもので英語のどの訳語も一部的には当たっていても，全体の感じは出ない．liberal ; generous ; lordly ; magnanimous など，いずれもその精神を出していない．簡単に言って，「おうよう」は fussy (ちょっとしたことにうるさく大さわぎする) の反対で，落ち着いていることだが，単なる self-composed でもない．a person used to being obeyed (人から立てられることに慣れている人物) とか a person used to having everything in abundance (何でもゆたかに持つことに慣れている人) の両方を合わせたような人物が「おうような人」に当たるのである．a person who, because of his upbringing or by nature, is not fussy about things とでも言って説明しなければ真意は出ない．

〈類語〉 ***ottori-shita*** おっとりした 「おうような」よりも，育ちのよさをはっきり打ち出している [more explicitly refers to a person's good upbringing to account for the unperturbed serenity and largesse in a person].

oyobazu-nagara 及ばずながら　for all I'm worth
例「及ばずながら，ご助力いたしましょう」I'll join forces with you *for all I'm worth*.

oyogaseru 泳がせる　これは警察用語の一種が定着したものらしい．Let him run free for a while.（しばらく奴を泳がせてみよう）

ō-zume 大詰め　climactic scene; final stages
例「事件はついに大詰めにきた」The drama has come to its *final stages*.

P

pēsu ni makikomareru ペースにまきこまれる　get swept (*or* driven) into the pace of another
例「相手のペースにまきこまれる嫌いがある」There is a danger of *being swept into the pace of* your competitors.

pin hane o suru ぴんはねをする　take off a percentage
例「(給料などの) ぴんはねをする」He *takes kickbacks*.

pin kara kiri made ピンからキリまで　run the whole gamut from...

例「教師にもピンからキリまである」There are teachers and teachers.

***pin-pin shite iru* ピンピンしている**　very much alive, kicking

例「彼らはわたしが死んだと思ったらしいが、どっこいぼくはこの通りピンピンしている」Apparently they thought me dead. Well, as you see I'm *very much alive, kicking*.

***pin to kuru* ぴんとくる**　ring a bell

例「あの一言でぴんときた」That one single word *rang a bell* to me.

例「一目見てぴんときた(犯人だとわかった)」One look at him *rang a bell* to me.

⇨ ***omoi-ataru fushi ga aru* 思い当たるふしがある**

～ *ppanashi* ～っぱなし　relentless

例「彼は怒りっぱなしだ」He shows his anger *relentlessly* (without any effort to make it up later).

例「彼は何でもやりっぱなしだ」He never straightens up the mess he causes.

例「今日は朝から晩まで負けっぱなしだ」I keep losing today from morning till night.

R

rainen no koto o iu to oni ga warau 来年のことを言うと鬼が笑う　Do not count your chickens before they are hatched. / Don't sell the skin till you have caught the fox.

rakusen-gumi 落選組　the also-rans

これは選挙ばかりでなく，あらゆる競争で優勝にもれた人のことを言う．付け足しとして，"so-and-so also ran"（誰それも参加した）と報じられるところからきたもの．「その他扱い」と同じ．

¶ *The also-rans* took the decision with good grace.—*Time*. (落選組も，審判に潔く服した)

⇒ ***sonota-atsukai*** その他扱い

ransaku 乱作　overproduce

例「あの作家はこのところ乱作ぎみだ」That novelist is writing in excess lately.

reisai 零細　ultra-small fragments

例「零細土地所有」small landownership

例「農家の零細化」shrinkage of farming units

［注］ fragmentization ではない．

rekki-to-shita れっきとした　respectable; well recognized

例「彼女はれっきとした家柄の出だ」She comes from a *well recognized* household. / She comes from a good family.

⇒ *kenami ga ii* 毛なみがいい

richigi-mono りちぎもの a hard working man; an honest man; a good man

例「彼はりちぎに働いている」He is turning an honest penny.

〈類語〉 ***mame*** まめ diligent; hard working

rikimu りきむ strain for

例「いかにりきんだって，大したことは出来ないことはたしかだろう」No matter how much we *strain for* it, we can't do very much, can we?

rikō-baka りこうばか too clever by half にやや似ている．軽蔑語.

rinjō-kan 臨場感 a sense of immediacy; a sense of actuality

例「彼の演出が，その劇に強い臨場感をもたらした」His stage direction was responsible for *the sense of* extreme *immediacy* the play achieved.

例「彼は話術がうまい．彼の話は臨場感にみちている」He is a born raconteur; his story carries such *immediacy*.

rireki-sho 履歴書 one's resumé

フランス語から英語になったもので，今はもっぱらこれを使い "curriculum vitae" や "personal history" はあまり流行らない．personal history は少し漠然としすぎてい

る．medical history（病歴）という言葉があるので，避けたほうがいい．学歴のことにならないおそれもある．

例「履歴書を1部ご送付ください」Send us a copy of your *resumé*.

¶ He was sought after by many companies. He didn't have to send in single copy of his *resumé.—Fortune.*（彼は引く手あまただったので，遂に履歴書ひとつ出さずじまいだった）

rōka-tonbi 廊下とんび do some snooping while loitering passage ways in a theatre or an office building, etc.

[注] これを lobbying とするのは当たらない．「廊下とんび」はどこまでも loitering のことで，lobbying のように政治的な目的意識はない．

rokotsu-na 露骨な undisguised (malice); bare one's teeth

例「彼らは露骨な敵意を見せ始めた」They made no attempt to mask their hostility.

例「彼は露骨にふるまう」He doesn't even bother to hide his malice. / He easily *bares his teeth*.

rōsaku 労作 a labor of love

例「彼の最近刊は，たいした労作だ」His latest book is a fine *labor of love*.

rosen 路線 a course of action adopted to suit a given policy

例「やくざ映画路線」action film on the theme of outlaws

例「毛沢東路線」*a course of action adopted* on the ideas

propounded by Mao Tse-tung

rotō ni mayou 路頭に迷う   have no means to support oneself; become jobless; starve

例「不景気で多くの人が路頭に迷った」Depression has *left* a great many people *jobless*.

ryōba-no-tsurugi 両刃の剣   It cuts both ways.

¶ Your statement can be used against you. (あなたの陳述は両刃の剣にもなり得る [あなたを害するためにも使われるかもしれない])

ryōkin-neage-an 料金値上げ案   rate-hike bills

例「電信電話料金値上げ案」telephone-telegraph *rate-hike bills*

ryūin ga sagaru 溜飲が下がる   feel sweet; be relieved of all rancor

例「悪者がこらしめられて，溜飲が下がった」I *felt sweet* when the villain was given his due.

S

saeru (**saenai**) さえる (さえない)   brilliant; remarkable (not too brilliant; unremarkable)

例「彼の腕は一段とさえてきた」His skill is getting more and more *brilliant*.

慣用的には，否定的に，「パッとしない」の意味に「さ

えない」と言う場合が多い.

例「ジャイアンツの今シーズンはどうもさえない」The Giants' performance this season remains somehow *unremarkable*.

例「選手の働きぶりも大体としていまひとつさえない」The individual players' performances, too, are by no means the most *brilliant* you can hope for.

例「すべてがあまりさえない」The whole thing does *not look too good*.

saifu o hataku 財布をはたく ☞ ***nakenashi-no-kane*** なけなしの金

saihitsu o furuu 才筆を振るう　She writes brilliantly.

なぜか才筆は常に女性にのみ用いられるようである.

¶ She has a sweet literary talent. (彼女は文才がある)

saikaku 才覚　resourcefulness; ability to cope

例「彼は数百万円を才覚した」He raised several million yen.

例「彼はなかなか才覚もあり,たのみになる男だ」He is a highly *coping*, reliable man.

saiki-kanpatsu 才気煥発　gifted; quick-witted

これは女性に用いることが多い形容詞. 男性にはわざわざこういう形容詞を使わなくとも描写に事欠かないが,女性には異例として扱われる.

例「彼女は才気煥発で,先見の明もあった」She was *quick-witted*, and had also foresight.

saisan ga toreru (*~torenai*) 採算がとれる(~とれない)　that which pays (*or* does not pay); a going concern

例「採算がとれる商売」a *going* business
例「彼は採算のとれている会社の支配人だ」He runs a *going concern*.
例「この仕事では，採算がとれない」This job *doesn't pay*.

sakate ni toru 逆手にとる　use one's disadvantages in such a way as to make them work for one（不利なことを自分の強味になるような具合に操作する）
例「彼女は，男性優位という，男の女性観を逆手にとって，楽に世間を渡ることをおぼえた」She has learned to *make* the male chauvinism *work for her* and is living comfortably.

sakibashiri 先走り　do or say things on a half-baked idea out of the desire to outshine others or be ahead of the norm
例「彼はお先っ走りで，信用ならない」He rushes in for *half-baked new ideas*; his ideas are not reliable.
例「そんなことは，先走った意見だ」It is an idea *too ahead of* (or *too incongruous with*) the norm to be acceptable.
¶ The men who ran broadcasting had become sensitive about going against the American norm, and *being ahead of it.*—*Atlantic*.（放送会社の幹部はアメリカ人の平均水準に逆らったり，先走ったりすることをとくにいやがった）

sakidori（流行の）**先取り**　foresee the coming trends and act upon them ahead of others
例「一部の女性は流行の先取りをして，極端なマキシで現

われた」Some women *anticipated* the coming fashion and showed up in extremely long skirts.

sakiyuki 先行き the future

例「先行きについて迷っている」I have misgivings about my *future*.

例「これは先行きのたのしめる株だ」These stocks have a great *future*.

sakki-datsu 殺気立つ a tense atmosphere; people are aroused (at the news of...)

例「その事が発表されると,場内は殺気立ってきた」The *atmosphere* became *tense* when it was announced.

sā-koi さあこい！ I'll take you on！

例「わたしとけんかしたい人がいたら,さあこい,いつでも相手になってやる」*I'll take you on* any time if any one of you wants to fight me.

sakubun ni owaru 作文に終わる The whole thing is nothing more valid than a school boy essay.

samete-iru 醒めている keep oneself aloof; be uninvolved; sober

例「彼はいつも醒めている」He never gets aroused by anything.

例「醒めた見方」a *sober* thinking

例「醒めた見方がこの場合必要だ」The question calls for a *sober* thinking.

samoshii さもしい unspeakably low

例「何というさもしい根性だ」What a *low* stuff to think！

san-do-me no shōjiki 三度目の正直 Third time does

the trick.

例「三度目の正直というから,もう一度ためしにやってみよう」We might try it just one more time. *Third time* may *do the trick*.

sarau 攫う　grab

¶ The new brand "More" *grabbed* 50 per cent of the cigarette market. (新製品の More が紙巻きたばこ市場の50パーセントを攫ってしまった)

sarukoto-nagara (……も) さることながら……　... is all very well but...

例「繊維の問題もさることながら,オレンジの自由化の問題のほうが大きい」*Granted* the textile question is acute, the question of liberalizing oranges import is even more acute.

saru-mane さるまね　aping; copycatting; a copycat

例「日本人は古くからさるまね国民だという評判をとっている」The Japanese have an old reputation of being a nation of *copycats*.

saru-mono-wa-owazu kuru-mono-wa-kobamazu 去るものは追わず,来るものは拒まず　Those who come to us are welcome, those who go away are not regretted.

sashi-de さしで……　tête-à-tête; alone with

例「彼と10分ほどさしで話した」I spoke *alone with* him for about 10 minutes.

sashi-ire さし入れ　things sent in to a prisoner

「陣中見舞」のように things sent in to lift the morale of a friend working hard の意味に用いられる.

⇨ *jinchū-mimai* 陣中見舞

satori さとり   awakening to truth; coming to terms with oneself

この言葉には悟道の大きな意味のさとりから,身辺的なさとりにいたるまで,大小の用法がある.

例「一瞬にして人生をさとった」Everything became clear in a flash. / Life became suddenly comprehensible to me.

例「それについては,私はさとりの境地に達している」I have *worked out my own philosophy* about the matter. / I have *come to terms with myself*.

satsu-bira o kiru 札びらを切る   squander one's money and make a show of it

sattō-suru 殺到する ☞ ***nadarekomu*** なだれこむ

sawaranu-kami-ni-tatari-nashi さわらぬ神にたたりなし   Leave God alone, and He will bring no curse on you. / Never get involved with controversial matters. / Keep away from touchy subjects. つまり a philosophy of non-involvement (他人の事には関与しないという人生哲学)

〈類句〉 Far from Jupiter, far from his bolt. (ジュピターから遠ざかっていれば,雷からも遠ざかっていることになる——ラテン語の諺)

sawari さわり   the best part of the Jōruri ballad; classic passages in a given literary work

例「彼は全作品を紹介したわけではない.さわりだけに限定している」He did not give the whole piece but only the "sawari part of it."

[注] 語源としては，浄瑠璃の最高の聞きどころ，の意からきている．文学作品のなかで最もよいとされてしばしば引用される名文句．

seidai-na 盛大な　in splendor; in a grand style
  例「彼のために盛大な送別会をした」We gave him a *rousing* send-off.
  例「彼らは盛大な披露の宴を張った」They gave a *grand* reception.

sei-daku awase nomu 清濁あわせのむ　He can take all kinds, the pure and the not-so-pure. / He is broad-minded enough to admit all kinds. / He is not squeamish about people.
  [注] これを善悪の区別ができない人間 (a man incapable of distinguishing good from evil) とまちがわれないように注意．

seigyo-suru 制御する ☞ ***osaeru*** おさえる

seikatsu-kanjō 生活感情　the mood of the people
  例「現代の生活感情」contemporary mood

seisan-suru 清算する　pay off one's debts; settle one's accounts
  例「過去を清算した以上，これから何でも好きなようにやるさ」*Having paid off my debts*, I'm free to do as I like from now on.
  例「過去を清算して新生活にはいる」bury the past and start one's life newly

seisatsu-yodatsu-no-ken 生殺与奪の権　the make-or-break power over (others)
  これは，封建時代の武士階級が町人などに対して持って

いた文字通りの，死命を制する権利で，power over the life of a common man である．しかしいまでは，洋の東西を問わず，他人の生活の道を自由にできるという権力の比喩になっている．現代語で言えば，"the make-or-break power over people" というのがある．

例「あの織物会社はこの小都市の死命を制している」The textile company has *the make-or-break power over* this small town.

seishin-seii 誠心誠意　これは日本語特有の副詞で「誠心誠意お仕えいたします（ました）」といった使い方をするが，これを，with sincere devotion としてみても，英語の感覚では妙な受け取られ方しかしない．というのは，誠心誠意とわざわざ強調するところに，何か不誠意の背景が感じられるからである．英語ではこういうことは，他人が言うことで自分で銘打つものではないのである．日本語の「誠心誠意」に最も近い日常的な英語は "with care" であろう．

例「誠心誠意やれ」Do it *with care*.

例「彼は誠心誠意その仕事に当たった」He gave himself entirely to the task.

seiton-suru 整頓する　put away cluttering objects to make a place look uncluttered and more orderly（乱雑になっているところを片付けて見た目に整然とすること）

　この場合 clutter（ごたごたしている物）を取り除くことで，そのものを秩序正しく整理区分することではない．

例「彼女は堆積した書類を分類整理していたが，不意の来客で，ちらかったへやを整頓するひまがなかった」She

was classifying her accumulated papers and filing them away when she had an unexpected visitor. She had no time to *put her cluttered room in order*.

seken-banashi (*oshaberi*) 世間話（おしゃべり） a small talk (a chat)

small talk のほうは，第三者から見た抽象化された言葉．Let's have a chat.（おしゃべりをしよう）とは言うが，Let's have a small talk. とは言わない．

例「世間話も一種の才能だ．ある人びとはまるきりできない」*A small talk* is a talent too. Some people never know how to go at it.

seken o hiroku wataru 世間を広くわたる　go through the world comfortably without much prejudice, accepting and being accepted by a wide circle of people（偏見のないままに，社会の各方面の人びとを受け入れ，また受け入れられて，世間を気易くわたる）

この反対は「世間を狭くする」で，偏見を持つために好き嫌いが激しかったり，または，いかがわしいことをして発覚を恐れて，人を避けて通ることなどを総称して言ったもの．

例「彼はみずから好んで世間を狭くわたっている」For some reasons of his own he is making a fugitive out of himself.

sekkyaku-gyō (*-sha*) 接客業（〜者） the service trade (〜 caterers)

例「彼らは接客業者だ．客の要求をみたすのが彼らの仕事だ」They are all in *the service trade*. Their business is to cater to people.

semete-mo-no せめてもの　the least one could do

例「それは私のあなたに対するせめてもの志です」That's *the least I could do* for you.

senbetsu 餞別（せんべつ）　a gift, often of money, one customarily sends to a friend leaving on an extensive journey or moving to other locale, an old Japanese custom still alive

sen ga futoi 線が太い　これは，性格面から人を描写する言葉で英語でこれに当たる形容詞は, robust; stout; hefty; rugged.

例「私の父は線の太い人だった」My father was *a rugged personality*.

反対の「線が細い」に当たる形容詞は frail; delicate; sensitive などである．

例「彼は政治家になるには線が細すぎる」He is too *delicate* to have a politician's career.

sengun-banba-no-yūshi 千軍万馬の勇士　a hero with thousand battles behind him; an experienced fighter (*or* worker)

se ni hara wa kaerarenu 背に腹はかえられぬ　これはこのまま訳せば, one's belly cannot replace one's back，つまり can have no alternative の意.

腹（abdomen）は人間にとっては背中より重大なものだから，つまり one's immediate needs が腹で，これの保全のためには，背のほうは犠牲にするしかない，の意.

例「病院の費用を払うのに，まとまった金が要るので，彼

は背に腹はかえられずで，結局だいじな貯金に手をつけた」To meet hospital expenses he needed a sizable money. He hated it but *had no other choice but* to dip into his life savings.

senkō-hanabi 線香花火　fire cracker [said of a person whose enthusiasm doesn't last]

例「彼は線香花火的な仕事しかしない」He works *unevenly*.

senkoku go-shōchi 先刻ご承知　You don't have to tell me about it.

sensei-kōgeki ni deru (*kisen o seisuru*) 先制攻撃に出る（機先を制する）　by a clever head-start

例「先制攻撃に出ることによって，競争会社を全部抜いた」*By a clever head-start*, they outsold all their rival dealers.

sente o utsu 先手を打つ　forestall; steal a march on...

例「君に先手を打たれた」You *got the head start* of me.

例「彼は，彼らの先手を打って，大もうけした」He *forestalled* them and made an enormous profit.

⇨ ***nukegake-no-kōmyō*** 抜けがけの功名

senzai-ichigū 千載一遇　the opportunity of lifetime

seppa-tsumatte せっぱつまって　at the end of the tether; driven by circumstance

例「せっぱつまって，牧師に会いに行った」I was *at the end of the tether* when I went to see the parson.

setsunai (*tsurai*) せつない（つらい）　painful; trying; stabbing

これらの英語はいずれも日本語の原意には，大まかにすぎるか，強すぎてぴったりしない場合が多い．「せつない思い」は painful というよりも poignant feeling で，愛情をあらわすこともあるし，いちがいには言えない．

shabakke しゃばっ気　lust for life
　例「年はとっていても，あの男にはまだまだしゃばっ気がある」He may be old in the chronological sense, but he has still left plenty of *lust for life*.

shakushi-jōgi 杓子定規　extremely literal-minded; inflexible thinking; stickler for rules（杓子定規な人）
　例「杓子定規でものをしてもだめだ」*Sticking to rules* alone will not do.

shani-muni しゃにむに　pellmell
　例「会社のしゃにむにやる拡張政策には疑問がある」We cannot give our full support for the firm's *pellmell* expansionism.
　⇒ ***mecha-kucha-ni*** めちゃくちゃに

shara-kusai しゃらくさい　cheeky; cheek
　（英）fresh,（米）presumptuous に同じ．
　例「そんなことを言うとは，しゃらくさい」What a brazen *cheek* to say a thing like that!

shāshā-shita-mono しゃあしゃあしたもの　provocative composure (*or* coolness); saying (*or* doing) something without batting an eye
　例「あいつは，しゃあしゃあしたもんだ」He has *the air of arrogant self-composure*.
　例「彼女はそういうことをしゃあしゃあと言ってのけた」

She said that *without batting an eye*.

shayō-sangyō 斜陽産業　an industry on a decline

例「鉱業は斜陽産業だ」The mining is *a declining industry*.

shayō-zoku 社用族　expense-account spenders (*or* swingers)

shichiten-battō 七転八倒　writhe in agony; thrash about in pain

例「七転八倒した末，万策つきて，絵で示した」After agonized search for words, he drew a picture out of desperation to communicate.

shichō-ritsu 視聴率　ratings

これはテレビ用語で冠詞も何も不要．常に複数．

例「視聴率が急上昇した」*Ratings* soared.

shigaku 私学　private educational institutions; private universities

例「私学を経営する」run a *private university*

shiganai しがない　poor [opposite of "wellestablished"]; at the mercy of changing fortune

例「俺はしがない芸人よ」I'm *just a plain* performer on the road.

shiga nimo kakenai 歯牙にもかけない　take no notice of; consider (a person) beneath one's notice

例「彼女は彼のことを歯牙にもかけていなかった」She *took no notice of* him.

shigoto-no-oni 仕事の鬼　a regular cannibal at

例「彼女は仕事の鬼だ」She's *a regular cannibal at*

business.

この "business" は商売の意だから、その他のことなら、at のあとに仕事の種類を付加する。たとえばリサーチなら、She's *a regular cannibal at* research work. とすればよい。

***shigusa* しぐさ**　an individual mannerism; little things one does by habit

例「女の子と男の子とではしぐさが違うものだ」A girl child differs from a boy child in *little things* she does.

***shiireru* 仕入れる**　get a stock of; get a fund of

例「安あがりのヨーロッパ旅行に関する知識をしこたま仕入れた」I'*ve acquired* quite *a fund of* practical knowledge about inexpensive travelling in Europe.

***shijō* 至上**　a matter of highest importance

例「輸出競争力こそ至上とされる経済機構」an economy in which competitive capacity for export is considered *a matter of highest importance*

***shijō-meirei* (〜*-meidai*) 至上命令（〜命題）**　a command from highest authority that should be obeyed if one is not to be against the system（体制を肯定する以上、守らなければならない最高権威からの命令）

「至上命題」は "a subject to be given top priority"

例「55年度までに赤字国債の発行をなくすのが果たして至上命題なのか疑わしい」It is doubtful whether the stoppage of the issuance of deficit bond by 1980 is *a subject to be given top priority*.

***shikai-suru* 司会する**　host

例「それはエド・サリヴァンの司会したテレビショーだった」That was TV show *hosted by* Ed Sullivan.

shikakeru 仕掛ける　engineer some tricks for a set purpose

例「ラーメンの乱売戦は誰が仕掛けたものでもない」The latest underselling race among Chinese noodle makers *had been engineered by* no one.

shikaku-shimen 四角四面　uncompromisingly honest and stiffmannered

[注]　今のスラングの square (i.e. the unsophisticated and conservative) とは別語.

shiketa-kao しけた顔　「しけた」は "gloomy" または "morose". 共に cheerful の反対だが直接当人に対して言えるのは gloomy で, Cheer up. Why so *gloomy*? (元気を出せよ, どうしてそんなにしけた顔をしてるんだよ?) などと言う. Why are you so morose? とはまず言わない. 立ち入りすぎた批評語になるからである.

shiketeru しけてる　looking depressed; sad

例「そんなにしけてるように見えるか?」Do I sound so bad?

shikiri ni sōyū kanji ga shite shikatanakatta しきりにそういう感じがしてしかたなかった　had a nagging feeling that...

例「私はしだいにつのってきた険悪な状勢が, 近々のうちに爆発するのではないかという気がしてしかたなかった」I *had a nagging feeling that* the tension slowly building might explode one of these days.

「感じがしてしかたがない」が have a nagging feeling に当たる．nag はぐずぐずぐちをこぼして相手の神経をアタックすること，またはそれに似た物事の状勢．

shikkaku-sha 失格者　one who has lost the qualification for...

例「あの人は親としては失格者だ」He does not qualify as a proper parent. / He is not an exemplary parent. / He is not a good man to entrust a child with, even his own child.

shikkari-mono しっかり者　a firm character

これは女性に使う描写語で，男がしっかり者とはあまり言わない．英語の "no-nonsense woman" にやや似ている．

例「彼の母は無学だったが，なかなかのしっかり者だった」His mother had no formal schooling but she was *a sensible* and *no-nonsense character*.

shikō 志向　oriented

これは英語の邦訳から定着した言葉．

例「大ていの地方青年は大都市志向だ」Most rural youths are Big-City-*oriented*.

shikō-hō 思考法　☞ ***hassō*** 発想

shikori しこり　a rancor; hard feelings

例「それはあるしこりを残す」It leaves *an unresolved feeling* in your heart. / You'll come to nurse *a rancor* on account of it.

shiku-hakku 四苦八苦

例「資金調達に四苦八苦の態だ」They are having

difficulties in raising funds.

shikumu 仕組む   plot out something; frame someone
例「あれは彼を陥れるために彼らが仕組んだ根も葉もない芝居だ」That is a fabrication they *got up to frame* him.
例「仕組んだ狂言」a got-up affair
⇒ ***detchiageru*** でっちあげる

shimatsu ga warui 始末がわるい   hard to handle
例「話合いに応ぜず,すぐ対決する組合ほど始末のわるいものはない」No one is more *difficult to deal with* (or *handle*) than those unionists who refuse to come to the negotiating table, always ready to get at you at the slightest provocations.

shimōtaya (***shimotaya***) 仕舞うた屋   しもたや.封建時代に出来たもので,本来は武家に対する町家 (a tradesman's house as distinct from a samurai house) だったのが,一般化され,現代でも a dwelling to be distinguished from a shop を指すのに使われる.店の多いところにある住家.

shimukeru 仕向ける   act in such a way as to compel a person to...
例「彼は彼らに出て行けがしに仕向けた」He treated them *in such a way* that it *compelled* them to leave.

shina-sadame-suru 品定めする   comment in a gossippy fashion, on the looks of men or women; rate
「品定め」とは元来男や女の容貌のことをあれこれやじ馬的にゴシップすることなのだが,これからさらに,ただの外観についてだけでなく他のことについてコメントする

ことも含まれる．

例「ウェイトレスが集まって，男の客の品定めをしていた」A group of gossipping waitresses were *rating* the shop's male patrons.

例「彼らはテレビ番組の品定めを盛んにやっていた」They were endlessly discussing the relative qualities of television programmes, comparing one channel with another, arguing which one looked or sounded better than the rest.

shinise 老舗 a shop with an old (long) established name

shinkei ga yukiwataru 神経がゆきわたる ☞ ***hairyo*** 配慮

shinkeishitsu 神経質 over-sensitive

この言葉は，性格描写で，"emotionally tense"．リラックスの反対の神経過敏なことを言うが，ときには仕事，作品などの性格を言う場合にも使う．

例「この彫刻家は腕は達者だがどちらかというと神経質な仕事が多い」That sculptor is talented but his work strikes one mostly as *too sensitive* and *particular*. つまりこの場合「神経質」とはスケールが小さくて，取り扱い方に，triviality（こせこせしたところ）が目立つ，の含みがある．

shinki-itten 心機一転 get into a new frame of mind; a new resolve

例「心機一転難局に立ち向かわなければならない」We have to stand up to the crisis *with a new resolve*.

shinkyō 心境 one's present mood or frame of mind

例「心境の変化でね」I'm now in a different *frame of mind*.
例「これがいまの心境だ」This is how I feel now.
例「彼は心境の変化を来たしたらしい」Apparently he is in a different *mood* now.

shinmi ni natte mendō o miru 親身になって面倒を見る watch over a person with a genuine care

shinmyō-na-kaotsuki-de 神妙な顔付で sanctimoniously

この言葉は, 殊勝ぶって, 美辞麗句をならべることなどに使う.

例「神妙な顔をして, 彼らはその悲劇的な事件について語った」They spoke *sanctimoniously* about the tragedy.

shinmyō-ni 神妙に with proper reverence for the authority

例「彼は神妙に控えていた」He was standing by *with proper reverence for the authority*.

この言葉は数ある封建語の一つで今でもユーモラスに使うことが多い.

shinogi o kezuru しのぎをけずる fight furiously

例「彼らは表面は仲よく見えるが, じつは互いに, しのぎをけずりあっている」They sound friendly on the surface, but actually they are *competing fiercely*.

shinrō (shinpai) 心労 (心配) worries

例「心労が最も健康にわるい」Nothing damages your health more than *worrying*.

shinshutsu 進出 making inroads into

この言葉を advance と訳しても，大して助けにならない場合が多い．

例「日本商品の現地進出」Japanese goods *making inroads into* the local market

shinzō ga tsuyoi 心臓が強い　pushy; have a nerve

例「彼らは実力よりも心臓が強い」They *have* more *guts* than brains.

shirakeru 白ける　leave one cold; be disenchanted; feel apathetic

例「彼の皮肉なひとことで，座が急に白けた」His caustic remark suddenly *left everyone cold*.

例「われわれの世代は白けの世代だ」Ours is a generation of *disenchantment*.

shirami-tsubushi しらみつぶし　comb a place for a thing

例「彼らは禁制品を見つけにビルのなかをしらみつぶしに家さがしした」They *went through* the whole building *for* stashed contraband goods.

shiranu-ga-hotoke 知らぬが仏　What we don't know won't hurt us.

shiranu-kao no hanbei 知らぬ顔の半兵衛 ☞ ***hōka-buri*** ほおかぶり

shiri o tataku 尻をたたく　spur a person to work harder

例「彼は組合員の尻をたたいて春の賃上げ闘争に精を出させた」He *spurred* the union members *to work harder on* their spring wage-hike project.

shiromaru-jirushi to kuromaru-jirushi 白丸印と黒丸印　a circle and a filled-in circle

これは必ずしも白黒でなくとも，円形の外部だけと，なかを塗りつぶしたもののことで，記号として，勝敗などを示すのに使う．「黒星」「白黒」などもその一種である．

例「白丸印は勝ち（または利益），黒丸印は負け（または損失）を示す」*A circle* means a win, *a filled-in circle* means a loss.

shirōto-damashi 素人だまし　a fake professional; not good enough for a professional, only good at deceiving amateurs

⇒ ***namagusa-bōzu*** 生臭坊主

shiru-hito zo shiru 知る人ぞ知る　It remains a countable fact even if only a limited number of people know about it. 人は知らずとも，立派な事実だ，の意で，この事実には人間も，物事も含まれる．

例「ハンナ・アレントは20世紀最大の思想家の一人であることは，知る人ぞ知るだ」Hannah Arendt was one of the greatest political philosophers of the 20th century, *even if only a cluster of people know about it*.

shisei 姿勢　これは比喩的に用いた場合よく "posture" と英訳される単語である．posture は日本語で言う，ある「姿勢」をとることで，往々にしてうわべだけそういう態度をして見せることである．だが，国際場裡での政府の公式声明における姿勢の意にも使う．

例「国際的利他主義こそわれわれの姿勢であるべきだ」International altruism should be our *posture*.

[注] しかし, "posturer" は "poser" とも言い, 自分以外の人物をよそおって偉く見せようとする人. 早く言えばペテン師.

shi-shōsetsu 私小説　the "I" novel

私小説は日本個有のもので, これに最も近い欧米の小説ジャンルは roman à clef と称するもので, 登場人物の名だけ変えて事実をストーリー風に書き出したものである. 日本の私小説は, 自分の身辺のことをそのまま書いていくものなので, the "I" novel と英語では言われている.

例「彼の今度の作は, 私小説といえるものだ. 西欧のとは違った文体で書かれている」His new work is a Japanese genre known as *the "I" novel*. It's written in a style not familiar in the West.

shita-dori 下取り　a car seller's practice of buying back the customer's used car before selling him a new one

shitari-gao したり顔　the I'm-telling-you look; the I told-you-so look; a knowing (*or* gloating) look

例「彼はしたり顔でそれを私に知らせた」He broke the news with *the I'm-telling-you look*.

例「彼はそのニュースを聞くと, だから言わないこっちゃないという顔をした」He reacted to the news with *the I-told-you-so look*.

例「彼はしたり顔で, その事件についての意見を述べるのだった」*With a gloating look* he gave me his version of the matter.

shitataka-mono したたかもの　sophisticated; intrepid; not an easy nut to crack

例「彼はしたたかものだ」He is *not an easy nut to crack*.
例「彼女はしたたかな腕をもった女だ」She is *too tricky for me* to deal with.

shita-tarazu 舌足らず an inept expression; tongue-tied; have difficulty in expressing oneself

舌がまわらぬ幼児の口から出る "gibberish"（わけのわからぬおしゃべり）に似たという意味で，文章のなかで解説が十分でなく，意味が十分表わされていないものを言う．

例「この評論はやや舌足らずのところもあるが，総じて好感のもてる謙虚さが強みだ」All in all, this article is an extremely pleasant piece of reading, its strength being its genuine humility, though one might find *some inept passages* here and there.

例「この記事は，その熱心な意図は買うが，やや舌足らずのところがある」For all its good intentions, the article sounds a bit *tongue-tied*. / For all his good intentions the author apparently *has difficulty in expressing himself*.

shitazumi-jidai 下積み時代 while one was at the lowest rung of the ladder; one's cub days

例「下積み時代，いろいろ苦労をした」I went through a lot *while I was at the lowest rung of the ladder*.

〈類語〉 **kakedashi** かけだし 例「かけだしの記者時代に，少しばかり習いおぼえたことがある」I learned a thing or two *in my cub days*.

shite シテ（仕手） the role of the protagonist in a Noh play [literally "Doer"]; これから転じて the star of the cast.

waki ワキ（脇）　support for "shite"

シテもワキも能楽以外に比喩的に使われる．

shitsukoi しつこい　この言葉は初めから derogatory term で日本人の sensibility の最もいやがるところのものである．物の味から色彩，人の性格にいたるあらゆるものを批判するのに使う．英語にはこれにぴったりの言葉はない．heavy が近いが当たらない．

例「あのしつこい甘さは好きでない」That *cloying taste* does not suit my palate.

例「色がしつこすぎる」I find the color *cloying*.

例「あの男はしつこいからいやだ」That man never gives up. He is *too persistent*.

shiwayose しわよせ　cause other party to suffer from the failures of one party

例「雇用問題についての労使の紛争のしわよせをこうむるのは非組合員である場合が多い」Labor disputes over the question of employment often result in making the non-union members of the work force *suffer from the consequences of* the conflict.

例「会社の経営方針のずさんさが，一般従業員の上にしわよせされている」Ordinary employees have to *suffer from the consequences of* loose managerial planning.

shiya o hirogeru 視野をひろげる　broaden one's horizon

shiyō-massetsu 枝葉末節　matters of minor importance; unessential or irrelevant matters

例「あの人たちの欠点は枝葉末節の問題に気をつかいすぎ

ることだ」 The trouble with them is that they pay too much attention to *small details* and forget the whole.

shōbai no neta 商売のねた a dope to use for a racket
例「他人の弱味を商売のねたにしている」 They are using other people's weaknesses *for their racket.* / They are making a good thing out of other people's weaknesses.

shōjin 精進 religious devotion; concentration of mind
例「彼は仏道修行に精進している」 He *is a dedicated follower* of the teachings of Buddha.
例「彼の今日あるは,すべて長年の精進のたまものだ」 What he is today is simply *the fruit of his dedication* over the years.

~ ryōri ~料理 vegetable diet
例「彼は精進料理しか食べない」 He never touches animal food.

shōkō-jōtai 小康状態 a lull
例「彼の病気はこのところ小康状態を保っている」 There has been *a lull* in his illness.
病気ばかりでなく,比喩的にも使う.
¶ There came *a kind of lull* in their feud. (彼らの反目も一時的に和らいだようだ)

shōkon 商魂 shrewd business acumen; hardy salesmanship
例「たくましい商魂を持っている」 They have a *shrewd business acumen.*
例「それはたくましい商魂のあらわれだ」 That is an evidence of *a hardy salesmanship.*

shokuhatsu-sareru-mono 触発されるもの　that which stimulates one's mind

例「私は何かを触発されるものを求めて読書する」I read for *something that stimulates my mind*.

shokumu-kengen 職務権限　a given mandate

例「彼は上司から与えられた権限をはるかに越えることをしていた」He was going far beyond *the mandate* given him by his superiors.

shokunin-gei 職人芸　artisan's craft; artist's performance

これは単に描写語としてよりも、芸術家の真の art の創造性（creativity）と比較して、頭脳よりも手先の skills によるもの、ということが言いたいときに使う．

例「彼の仕事はこのままでは手細工の職人芸におわってしまう」His art, unless he does something about it, will end up a mere clever handiwork.

shokushō-suru 食傷する　be fed up with

例「そういうほら話には、もう食傷している」I'*m fed up with* tall tales of that kind.

shōmō-hin 消耗品　consumer goods とも consumers' goods とも言う．消費者の役に立って、すりへったりなくなったりする品物の意．しかし消耗品にはもう一つの意味がある．使い捨てにして差支えない品という意味で、比喩的に人間にも使う．

例「戦争中は人命は消耗品として取り扱われた」During the war, human lives were used like *expendables*.

shōnen-ba 正念場　a showdown; the moment of

decision

　この言葉は大体2通りに使われる．一つは山場（showdown *or* denouement）の意の場合．

例「いよいよロッキード事件は正念場にきた（山場にきた）」The Lockheed payoff investigations are fast approaching *a showdown*.

　もう一つは the time for decision の意の場合．

例「会社に留まるか，去るか，いよいよ彼の正念場だ」*The time* for him *to decide* is here—whether to stay on or leave the office.

shosen しょせん　in the final analysis; after all is said and done; the fact is...

例「しょせん女は女だ，と男たちは言う」"*After all*, a woman is a woman," men would say.

　スラングで，let's face it (*or* face it) に当たる．

例「しょせん勝つ見こみはない」*Let's face it* we can't win.

shoshin 初心　この言葉は単に和英辞典に出ている "naïveté" とか "innocence" でなく，the beginner's trepidation and zeal（初心者の内心びくびくした気持と熱意）を指す．

例「どんなに成功しても，達人は常に初心を忘れない」No matter how successful, a masterly person never forgets *the beginner's humility*.

shōshin-shisokonatta 昇進しそこなった ☞ **sudōri-sareta** 素通りされた

shōsū-seiei-shugi 少数精鋭主義　belief in the select-few-for-quality-work principle

例「彼は会社のスタッフを少数精鋭主義で組織した」He adopted *the select-few-for-quality-work principle* in organizing his company staff.

shotai-jimiru 世帯じみる　take on the look of housewifery cares

例「結婚してからまだ2年なのに，彼女はもう世帯じみてきた」She's married only for two years and she's already looking the *picture of housewifery cares*.

shubi 首尾　the result

例「首尾はどうだった？」How did *it* come out？と言ってもよく，How did *you* come out？と言ってもよい．前者はその事柄を指し，後者は当事者を指す．

例「首尾は上々だった」It was a success. / It went very well.

shudō-ken o nigiru 主導権を握る　have the power of calling the shot

例「大手は価格の点については主導権をがっちり握っていた」The major dealers *kept* among themselves *the power of calling the shot* about the prices.

shugyoku-no-bun 珠玉の文　a gem of literature; a noble piece of literature

例「珠玉の文をいただきありがとうございました」Thank you for giving us such *a gem*. / Thanks for such *a noble piece of literature*.

shūjin-kanshi 衆人環視　exposed to the public eye; in public

例「会社に出ていることは, 衆人環視のなかにあることです. 勝手なまねはできません, そうでしょう?」 You must realize that I'm *exposed to the public eye*, sitting here in this office. I can't very well indulge in private whims, can I?

shūkan-shi 週刊誌　newsweeklies

例「この国の週刊誌は相当数がスキャンダルで食ってる」 A great number of *newsweeklies* in this country subsist on scandals.

shukō o korasu 趣向をこらす　put in a lot of ideas

例「彼は趣向をこらしてパーティを盛りあげた」 He *put in a lot of ideas* to enliven the party.

shukumei 宿命　これは "destiny" と辞書には出ているが, 当てはまらない場合が多い. たとえば「海外駐在は商社マンの宿命のようなものだ」のこの宿命は, さけることの出来ない, 必ずやってくる運命のくじのようなものだ, の意だから destiny という人生の終着駅を思わせる言葉ではまずい. それで Overseas assignment is *a lot you can not avert* if you are a corporate man. と訳せば意味は通じる.

shūmoku no miru tokoro (***~itchi-suru tokoro***) 衆目の視るところ (～一致するところ)　a consensus

¶ There is *a consensus* reached about it. (そのことは衆目の一致するところである)

例「彼の人物の高潔さについては, 衆目の一致するところだ」 There is *a consensus* about his integrity and his impeccable character.

shūnen o moyasu 執念をもやす　have a burning desire

to ; be obsessed with

[注]「執念」は obsession と似ているが必ずしも derogatory ではない.

例「彼は科学の研究に執念を燃やした」He *kept his passion* for science *burning*. / He had *an obsessive desire to* pursue his science work.

shura-ba 修羅場　a scene of carnage

これは仏教からきた言葉で, 阿修羅王は Buddhist image of wrath である. 能や歌舞伎の修羅場は fighting scene. だがこの言葉は the grim aspect of life（人生の凄惨な面), つまり, きれいごとでない struggle の一面の意に使われる.

文字通りには, a scene of bloodshed だが, 日本語では比喩的に "ugly aspects" の意味に用いられる場合が多い. There are *ugly aspects to* all professions. とか, No profession is all goody goody.（どんな職業にも修羅場はある, きれいごとばかりではない）などというのがそれである.

shūroku-suru 収録する　put in ; make (*or* have) entries

例「この辞書には約 20 万語が収録してある」In this dictionary we *have* about 200,000 *entries*.

shushi 主旨　the message

ここにいう主旨とは,「言わんとするところのもの」の意味で, purport とか, gist などよりもっと積極的なものである.

purport とか gist は与えられたものの主たる意味を言うのだが, message は, こちらから積極的にコミュニケートしようとする内容のことである. つまり「言おうとする

こと」に当たる.

¶ They decided not to change its advertising *message*. (彼らは, 広告内容は変えないことにきめた) つまり同じ製品の広告でも, 売り込むポイントをどこにおくかで message が変わってくるのだが, 従来通りのポイントをうたうことにした, の意.

¶ We got *the message*. これはよくいう言い方で, 先方でそれとなく, 目立たない形で申し出た場合などに言う, 「いや, おっしゃる意味はわかりました」の意.

shūshū-suru（事態を）収拾する　straighten out a snarled-up matter
　例「事態は収拾不可能になった」The whole thing has gotten out of hand.

shusse-gashira 出世がしら　top success man
　例「彼はクラスの出世がしらだ」He is *the highest office holder* in our class.
　[注]　こういう発想はアメリカの社会にはない.

shutsuba-suru 出馬する　run for an office in an election
　例「この次の議員選挙に, 彼は出馬するらしい. 彼の対抗馬はF氏だ」In next general election, he is going to *run for* the Diet against Mr. F., I hear.

sōbana 総花(そうばな)　give tips all round ; a gesture to please all
　例「総花主義」a policy to please everybody
　[注]　よく政治のやり方の批判などに用いる.

soba-zue o kuu そば杖を食う　an innocent bystander suffering a blow in other people's quarrel
　〈類語〉　***tobatchiri o kuu*** とばっちりを食う　例「と

んだとばっちりを食ったね」Poor lamb! that you should have to be a victim of other people's quarrel.

sode-suriau-mo-tashō-no-en 袖すり合うも他生の縁 Even a chance acquaintance like brushing against each other's sleeves (*or* happening to sit next in a subway train) means a human contact meant for you by the omniscient Buddha.

sō ga atsui 層が厚い dense; of great density

これは会社などですぐれた社員を多く擁していることなどを言う．

例「銀行はおしなべて，国の一流出版社より，スタッフのインテリ才人の層がやや薄い」Banks usually have *staff lineups less dense in talented intellectuals* than, say, the best publishing houses on the land.

sogai-kan 疎外感 the feel of alienation

soguwanai そぐわない do not match; (be) out of place

例「この超モダン様式の家に，クラシックな家具はそぐわない感じだ」Such period furniture *does not match* an ultra-modern house like this.

sojō ni noseru 俎上にのせる subject something to relentless public scrutiny

「魚を俎上にのせる」"lay a fish on a chopping board" から，通常，苛酷な批判の的(まと)にすること．

例「作家は自分や自分の作品が俎上にのせられることは覚悟していなければならぬ」A writer ought to expect that he and his work will be *subjected to public scrutiny* and merciless comments.

sokkuri-na-hito そっくりな人　one's look-alike(s)

この look-alike は名詞なので「そっくりショー」の場合は，複数形をそのまま使う．"a look-alikes show"

soko-jikara 底力　one's depth; strength

例「彼は，測り知れない底力を持っている」There is an uncanny *depth* to his ability.

soko made ittenai そこまでいってない　It has not reached that ideal (*or* happy) state.

例「アメリカでは音楽は生活の一部だ．日本はまだそこまでいってない」Music is part of life in America. Japan *has not yet reached that happy state*.

sokoshirenai 底知れない　untold depth; something you cannot fathom; an unknown quantity

これは，よい意味でもわるい意味でもなく，どういうものか，どの程度のものか見当のつかないことを言う．

¶ She preferred George to Robert who was an *unknown quantity* to her. (ロバートは彼女にとっては未知数だからジョージのほうを選んだ)

sono-hi-gurashi その日暮らし　a hand-to-mouth existence

例「その日暮らしの生活をしている」He is leading *a hand-to-mouth existence*.

¶ "A good theatre group should be wary of too much prosperity. You have to lead *a hand-to-mouth existence*, as it were. It keeps you on your toes", says a professional.—*Time*. (劇団はあまり金持になってはいけない．その日暮らしの生活をしていると，だれないで仕事にはげむことが出来

る，とある専門家は言う）

sono-mono-zubari そのものずばり　An apt remark! / You said it. / There is no doubt about it.

　この3つのどれかを選んで言えばよい．誰かが何かについて的確な発言をしたときに発する言葉だから，そのときのムードによってどれかを選ぶ．There is no doubt about it. は調子が強くなく，静かに感心したといったところ．

son o suru 損をする　get the short end of the stick

sonota-atsukai その他扱い　treated as also-rans
　⇒ *rakusen-gumi* 落選組

soppo o muku そっぽを向く　reject; turn away from
　例「彼女は母親の訴えにそっぽを向き，不良の仲間に入っていった」She *turned away from* her mother's entreaties and joined her delinquent friends.

sora-tobokeru そらとぼける　act innocent; feign ignorance
　例「老獪な彼はそらとぼけるのがうまい」The sly old man is very good at *acting innocent*.

sōsai-suru 相殺する　kill each other; counteract each other; destroy each other
　例「狂言と能の並演は印象が相殺されやすい」It is not beneficial to stage Noh and Kyōgen plays together in one programme, as they *destroy each other*.

sōshi-sōai-no-naka 相思相愛の仲　in love with each other
　例「あの2人は30年間も結婚しているいまも，相思相愛の仲だ」Married for thirty years, they are still *in love*

with each other.

***sotozura* 外面** one's public face (他人に見せる顔); the way one chooses to behave in public (外でのふるまい)

***sotsu-no-nai* そつのない** faultless; flawless
例「彼の仕事にはそつがない」Nobody can find fault with his work. / He is a *careful* worker.

***sō wa ton'ya ga orosanai* そうは問屋がおろさない** It isn't that easy.

この that は口語によく使う，程度を示す副詞（あなたが考えるほど，それほど）で，この場合 easy を修飾している．

¶ His name does not appear in the list of contenders for championship. He is not that good.（彼はチャンピオン戦に名を列ねていない．彼はそれほどえらくはない）

***suberidashi* すべり出し** a start; a beginning
例「会議のすべり出しはまずは好調」The meeting made *a fairly good start*.

***sudatsu* 巣立つ** leave the nest; fledge out; become independent; make a start in life
例「何千もの若者たちが大学から巣立ってゆく」Thousands of youths are finishing their college education and starting out.

***su-dōfu* 酢どうふ** 通ぶる人のこと．a false connoisseur [derived from the legend of a gourmet in Edo days who, when served a dish of stale tōfu, pretended to enjoy its sourness]
例「彼は美術については，なかなかの知ったかぶりだ（酢

どうふだ）」He *puts on a lot of hot air* about art works. / He is a *pseudo*-art critic.

sudōri-sareta (*shōshin-shisokonatta*) 素通りされた（昇進しそこなった）　be passed over for a better position
例「彼は社長になるはずだったのを，結局，素通りされてしまった」He *was passed over for* the presidency.

sudōri-suru 素通りする　pass a place without stopping
例「いつもそばを通りながらわれわれのところを素通りするなんてひどいよ」You didn't once stop at our place when you passed by it every day, we resent that.

sugoi すごい　これは，日本語のスラングとして，remarkable の意にやたらに使う人がある．英語のスラングの terrific にほぼ当たる．どちらかと言うと vocabulary の貧困な人がこの表現を使うことも英語の場合と似ている．

しかし，「すごい」はスラングでなく使うときもある．
例「彼の直感はすごい」He has an *uncanny* intuition.

また「彼の絵には，すごみがある」の「すごみ」は "out-of-this-world"（この世のものとも思えない）の意で，There is *an out-of-this-world quality* about his painting. とも言える．

sui 粋　「野暮」の反対で，元来は chic [ʃik] の意味だったが，いまでは，昔の gay quarters の nuance はなく，もっぱら「粋を利かす」(being socially considerate towards others, particularly towards lovers) などのフレーズに用いられる．
例「粋を利かして座を立った」Out of *the sense of delicacy*, he left the room to let them alone.

suikyō 酔狂 a whimsical act; out of one's senses

  例「あれも酔狂な男だ，あんな女といっしょになるとは」
  He is *crazy* to marry a woman like that.

suisei-mushi 酔生夢死 dream one's life away

  例「酔生夢死の人」a lotus-eater

  例「われわれは大部分酔生夢死の生涯をおえてしまう」
  Most of us run through life fast without doing much.

  [注] 英語の lotus-eater は今日だけに生きる dissipation の響きがあるが，日本語のは詩的な wistful な感じを持った言葉で pleasure-seeker というよりは，時のたつのが早く，「うかうか一生を送る」(run through life) ほうにウェイトがある．

suji-chigai 筋ちがい misdirected; wrong-headed; illogical; unreasonable

  例「そういう非難は筋ちがいだ」That is an *illogical and misdirected* accusation.

  ⇒ ***suji o tōsu*** 筋を通す

suji ga ii 筋がいい natural; apt

  例「彼のゴルフは筋がいい」He seems to have *a natural aptitude* for golfing. / His golfing is *apt*.

sujigane-iri 筋金入り これはそのまま a fiber reinforced with steel と言えば意味はわかる．和英辞書にある，"dyed-in-the-wool" は「根っからの」ということで，違った意味になる．

  例「彼は筋金入りのエイジェントだ」He is an *experienced* (or *formidable*) operative.

suji o tōsu 筋を通す do what is reasonable

  伝統的に使われてきた言葉が，何かの拍子で，時局の脚

光を突然浴びることがある．この言葉もその一つで，日米繊維会談の決裂で急に目立ってきた表現で日本語独特のニュアンスを持っている．本来，筋は碁の term で「筋ちがい」(what is not in the conventional manual) は irregularities としていやがられる．

例「日本側は筋を通しているのだ」Japan is only *doing what is reasonable*.

例「筋を通してくれ（それではあまりにも聞こえがわるい）」Do it right (otherwise looks too bad).

また筋は "channel" の意もある．

例「はっきり筋を通してくれれば考えよう」I'll consider it if you *put* it *through the right channel*.

例「さっぱり筋の通らない話だ」What they tell us is without rhyme or reason. / There is no logic in what they say.

suki-darake no すきだらけの（理論・政策） a lot of holes in it; faulty

例「それはすきだらけの政策だ」That's a strategy with *a lot of holes in it*.

sumajiki-mono-wa-miyazukae すまじきものは宮仕え Don't put yourself in a position where you have to work for any one for a living.（他人にやとわれる立場に身をおくな［つまり自分の心の自由をみずから失うようなまねはするな］）

この宮仕えの表現は日本の封建社会から生まれたものだが，いまでも，サラリーマン社会にあてはめて使う．

sume-ba-miyako 住めば都　The place you live for long,

is the best place in the world.

[注] "There's no place like home." とやや似ているが,「住めば都」は長く居ついた場所で必ずしも home town でなくともよい.

***sumi ni okenai* すみにおけない**　He knows a thing or two. / He is quicker (*or* faster) than you think.

この表現は主として色ごとに関する場合が多く, He could be as fast as the next man.（女に手の早い点では, 誰にも負けない）の意に使う. しかし他の一般のことにも使う.

例「彼はなかなかすみにおけない. 知らないふりして何でも知ってる」He isn't as innocent as he looks. He pretends not to know, but he is *wise to* everything.

[注]「食えない奴」と違って, derogatory の含みはなく, ややユーモラスな感覚である.

***sunao* 素直**　この言葉は context により, いろいろの意味に使われる. ① gentle; submissive, ② spontaneous. 今では主として後者に使われることが多い.

例「彼は素直なものの考え方をする」His reaction is *spontaneous* (i.e. he is not schemy).

いずれの意味に使われるにしても, 常に approval をあらわしていて反感を持たないときに使う.

***suneru* すねる**　sulky; sullen

sulky は一時的に子供がすねるように人との交渉を拒絶したりする状態. "in the sulks" とも言う.

sullen はこれよりやや積極的な repressed anger の状態で, 暗い表情.

〈類語〉 grouchy; surly; bad tempered; scowling といった語があるが，いずれも，不機嫌をもっと積極的に出した状態．

surekkarashi すれっからし　a sophisticated person; a cool one
例「あの女はすれっからしだ」She is lost to all sense of shame.

sute-zerifu 捨てぜりふ　a sharp parting remark
例「彼は『覚えていろ』と捨てぜりふを残して去った」He left *with the parting remark* "You'll be sorry for this."

suzume-no-namida 雀の涙　chicken feed; a trifle sum
例「雀の涙ほどのボーナスなどは，役に立たない」The *chicken feed* you get for a bonus means nothing.

suzunari ni natteiru 鈴なりになっている　be laden with (fruit); be packed with (people)
例「屋根の上にはビートルズ・ファンが鈴なりだった」Roofs *were packed with* Beatles fans.
〈類語〉 **mejiro-oshi** 目白押し　jostling crowd

T

tabi no haji wa kakisute 旅の恥はかきすて　この古くからの言いならわしを，Lose all sense of shame when abroad. とすると，誤解をまねくおそれがある．破廉恥(はれんち)のように聞こえるからだ．しかし，この格言の真意は，Free yourself from all your cares while abroad and enjoy yourself. これをさらに略すると，You can forget about all blunders you may have made while abroad. 知らぬ他国で犯したあやまちは国へ帰れば知らぬ顔をして，しかつめらしくふるまっていた封建時代の庶民心理とでも言おうか．もっともあやまちと言っても，人に笑われる程度のことらしい．

tachi-naoru 立ち直る make a comeback; regain one's footing
例「広島カープは見事な立ち直りを見せた」The Hiroshima Carp *made a* brilliant *comeback*.

tachi-ōjō saserareru (***nitchi-mo satchi-mo ikanai***) 立往生させられる（にっちもさっちもいかない）be brought to a standstill
例「繊維問題は立往生の状態だった」The textile problem *was brought to a standstill*.

tachi-okure 立ちおくれ the handicap of a belated start
例「彼は立ちおくれを見事に克服した」He overcame brilliantly *the handicap of his belated start*.

tade-kuu-mushi mo suki-zuki たで食う虫も好き好き
☞ ***ikamono-gui*** いかもの食い

tado-tado-shii たどたどしい faltering; halting
例「私のたどたどしい英語に彼らが好感を持ったらしい．彼らは私のたのみをすぐ引き受けてくれた」Evidently my *halting* English disarmed them. They complied with

my request right away.

例「彼のは見ているほうで辛いくらいたどたどしい演技だった」His was a *halting* performance too agonizing to watch.

***tagei-tasai* 多芸多才** a person with diversified talents; a versatile person

例「多芸多才の人物が出世するとはかぎらない．今の社会は一つの分野の専門家をより必要としている」A person *with diversified talents* does not always succeed in this world. Our society needs a master of one thing more than a jack of all trades.

⇒ *kiyō-binbō* 器用貧乏

***taigen-sōgo* 大言壮語** grandiloquence; indulge in tall talk

例「彼の大言壮語は自信不足をカバーしているにすぎない」His *grandiloquence* is merely an attempt to conceal his lack of confidence.

***taigi-meibun* 大義名分** the cause of justice; righteousness

例「それでは大義名分が立たない」It would be utterly unjustifiable.

***taiki-bansei* 大器晩成** The great men mature late. [used, often half-humoredly, as compliments to someone who comes into luck late in his life]

***taiō-suru* 対応する** respond to; work out adequate responses to

例「われわれはどんな緊急事態にも速やかに，かつ，うま

く対応する用意がなければならぬ」We must be prepared to *respond to* any emergencies speedily and effectually.

「対応策を講じる」は work out adequate responses to a problem の形をとったほうが, "countermeasure" を見つけるというより idiomatic で一般的だ.

例「その問題については適当な対応策を講じる必要がある」We have to *work out adequate responses to* the problem.

responses の代わりに measures を使ってもよいが, その場合は We have to *work out adequate measures to meet the problem.* とすべきだ.

***taisei* 体制**　the System; the Establishment

例「反体制」anti-Establishment

***taishitsu-kaizen* 体質改善**　reform basic makeup; improve the operational nature of

例「体質改善こそ, わが社の緊急事なり, といった調子でものを言えば, 今日では反発を招く」You'll turn every one off nowadays if you adopt a stilted style of speech like "what the company needs is *a fundamental reform in its makeup.*"

例「彼は日本企業は体質改善の必要ありとする意見だ」He advocates the need to *improve the operational nature* of Japanese industry.

***taitō-suru* 擡頭する**　begin to gain power

例「19世紀から20世紀初頭にかけて, 西欧ではドイツとアメリカが擡頭してきた」In the West, at the turn of the century, Germany and the U.S. *began to gain power.*

taji-taji to naru たじたじとなる　faze; (be) daunted

文字通りにはこの表現は draw back from anything difficult, つまり wince at something (ひるむ) の意だが, 比喩的に使われると口語英語の faze に当たる.

¶ The huge crowd did not *faze* the 90 year old conductor. —*Newsweek*. (大群衆を向こうにまわしてその 90 歳の指揮者はびくともしなかった)

tajō-takan 多情多感　☞ **takan** 多感

taka-bisha 高飛車　bossy; high-handed; browbeat

例「高飛車な役人にすっかりおじけづいて言うとおりになった」They were completely browbeaten into submission by those *high-handed* officials.

taka ga shireteru たかが知れてる　It's not much. / It's something you can size up easily.

例「かくしカメラなどで得られるものはたかが知れている」What you can capture by hidden camera *is not much*.

takami-no-kenbutsu 高見の見物　川向こうの火事 (a fire across the river; a matter of no concern to oneself)

例「高見の見物をする」I *have the front seat* for the spectacle.

"spectacle" とは主に other's trouble (他人の難儀). I can entertain myself with the spectacle. つまり I won't lift a finger to help them. という含意.

takan 多感　impressionable [always used synonymous to a tender age]

例「19 歳は多感な年ごろだ」A 19 year old is an *impres-*

sionable age.

[注] "impressionable" は sensitive とか sentimental とはやや異なり,むしろ "susceptible" が近い.

tajō-~ 多情~　emotionally susceptible

taka o kukuru たかをくくる　underrate

例「この事をたかをくくるととんでもないことになる」If you should be so stupid as to *underrate* this matter that would be the death of you.

takara no mochigusare 宝のもちぐされ　これは,普通 A miser's gold buried in the ground. という英語の saying に当てられているが,実力があっても使う機会がない,などの意味で「宝のもちぐされ」という場合が多い.この場合は "fail to put to use one's great potentials" と言える.

例「彼女の学識も使い方を知らないので宝のもちぐされだ」*It is a pity* that she doesn't know how to *put to use her great learning*.

takaru たかる　get money, drinks or meals by imposing on a person's generosity (人の気前のよさに乗じて,金,飲食物などをせびり,ただで飲み食いすること) "sponge on a person" とも "squeeze a person" とも言う.

takitsukeru たきつける　kindle fire; fan a quarrel; instigate

例「人からたきつけられて,彼らはそれをやり出した」They started it at another's *instigation*.

takkan-suru 達観する　take things in perspective (*or* philosophically)

例「彼はそのことを達観した．そして身のまわりに起こった小さなことを別に気にしている様子はなかった」 *He took the matter in perspective* and apparently was not bothered by little things that occurred in his immediate surroundings.

tako-beya たこ部屋　a sweatshop
例「低賃銀無休，まるでたこ部屋的雰囲気だ」 They operate *a virtual sweatshop* in this place—low wages, no holidays.

takyoku-ka 多極化　adopt a multi-lateral approach to...
例「世界経済の多極化時代」 the age of *multi-lateral* world economy

tametsu-sugametsu ためつすがめつ　scrutinize from all directions
例「彼女はためつすがめつ家のなかをのぞきこんでいた」 She *was scrutinizing* the house *this way and that*.

tana kara botamochi 棚からぼたもち ☞ **matebakairo-no-hiyori-ari** 待てば海路のひよりあり

tana-oroshi o suru 店おろしをする　take an inventory of a merchandize；(転じて) make fun of others
例「たいくつまぎれに，女たちは，片っぱしから，人の店おろしをはじめた」 To pass their time, women began to *make fun of everyone* they knew.

tana-zarashi 棚ざらし　on the shelf; a shelf-warmer; a dead stock
例「この商品は棚ざらしの運命にある」 This item is destined to *be shelved*.

例「その小説の原稿は不幸にも棚ざらしのうき目を見た」 Unhappily, the manuscript of the novel ended up *on the shelf*.

tanima (ビルの)谷間 valley between ranges of skyscrapers

例「暗い谷間」 the valley of shadows

tanin-gyōgi 他人行儀 ☞ *ki* 気 (~-*gane-suru* ~がねする)

tanin no fundoshi de sumō o toru 他人のふんどしで相撲をとる preen on borrowed plumage; do a business out of someone else's goods

例「あなたのしていることは，他人のふんどしで相撲をとるのと同じだ」 What you're doing is like *preening on borrowed plumage*. また "leverage" を使って，He is riding on *someone else's achieved leverage*. (あの男, 他人のふんどしで相撲をとっている)

tanka o kiru たんかを切る hurl defiance at (a person)

例「彼はすぐたんかを切るので有名だ」 He is known to *hurl defiance at* you at slightest provocations.

tannen-ni (***tansei-komete***) 丹念に (丹精こめて) painstakingly; with deep care

例「彼は丹念に資料を集めた」 He *painstakingly* assembled material.

tanomoshii たのもしい 「彼はたのもしい」 He inspires confidence in me. これを He is trustworthy. と言うと彼は単に「うそをつかない」(honorable) という受身の形になる.

tanraku-shita 短絡した これは英語の "shortcircuit" の

訳語が定着して、一定の意味にのみ用いられた例で、日本語では "short-sighted" とか、"hasty" の意に用いられる.
例「短絡した結論ほど危険なものはない」Nothing is more dangerous than *short-sighted* conclusions.

英語の shortcircuit は bypass (よけて通る) の意味があり、His book *shortcircuits* sober judgment and tries to appeal directly to the emotions. (彼の本は冷静な判断をせず、直接感情に訴えようとしている) といった使い方をする. これを日本語で「短絡した」と訳しても直訳的ではあるが、本質的に意味は合っている.

***tansei-komete* 丹精こめて** ☞ ***tannen-ni* 丹念に**

***tappuri* たっぷり**　Pour it on!

これは英米でも見物人が、とくに意に適った演技などに、激励の意を表明するときに使う言葉で、歌舞伎の見世場で、「ようご両人、たっぷり」などとひいきの役者にかかる声と同種のものである.

***tarai-mawashi ni suru* (～*sareru*) たらいまわしにする (～される)**　keep moving someone from one place to another

例「警察は彼をたらいまわしにした. どの地区も責任をとりたがらなかったので」They *kept moving him from one police station to another*, none of the ward stations willing to take responsibility.

***tarento* タレント**　television performer

英語で、「テレビのタレント」と言う場合は、常に "the talent" と定冠詞をつけて集合名詞として扱い、日本語のように、個人を "a talent" とは言わない.

¶ A van was brought in for transportation of *the talent* and stage-props. —*New Yorker*. (タレント群と舞台用品を運ぶためにバンが持ち込まれた)

tariki-hongan 他力本願　仏教の信じ方の一種で，自分の努力でなく，仏の力で救われるという信仰 (belief in salvation through the sheer benevolence of Buddha). これからきた比喩で，自分では何もしないで他人に頼るやり方 (reliance upon others).

例「他力本願をやめて，もっと責任ある経営方針を打ち出すべきだ」It's about time that we stopped *relying on outside help*, and set up a more responsible management.

tatakeba dare demo hokori ga deru たたけば誰でも埃りが出る　英語の諺 "Many without punishment (but) none without fault." (罰せられないでいる人は多いが悪いところのない人はいない) が，大体これに当たる.

tataki-age たたきあげ　one who has gotten where he is the hard way (*or* from the bottom)

例「彼は，まったくのたたきあげだ」He worked his way up from an office boy. / He rose to where he is *from the bottom*.

tatami no ue de shinu 畳の上で死ぬ　die in one's bed

例「俺は畳の上で死んでやる」I'm *dying in my bed*, nowhere else. これだけ言えば，英語でも I refuse to meet my death at any one's hands. (人に殺されるようなどじはふまない) の意として通じる.

例「あれはとても畳の上では死ねない人間だ」He has lots of things coming to him. I'm afraid he won't be able to *die in his bed*.

tataru たたる cause a series of bad luck; in consequence of; an evil coming from...

例「彼は戦争中, 治安維持の元締だったことがたたって公職追放になった」His position as the head of security had brought him the fate of a purgee.

例「そのことがどこまでもたたる」That thing is *causing you no end of bad luck*.

例「あいつがどこまでもたたる（不利なことをされると, あの人間は絶対に忘れない）」You do a bad turn to him, and he *will never let you forget it*. / He *will cast an evil eye on you* for the rest of your life.

tateita ni mizu o nagasu yōna 立板に水を流すような a flowing eloquence

例「彼は立板に水を流すようにしゃべった」His words flowed endlessly with great exuberance.

tatemae 建前 one's stated purpose; a stance

この言葉には,「筋を通す」に一脈相通ずるものがある. つまりどこまでも表向きの道理とか理くつの意味であって, 行動を裏づける世間的な理由である. だから英語のstance が本来最も近い言葉なのである.

例「そういう建前になっている」That is *the position* we take. / That is our official *stance* (or *posture*).

tateru 立てる defer to someone

例「あちらを立てれば, こちらが立たず」If I honor his position, my position hurts.

tatetsuke ga warui 建付けがわるい the doors and

screens not working smoothly

例「家が古いので，建付けがわるくてこまる」At my place, I'm always annoyed with *doors and screens that don't open and shut smoothly*.

tatte-iru-mono wa oya demo tsukae 立っているものは親でも使え　as long as you're up, get me...

「親でも使え」は親に対する日本的な畏敬の念が言語化されていない英米では，これはあまり考えられないだろうが，全体としての発想は似ている．

tazan-no-ishi 他山の石　an object lesson; a food for thought

te 手　a hand; cards; trump

～*-atari-shidai* ～あたり次第　anything one can lay one's hands on

例「彼は手あたり次第に本をむさぼり読んだ」He read everything he could *lay his hands on*.

～*-atsuku* ～厚く　a good care

例「病人は手厚くみとられた」The patient was given *a good care and comfort*.

例「死者は手厚く葬られた」The dead were buried with *respectable* funeral ceremonies.

[注] "courteously" とよく辞書に出ているが，ぴったりしない．

～*-banashi de homeru* ～放しでほめる　rave unabashedly

「よろこぶ」「のろける」などにも使う．

～*-banashi-de-yorokoberu-yōna-koto* ～ばなしで喜べ

るようなこと an event meriting unconditional jubilation

例「手ばなしで喜べるような出来事は人生ではなかなか見つからない」One very seldom comes across *an event* in this life *that merits unconditional jubilations*.

~-bura-de ～ぶらで empty handed; without bearing some gifts

例「人を訪問するときには，手ぶらで行かない習慣が，この社会ではある」In this community, it's not customary to visit people *empty handed* (or *without bearing some gifts*).

~-dama ni toru ～玉にとる twist (a person etc.) round one's little finger

例「彼は国会を手玉にとっている」He *is twisting* the whole parliament *round his little finger*.

例「彼女は男たちを手玉にとっている」She *is twisting* those men *round her little finger*.

~-dori ～取り one's take-home pay; after tax

例「彼は手取りで20万円もらっていた」His *take-home pay* was ¥200,000. / His salary was ¥200,000 a month *after tax*.

~-ga hanasenai ～がはなせない (be) held up over something

例「いまちょっと手がはなせませんが，少しお時間を下さい」I'm *help up over* an urgent matter at the moment. Give me a little time.

「手がはなせない」を can't take my hands off とは言わ

ない. Take your hands off me. と言えば, Don't touch me like that. (私にさわるのをやめてください) と同じ意味になる.

~ ga mawaranai ～がまわらない have not gotten around to
例「そこまでは手がまわらなかった」I *have not gotten around to* it yet.

~-gotae ～ごたえ a full impact; some bite to it
例「手ごたえのある人生をおくりたい」I want to feel *a full impact* of being alive. / I want to live a full life.
例「彼の意味あり気な言葉(あてこすり)は聴衆には何の手ごたえもなかった」His implications *were lost on* his audience.
例「彼の言葉はなかなか手ごたえがあった」His word had *a telling effect on* them.
例「その劇はつまらない. 何の手ごたえも感じられないものだ」The play is dull. There is no *bite to it*.

~-kibishii ～きびしい scathing; no-nonsense
例「彼女の批判はなかなか手きびしかった」Her reactions were *scathing*.
例「彼女は手きびしいところのある女だ」She is a *no-nonsense* woman.

~ mo ashi mo denai ～も足も出ない (be) left at a total loss; (be) left helpless
例「頭のいい泥棒の一団がおまわりさんの裏をかき, 警察は手も足も出なかった」A gang of quick-witted robbers outwitted every cop and *left* the police *totally helpless*.

~-naoshi-suru ～直しする　touch up; tidy up
例「ところどころ手直しする必要がある」It has to *be tidied up* (or *touched up*) a bit.

~ no uchi ～のうち　one's hand; what one is up to
例「彼は手のうちを見せた」He showed *his hand* (or *his cards*).
例「彼の手のうちがわからぬ」I can't *read him*./I can't tell *what he is up to*.

~ no uchiyō ga nai ～の打ちようがない　Things are so utterly hopeless there is little we can do about it now.

~-nurui ～ぬるい　厳格であるべきところを，手ぬるい (not firm enough where firmness is called for).
例「規則を破る人たちに対して，やり方が手ぬるい」Offenders of the regulations should be treated *more firmly*.

~ o hiku ～を引く　wash your hands of a matter

~ o tsukeru (資金などに) ～をつける　dip into
例「息子の学費にあてるために，彼は貯金に手をつけた」To fund his son's schooling, he *dipped into* his savings.
例「彼は選挙資金に二度ばかり手をつけた．もっとも後で返してはおいたが」He *dipped into* the campaign funds, on two occasions, though he did repay it later.

　この dip into は，「くすねる」(embezzle) とは違う．後者ははじめから盗むつもりでとるのだが，dip into は急ぎの用など，何かの都合で一時的に手をつけること．

~ o utsu ～を打つ　find some means to do it
例「打つ手はないのか？」Isn't there *any way out*?

***~-tori ashi-tori oshieru* ～とり足とり教える**　teach someone a craft with great personal care

例「私の先生は，製陶の技術を手とり足とり教えてくれた」My teacher *taught me* the ceramic craft *with great personal care*.

***~-usu-na* ～薄な**　short of hands; thin

例「あの部門は手薄だ」That department is *thin*. / They are *short of* workers in that department.

***~-zuru* ～づる**　この言葉は connections と訳されるのが普通だったが，この英語は，今では「麻薬の売人」の意から「悪事の元兇」の意味に用いられることが多くなってきたので，単なる手づるの意味では使わないほうがいい．

例「初めての人にあいたい場合は何らかの手づるをもって訪れたほうがいい」When you want to see someone you've never met, it's perhaps wise to meet him *through friends*. この場合 friends は常に複数．

***furui-~* 古い～**　an old trick

例「そんなのは古い手だ」It's *an old trick*.

***tegatai* 手がたい**　☞ ***kenjitsu* 堅実**

***teichaku-suru* 定着する**　take hold; stick

例「その英語表現は日本語に定着した」That English expression *has taken hold* in Japan.

例「イディオムとはもともとスラングが定着したものだ」Idioms are slangs that *have stuck*.

***teido no yokunai* 程度のよくない**　low; unsavory; sordid

　日本語では，わざと婉曲な形をとるが，じつはひどく下

品で感じのわるいことを言う．
  例「彼は程度がよくない」He is pretty *low*.

teihyō ga aru 定評がある　public esteem; an established reputation
  例「彼の仕事には定評がある」His work is *highly esteemed*.

teikai-shumi 低徊趣味　a penchant for a downbeat style
  例「彼は低徊趣味だ」He goes in *for a downbeat style*.
  [注]　downbeat の反対は upbeat.

teikei-ka-shita 定型化した　patternized
　　これは形容詞として使う．
  例「会社は，ある定型化した段階的解雇法を開発しつつある」Corporations are developing a *patternized* method to reduce personnel by gradual phasing out.

teimei-shiteiru 低迷している　hanging low; (be) in a slump
  例「チームは低迷している．何とか打開策を講じなければ」The team is *hanging* rather *low*. Something must be done for it to snap out of the slump.

teinen 定年　the age of mandatory retirement
  例「彼は定年に達した」He has reached *the age of mandatory retirement*.
  例「彼は定年でやめさせられた」They retired him by the company's *retirement regulations*.
  例「定年でやめた人」a retiree

tei no yoi 体のよい　glorified
　　形容詞として使う．

例「私は体のよいオフィスボーイだ」I am just a *glorified* office boy.

***tekihatsu-suru* 摘発する** probe and expose a crime

例「彼は収賄疑獄の摘発にメスをふるった」He *probed and exposed* the payoff scandals.

***tekihon-shugi* 敵本主義** 「敵は本能寺にあり」(Just a means to an end.) この言葉は明智光秀の史実からきている. Mitsuhide had an ulterior object when he led his army to the province of Bizen in obedience of his master Oda-Nobunaga. (主人, 織田信長の命に従い, 兵を備前に向けた光秀には別の目的があった)

例「あれは敵本主義だ」That was really a blind.

***teki mo saru-mono da* 敵もさるものだ** They're not dumb.

例「敵もさるものだ. 油断しちゃいけない」You must be careful. *They're not dumb.*

***tekitō-na-koto o iu* 適当なことを言う** say whatever suits the occasion

例「あの男は適当なことを言っているにすぎない」You can't take him seriously, he is merely talking.

***teko-ire* てこ入れ** bolstering; moral and material encouragement

例「その事業は政府のてこ入れもあって, 急に活気を帯びてきた」The enterprise took sudden life from the government's *bolstering.*

***temae-miso* 手前みそ** self-serving

これは大ていの辞書には, "sing one's own praises"(自

分のことをほめる）とあるが，それでは自画自賛とおなじことになる．「手前みそ」はそれよりも，自分に都合のよいことをたくさんならべたてて，他人に対して自分がよく見えるようにすることで，これは単なる空威張りではなく，利益がからんでいる場合が多い．

例「彼が述べたてたのは，事実を自分の都合のよいように焼き直した驚くべき手前みそだ」What he gave was an incredible, *selfserving* distortion of facts.

tema-hima kakeru 手間ひまかける　take time out; devote one's substantial time and energy to something

例「彼女は手間ひまかけて子供を教育した」She *devoted a large proportion of her time and energy to* the education of her children.

tenazukeru 手なずける　cultivate someone

「手なずける」というと聞こえは悪いが，相手に好意を抱かせるようにすることで，befriend とあまり変わらない．ただ cultivate のほうは，ある目的のためにする行為である．

ten'i-muhō 天衣無縫　a quality of uncontrived beauty and artless grace

例「彼の詩には天衣無縫なところがある」His poem has such *uncontrived beauty and grace*.

例「あの女性は天衣無縫な資質を持っている」She has *a grace you cannot define*.

tenka-butsu 添加物　additives

tenka demo totta ki da 天下でもとった気だ　He lords it over others.

例「まるで天下でもとったような気になった」I felt as though I was sitting at the top of the world.

tenshin 転身 throw away the present job for another; find a new way of life

例「彼はみごとな転身ぶりだった」He made a brilliant *turnover* of his career.

例「彼女は完全な転身をとげた．昔の彼女を知っている人には今の彼女はまったくの別人だ」She *found* a completely *new way of life*, you wouldn't know her now.

tenshin-ranman 天真爛漫 innocent; genuine; unaffected; openhearted

［注］ 大人の complexity に対する子供の無邪気さに根をおいていて，大人のことにも使う．

例「タヒチ人は天真爛漫な人びとだ」The Tahitians are *simple, innocent* people.

〈類語〉 ***chokujō-keikō*** 直情径行 ingenuousness; impulsiveness as distinct from a schemy nature

tensū o kasegu 点数をかせぐ make points for oneself (*or* others)

例「重役連中からは何も期待できなかった．彼らは自分たちの点数かせぎばかり考えていたから」We could not expect anything from our Board of directors. They were too busy *making points for themselves*.

¶ Dole's trying to *make points for* Ford all the way.—*Time*. (ドールはフォードのために点数かせぎをやっている)

tentō-kakaku 店頭価格 retail prices（小売価格）

　小売価格のことを店頭価格というのは，物によっては，

たとえば自動車小売価格というのが変だからというにすぎない．

ten'ya-wan'ya てんやわんや　helter-skelter; pellmell

「てんやわんや」は英語の helter-skelter に当たるが，日本語では形容詞に使うときは「の」をあとにつけ，副詞として使うときは「で」をあとにつける．英語ではそのまま副詞にも使う．

¶These were the *helter-skelter* days of Watergate.—*Newsweek*. (当時はウォーターゲートでてんやわんやのころだった)

例「われわれはほうほうの態で逃げだした」We ran *helter-skelter*.

例「古い世代は終戦当時のてんやわんやの時代をまざまざとおぼえている」The *helter-skelter* days of the immediate Post War days are still fresh memories to us of the older generation.

ten'yū-shinjo 天佑神助　providential good luck

te-o-kae shina-o-kae 手を変え品を変え ☞ ***ano-te kono-te*** あの手この手

terebi-yō-no-eiga テレビ用の映画　a made-for-TV movie

これは劇場で上映される映画でなく，テレビの機能に合うように作った映画で，長さも劇場用の映画ぐらいあるもの．つまり別の言葉で言えば，one-shot movie features made specifically for television.

[注]　one-shot は「単発」の意．「単行本」は one-shot books.

teshita (***kerai***) 手下（家来）　cohorts

複数に使う．手下，家来を集団的 (collectively) に見るとき cohorts と言う．"Carter and his *cohorts*."

単に個人としての下役は "subordinate" で，単数にも複数にも使うが，cohorts は個人的にはあまり使わない．元々 cohort はローマ軍団の意だった．

tessuru 徹する (be) carried through; (be) acted upon thoroughly

例 「通俗趣味も，ポップアートのように，徹すればそれも見事なものだ」Popular taste, like pop art, can become something, if *acted upon thoroughly*.

tobatchiri o kuu とばっちりを食う ☞ *soba-zue-o kuu* そば杖を食う

tobi-koshite shōshin suru 跳び越して昇進する leap-frog over others

例 「彼はあれよあれよという間に10人以上の同僚を跳び越して昇進し，副社長になってしまった」He *leapfrogged over* a dozen of his colleagues into the chair of the vice-presidency.

tohō ni kureru 途方に暮れる at a loss; do not know what to do

例 「母親に死に別れて，彼女は途方に暮れた」With her mother gone, she was entirely lost.

～ to ieba uso ni naru ～と言えばうそになる この表現は一人称にかぎられているから，英語にすれば，*I would be less than forthright if I said that* I liked the whole business.（わたしがあの事件に好感を持ったと言ったら，うそになる）のようになる．

tokai no hanayakasa ni akogarete 都会の華やかさにあこがれて   lured by the lights of big cities

tōkaku o arawasu 頭角をあらわす   distinguish oneself
例「彼は専門分野で頭角をあらわしてきた」He began to rise in his field. / He began to *distinguish himself* in his field.

tokkun 特訓   a crash course
例「彼は7週間の特訓を受けた」He was given *a* 7 week *crash course*.

tokoro kawareba shina kawaru 所変われば品変わる   Different places have different things. / So many countries, so many customs. / There are all kinds.

tokoya-seidan 床屋政談   the barber's discourse on politics
例「床屋政談の域を出ていない」Those talks are not beyond *the barber's discourse on politics*. / Those talks are just *amateur platitude*.

tokudane-kisha 特ダネ記者 ☞ ***toppu-ya*** トップ屋

toku-na-tokoro mo aru 得なところもある   there are some advantages in...
例「うるさい編集長にいつもそばにいられることには得なところもある．文章がうまくなる」There are *advantages in* having your managing editor constantly breathing down your neck; you improve your style.

to(n)bi ga taka o umu ト（ン）ビがタカを生む   A kite may breed a hawk. / There is the possibility of undistinguished parents producing a child who becomes a person of great distinction.

例「あの娘があの両親からできたとは信じられない．まさしくトンビがタカを生んだのだ」It's incredible that so beautiful a girl should have come from the parents like that. It's really the case of *a kite breeding a hawk*.

tonde-hi-ni-iru-natsu-no-mushi 飛んで火に入る夏の虫　moths drawn to a flame; moths around a candle

例「彼らがそういう手段に訴えるなら勝手にさせておけ，自滅するにきまっている」If they want to resort to a base act of that order, let them. They're *just moths around a candle*.

例「わたしにけんかを売るのは，飛んで火に入る夏の虫だ」They are asking for trouble, if you pick a quarrel with me.

tonton-byōshi とんとん拍子　rapid success

例「彼はとんとん拍子に出世した」He *advanced rapidly* in the company.

例「とんとん拍子に事が運んだ」Everything went *without a hitch.* / It was plain sailing.

tonton ni naru とんとんになる　break even; a situation where expenses and gains even out

¶ Even though his wife Gean brings home $ 2,500 a year as a part-time drama teacher, Cooper admits that *'we're only breaking even'*.—*Newsweek*.（妻のジーンがパートのドラマ教師をしていて，年収 2,500 ドルを入れているが，それでもわれわれはやっとトントンだとクーパーは言う）

例「あの仕事では物質的には得をしなかった．費用と収入

がとんとんだったから」I got nothing out of the project, my expenses and gains *broke out just about even*.

toppi-na-koto o suru とっぴなことをする　try to be different for its own sake

例「彼はとっぴなことをするのが好きだ」He likes to do things *different from others*.

toppu-ya トップ屋　a scooper; one who sells scoop material to popular journals

〈類語〉　***tokudane-kisha*** 特ダネ記者　scoop artist

tora-no-i-o-karu-kitsune とらの威をかるきつね　make profits under the shelter of another's influence

文字通りには，"a fox giving himself airs from the authority of the tiger." 一般には "the ass in a lion's skin" が知られている。

tōri-ame 通り雨　a shower（にわか雨）のこと．"a passing rain" は昔から伝わる詩的な言葉．

tōri-ga ii 通りがいい　get through to people better

例「この地域ではオーソドックスな髪型のほうが長髪よりも通りがいい」In this community, the conventional haircut is *better received* than the long hair.

¶ In the countryside, you *can get through to people better* when you are dressed conservatively.（いなかでは，おとなしい服装をしていたほうが，通りがいい）この "get through to people" は，そっぽをむかれずに受け入れられる（get accepted）こと．

toriiru とりいる　get to someone; get in right with someone

例「あいつは，もう彼女にとりいっている．彼女が彼について言うことは，全然信用できない」I think that bastard's *got to* her already. I wouldn't trust a word she says.

例「彼女はボスにとりいっている」She's *gotten in right with* her boss.

torikaeshi-no-tsukanai-jitai とりかえしのつかない事態　a hopeless mess

例「そんなことをしていたら，とりかえしのつかない事態になってしまう」If you go on at this rate, you'll get yourself into *a hopeless mess*.

torikaesu（損した分を）とりかえす　recoup; redeem; reclaim

例「1980年までに，彼は自分の会社が市場で損をした分を完全にとりかえした」By 1980, he *recouped* his company's lost market share.

torikumu とり組む　grapple with

　　この言葉は日本語の「がっぷりと四つにとり組む」に当たる．

例「彼女は精力的にその問題にとり組んだ」She *grappled with* the problem energetically.

tōri-ma 通り魔　a phantom slasher; a Jack the Ripper loose on the street

tori-shikiru とりしきる　take charge; run (*or* manage)

例「人の上に立ち（とりしきり）たいという強い願望が彼にはあった」He had a strong inner urge *to take charge*.

toritome-no-nai-oshaberi とりとめのないおしゃべり

a rambling talk

例「法廷の証人台に立った場合，答はいつもイエスかノーに限られていて，とりとめのないおしゃべりをするわけにはいかない」When you stand on the witness box in the court, your answer is limited to yes or no. You are not allowed to give *a rambling talk*.

tori-tsukareru とりつかれる be possessed; be bitten by the bug

例「彼はとりつかれたように奮闘した」He fought like a man *possessed*.

例「彼は山にとりつかれている」He has *been bitten by the bug* of mountain climbing. / He *is addicted* to mountain climbing.

toritsuku-shima mo nai とりつく島もない a flat answer that leaves you nothing to hang on to

例「彼の返事はにべもないもので，とりつく島もなかった」He gave us an icy answer so flat that *it left us nothing to hang on to*.

tori-zata-sareru 取り沙汰される この言葉は，新しい英語の表現 "being secondguessed" に最も近い．He is being secondguessed. はあれこれとよくない意味で取り沙汰する，の意．

tōshi-kyōgen 通し狂言 [a Kabuki jargon] the running of a whole play, not just some classic part of it

歌舞伎の一つの作品を抜粋でなく，全部を一時に上演すること．伝統的な歌舞伎はもともと一日中芝居小屋で過ごす見物人のために作られたものだから長い．だが今ではそ

んなものを一時に上演できる劇場はない．「通し狂言」と銘打たれていても，セレクションで，原作そのままではない．

例「歌舞伎座では，今月は忠臣蔵の通し狂言をやっている」At the Kabukiza, the whole "Chūshingura" (the 47-Ronin Vendetta play) is being shown as the Tōshi-Kyōgen, this month.

totan 途端   the minute (I did...); no sooner than...

例「彼女を見た途端，彼の母親だとわかった」*The minute* I saw her, I knew she was his mother.

例「やれやれと気を許した途端，またもやトラブルになってしまった」*No sooner* had I heaved a big sigh of relief *than* I got into another trouble.

tōta-sareru 淘汰される   get eliminated from the scene of competition; drop out of competition

例「100人中40人の事業家が，今度の不景気で衣服産業から淘汰された」In the current recessions forty out of a hundred garment dealers *dropped out of competition* in the industry.

totetsumo-nai とてつもない   stupendous; fantastic; exorbitant

例「とてつもない値段だ」Such an *exorbitant* price!

tou ni ochizu kataru ni ochiru 問うに落ちず語るに落ちる ☞ *kataru ni ochiru* 語るに落ちる

tsuba-zeriai つばぜり合い   a tense state of confrontation between two antagonists

例「あの2人のライバルのつばぜり合いは相当なものだっ

た」There was some scene of *confrontation* between the two rival suitors.

tsubu-eri (*tsubu ga sorotte iru*) 粒えり（粒が揃っている） the pick (of workers)

例「あそこの社員は粒揃いだ」The firm has an excellent staff, all of them, *the pick of workers*.

tsubushi ga kiku つぶしがきく versatile and employable for more than one type of duties (*or* jobs); convertible

例「彼は器用な男だから，会社のなかでもつぶしがきくという風に見られている」He is clever and *versatile*, and is regarded as *employable for more than one type of duties*.

例「金の装飾品はいつでもつぶしがきくからいい」Gold jewelry is good to have since it can *be converted into* cash any time.

tsukai-sute 使い捨て throwaway goods

例「使い捨て時代来たるなどと言っていたら，一転して節約の時代となった」We were boasting that ours is the age of *throwaway goods* but the whole thing suddenly has turned into the age of recycling and austerity.

tsukazu-hanarezu つかずはなれず keep a discreet distance from a person; Never act too warm, yet never act too cool. とも言える.

tsukeagaru つけあがる ☞ *zu-ni-noru* 図に乗る

tsuke ga mawatte kuru ツケがまわってくる the tab for

例「お前さんの長年のご乱行のツケがまわってきたのだ」

The tab for your long years extravagance is here for you to pick up now.

***tsuke-yakiba* つけやきば**　a thin veneer hurriedly put on to meet emergency; borrowed wisdom

例「つけやきばの知恵はすぐはげる」*The thin veneer of borrowed wisdom* comes off easily.

***tsuki to suppon* 月とすっぽん**　light years away from...

例「私のエンジニアとしての報酬は，私と同じ仕事をしているアメリカのエンジニアに比べれば，月とすっぽんの差だ」My earnings as an engineer are *light years away from* what my counterpart is getting in the U.S.

***tsukkaesu* 突っ返す**　先生や上司が答案などを書き直すように突き返すのを "bounce" と言う．これは銀行で，小切手などを不払いとして返してくることからきた用語で，メモなどをまずいから書き直せというもの．

¶ He demanded precise answers, and *bounced* more than one memo before his managers learned to hone them.—*Fortune*. (彼は明確な答を要求した．そして部長たちがすきのないメモを書くようになるまでは，彼らの書いたメモを突っ返したのも一度や二度ではなかった)

***tsukkonda-iken* (~*-shitsumon*) 突っこんだ意見 (〜質問)**　a pointed opinion (*or* question); a committed view; incisive opinion

例「その問題については，突っこんだ意見は何一つ出ていない」No one has come out with *a committed view* on that subject.

例「その質問は突っこみが足りない」*The question* is not

incisive enough, it's too broad.

***tsukuri-warai* 作り笑い**　a tight smile

　これは笑いたくないのに強いて笑う場合．金のための作り笑いは，the smile of a sycophant.

　例「彼はたちまちいやしい作り笑いを浮かべた」He abruptly put on *the base smile of a sycophant*.

***tsumabiraka de nai* つまびらかでない**　one does not know what happened to...

　例「彼の晩年については杳としてつまびらかでない」*One does not know how or where* he spent his last days.

***tsumi-horoboshi* 罪ほろぼし**　atonement for sin; penance

　例「あの人の慈善事業は，罪ほろぼしのためか？」Is his charity work *an act of penance*?

***tsumi-tsukuri* 罪つくり**　heartless＋不定詞

　例「何も知らぬ娘をだますのは罪つくりだ」It is *heartless to* play tricks on an innocent girl.

***tsuna-watari* 綱わたり**　a tight-rope walker

　例「彼がやっているのは，なかなかの綱わたりだ」It's some *tight-rope walk* that he is performing.

***tsuno o tamete ushi o korosu* 角を矯めて牛を殺す**　kill an ox in an attempt to strengthen its horns; the folly of ruining the whole thing in an attempt to correct a minor flaw in it（ちょっとした欠点を正すために，全体をだめにしてしまう愚）

***tsun to sumasu* つんとすます**　give oneself an air

　例「彼女はつんとすましている」She *gives herself* a lot

of *hot air*. / She *acts smug*.

[注] prudish とか priggish とか straitlaced とかいう英語がよく当てられるが，これらはいずれも，性的な潔ぺきを意味しているのが特徴で，日本語のこの表現にはこういった含みはあまりなく，むしろ "affected" とか "look down one's nose" とかいった優越感のほうが近い．

tsuppashiru つっ走る　dash off
例「彼はとんでもない方向につっ走るおそれがある」There is a danger of his *dashing off* in a wrong direction.

tsurai つらい ☞ **setsunai せつない**

tsurai (ある経験が) **つらい**　killing me
例「この仕事はとてもつらい」This job is *killing me*.
例「足が痛い」My feet are *killing me*.

tsura-no-kawa (いい) **面の皮**　(be) made a butt of jokes
¶ Pushed around by his co-workers, he certainly was *made a butt of jokes*. (同僚にいいようにされた彼こそいい面の皮だった)

tsura-no-kawa ga atsui 面の皮が厚い　a tough hide
例「彼の面の皮は千枚張りだ」He has *a tough hide*.
　複数になれば「面の皮」も複数になる．
例「会社の古参連中は面の皮がなかなか厚い人ばかりだ」Those old timers in the firm all have *tough hides* all right.

tsuru no hito-koe de ツルの一声で　When the voice of authority calls the shots, every one follows.
¶ Every one hastens to do his bidding the minute one

recognizes *the voice of real authority*. (命令する声が権力者の声かどうかが問題なのであって，それを認めてしまうと誰でもその命に従う)

例「ツルの一声で，事はたちまち実現した」His word was the law around there, things got quickly done when he spoke.

***tsutsu-nuke* 筒抜け**　leaking out like a sieve; coming directly to one's ears

例「われわれの企画は敵に筒抜けだ」Our plans *are* fast *leaking out* into the other party *like a sieve*.

例「彼らの言うことは何でもこちらに筒抜けだ」Whatever they say *comes directly* through *to our ears*.

***tsuyogari* 強がり**　the upbeat talk

例「強がり調はもう流行らない．みんな肩肘のはらないふだん着スタイルでしゃべり，ものを書く」*The upbeat talk* is no longer style. People talk and write in a more relaxed everyday tone of voice.

"upbeat" はジャズ用語からきたものだが，今は anti-hero の時代なので upbeat の反対の downbeat が流行っている．

***tsuyoi* (……に) 強い**　(be) a bear for

強いにもいろいろあるが，これはつらさに堪えることに強いの意．I am *a bear for* work. と言えば I can withstand the rigors of work. (仕事の困難，激しさに堪えることができる) の意．

例「寒さには強い」I am *a bear for* cold climate.

***tsuyoki* 強気**　(市場語で「強気筋」とも言う) bulls

株価の上がりを予想して購入し，上がったところで売却することを期待して行動すること．そういう人をa bullとも言う．

~-sono-mono ~そのもの　bullish; undaunted
例「公私ともに多くの困難に取り囲まれながら，彼は強気そのものだった」While beset with all kinds of difficulties from public and private sectors, he went ahead *undaunted*.

tsūyō-suru 通用する　be accepted as; pass for
例「彼の作ったものはどこででも一級品として通用する」His work *is accepted as* first class article.

「通用する」は「……で通る」の意味に用いられるときがある．
例「あの少年は大人っぽいのでどこへ行っても大人として通用している」The boy is so mature looking that he *passes for* an adult anywhere.

U

ubu うぶ　innocent; artless; utterly unused to the ways of the world
例「あの娘は深窓に育って，まったくのうぶだ」That girl was brought up under strict care in a good family. She is an *innocent girl utterly unused to the ways of the*

world.

uchi-benkei 内ベンケイ　an angel abroad; a devil at home

例「私の主人は典型的な内ベンケイです」My husband is a perfect specimen of *an uchi-benkei*. / My husband is *an angel abroad, a devil at home*.

[注] Benkei is known as the legendary strong man in Japan's history, a medieval warrior in the service of Minamoto-no-Yoshitsune.

uchidasu 打ち出す　project an idea in the book, on the screen or in one's speech or writing; advocate

例「彼はそういった趣旨を記事のなかに打ち出している」He *projects the idea in his article*.

例「彼らは強硬論を打ち出した」They *advocated* strong measures.

uchiwa ni sumasu 内輪にすます

例「われわれの結婚式は内輪ですませた」We had a quiet wedding *within our family circle*.

uchizura 内面　the way one behaves at home

例「私の主人は，外面はいいが内面がわるい」My husband is an affable man (*or* an angel) to every one except to his family.

ude ni yori o kakeru 腕によりをかける　bring into play one's proud skill; give all one has

例「コック長は，腕によりをかけて，宴会の料理を作った」The chef *brought into play his proud skill* to prepare for the banquet.

ugatta うがった （言葉・観察） shrewd; incisive; apt
  例「彼は時々驚くようなうがった警句を吐く」He often blurts out startlingly *shrewd* remarks.
  例「彼の観察はなかなかうがっている」He makes *incisive* observations.
  例「あなたのおっしゃることは，非常にうがっていると言わざるを得ない」Your remark is very *apt*, I admit.
uiuishii ういういしい　これを innocent とか artless とか naive と言っても，みなずれる．なぜかと言うと，どれも西洋人の価値観からくる感覚だからである．とくに naive は単純だといった上から下にものを言う感じで，日本人が尊ぶういういしい感じを表現しない．それでも最もこれに近い表現を英語に求めるなら，"ingenue feel" だろう．「彼女のういういしさ」は the marvelously *ingenue feel* about her に当たるだろう．ingénue はフランス語が英語に定着したもので，アングロサクソン的感覚の innocent とは，一味違ったうぶな感じを伝えるのに役立つ．the marvelously ingenue feel とは，よく使われる表現で，ingenue の前に "marvelously" をつけたのはおそらく「うぶ」を愛すべきものとして受け取っていることをはっきりさせるためだろう．そして feel を使って，ingenue *look* としないのは，うぶな外見を装うことと誤解されるのを避けるためだろう．
  例「われわれの見たのはとてもういういしい花嫁だった」What we saw before us was a lovely bride who had about her that *marvelous feel of the ingenue*.
ukabarenai （*ukabareru*） 浮かばれない （浮かばれる）

will never be lifted out of the mud; kept in the mud forever; be made a sucker of

この日本語表現は次の2つの例文のような英語表現に使い分けられる．

例「教授法が成績のよい生徒だけを目ざして行なわれるならば，成績のよくない子はどうなるのか？ 彼らは永久に浮かばれないではないか」If classroom teaching is meant only for successful children, what about those poor kids whose showing is not up to the par? They have to *stay in the mud forever*, don't they?

例「それじゃあの男は浮かばれない」Poor devil, he *has been made a sucker of* all the way.

この反対の「浮かばれる」は vindicate someone.

例「これであの男も浮かばれる」This at long last lifts him from the dirt. / This at long last gives him the credit unfairly withheld from him.

ukanai-kao 浮かない顔　an unhappy look

例「彼は浮かない顔をしてる」He does *not look very happy*.

ukare-mawaru (***warai-sazameku***) 浮かれまわる（笑いさざめく）　skylarking

例「昨夜おそくナイトクラブをまわりあるいて帰ってきた若もののグループが，何やら浮かれて（笑いさざめきながら）ホテルの二階に上がってくるのを聞いた」Late last night at the hotel, I heard a bunch of young men, just back from a round of nightclubs, come upstairs *skylarking*.

uke ni iru 有卦にいる be in a period of luck
> 例「あの人たちは有卦にいってる」They *are in a period of good luck.* / They are basking in their euphoria. / They are in a state of bliss.
>
> [注] derogatory とまではいかないが，好意的な表現ではない．

uke tomeru (〜*-rareru*) 受けとめる (〜られる) receive or take (being received or taken)
> 例「劇評はいまどのように受けとめられているか」How is drama criticism *being taken*? / How is drama criticism *being received*?

uke-uri 受け売り parrot others' theory
> 例「彼は単に先生の受け売りをしているに過ぎない」He is merely *parroting* his teacher's words.

ukiashi-datsu 浮き足立つ (be) routed
> 例「彼らは数の上では優勢だったが，悪いニュースを聞くや否や浮き足立った」Though numerically superior they were immediately *routed* at the bad news.

ukimi o yatsusu うき身をやつす wear oneself out for...
> 例「あの男は金もうけにうき身をやつしている」He is giving up everything for money. / He is *wearing himself out for* money.

uko-saben-suru 右顧左眄する look to right and left before making a decision
> 例「大ていの人は信念がないから右顧左眄する」Most people worry about what others think because they have

no conviction of their own.

uma ga au うまが合う これは「気が合う」ことで，結果的には get along well with another だが，いまのスラングでもっとぴったりした言い方がある．それは "one's chemistry is right with someone" という表現である．

例「彼とわたしはうまが合う」My chemistry is right with him. / Our chemistry is right, he and I. このどちらでもよい．chemistry とは化学要素に人間の構成要素をなぞらえて，その相互作用がよくて，拒絶反応を少しも示さない，の意である．

例「あの2人はうまが合う」Those two *get along famously*.

例「私とあの人とはうまが合わない」I don't *get on well with* him.

umai うまい ☞ **nikui にくい**

umai-shiru o suu うまい汁を吸う make a good thing out of...

例「彼は自分だけがうまい汁を吸えるように事を運んだ」He manipulated the situation in such a way that he got all the advantage.

例「未婚の母親と子供から甘い汁を吸う悪人たち」those scoundrels who *make a good thing out of* unwed mothers and their children

umami うまみ enjoyment

例「こちらの服のほうがそれよりもうまみがありますよ」This dress can give you more *enjoyment* (in wearing it) than the other one.

例「彼は，陣笠代議士でいるよりは県知事のほうが，うまみがあるかもしれないと思いはじめた」He began to think that remaining a prefectural governor might be *more enjoyable a position* than becoming a back-bench member of Parliament.

～ no aru ～のある（商法・商売） profit-yielding
例「それはあまりうまみのある商売とは言えない」That is not greatly *profit-yielding* business.

uma-no-hone 馬の骨 a person whose identity is unknown; a person of unknown antecedents
  素姓のわからぬ人のこと．
例「どこの馬の骨ともわからぬものを連れてきて，娘をやれと言われてもむりですよ」You can't just pick up *any old street-bum* and expect me to give my daughter away to him.

umi-no-mono-tomo-yama-no-mono-tomo-mada-wakaranu-mono 海のものとも山のものともまだわからぬもの an unproven risk; an unknown quantity
例「大スターともなると，まだ海のものとも山のものともわからぬニューフェイスとは共演したがらない」Big stars usually don't like to appear on the screen with starlets who are new at the business and therefore *unproven risks*.
例「この仕事はまだ海のものとも山のものともわからない」This project is entirely *an unknown quantity*.
例「この若い音楽家はまだ海のものとも山のものともわからない」This young musician is yet *an untested* talent.

umisen-yamasen 海千山千 a tough old customer; an experienced practitioner
例「海千山千の政治家をむこうにまわして彼に勝てるはずはなかった」He stood no chance against the *experienced* politicians.

unjō-bito (*kumo-no-ue-no-hito*) 雲上人（雲の上の人）
someone of class beyond our reach

これは現代でも何らかの点で，たとえば収入の点などで普通人の手の届かぬところにいる人のことを指す表現．またこういう人をやや皮肉をこめて "celestial people" とも言う．また They are celestially minded. と言えば，They place themselves apart from common people.（普通人とかけはなれたところに身を置く）つまり，autocratic people at heart（本心は専制的な人たち）の意．

[注] "one who is up in the clouds" という文字通りの訳は，英語では違った意味になる．つまり，one who is so happy that he feels as though he was walking on clouds *or* he walked on clouds all day（うれしさがいっぱいで，一日中雲の上を歩いていたみたいだった）ということになり，「格差がある」という日本語の意味とは似ても似つかぬ表現である．

u-no-me taka-no-me de sagasu 鵜の目鷹の目でさがす keep an eye on (a person); vigilantly watch for
例「ちょっとした間違いでも見つけようと，彼らは鵜の目鷹の目で見張っていた」They were *vigilantly watching for* a slightest slip he might make.

un o ten ni makaseru 運を天にまかせる hope for the best

例「われわれは，運を天にまかせる（人事をつくして天命をまつ）ことにした」We did what we could and *hoped for the best*.

uo-gokoro areba mizu-gokoro 魚心あれば水心 ☞ ***ishin-denshin*** 以心伝心

uō-saō-suru 右往左往する milling around

例「暴動におびえた人びとは，町の広場で，右往左往していた」People, frightened by the riot, were *milling about* the town square.

uppun o harasu うっぷんを晴らす wreak one's anger on (a person); let off one's steam on (a person)

例「彼は日ごろのうっぷんをわれわれにぶつけて晴らした」He *let off his steam on us*.

ura-banashi 裏ばなし an inside story; another version of the story

例「それには裏ばなしがある」There's *an inside story* to it. / *Another version of the story* goes like this.

ura-hara うらはら contrary to...

例「あの人の行為は，口とはうらはらに，なかなか腹黒いところがある」He is not quite as good as he sounds. / His action is often *contrary to* what he says.

〈類似表現〉Action speaks louder than words.（行動のほうが口より雄弁だ）

例「彼は口に忠誠を誓いながら，実際には自分のボスの商売仇きを全面的に援助している」*Contrary to* his avowal of loyalty, he is giving his full support for his boss's rival businessman.

urakata 裏方　scene-shifter; property man（歌舞伎用語からきたもの．道具方とも言う）; behind-the-scene toilers

例「製本業者は出版事業の裏方さんだ」The bookbinders are *behind-the-scene toilers* in the publishing business.

～ *o tsutomeru* ～をつとめる　crew for (a person *or* a production)

例「私はかつてあの人の裏方をつとめたことがある」I once *crewed for* him.

ura-omote 裏表　the two sides of a thing

例「苦い経験を経て，芸能界の裏表を知った」I came to learn, the hard way, that there were *two sides* to the show business.

ureteru 売れてる　in demand

例「あの人は売れてる」He is much *in demand* (by the mass media).

urikomu 売り込む　sell

　これはアメリカの salesman の用語からきた特殊な使い方で，物を売るということだけではなく，主として相手を納得させて買う気分にさせる，もしくは，こちらの人格やアイディアにほれこませることを言う．

¶ Those in top management were hard *to sell*. They called his idea crazy. But he won in the end. （会社の上部の連中に［アイディアを］売り込むことは非常にむつかしかった．彼らはみな，彼のアイディアは常軌を逸していると言ってとり合わなかった．が究極的には彼が勝った）

　名詞にすると，「売り込み」

例「あの会社はマスコミへの売り込みをなかなか派手にや

っている」That company is doing an intensive *sales campaign* towards media acceptance.

uri-kotoba ni kai-kotoba 売り言葉に買い言葉　tit for tat
　例「売り言葉に買い言葉で,ふたりの論争はいっこうにらちがあかなかった」They gave each other *tit for tat* and got nowhere in the debate.

uri-mono 売り物　a thing for sale
　比喩に用いる場合,2通りの用法がある.
　例「彼は親切を売り物にしている」He makes a show of kindness.
　例「あの歌手はパーソナリティーが売り物だ」That singer operates by his personality appeal (rather than his singing ability).

uri no tsuru niwa nasubi wa naranu 瓜の蔓にはなすびはならぬ　A cucumber will not produce an eggplant.
　これを英語の諺に当てはめれば An onion will not produce a rose. である.

urouro-suru うろうろする　loiter around; hang around
　例「あやしい男が家のまわりをうろうろしていた」A suspicious character was seen *loitering around* the house.
　例「ここいらをうろうろしないでほしい」Don't *hang around* here. / I don't want you *around*.

uruosu うるおす　extend one's largesse to others
　例「彼は金持になると,その金でまわりの人をうるおした」Having made his pile, he *extended his largesse to*

those around him.

uruou **うるおう**　benefit from someone's largesse

　例「彼のおかげでこちらもうるおった」We *benefited from his largesse.*

urusai-hito (嗜好品などに) **うるさい人**　a snob

　例「彼はブドー酒にはうるさい」He is a wine *snob*.

ushiro-gami o hikareru omoi datta **うしろ髪を引かれる思いだった**　It was a wrench. / I had to tear myself from him (her, etc.). / I hated to leave.

　例「あの時はまったくうしろ髪を引かれる思いだった」*It was* quite *a wrench* then. I just *had to tear myself from* him.

ushirometasa **うしろめたさ**　a sense of guilt

　例「彼は自分が他人より金持であることについてあるうしろめたさを感じている」He has *a sense of guilt* for being richer than others.

ushiro o muite shita o dasu **うしろを向いて舌を出す**　turn around and stick out one's tongue

　この表現は人をうまく騙してやったという表情なのだが, 英語では,「舌を出す」というのは相手をバカにして, 相手に見えないところで舌を出す. つまり相手の背後にまわって舌を出す (He stuck out his tongue at him when he is not looking.) のである. 日本語の意味では, 第三者の見ているところで舌を出すので, 今自分の言ったことはうそっぱちなのだよ, と第三者にコミュニケートをしているのである. つまり, こういう舌の出し方は英語では "wink at" に当たる.

例「彼女はくるりとこちらをふりかえり，ウィンクして見せた」She turned around and *winked at* me.

ushiro-yubi o sasareru うしろ指をさされる　このフレーズは常に受身で「うしろ指をさす」とは言わない．文字通りには people pointing finger at you behind your back; become a laughing stock である．

例「人からうしろ指をさされることがないように身をつつしみなさい」Make yourself morally impeccable so that you may give others no cause to *mock you behind your back*.

簡単に言えば，こういう悪口は "backbiting" に当たる．

例「人に指一本ささせない」I won't let anyone dare do any mischief to you. / I shall protect you all the way.

utagawashiki wa bassezu 疑わしきは罰せず　give a suspect the benefit of the doubt

これは米英の法律の決まり文句で日本の法律もこの原理に基づいている．

¶ The judge gave the accused *the benefit of the doubt* and pronounced him not guilty.（判事は疑わしきは罰せずとして被告に無罪を宣告した）

それなら有罪となるのはどういう場合かと言うと，only when a suspect's guilt is proven beyond reasonable doubt（被告人が有罪であることが合理的疑いの余地なく立証されたとき）に限るのである．

utai-monku うたい文句　catch phrase; promotional lines

書物の場合は "blurbs" という業界用語がある．

uta ni utau 歌にうたう

[例]「毎日そのことを歌にうたっているんですよ。やらなければならないと毎日思いながら、まだ出来ないでいます」 We keep singing about it. We are reminding ourselves of it everyday, yet we haven't gotten around to it.

[注] これは一見英語の "sing out" に似ているが、用法が全然違う。Sing out (*or* Speak up) when you are ready. (用意ができたら、言いなさい)

uteba hibiku 打てば響く　find the other party very responsive

これは文字通りには、You strike a note, an echo follows promptly. と音楽の比喩を使ったもの。

[例]「彼とは仕事がやりやすい。こちらの言うことを打てば響くようにわかってくれるから、めったに同じことを2度くりかえさなくともすむ」 I find it very pleasant to work with him. Whatever I say about anything *gets a quick response from* him. I very seldom have to say anything twice.

utonjirareru うとんじられる　turn people (*or* a person) off

[例]「彼はあたりがわるいので人にうとんじられる」 Abrasive and blunt, he usually *turns people off*.

utsuri-gi 移り気　fickle

[例]「彼は移り気な恋人で、同じ女性と長くつきあわない」 He is a *fickle* lover. He never goes with one girl for long.

utsuroi-yasui 移ろいやすい　transient; all too temporary and changeable

例「花の色香は移ろいやすい」 *Transience* is in the nature of the flower's bloom.

uwaki-no-mushi 浮気の虫 ☞ *mushi* 虫

uzumaku うずまく   imbroglio
例「うずまく局地戦争」 a whirlpool of local *imbroglio*

W

waga-mama o tōsu わがままを通す   have one's way
例「彼は常にわがままを通してきた．だから今度も思い通りにしなければやまないだろう」 He is used to *having his way*. So with this question, too, I don't think he'll settle for the less.

waga-mono-gao わが物顔   act as though they owned the place
例「また不良どもが通学児童をなやませている．街中でわが物顔だ」 Those neighborhood toughs are harassing school children again. They are *acting as though they owned* the street.

wakatta yōna wakaranai yōna わかったような，わからないような   Did I comprehend it? Yes and no. / I am not prepared to swear that I've grasped it.
例「事態の説明はわかったような，わからないような．私にはもうろうとした感じだ」 *Did I comprehend* the

situation as explained? *Yes and no*. I'm not prepared to swear that I've grasped it, though.

wake ga wakaru (~*wakaranai*) わけがわかる (～わからない) make sense (doesn't make sense)

例「そんな話はわけがわからない」The story *does not make sense*. / The story *does not add up*.

例「彼女の話はちゃんと筋が通っている（わけがわかった話だ）」What she says *makes sense*.

例「それはわけのわかった話だ」It's a sensible thing to say.

wake-shiri-gao わけ知り顔 the I-know-how-it-is look

waki ワキ（脇） ☞ ***shite*** シテ（仕手）

waki e doku わきへどく move over

例「従来の健康食の店は、新規の、もっとファッショナブルで品も豊富な健康食の店が出てきたので、わきへどかされてしまった」

The old health-food store had to *move over* when a new and more fashionable one well stocked with a formidable array of new products came into the picture.

wa o kaketa 輪をかけた worse; more

例「彼はけちできこえているが、彼の弟は彼に輪をかけたけちだ」

He is known for being tight-fisted, but his brother is *worse*.

例「外国の投資が激減して不況に輪をかけることになった」Foreign investment radically decreased *to aggravate* the recession.

例「あの人も酒飲みだが，彼の父親は，あれに輪をかけた酒飲みだ」He drinks much but his father is *worse*.

warai-sazameku 笑いさざめく ☞ ***ukare-mawaru*** 浮かれまわる

wara o mo tsukamu 藁をもつかむ　clutch at a straw

これは,「溺れるものは藁をもつかむ」A drowning man will clutch at a straw. からきたもので, A desperate man often clutches at something too insubstantial to provide help.（せっぱつまった人は，たのみにならないものにでも，すがろうとする）ということを言うために使う表現.

waremo-waremo-to われもわれもと　scramble; fall over each other

例「記者たちは，問題の場所に早く行こうとわれもわれもとつめかけた」Reporters *scrambled, fell over each other* to get to the scene of action.

wari-daka 割高　(be) priced comparatively high

例「あの出版社では，短い原稿のほうが長いのより割高の稿料にしてある」With that publisher, the shorter articles are *priced comparatively higher* than long ones.

wari ga awanai 割が合わない　does not pay; not worth bothering about

例「そんな賃銀では割が合わない」The job pays too little, it's *not worth bothering about*.

warikiru 割り切る　take a realistic attitude about everything; have no illusion about things

例「このごろの若い者は何もかも割り切っていますから

ね」 The young generation *takes a realistic attitude about everything.*

例「そんなに簡単に割り切れるものですかね」Is it really possible to be so *cut and dry* about it?

watashi-no-me no kuroi uchi wa わたしの目の黒いうちは　over my dead body

この表現は強い否定表現である．

例「私の目の黒いうちは，あいつらにそんなことはさせない」They could have their way *over my dead body* on this matter.

Y

yabo 野暮　hillbilly taste; unrefined; corny

「趣味がわるい」の意味もあるが, stupid とか clumsy など，社交的に見苦しい意味にも使う．

例「野暮な人間で，こまったものだ」He is born *corny* and *clumsy*.

yabu-hebi やぶへび　can invite troubles

例「やぶへびだからやめたほうがいい」Better leave it well alone, it *can invite troubles*.

yabu-kara-bō やぶから棒　on a sudden; out of a blue sky

例「彼はやぶから棒に仕事をやめると言い出した」*Out*

of a blue sky, he announced that he was quitting his job.

yajiuma 野次馬　curious onlookers; spectators
例「どこの大手がこの市場を狙ってくるか，野次馬としては大いに興味の持たれるところである」As *onlookers*, we are curious to see which of the major dealers will get at this particular market.

yake-ishi ni mizu 焼石に水　like throwing water on the red-hot stone burning with heat; a mere drop in the bucket
例「私の月給などは家計には焼石に水だ」My salary is *a mere drop in the bucket*. / My salary can't possibly meet my family's needs.

yakinaoshi 焼き直し　a rehash; a warmed-over version of something（ものをあたため直したもの）
¶ The new car was *a warmed-over version of* a design that was outmoded.—*Fortune*.（新たに売り出した車は，当時すでに流行おくれになっていたデザインの焼き直し程度でパッとしなかった）

yakitsuite hanarenai（目に）焼きついてはなれない
have a scene emblazoned in one's mind's eye
例「その光景はいまも目に焼きついてはなれない」The scene still remains *emblazoned in my memory* (or *in my mind's eye*).

yakkai-mono 厄介もの　a drag on other people
例「私は家のものの厄介になりたくなかった」I didn't want to be *a drag on* my people.

yakkami やっかみ　petty jealousy (*or* the sense of

rivalry)

例「あの人たちは、やっかみであなたの噂をする」They gossip about you out of *jealousy*.

***yakubyō-gami* 厄病神** dreaded as plague and pestilence

例「彼は土地の厄病神のようにみんなにきらわれていた」He was dreaded as the local *pestilence*.

***yakutoku* 役得** perquisites; perks

公職, 民間会社を問わず, 職業に合法的に伴う, 種々の形の役得は, 金銭による臨時収入も含めて, どこの世界にもいろいろあるらしい. perquisites (役得) はもと英国に発した言葉だが, これをアメリカでは perks と縮めて, 盛んに使われている.

¶ Besides what is in your pay envelopes, however, there are important *perquisites* that many companies give—at least to top executives, and sometimes to middle managers as well. These *perks* are often negotiable when you are angling for a job.—*Esquire*.(月給袋の中味以外に会社が社員に——少なくとも上層役員に, 時としては部課長クラスにさえも——与える役得というものがある. そうした役得については, あなたが就職口を物色する段階で, 交渉して有利なほうをとることも多くの場合可能なのである)

カーター大統領はこういう役得臨時収入に課税すべきだと主張して不評を買い, Does he pay for his personal use of Air Force One?(彼は大統領専用機を私用に使うときに金を払うのか?)といって皮肉られたことがある.

***yama* やま** peak; hight

例「もうやまは越えた」We have passed the worst.

例「景気もやまは越えた」The boom has turned the corner, the best time is behind us.

~-ba ～ば highlight

***yamakke* やまっ気** the gambler's instincts

例「彼はやまっ気がある」He has the *gambler's instincts.* / He is *a plunger.*（彼は冒険家だ）

***yami kara yami ni hōmuru* 闇から闇に葬る** hush up; bury in oblivion

例「彼らは悪事の証拠を闇から闇に葬った」They *hushed up* evidences of their crime.

***yamikumo-ni* やみくもに** blindly intense

例「やみくもに吠える犬」a dog barking *in blind fury*

***yanagi ni yuki-ore nashi* 柳に雪折れなし** これにはいろいろの言い方があり，そのなかで私の一番好きなのは，Oaks may fall but reeds stand the storm.（かしの大木は嵐で倒れるが，葦は倒れない）と，"bent but not broken" である.

¶ Vienna has *bent to life but not broken.*—*Atlantic.*（ウィーンという都市は戦争の痛手を受けたが，いろいろの苦労を柳に雪と受け流し，今も健在だ）

***yanagi-no-shita-no-dojō* 柳の下のどじょう**

例「いつも柳の下にどじょうがいるとはかぎらない」If you catch a mudfish under a willow tree, don't expect that you'll find another one second time under the same willow tree. / Don't expect the same good luck to arise by repeating the act that had brought you the luck, it may have been a sheer accident.

yaochō 八百長　fix

例「あの野球は八百長試合だった」That particular ball game was *fixed*.

例「両球団の役員が八百長の件で逮捕された」Officers of both clubs were arrested for having *fixed* the game.

yarazu-buttakuri やらずぶったくり　do nothing but take without giving anything in return; a rip-off

例「彼のやり方はまったくひどい．やらずぶったくりなんだから」The way he does business is outrageous. It's *a rip-off*, no less.

yarikomeru やりこめる　put down

例「彼はやりこめられた」He was *put down* (to silence)./ He was *argued down*.

yarikuri やりくり　make do with what one has

例「彼はやりくりして何とか生活している」He is eking out a modest living.

yarisokonau やりそこなう　blow it; bungle; botch

「われわれのしたことは失敗だった」「われわれはやりそこなった」これを failed とするとややずれるのである．fail は何か具体的にしようとしたことができなかったこと．He *failed* to show up at the meeting.（彼は出席するはずになっていた会議に出なかった）．だがこれを he blew it とは言わない．

例「彼はその仕事をやりそこなったことを知っていた」He was aware he *bungled* the job.

例「彼は彼らがやりそこなったらしいと感づいた」He

sensed that they *blew it*.

yaru-ki jūbun やる気十分　have the will to do; have a lot of zeal for

何気ない相手の言動から，熱意が，はっきりうかがえること．

例「彼はやる気十分だ」Clearly he is *determined to bring it off*.

yarusenai やるせない　「まぎらす」(elude) 場所のない feeling. something you cannot elude or escape.「ものがなしい」ともちょっと似ている．a feeling of sadness aroused for no particular reason（わけもないのに悲しい）の含みがある．

yase-gaman やせがまん　too proud to give in

例「あの男はやせがまんが強い」He *never admits defeat*.

例「やせがまんにもなにも，もうどうにもならない」*For the life of me*, I can't do it.

例「やせがまんはよせ」Don't be *too proud* and do what you really want.

yasetemo-karetemo やせても枯れても　no matter how much reduced a circumstance I may be in...

例「やせても枯れても，一軒の主であるからは，これだけのことはせねばならぬ」I am committed to doing that much as head of a family, *no matter how reduced a circumstance I may be* thought to be *in*.

⇒ **kusattemo-tai くさっても鯛**

yasuki ni tsuku 易きにつく　take the easy way out

例「事情が事情なので彼は易きについた」Under the circumstances he *took the easy way out*.

[注] 但し，この表現は，前後の関係によって，「彼は自殺をした」の意にもなるから注意．

yatoware-madamu やとわれマダム　a hired hostess からきて hired management，または hired executives の意味に用いる．

例「あの会社は世界中に支社を持ち，みなやとわれマダムの制度でやっている」That company operates on *hired managements* the world over.

yattoko-suttoko やっとこすっとこ　barely making it

例「自分は生活だけでやっとこすっとこで，それ以上のことは何もできない」It takes all my energies to *earn a barest living*. I'm in no position to do anything more.

yobi-mizu 呼び水　この言葉は比喩的に使う場合は，単に"prime the pump"と辞書に出ている通りに訳してみても，あまりはっきりしない．"stimulate"とすれば，出がわるいものに刺激して出をよくする，の意がよく伝わる．

例「彼はスランプになっている織物工業界に呼び水する必要を感じ，まず1億ほど出資するよう重役会議にはかった」He felt that the textile industry must *be stimulated* out of the slump and he suggested to the Board that the company put up a hundred million yen to start out with.

yobō-sen o haru 予防線を張る　take a precautionary measure

例「彼女がああ言ったのは予防線を張ったのよ」She was *taking a precautionary measure* when she said that.

yodare ga deru yōna よだれが出るような　mouth-

watering; very desirable
例「その仕事は彼女にとってよだれが出るような将来性のある仕事だった」The job held *mouth-watering* possibilities for her.

yōdō-sakusen 陽動作戦　a feint operation to deviate the enemy's attention away from the real target
例「敵の陽動作戦だから，ひっかかっちゃいけない」Don't be fooled, this is enemy's *feint operation*.

yogore-yaku よごれ役　an unglamorous role
劇用語で supporting cast の一部．わき役のなかでも，人から好まれる役どころでないもの．仇役のなかでも petty villains（小悪党）などの役．

yōin 要因　important factor
例「こうした逆境への要因はいくつか数えられよう」One can think of a number of *factors* that had led to this crisis.

yoin o nokosu 余韻をのこす　leave a good after-taste
例「彼の作品は，なかなか余韻があってよかった」His impressive work *leaves a good after-taste*.

yokei-mono よけいもの　a redundancy; a superfluity; an unwanted one
例「彼らが一時帰休を命じられたとき，実質的に彼らは『よけいもの』の烙印を押されたに等しい」When they were laid off "temporarily", they were branded as *redundancies* in actual practice.

yokobai 横ばい　levelling off
例「物価は横ばいの状態だ」Prices are *levelling off*.

例「鉄の生産はこのところ横ばい状態を続けている」The output of steel indicates *no marked fluctuations*.

yokodori-suru 横取りする steal; intercept

例「戦争中, 現地住民のゲリラがサイパン島の日本基地に輸送中の, 日本兵のための食糧をしばしば横取りした」During the war, the native guerrillas frequently *intercepted* the food supply for the Japanese troops being transported to Saipan.

yoko-guruma o osu 横車を押す insist on having one's way disregarding reason

例「会社の経営のことには, 彼はいつも横車を押す」He *insists on having his way disregarding all reason* in company's managerial affairs.

yokonagashi-suru 横流しする divert goods into black market; sell goods through illegal channels

例「会社の製品を盗んで横流ししていた社員がたちまちくびになった」An employee who stole the company products was caught in the act of *diverting them into black market* and summarily fired.

yomide ga aru 読みでがある substantial reading

例「この本は読みでがある」This book is quite *a substantial reading*. これは内容もボリュームもともにたっぷりあって満足感を与える, の意.

yonaoshi 世直し changing the world over; an aspiration to make it a better world to live in

例「歴史上の大人物は皆世直しの考えをもっていた」All great men in history had the vision of *changing the world over*.

yoraba taiju no kage 寄らば大樹のかげ If you are to seek a shelter, find the biggest tree you can find to lean on. / If you are to serve, serve the powerful.

yori-michi o suru 寄り道をする stop over at
例「帰宅の途中，友人のところへ寄り道をした」On my way home, I *stopped over at* a friend's place for a chat.

yoru-to-sawaru-to よるとさわると at the drop of a hat
例「よるとさわると，彼らは人のうわさに花をさかせた」*At the drop of a hat*, they made it an occasion to get together to gossip.

yosei o katte 余勢をかって on the momentum of
例「彼らは最近映画界で成功した余勢をかって，ファッション業界に進出した」*On the momentum of* their recent victory in the motion picture industry, they branched out into the fashion industry.

yōten ni hairimashō 要点に入りましょう let's get on with it
　普通これだけで十分だが，もっとあからさまな言い方をすれば，Let's come to the point without beating around the bush.

yotte-takatte 寄ってたかって gang up on someone
例「彼らは寄ってたかってあの男をなぐった」They *ganged up on* him, and gave him a terrible thrashing.
⇒ **fukuro-dataki ni suru** 袋だたきにする

yowai (……に) 弱い have a weakness for
¶ The New Yorkers *have a weakness for* eggheads.—

New Yorker.(ニューヨークっ子はインテリに弱い)

yowai-mono-ijime 弱いものいじめ bully

例「彼は会社で弱いものいじめをするという評判だ」He has the reputation of being an office *bully*.

yowami o nigiru 弱味を握る have something on another

例「彼の戦術は, 必要なときに相手を操作できるように, 相手の弱味をまず握ることだった」His strategy was to *have something on his* acquaintance first, so he could manipulate him later.

yowa-mushi 弱虫 ☞ *mushi* 虫

yoyū 余裕 margin ; room ; a sense of space

例「生活には余裕が必要だ」To live comfortably you need *a sense of space* to move around in.

例「あの人には心の余裕がない」He is too uptight.

例「あの会社には経済的余裕が相当ある」That firm enjoys quite a few *margins* on its economy.

例「彼の仕事は, 学力において余裕たっぷりだということを物語る」His work indicates that he has by no means used up his intellectual resources in producing it.

～ *shakushaku* ～しゃくしゃく He has much in reserve. / He has a sense of leisure even when hard at work. / He remains unspent after hard work.

⇒ *bōchū-kan* 忙中閑

yuchaku 癒着 secret adhesion ; complicity ; collusion

例「政官財の癒着が日本株式会社といわれる基本的な構造になっている」The state of *implicit adhesion* of the political, the bureaucratic and the financial circles is responsible for the kind of national structure often alluded to as 'Japan Corporation, Ltd.'

例「大企業と暴力団の癒着が度々うたがわれた」A scandalous *collusion* is often suspected of the Big Business with the mob.

yudan-taiteki 油断大敵　Danger comes soonest when it is despised.

〈類語〉 ***katte kabuto no o o shimeyo*** 勝ってかぶとの緒をしめよ　Tighten the helmet-strings in victory.

英語の格言の Do not halloo till you are out of the wood. に似ている．

yūdō-jinmon 誘導尋問　the act of putting into a witness's mouth the answer desired

誘導尋問は何も法廷に限られたものではなく，日常生活でもさかんに行なわれる．

例「あの部長は誘導尋問をするので有名だ」That departmentchief is notorious for *putting into your mouth* the words he likes to hear.

yūhi-suru 雄飛する　soar

これは「雌伏する」(lie low) の正反対の表現．

例「海外に雄飛する」embark on an ambitious venture overseas

yuisho-aru 由緒ある　of a long history; of a distinguished family background

例「私の母は由緒ある家柄の出だ」My mother comes from a *distinguished* family. / My family has a *distin-*

guished background on the distaff side.

yukari-no-chi ゆかりの地   a place memorialized for; a place commemorated for

例「実朝ゆかりの地」a place memorialized for Sanetomo; a place commemorated for Sanetomo; Sanetomo's memorial site

yukashii ゆかしい ☞ **_okuyukashii_ おくゆかしい**

yukiatari-battari 行き当たりばったり ☞ **_detatoko-shōbu de suru_ 出たとこ勝負です**

yuki-daore 行きだおれ   die on the street

例「君のように浪費しては,しまいには行きだおれになるよ」If you go on spending at this rate, you'll end up *dying on the street*.

yuki-nayami 行きなやみ   logjam; impasse

例「話合いの行きなやみを打開するために会議は延長された」The meeting was extended to break *the logjam* in negotiations.

例「わが国の経済はここ2,3年のところ,延びなやみの状態だ」The nation's economic development seems to have reached a sort of *an impasse* for the past couple of years.

yukizumaru 行きづまる   come to a deadlock; have run into a blind alley

例「あの会社は,行きづまった.自分で窮地を脱しなければ,誰もたすけてはくれない」The firm has *come to a deadlock*. Unless it lifts itself out of it, nothing can.

yūkyō-men 遊興面   the field of amusements

例「彼らはただに遊興面だけでなく，学問的探求のためにも，十分な武器を身につけていた」They were well equipped not just in *the field of amusements* but for scholarly pursuits, as well.

yūmei o todorokaseru 勇名をとどろかせる　achieve notoriety

例「彼は女出入りなど，社交界で勇名をとどろかせていた」He *had achieved* quite *a notoriety* for his social extravagances including womanizing.

yu-mizu-no-yōni 湯水のように　squander (*or* spend) money like water

例「彼は家の財産を湯水のように使った」He *squandered his family fortune like water*.

yūrei no shōtai mitari kare-obana 幽霊の正体見たり枯尾花

　この諺を和英の辞書には，The devil is not so black as he is painted. という英語の諺にあてはめているが，これは本質的に違った諺である．日本の幽霊の諺の心は，物をそのものとして見る力がないから心が迷って，疑心暗鬼になり，物がおばけに見えるというのである．だから，What had scared you stiff often turns out to be only a little dead plant swaying in the wind.（ひどく恐ろしいと思ったものも実際には風にそよぐ枯れ草であったりする）であり，It's your inability to see a thing for what it is that makes you read a devil into it.（物を見極める力がないと何にでも悪魔を読みこむ）ということになる．

yureru 揺れる　sway; waver

例「ロッキード事件で保守陣営は大揺れに揺れていた」 The conservative camp *was swaying* deliriously from the wild effect of the Lockheed payoff scandals.

yutori ゆとり   latitude; a leeway; room for play; elbowroom

例「ゆとりを与える」 allow *latitude*; give a *leeway*

例「予定を組むときは，多少のゆとりを見て組むべきだ．身動きの出来ないようなのはよくない」 You mustn't make your schedule too tight. You ought to *allow some latitude* in it.

¶ The special problem for Westinghouse was the broad *leeway given* many of its foreign managers.—*Fortune*. (ウェスティングハウスの場合の問題点は，外国取引関係のマネージャーたちの多くが，非常におおまかな行動のゆとりを与えられていたことだった)

例「力作だが，ゆとりがない」 That's a fine piece of work but too tight—no *elbowroom* to move around in. You don't feel free in it.

yūtō-sei-teki 優等生的   goody-goody

例「彼は何についてもあまりにも優等生的なので私は興味を失った」 He is so *goody-goody* in his attitude to everything that I have lost interest in him.

yūzen 悠然   easy and relaxed

例「彼は，悠然としている（余裕しゃくしゃくだ）」 His manners are *easy and relaxed*.

例「われわれは悠然とした態度を見せていたが，内心ハラハラのしどおしだった」 We made *a show of great uncon-*

cern, but all the while we were scared to death.

yūzū-no-kikanai-otoko 融通のきかない男　a man with little imagination; a man not imaginative enough to adapt
例「私の上官は軍人気質まるだしの融通のきかない男だった」My superior officer was a strait-laced soldier *with no imaginations to adapt* himself to different situations.

Z

zakku-baran ざっくばらん　candid
例「ざっくばらんに言えば，この原稿はあまりよくない」To be *perfectly candid* with you, your script was not as good as we had expected.
例「ざっくばらんに彼とやりあうつもりだ」I intend to *have it out with* him.

zanmai 三昧　(be) immersed in... [a Buddhist term]
例「読書三昧に暮らしている」He is *immersed in* books.
例「ぜいたく三昧な生活をしている」He is living in luxury.

zara-gami ザラ紙　rag paper

zashite ukime o miru 座してうき目を見る　take things lying down...
例「彼らは座して解雇されるよりも，こちらから退職した

ほうが世間体もよいと思った」They figured that it was better-looking to hand in resignation rather than *take the axe lying down*.

***zatsugaku* 雑学**   odd knowledge; miscellaneous

例「彼は雑学の大家だ」He is full of *odd knowledge*. / He has a vast supply of *miscellaneous information*.

***zeiniku* ぜい肉**   fat（脂肪）

例「ぜい肉をとらなければいけない」You must get rid of some of *the fat off you*.

***zensei-jidai* 全盛時代**   riding high

例「それは彼の全盛時代だった」That was the time when he was *riding high*.

***zettai-sha* 絶対者**   an absolute being; a man who is in control of your destiny (like a doctor to his patient, or a teacher to his pupil)

例「絶対者をつくってはいけない」We should not give *absolute powers* to anyone.

***zōmotsu* 臓物**   the innards; the entrails

比喩的には the innards を使う.

¶ To keep the price down, the new Mustang's engine, transmission, and all other *innards* were the same as the Ford Falcon's.—*Fortune*.（値段を上げないために，新しいムスタングのエンジンもトランスミッションも，その他の内部機構も，フォード・ファルコンと同じものにした）

***zonbun-ni* 存分に**   freely

例「彼は有能な部下に存分に腕をふるわせた」He allowed his talented men to wield their skill *freely*.

zubu-no-shirōto ずぶのしろうと a total innocent (in a field); an absolute newcomer (to a field)
 例「彼はこの道ではずぶのしろうとだ」He is *a total innocent* in the field.
 例「その分野ではずぶのしろうとだった私は,何でもかんでも感心してばかりいた」*An absolute newcomer* to the field, I was impressed with everything about the place.

zuiki-no-namida 随喜の涙 extreme adoration
 例「彼らは随喜の涙をこぼして彼の説教に耳を傾けた」They listened to his sermon, shedding *tears of adoration*.

zu-ni-noru 図に乗る grow impudent
  Give him an inch and he will take an ell. この古い saying は主として態度が図々しくなることを指す.
  〈類語〉 *tsukeagaru* つけあがる 例「少しよくすると,彼はつけあがる」Treat him well, then he will *take advantage of* your goodness.

zurete-iru ずれている out of touch
 「時代おくれ」の意にも使うが,いろいろな点で調子がずれていることを言う.
 例「外国人の仲間だけで生活しているから,ずれてしまっている(現実からかけ離れている)」She *is out of touch* as she is living in a foreigners' ghetto.
 例「あれは市民感覚からずれたいなか芝居だ」That was a crude put-on entirely *out of touch* with the mood of the people.

zurui ずるい 「ずるい」にもいろいろある. the wily (ずるい人) は the moralist の反対で,道徳的にみて言う非難

語である．the cunning は悪知恵のある人のことだが，巧妙なという含みがあり，その反対は the naive（単純な頭）である．

例「彼はずるい政治家と競争すればひとたまりもないが，狩猟家としては，動物的な知恵を持っていた」He did not have a chance against *wily* politicians, but as a hunter, he had *the animal cunning*.

zūzūshii 図々しい brazen ; impudent ; cheeky ; fresh ; saucy などの形容詞はどれもぴったりしない．なぜかと言うと，この日本語は，これらの英語ほど感覚的な悪感情を含まない．むしろユーモアさえ含んでいる場合もあるからである．

～-*yatsu* ～やつ an amazing guy

もちろん「図々しい」のなかにユーモアも何もなく，非難調のもある．

例「よくもあんな図々しいことを言う」He *has the nerve to* say a thing like that.

⇒*shinzō ga tsuyoi* 心臓が強い

本書の表現のなかには，今日の人権意識に照らせばややゆきすぎと思われる表現を含むものもあります．しかし，本書が学術的著作であり，著者が故人であって，差別的な意図がないのは明白であるので，あえてそのままとしました．（編集部）

解説　母国語の情感と英語

加島祥造

　1986年までに最所フミの本は10冊が研究社から出たけれども，それ以来再刊されずに休眠していた．最近，私はそれを惜しいことだと思い，筑摩書房に話したところ，今年（2003年）7月にそのうちの1冊『英語類義語活用辞典』がこのちくま学芸文庫となって刊行された．それが読者の好意ある反応を得たので，つづいて，この『日英語表現辞典』が出ることになった．

　前書の私の解説では，多くの読者が最所フミという人のことを知らないだろうと思ったので，彼女の英語の能力ばかりでなく，人柄についても話した．それを参照してもらうことにして，ここではのっけから彼女の仕事について，自由な感想を述べてゆくことにしたい．

　まずお断りしておきたいのは，最所フミが，機械的に言葉を集める辞典編集者ではないということだ．前書でもこの本でもそこに読者は，血肉の通った最所フミという人の声を聞くはずである．ここで私はすぐに，「血肉の通った」という言い方を，英語ではどう書くかな，と思った．それで本書の「和英の部」を見てみたが残念にも，「血道をあげる」や「ちんぷんかんぷん」は出ていたが，「血肉の通った」はなかった．

「ちんぷんかんぷん」に当たる英語は，It's all Greek to me. とあって．それ以上の解説はない．Greek to me は誰でも知っている表現だとして，彼女はそれ以上の説明をつけていないが，いまの若い人には不明かと思うのでつけ加えると，英語国民のほとんどにはギリシャ語は「ちんぷんかんぷん」だから，「ワカラナイ」という時はよくこの言い方 It's all Greek to me. を使う．また，「血道をあげる」はここでは dedicated to; crazy about と英語の普通の言い方にしていて，物足らない感じを覚える人もいるだろう．私も「血道をあげる」という日本語表現の面白さのほうに軍配をあげたい．もし「血道をあげる」という表現を古臭いと感じる人がいれば，その人の日本語語彙が狭くて浅いのだ．本書の「和英の部」には従来の大人の使う言い方が数多く取り上げられて，それに見合う英語が出ている．ともに，成熟した大人が使うものばかりだ．

「はしがき」にある「本辞典の特質と利用法」の中で彼女は「現代という時代を経験している個人の日常体験を表現する上に役立つと思われる vocabulary を組み立てたのである」と言うが，この「個人の日常体験の表現」とは知性と感性の成熟した大人の日常体験なのであり，単なるビジネス英語の表現ではない．英単語の 1000 や 2000 を覚えこませるための辞典ではない．日・英の単語や熟語を，いかに生きた表現として示すか——それが彼女の目的なのであり，英語を深くさぐろうとする読者を，頭において書いている．

私は戦後 50 年ずっと英語にかかわってきた．現代の英文（小説と詩）をかなりの数にわたって訳してきたし英語関係の著作も少しはある．今でも，寝る前に娯楽として英文の小

説や随筆を読むことが多い．もう英語学習書は読まなくなっている．そんな私が，今度，この本を読み直して，じつに面白かった．自分が復刊を願って実現してもらった本についてこんなことを言うのは変だが，20年以上も前に彼女から貰って通読した時よりも，今度の再読のほうがずっと面白く，感嘆もした．こう言っただけでも最所フミの本がいかに生命力の豊かな内容のものか，察してもらえるであろう．

とくに，彼女の日・英語についての知識と体験が，単語の説明ワクを越えて溢れだしてミニ・エッセイとなった時は面白いし役立つものとなる．たとえば，「英和の部」の中の package/baggage（小包み）の項——これを読んで「なるほど，そうか」と思う人は，ほかの数々のミニ・エッセイで楽しめるはずだ．ツマラナイと思う人は，あと10年は待つほうがいい．その間に英語と日本語にたいして好奇心と読解力を深めてから再読することをすすめておく．たとえば，suspect の項で suspect と doubt との違いを読んで，それがいかに大切な英語知識かを感じる人にこの本は有用なのだ．want のような単純そうな語にも，じつに見事な指摘がある．right の項には最所フミならではの見事な語感が示されている．trouble の一語の解説は私たちの気づかなかった点を明快に示す．

挙げてゆけば，切りがない．むろん読者各自が自分にとって興味と効益を感じる語句を集めてみることだ．この辞典にはいかに多くの「面白くて有用な知識」がつまっているかに感嘆することだろう．

　good の項では——「これは最も基本的な言葉で，これが

十分にこなせたら，英語のフィーリングは身についていると言えるくらいのものである」と言い，その好例を示している．この「英語のフィーリングを身につける」ということこそ，最所フミの仕事の根本の目標だった．それは言葉にこもった微妙な感情のことだ．

　外国語を頭で理解することだって，生易しくはなくて，興味と努力の組み合わさった読書や経験が必要だが，更に英語のフィーリングを身につけるとなると，頭脳以上のなにかが必要だ．その第一は情感なのだし第二には想像力だと私は思っている．そしてこのような語感を身につけるには，自分の母国語が基礎になるのだ．人は自分の生まれ育った環境の中で感情を養ない，成熟してゆく．そこで人間の情念をしっかり身につける．それによってはじめて，外国語のフィーリングを想像力で感じとることができるのだ．言葉のフィーリングはまず自分の育った国の言語から「身につけてゆく」のであり，それがなければ，次に学ぶ外国語のフィーリングは吸収できない．語感とはそれほどに長い手間のかかるものだ．

　彼女が「はしがき」で，英語の思考法を会得するには「まず日本語とどう違うかをはっきり認識してかかるのが，じつは最も近道なのである」と言っているのもこのことなのだ．「自分の国語のフィーリング」をまず意識することによってはじめて，「英語を自国語の水準にまで引き上げる」ことができる．「万国共通の価値判断の思考能力を，一貫した言語体系として自分のなかに持つこと」になるのだ．

　津田英学塾，ミシガン大学英文科（修士卒），NHK海外放送，リーダーズダイジェスト（訳文修正），Japan Times 英

文コラム担当，英語関係の著作——このように彼女の経歴を辿ってみると，英語という「語学」ひと筋にきた人のようにみえる．こういう人は頭で外国語をこなしきったけれど，日本語の情感や語感にはとぼしいことが多い．最所フミは違う．彼女の中には日本人の情念とモラルがしっかり備わっていて，それによって，英語表現のなかの語感を，高度にキャッチした人だった．

私の個人的経験を思い出す．

1945年に敗戦となってから，幾年も経たぬころ，私は最所フミと知り合い，親しい間柄になった．このことは，前書の「解説」に記した．3年ほどを共に過ごしたあと私はアメリカに留学したのだが，その3年の間，月に1度は共に歌舞伎座で観劇した．私は下町育ちなのだが当時はアメリカ文学に興味を持っていたから，古い芝居は見たくなかったのだが，彼女に従って，築地の歌舞伎座へ行った．しかし今ではそれを幸いと思っている．当時は六代目菊五郎や十六世羽左衛門や三津五郎といったような，今では伝説的人物となった名優たちの舞台を数多く見たのだった．もうそういう経験を持つ人は今ではごく少なくなっているだろう．

当時の私は，彼女のように英語ひと筋できた人が古風な歌舞伎を好きなことに，奇妙な思いを抱いたが，それ以上は考えなかった．いまは分かるのだが，彼女は日本人の情念をしっかり抱いていた．その情念はアメリカ暮しや英語づかりの生活でも，けっして死ななかった．ああそうだ，だから彼女は，外国映画の英文批評をJapan Timesに25年間も書きつづけたのだ．彼女には歌舞伎も外国映画も，情念のドラマという点で変りなかったのだ．そして，この深い人間への情念

と，恰悧で明快な理性的判断力が，彼女のなかで，見事な両輪となって働いていたのだ．

　もうひとつのエピソードを話そう．
　つい今年のことである．年来の知己である村松増美氏が，伊那谷の私の家に寄った．彼はサイマルという同時通訳の会社を創設した人であり，英語でユーモアを自在に語れる．それは英語に練達したことの証拠であり，日本では数少ない人のひとりだ．（実際，英語国民が何よりも嬉しがるのは，ユーモラスなトークを交わすことだ．）それで私は彼に『英語類義語活用辞典』を送っておいた．彼は来訪した時ふと，こんなことを言った．
　「私は最所フミさんに叱られたことがあるんですよ」
　「なんで？」と私は訊いた．
　「ずっと以前のことですがね，私がアメリカの大統領についてのジョークを新聞に紹介したことがある．ところが最所さんから手紙が来て，一国の宰相という地位の人を，軽々しくジョークで扱うのはいけない——慎しむべきことだ……と書いてあってね．私はそれ以来，あの人が苦手なんです」
　私は笑いだしたが，同時に，最所フミという人の中には，人格への高いセンスが据わっていることを思い起した．そのことを「はしがき」の最後の行でmoral sensibilityと彼女は呼んでいる．

　「英語力に練達の人」で思い出したことがある．戦後60年のなかで，私の知る限り最も抜群に英語力のあったのはふたりの人だと思う．ひとりは最所フミであり，もうひとりは吉

田健一氏である．私が「雄鶏通信」（旬刊誌）の編集部にいた時，最所フミと知り合ったのと前後して，吉田氏もよくあの江戸橋の雄鶏社に原稿のことで，顔をみせた．宰相の息子であったのにそんな気配は全くなくて，若い私もおじけずに話をした．1度は鎌倉のお宅に原稿をとりにいったりした．彼の最初の著書『英国の文学』を雄鶏社から出す時，私の持っていたキーツ関係の本をお貸ししたこともある．もう少し深くおつきあいも出来るはずであったが，羞恥心の強い私はそれきり近づかなかった．後になってドナルド・キーン氏の吉田評その他によって，この人の英語力が抜群のものだったと知った．彼は戦前，ごく若い時に英国のケンブリッジに学んだ人であったが，その時までに自国の情念・情操を充分に体に仕込んでいたにちがいない．それは彼のその後の多くの著書で判断できることだ．

　最所フミのミシガン大学，吉田健一のケンブリッジ大学，大戦前にこうしたところで英語力を身につけた人は，どこか深くで違うところがあるようだ．それはその後に私の出逢った英語や翻訳関係の人たちの持たない何かだが，いまはこれ以上深く考えないでおく．ただ，このような人たちが残した知的・精神的遺産は，わが国の文化にとって，欠かせないものだ，とだけは言っておきたい．

　この書の「はしがき」「英和」「和英」のすべてにわたって，最所フミの怜悧な分析力と思考力がゆき渡っている．表面的には彼女が冷静な理智の人と思われるかもしれない．それでこの解説では，彼女の情念の側から見ようとした．本当に語学のできる人とは深い情念を持つ人格なのだと改めて言っておきたい．

（2003. 12. 10）

本書は一九八〇年四月二〇日、研究社出版より刊行された。

英文読解術	安西徹雄	単なる英文解釈から抜け出すコツとは？ 名コラムニストの作品をテキストに、読解の具体的な秘訣と要点を懇切詳細に教授する、力のつく一冊。
〈英文法〉を考える	池上嘉彦	文法を身につけることとコミュニケーションのレベルでの正しい運用の間のミッシング・リンクを、認知言語学の視点から繋ぐ。〈西村義樹〉
日本語と日本語論	池上嘉彦	認知言語学の第一人者が洞察する、日本語の本質。既存の日本語論のあり方を整理し、言語類型論の立場から再検討する。〈野村益寛〉
文章表現 四〇〇字からのレッスン	梅田卓夫	誰が読んでもわかりやすいが自分にしか書けない、そんな文章を書こう。発想を形にする方法、〈メモ〉の利用法、体験的に作品を作り上げる表現の実践書。
概説文語文法 改訂版	亀井孝	傑出した国語学者であった著者が、たんに作品解釈のためだけではない「教養としての文法」を説く。国文法を学ぶ意義を再認識させる書。〈屋名池誠〉
レポートの組み立て方	木下是雄	正しいレポートを作るにはどうすべきか。「理科系の作文技術」で話題を呼んだ著者が、豊富な具体例をもとに、そのノウハウをわかりやすく説く。
中国語はじめの一歩〔新版〕	木村英樹	発音や文法の初歩から、中国語の背景にあるものの考え方や対人観・世界観まで、身近なエピソードとともに解説。楽しく学べる中国語入門。
深く「読む」技術	今野雅方	「点が取れる」ことと「読める」ことは、実はまったく別。ではどうすれば「読める」のか？ 読解力を培い自分で考える力を磨くための徹底訓練講座。
議論入門	香西秀信	議論で相手を納得させるには5つの「型」さえ押さえればいい。豊富な実例と確かな修辞学の知見をもとに、論証や反論に説得力を持たせる論法を伝授！

どうして英語が使えない？	酒井邦秀
快読100万語！ペーパーバックへの道	酒井邦秀
さよなら英文法！多読が育てる英語力	酒井邦秀
チョムスキー言語学講義	チョムスキー／バーウィック　渡会圭子訳
文章心得帖	鶴見俊輔
ことわざの論理	外山滋比古
知的創造のヒント	外山滋比古
新版 文科系必修研究生活術	東郷雄二
たのしい日本語学入門	中村明

『でる単』と『700選』で大学には合格した。でも、少しも英語ができるようにならなかった「あなた」へ。学校英語の害毒を洗い流すための処方箋。

辞書はいらない。わからない語はとばす！　すぐ読めるやさしい本をたくさん読めば、ホンモノの英語が自然に身につく。奇跡をよぶ実践講座。

「努力」も「根性」もいりません。愉しく読むうちに豊かな実りがあなたに。人工的な「日本英語」を棄てて真の英語力を身につけるためのすべてがここに！

言語は、ヒトのみに進化した生物学的な能力である。その能力とはいかなるものか。なぜ言語が核心なのか。言語と思考の本質に迫る格好の入門書。

「余計なことはいわない」「紋切型を突き崩す」等、実践的に展開される本質的文章論。70年代に開かれた一般人向け文章教室の再現。

「隣の花は赤い」「急がばまわれ」……お馴染のことわざの語句や表現を味わい、あるいは英語の言い回しと比較し、日本語の心性を浮き彫りにする。

あきらめていたユニークな発想が、あなたにもできます。著者の実践する知的習慣、個性的なアイデアを生み出す思考トレーニングを紹介！

卒論の準備や研究者人生を進めるにあたり、何を身に付けておくべきなのだろうか。研究生活全般に必要な「技術」を懇切丁寧に解説する。

日本語を見れば日本人がわかる。世界的に見ても特殊なこのことばの特性を音声・文字・語彙・文法から敬語や表現までわかりやすく解き明かす。

（加藤典洋）

日英語表現辞典

二〇〇四年　一月　七日　第一刷発行
二〇二〇年十二月二十日　第十刷発行

著　者　最所フミ（さいしょ・ふみ）
発行者　喜入冬子
発行所　株式会社　筑摩書房
　　　　東京都台東区蔵前二―五―三　〒一一一―八七五五
　　　　電話番号　〇三―五六八七―二六〇一（代表）
装幀者　安野光雅
印刷所　明和印刷株式会社
製本所　株式会社積信堂

乱丁・落丁本の場合は、送料小社負担でお取り替えいたします。
本書をコピー、スキャニング等の方法により無許諾で複製する
ことは、法令に規定された場合を除いて禁止されています。請
負業者等の第三者によるデジタル化は一切認められていません
ので、ご注意ください。

© NOBUKO OIWA 2004 Printed in Japan
ISBN4-480-08807-5 C0182